전쟁의 시대
한국 고대사 700년의 기록

전쟁의 시대
한국 고대사 700년의 기록

김대욱 지음

채륜
CHAE RYUN

| 머리말 |

이 글은 기원전 1세기에서 기원후 7세기에 이르는 우리 고대사의 주도적 동인動因을 그것이 대상으로 하는 영역에서 정치·경제적 헤게모니를 독점하기 위한 개별 구성체 간의 갈등과 대립으로 규정하고 그 발생배경 및 결말에 이르기까지의 전개과정을 살펴봄으로써 기존의 문화와 제도에 편중된 접근방식의 틀 속에서 벗어난, 냉정하고 현실적인 역사인식을 제공하려는 취지로 저술된 것이다. 따라서 이 글의 주된 테마는 집단 간 정치적, 경제적, 사상적 불균형 내지는 불일치로 인해 발생하는 갈등 상황의 궁극적인 해결을 위한 가장 직접적이고 적극적인 집단행동인 전쟁 자체와 그것의 원인 또는 파생물로서의 정치적, 외교적, 사상적 현상으로 제한된다.

여기서 필자는 '전쟁'이라는 현상적 측면만으로는 특정될 수 없는 그 700년을 '철혈鐵血의 논리'가 지배하던 시대로 규정한다. 주지하다시피 '철혈'이라는 단어는 1862년, 프로이센의 수상 비스마르크가 독일의 통일문제를 언급하며 '이 큰 문제는 언론이나 다수결에 의해 해결될 수 없다. …… 오직 철과 피_{Blut und Eisen}에 의해서만 해결될 수 있다.'라고 역설한 것에서 비롯된 바, 그것은 국가의 생존을 위한 대전략의 실천방안으로 이상적, 관념적 방법론을 단호히 배제하고 전쟁이라는 극단적 수단을 선택하였다는 점에서 2천 년 전 우리 선조들이 채택한 생존전략의 요지와 완벽히 일치하는 것이기 때문이다.

하지만 이 글의 목적은 전쟁의 불가피성을 역설하는 데 있지 않다. 오히려 이 글에서 필자는, 국가의 생존을 위한 정치적 선택으로서의 전쟁이 앞서 언급한 여러 측면의 불균형을 해소하는 데 그 역할을 제대로 수행하지 못하였음을 규명함으로써, 전쟁이야말로 문제의 해결을 위한 최종적 선택이 아닌, 기존의 문제를 더 큰 문제로 확대시킬 뿐 아니라 더 복잡하고 새로운 문제를 만들어내는 최악의 선택이라는 사실을 밝히고 싶었다. 그것의 명백한 사례는 역시 비스마르크로부터 히틀러에 이르는 독일제국의 역사에서 찾을 수 있지만 갈등의 악순환 및 확대재생산이라는 문제에 있어, 불과 수십 년 만에 몰락한 독일제국의 경우는 이 글이 대상으로 삼는 시기의 그것과는 질적, 양적 측면에서 결코 비교될 수 없다. 그들의 전쟁은 무려 7백 년 동안이나 계속되었던 것이다. 또한, 역사에서 어떠한 교훈이나 예견을 얻고자 한다면 그것은 우선 우리 선조들의 경험에서 찾을 일이지 역사의 전개과정은 물론 그 근저를 이루는 사상적 특질에서부터 우리의 그것과는 커다란 괴리가 존재하는 남의 역사를 먼저 뒤적일 일은 아니다.

전쟁은 본질적으로 타자에 대한 억압을 전제로 하는 부도덕성과 인명의 희생을 동반하는 반인륜적 속성을 포함할 뿐 아니라 수천 년에 걸쳐 발전해 온 인간의 이성과는 정면으로 배치되는 원시적 폭력성을 수단으로 한다. 명분이나 지향하는 바가 무엇이든 전쟁이 '절대악絶對惡'의 하나로 분류되는 데 이의를 제기할 수 없는 것은 바로 그때문이다. 더구나 그것은 지금과 같이 이른바 이성적 도덕률의 실천을 보편적 미덕으로 삼는 세상에서는 결코 있을 수 없는 일인 것이다. 그런데도 전쟁은 인간이 집단을 이루고 살기 시작할 때부터 현재에 이르기까지 마치 숙명처럼 인류의 역사 속에 끈질기게 기생하여 왔다. 도대체 무엇 때문일까? 인간이 결코 떨쳐낼 수 없는 살육 본능 때문일까? 아니면 흔히 말하는 것처럼 죄책감 따위는 고려할 바 없는 일상적 정치행위에 지나지 않는 것일까? 그 의문의 역사는 전쟁의 역사만큼이나 장구하지만 이 글에서 찾고자 하는 것이 바로 그 의문에 대한 해답이다. 그러나 이 글에서 전쟁의 정당성에 대한 필자의 표현은 극히 제한적이며 소극적이다. 왜냐하면 필자는 어떠한 사실을 서술함에 있어 무엇보다 중요한 것이 가치중립이라고 확신하는 바, 역사적 사실을 다룰 때도 글을 쓰는 자는 사실에 대한 타당한 견해와 주장을 정형화하여 독자들에게 제시할 뿐 그것에 대한 판단은 분명 읽는 이의 권리라고 생각하기 때문이다. 글쓴이의 명확한 판단을 기대하는 독자에게는 틀림없이 불편이 따를 것이지만 그것은 필자의 확고한 신념에 기인한 결과이기 때문에 부득이 이해를 구한다.

　역사란 참으로 냉정하다. 그것은 언제나 강자의 손을 들어주지는 않지만 결코 약한 자를 보호하지도 않는다. 역사는 교활한 자와 정직

◆ 머리말 ◆

한 자, 선한 자와 악한 자를 구분하지도 않는다. 그처럼 역사는 우리의 일반적인 정의관과는 거리가 먼 그 무엇이다. 만약 이 글에서 어떠한 교훈이나 논쟁거리를 만들어 낼 게 아니라면 역사의 그러한 측면에 주목해 보는 것도 나쁘지 않을 것이다. 역사는 예견을 위한 도구로서뿐 아니라 그 자체만으로도 매우 커다란 가치를 지닌 것이기 때문이다.

돌아보니 이 글이 현재의 모습을 갖추기까지 5년이라는 긴 시간이 소요되었다. 그것은 오로지 필자가 무지한 까닭으로 누구에게 그 시간의 가치를 물을 일은 아니다. 한 가지 희망이 있다면 독자들이 이 글을 통해 역사와 세계를 보는 시야를 넓히고 조금이라도 어떠한 사상적 진보를 이룰 수 있게 됨으로써 그 시간들 앞에 스스로 부끄럽지 않기를 기대할 뿐이다.

부족한 글이 한 권의 온전한 책으로 탄생하는데 결정적인 역할을 한 서채윤 대표 및 채륜 가족들에게 깊은 감사를 드린다. 만약 이 책에 어떠한 찬사가 주어진다면 필자는 그것을 오로지 그들의 순수함과 정열에 바치고자 한다.

2012년 6월
김대욱

| 읽기 전에 |

이 글을 보다 편하게 읽고 쉽게 이해하려면 다음 몇 가지 사항을 미리 염두에 두기를 권한다.

첫째, 이 글은 역사에 대한 전문적인 지식이 없는 독자들로 하여금 우리 고대사를 쉽고 정확하게 이해할 수 있도록 하는 데 그 목적을 둔, 이른바 대중 역사서의 한 부류이다. 달리 표현하면 고도의 학문적 기반에 근거한 연구서라든가 전문 역사서가 아니라는 이야기이다. 때문에 역사를 전공했다거나 평균 이상의 지식을 가진 독자들에게는 양에 차지 않는 부분이 분명 있을 것이다. 하지만 실상 그 깊이와 취급된 내용에서는 교과서나 개설서보다는 훨씬 구체적이고 광범위할 뿐 아니라, 개별적인 사건을 기술함에 있어서도 학계 안팎에 존재하는 다양한 학설과 가설들을 제시하고 그것들을 면밀히 비교 검토함으로써 어느 정도 미시적인 접근을 추구하였기 때문에 역사학도가 일독하더라도 시간낭비가 되지는 않을 것이다.

둘째, 이 글의 기초가 된 것은 1145년에 김부식 등에 의해 완성된 《삼국사기》이다. 그것은 《구삼국사舊三國史》, 《삼한고기三韓古記》, 《신라고사新羅古史》, 《화랑세기花郎世記》 등 지금은 전해지지 않는 옛 문헌들의 내용을 취합하여 만들어진, 우리 역사에 있어 현존하는 최고最古의 사서이자 정사正史로서 이 글이 취급하는 시기에 대해서는 이론의 여지가 없는 최고最高의 자료이기 때문이다. 이 글에는 그 외에도 안팎의 여러 사서들이 참조되었지만 그것들은 《삼국사기》의 내용을 보완하기 위한 보조적 수단으로 활용되었을 뿐 《삼국사기》의 내용이 다른 문헌의 기록과 충돌할 경우 명백한 오류誤謬나 오기誤記로 판단되지만 않으면 《삼국사기》의 기록을 따랐다. 우리나라 역사학계를 갈라놓는 대표적 논쟁거리 중 하나가 기원전으로부터 기원후 4~5세기에 이르는 이른바 '삼국사기 초기기록'을 신뢰하느냐 그렇지 않느냐인데 여기서는 그 대부분을 사실로 받아들였다. 물론 그중에는 현 단계의 학문적 한계로 인해 진실을 파악하기가 불가능한 기록도 존재하지만 대부분은 충분히 인정되고 이해될 수 있는 사항들이다.

셋째, 이 글의 큰 줄기는 이른바 '학계의 통설通說'을 기반으로 구성되었다. 어떤 것을 통설로 규정할 것인지는 어느 정도 선택의 여지가 있지만 통설이란 사전적 의미대로 '세상에 널리 알려지거나 일반적으로 인정되고 있는 설'을 말하며 여기서는 '역사학자들의 연구결과에 나타나는 보편성'을 그 기준으로 삼았다. 우리 역사의 여러 문제, 특히 고대사에서는 다양한 학설과 가설이 존재하며 그중에는 학계의 통설과는 극단적인 반대의 입장을 보이는 견해도 있지만 통설이란 그만한 근거와 가치가 있기 때문에 그렇게 인정받는 것이다. 극단적인 대척점에 위치하는 주장을 포함한 여러 이설에 대한 세밀한 관찰과 검토도 있었으나 그중 대부분은 근거의 박약과 해석상의 오류로 인해 도무지 재고할 가치가 없었다. 다만, 앞서 언급한 통설 중에서도 이미 그 신뢰성을 상실했다든지 다른 학설로 이행되어 가는 과정에 있는 부분, 여러 주장이 충돌하고 있는 사안, 뚜렷한 모순과 오류를 지니고 있거나 선입견에 근거한 학설 등에 대해서는 보다 타당한 견해를 수용하거나 필자의 견해로 대치하여 수정 보완하였다. 그러나 당시 상황에 대한 판단과 각 전쟁 및 전투의 세밀한 전개과정을 기술함에 있어서는 문헌과 지리에 대한 연구결과를 주된 논거로 하는 필자의 견해가 근간을 이루고 있다.

넷째, 본문 옆에 지명, 인명, 종족명 등 책 내용을 이해하는 데 참고해야 할 사항에 대한 간단한 부연설명 외에 상식으로 취할 가치가 있는 내용, 문맥과 어울리지 않는 이설異說과 필자의 견해 등을 문단 뒤에 [ ]를 두어 따로 기술하였다. 그러나 본문에 참조되거나 인용된 각종 자료들은 대부분 책 말미의 〈참고자료〉에 일괄 게재하였다. 이 글이 논문이나 연구서가 아닌 탓도 있지만 페이지마다 너무 많은 각주를 닮으로써 오히려 본문의 내용에 대한 집중을 저해할까 염려되었기 때문이다. 대신 본문에 직접 인용된 사서의 기록들은 그 원문을 함께 수록하였는데 그 이유는 일부 문헌에서 원문과는 전혀 맞지 않는 엉뚱한 번역을 제시하고 그것을 근거로 논지를 전개함으로써 읽는 이를 오도하는 사례를 여러 번 접해 보았기 때문이다. 물론 한자에 익숙하지 않은 독자들에게는 그것이 오히려 번거로운 사족일 수도 있겠지만 근거를 명확히 한다는 측면에서 원문의 병기는 반드시 필요한 사항이라고 본다.

다섯째, 여기에 수록된 도면과 사진, 그림, 연표 등은 문장만으로는 표현하기 힘든 당시 상황에 대한 이해를 돕기 위해 작성된 것이다. 그중 도면과 그림은 그간 국내외에 축적된 연구결과와 각종 자료 및 유물, 유적 등을 참고하여 작성된 것으로 만약 거기에 확연한 오류나 모순이 있다면 그것은 오로지 필자의 책임이다.

여섯째, 참고문헌에 보이는 바와 같이 이 글에는 여러 사료와 연구서, 관련 논문 등이 인용되거나 참조되어 있다. 필자의 역사학적 지식이 빈곤할 뿐 아니라 대상이 된 시간적, 공간적 영역이 워낙 광범위한 탓에 그러한 자료들의 인용과 참조는 당연한 것이며 불가결한 일이다. 그러나 참고문헌 목록에 수록된 자료들, 특히 논문이나 연구서에 나타나는 주장과 견해들에 대해서는 동의하지 않는 부분도 있으며 개중에는 이 글의 내용과 반대되는 경우도 있다. 그럼에도 불구하고 그 문헌들을 목록에 올려놓은 이유는 모두가 각고의 노력을 통해 태어난 학문적 업적으로서 가치를 지니고 있을 뿐 아니라, 필자가 어떠한 전제를 통해 특정 결론을 이끌어내는 데 있어 그것이 하나의 상대 개념으로 작용함으로써 이 글에 영향을 끼쳤기 때문이다. 사료의 경우 《일본서기》와 같이 전반적으로 과장과 조작의 정도가 너무 지나친 것은 선택적으로 끌어다 쓸 수밖에 없었다. 끝으로, 목록에는 포함되지 않았으나 인터넷을 통해 접할 수 있었던 몇몇 견해들 역시 이 글의 내용에 일정부분 반영되어 있음을 밝힌다. 각종 황당무계한 주장과 근거도 없는 억측, 그리고 혹세무민이라고나 해야 할 사설邪說들이 난무하는 인터넷 속에서 보석처럼 빛나는 천재적 연구자들의 탁월한 견해와 대면할 수 있었던 것은 큰 행운이었다.

프롤로그

정복국가의 탄생

더 야심을 숨길 이유가 없어지자 백제는 빠르게 움직였다. 8년 10월, 온조왕은 사냥을 핑계로 남쪽변경에 병력을 집결시킨 뒤 기습적인 공격을 실시하여 마한의 중심부를 장악했다. 순식간에 벌어진 일이었다. 일부 세력들이 백제의 지배를 거부하고 무장 항쟁을 벌이기도 하지만 54개 소국을 포괄하던 마한은 그것으로 지리멸렬하고 말았다.

서기전 18년, 한강 북쪽의 척박한 땅에서 새로운 국가가 탄생했다. 머나먼 북쪽, 부여의 변경에서 남하한 이주민 집단이 주류를 이룬 그 나라의 이름은 바로 백제百濟였다. 추모왕鄒牟王을 도와 고구려 건국에 결정적인 역할을 했던 °소서노召西奴를 따라 원주지 °홀본忽本을 떠난 지 1년여 만의 일이었다. 두 나라의 어머니가 될 운명을 타고난 소서노는 강인한 여성이었다. 그녀는 추모왕이 첫 번째 부인에게서 얻은 아들 유리琉璃가 부여에서 홀본으로 오자 두 아들과 함께 그곳을 떠나 남쪽으로 향했다. 고구려의 손길이 닿지 않는 머나먼 곳에서 새로운 나라를 세울 터전을 찾기 위함이었다. 아무것도 가진 게 없던 추모왕을 도와 고구려를 만드는 데 쏟아부었던 노력과 열정에 대한 잔인한 보상, 그리고 미지의 땅을 경유하는 수백 km의 험난한 여정도 그녀의 의지를 꺾지 못했다.

패수浿水와 대수帶水를 건넌 소서노의 무리가 도달한 지역은 °마한馬韓의 북쪽 끝, 현재의 임진강과 한강 사이로 추정되는 황폐한 땅이었다. 당시 예성강에서 한강에 이르는 지역은 °낙랑군樂浪郡과 마한의 접경지대로 말갈靺鞨의 상습적인 약탈 때문에 농경민들조차 거주하지 않는 빈 땅이었다. 그러나 소서노는 그곳을 여행의 종착지로 결정했고 삼한의 지배자를 자처하던 마한왕은 자비롭게도 긴 여행에 지친 부여 유민들이 그 땅에 거주하도록 해 주었다. 물론 속셈은 따로 있었다. 그들을 이용해 한漢의 °변군邊郡인 낙랑군을 견제하면서 마한의 영역을 확대하는 한편, 말갈로 불리던 예인濊人들의 약탈을 막아보려는 술책이었던 것이다. 하지만 그는 잘못 생각했다.

소서노의 아들로 백제의 첫 번째 왕이 된 온조溫祚는 마한왕의 희망대로 북부변경의 파수꾼 노릇을 충실히 수행했다. 부여인의 강인한 전사적 기질을 지닌 그는 끊임없이 이어지는 말갈의 침범과 낙랑군의 간섭을 거뜬히 막아냈다. 그러나 백제인들은 그저 마한의 충실한 신하가 되려고 그 먼 길을 온 게 아니었다. 아마도 그랬다면 고향에 그냥 눌러앉아 편하게 먹고 사는 길을 선택했을 것이다. 그들이 모든 것을 버리고 부여 땅을 떠난 이유는 자신들을 기만하여 권력을 탈취한 이방인들, 즉 추모왕의 고구려에 고개 숙이거나 간섭받고 싶지 않았기 때문이었다. 그러한 그들에게 마한은 타자他者이며 극복의 대상일 수밖에 없었다.

마한의 지배세력을 타도하고 54개 소국으로 구성된 광대한 영토와 밀집한 인구를 장악하려는 온조왕의 계획은 착실히 진행되었다. 말갈과의 치열한 전쟁과 마한의 감시에도 불구하고 백제는 영역과 인구를 조금씩 늘려나갔다. 상황은 백제에 유리한 방향으로 전개되었다. 당시는 °전한前漢이 멸망을 눈앞에 둔 시점으로 낙랑군은 백제가 예성강과 임진강 사이의 °공지空地를 점거하는 것을 방관할 수밖에 없었고, 강원도 서북 지역 역시 말갈을 쫓아낼 때마다 조금씩 백제에 편입되었지만 마한은 그것을 자신들의 영역이 확장되는 것으로 판단했다. 서기전 6년, 온조왕이 수도를 °하남위례성河南慰禮城으로 옮겼을 때 백제의 영역은 이미 동서남북으로 팽창하여 처음과는 비교할 수 없을 정도였다. 《삼국사기》의 기록을 근거로 당시 백제가 차지한 면적을 추정하면 적게 잡아도 3만 ㎢를 초과한다. 백제가 어느덧 마한의 절반 이상을 점유하는 대국으로 성장한 것이다. 하지만 온조왕은 자만하지 않고 때를 기다렸다. 그는 수도를 옮기는 것도 사전에 허가를 받아 시행할 만큼 마한을 종주국으로 대접했고, 말갈과의 전투에서 획득한 포로들을 보내 충성을 증명했다. 물론 모두 마한을 기만하기 위한 행동이었다. 그런데 7년, 온조왕을 더 기다릴 수 없게 만든 결정적인 사건이 벌어진다. 백제가 남쪽 영역의 끝자락인 °웅천熊川에 목책을 설치하자 이를 마한에 대한 도전으로 인식한 마한왕이 사신을 보내 온조왕을 맹렬히 비난한 것이다. 결국 목책은 철거되었지만 백제

전한 (BC 206~AD 8)
유방(劉邦)이 세운 중국의 두 번째 통일 왕조. 서한(西漢)이라고도 함.

공지
인구밀도가 희박하고 특정 세력의 정치적 통제력이 미치지 않는 빈 땅.

하남위례성
하북위례성에 이은 백제의 두 번째 수도. 서울시 송파구와 하남시 일대로 추정.

웅천
금강의 옛 이름. 현재의 안성천(安城川)으로 추정하는 견해도 있음.

병탄
타국의 영토, 주권, 재산 등을
강제로 빼앗음.

한수
현재의 한강.

우곡성
위치 미상.

에 대한 마한의 생각이 어떻게 변화되었는지를 확인한 온조왕은 이듬해 '진마辰馬의 *병탄*', 즉 진한과 마한의 정복이 국가의 지상과제임을 국내에 선포했다.

더 야심을 숨길 이유가 없어지자 백제는 빠르게 움직였다. 8년 10월, 온조왕은 사냥을 핑계로 남쪽변경에 병력을 집결시킨 뒤 기습적인 공격을 실시하여 마한의 중심부를 장악했다. 순식간에 벌어진 일이었다. 일부 세력들이 백제의 지배를 거부하고 무장 항쟁을 벌이기도 하지만 54개 소국을 포괄하던 마한은 그것으로 지리멸렬하고 말았다. 지친 망명자 집단에서 불과 한 세대 만에 강력한 국가로 성장한 백제에 의해 역사가 바뀌는 순간이었다. 마한인들은 거세게 저항했다. 하지만 이렇다 할 구심점이 없는 소국들의 힘으로는 이미 국왕 중심의 거대한 세력으로 성장한 백제를 저지할 수 없었다. 9년 여름, 끈질기게 저항하던 원산圓山과 금현錦峴 2성이 항복하자 온조왕은 마침내 마한의 멸망을 선언한다. 아마도 마한왕은 이때 사망한 듯하다. 두 성의 주민들은 멀리 떨어진 *한수漢水* 이북으로 옮겨졌다. 이제 입장이 바뀌어 그들이 백제의 북쪽변경을 지키게 된 것이다. 마한의 주축을 이루던 세력을 그렇게 추방한 온조왕은 부여의 제도에 따라 마한을 백제화하기 시작했다. 15년에 5부 체제를 완성하여 현지인들에 대한 통제를 강화한 것이 그 출발점이었다. 마한이라는 느슨한 체제에서 비교적 자유롭게 생활했던 현지인들은 당연히 반발했다. 그러나 온조왕은 타협하지 않았다. 그는 16년, 마한의 장군이었던 주근周勤이 *우곡성牛谷城*에서 반란을 일으키자 즉시 군사 5천 명을 지휘하여 잔인하게 진압하고 주근의 처자까지 살해함으로써 복종이 아니면 죽음뿐이라는 공포의 법칙을 마한 사람들에게 각인시켰다. 이제는 백제의 세상이었다.

18년, 구심점을 잃고 혼란에 빠진 마한 소국들을 차례차례 정복하며 현재의 전북 정읍 지역인 고사부리古沙夫里까지 진출함으로써 팽창의 한계점에 도달한 백제는 일단 정복의 발길을 멈추고 숨 고르기에 들어갔다. 늘어난 인구와 영토를 효율적으로 통제하기 위해서는 국가 체제의 정비가 필요하다고 판단한 때문이었다. 고사부리를 점령한 이듬해인 19년, 앞서 한수 이북으로 이주시켰던 마한인들이 대거 고구려로 망명한 일은 온조왕으로 하여금 장차 무엇을 어떻게 해야 할지를 고민하게 한 사건이었다. 온조왕은 부지런히 지방을 순행하고 부여의 선진적인 농사기술을 전국에 보급하는 등 마한과의 문화적 차이를 좁혀 나가는 데 전력했다. 정복한 영토를 통제하는 방법에 있어서도 무력적 수단을 지양하고 현지의 °토호들과 타협하여 해당 지역의 지배권과 기득권을 인정해 주는 대리통치 방식을 선택했다. 현지인과 그들의 문화에 동화되지 않는 한 소수의 부여계 지배계급이 통치하는 백제의 존재는 사상누각에 불과하다는 사실을 깨닫게 된 때문이었다. 이후 온조왕은 그러한 기조를 유지하면서 장차 백제가 사방으로 뻗어 나갈 안정적인 기반을 구축하고 28년, 성공한 건국자로 일생을 마감했다.

백제의 두 번째 왕인 °다루왕은 아버지 온조왕의 통치방향을 그대로 계승했다. 그는 재위 초기부터 농사를 적극 권장하고 국내 이곳저곳을 돌아다니며 백성을 위문하는 등 국가의 경제력을 증대시키고 지배체제를 확립하는 데 집중했다. 내부적 안정과 더불어 국경 지역의 상황도 호전되어 갔다. 마한 붕괴 이후 백제에 대한 가시적 위협은 낙랑군과 말갈 뿐이었다. 그러나 그들은 더 이상 고민거리가 되지 못했다. 25년부터 무려 5년 동안이나 토착 조선인들에게 점거당했던 낙랑군은 그 후유증 때문에 제 앞가림조차 힘든 지경이었다. 말갈 역시 추수가 끝날 시기가 되면 백제의 농경민들을 약탈하기 위해 국경을 넘어왔지만 대부분 변경 지역조차 돌파하지 못하고 격퇴당했다.

토호
일정 지역에 기반을 두고 국가권력에 대해 독립적이거나 대립적인 위치에 있는 토착 지배세력.

다루왕(?~77)
백제 제2대 왕. 재위 28~77.

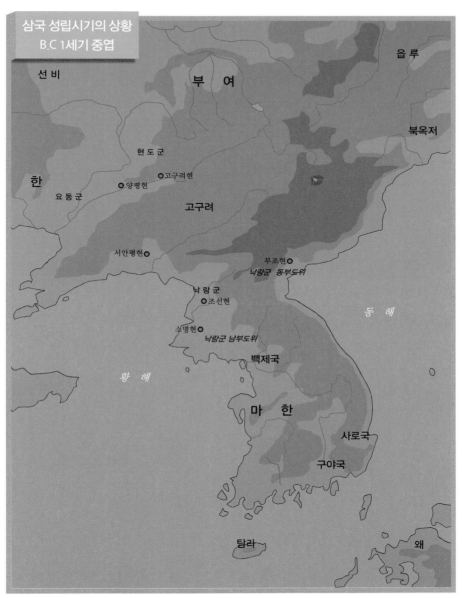

기원전 1세기 중엽, 장엄한 요하로부터 남녘의 푸르른 바다에 이르는 광활한 대지에서 미래의 정복자들이 탄생의 산고를 겪고 있었다. 태어나는 순간부터 탯줄을 적시는 유혈을 경험하면서, 강자에 의한 야만이 판치는 세상에서는 칼과 창이야말로 생존을 보장하는 가장 강력한 도구임을 깨달은 그들의 꿈은 그저 살아남는 것에 그치지 않았다. 생존을 위협하는 세력들을 모두 제압하고 세상의 중심에 우뚝 서서 누구에게도 핍박받지 않는 절대강자가 되는 것, 그것이야말로 그들이 꿈꾸는 궁극적인 미래였다.

백제는 그렇게 다루왕이 즉위한 이래 30여 년 동안 번영과 안정을 구가하며 편안한 시절을 보냈다. 하지만 그 사이 야심만만하던 부여의 전사들이 현실에 안주하는 관료로 변해가면서 온조왕이 제시했던 *대전략大戰略, Grand strategy의 요체인 '진마의 병탄'은 백제 사람들의 뇌리에서 차츰 지워져 갔다. 해결해야 할 대내외적 과제들이 산적한 신생국가에 그것은 매우 위험한 일이었다. 후한 광무제에 의해 재건된 낙랑군은 동방에 대한 간섭을 노골화하기 시작했고, 말갈은 고구려에 예속되어 보다 강력한 군사적 역량과 배경을 보유하게 되었으며, 마한의 소국들은 언제라도 백제가 약점을 보이면 적으로 돌아설 가능성이 농후했기 때문이다. 단언하건대 그러한 평화가 몇십 년 더 계속되었다면 우리 역사 속에서 백제는 잠시 마한 땅의 일부를 점유했던 단명한 국가로 남게 되었을 것이다. 하지만 박제되었던 온조왕의 이상은 다루왕이 재위 34년째를 맞던 해에 발생한 한 사건을 통해 백제가 새로운 전기를 맞게 되면서 국가적 슬로건으로 부활한다.

대전략
안전보장과 지속적 번영 등 국가적 목표의 달성을 위한 실천방법.

그들이 처음 만났을 때

서로 자기편이 승리했다고 주장하는 것이 다를 뿐 같은 사건에 대한 기록이며 그것은 백제와 신라 모두에게 그 해의 가장 중요한 사건이었다. 또한 63년에 회견이 무산된 일과 그 이후에 이어지는 일련의 전투들은 백제와 신라 간 최초의 접촉이자 최초의 군사적 충돌이었다. 또한 그것은 두 나라 사이에 6백 년 동안이나 계속될 기나긴 전쟁의 시작이었다.

61년 8월, 마한장군 맹소孟召가 *복암성覆巖城을 들어 신라에 투항했다. 맹소는 백제에 저항하다 멸족을 당한 주근처럼 마한왕에게 끝까지 충성하던 고위급 무장이나 소국의 지배자였던 것 같다. 그렇지 않다면 마한의 귀족과 고위층들을 후하게 대접했던 백제를 마다하고 신라로 넘어갈 이유가 없기 때문이다. 하지만 그 이유가 중요한 것은 아니다. 이 사건에 역사적으로 큰 의미를 부여하는 이유는 백제가 그 사건을 통해 자신들과 같은 생각을 가진 또 하나의 존재를 만나게 되었다는 사실 때문이다. 그 만남은 낙관적이었던 상황을 백제가 결코 의도하지 않았던 방향으로 몰고 갔다.

〈삼국사기 신라본기〉의 *탈해이사금 7년(63년) 10월 기록은 다음과 같다.

> 백제왕이 영토를 개척하여 낭자곡에 이르러서 사자를 보내 회견을 요청하였으나 왕은 가지 않았다.
> 百濟王拓地 至娘子谷城 遣使請會 王不行

어떠한 덧붙임도 없는 짧은 내용이다. 다루왕이 회견을 요청한 이유가 무엇인지는 기록되어 있지 않다. 하지만 그 후에 벌어진 상황으로 보건데 백제는 두 해 전에 맹소와 더불어 신라의 손으로 넘어간 복암성의 반환을 요구하려 했던 것 같다. 스스로 마한의 계승자임을 자처하던 백제로서는 과거 마한에게 조공하던 신라가 그 요구를 거부하리라고는 생각지 않았을 것이다. 또한 '왕은 가지 않았다'라는 문장을 뒤집어 보면 그때 백제가 탈해이사금의 직접적인 *입조入朝를 요구했던 것처럼 보인다. 그러나 신라는 그 모든 것은 물론 백제와의 회담 자체를 거부했다. 스스로 신라에 넘어온 복암성 문제가 논의의 대상이 될 수 없다는 생각보다는 자신들을 신하의 나라 정도로 폄하하는

복암성
위치 미상.

탈해이사금(?~80)
신라 제4대 왕. 성은 석(昔). 재위 57~80. 이사금은 신라에서 왕을 일컫던 말.

입조
외국으로 가서 그 왕을 알현하는 행위.

전쟁의 시대

백제의 오만함에 대한 반발 때문이었을 것이다. 어쨌든 신라의 무반응으로 자존심에 큰 상처를 입은 백제는 즉각적인 군사행동으로 신라를 응징하려 했다. 다음은 〈삼국사기 백제본기〉의 다루왕 37년(64년) 기록이다.

> 왕이 군대를 보내 신라의 와산성을 공격하였으나 이기지 못하였다. 병력을 옮겨 구양성을 공격하였는데 신라가 기병 2천 명을 일으키자 이를 공격해 쫓아버렸다.
>
> 王遣兵攻新羅蛙山城 不克 移兵攻狗壤城 新羅發騎兵二千 逆擊走之

같은 해인 탈해이사금 8년 〈신라본기〉의 기록에도 그 전투가 언급되어 있다.

> 8월에 백제군이 와산성을 공격했다. 10월에는 다시 구양성을 공격했다. 왕이 기병 2천 명을 보내 물리쳤다.
>
> 秋八月 百濟遣兵 攻蛙山城 冬十月 又攻狗壤城 王遣騎二千 擊走之

서로 자기편이 승리했다고 주장하는 것이 다를 뿐 같은 사건에 대한 기록이며 그것은 백제와 신라 모두에게 그 해의 가장 중요한 사건이었다. 또한 63년에 회견이 무산된 일과 그 이후에 이어지는 일련의 전투들은 백제와 신라 간 최초의 접촉이자 최초의 군사적 충돌이었다. 또한 그것은 두 나라 사이에 6백 년 동안이나 계속될 기나긴 전쟁의 시작이었다.

백제와 신라가 최초로 격돌한 장소인 와산성은 지금의 충북 보은군 보은읍 지역에 있던 성으로 비정된다. 조선시대에 간행된 인문지리서인 《신증동국여지승람新增東國輿地勝覽》 제16권의 〈충청도 보은현〉

조에는 그 고을 안에 사산蛇山, 서산鼠山 등과 함께 와산이 존재한다는 기록이 보인다. 보은은 청주에서 직선거리로 25㎞ 정도 떨어져 있다. 1세기 중엽에 이미 백제와 신라는 그 정도 거리까지 접근해 있던 셈이다. 그런데 시조 *박혁거세가 서나벌徐那伐 6촌 연맹을 결성한 이래 수십 년의 세월이 흐르고 왕이 세 번이나 바뀌었음에도 답보상태에서 벗어나지 못하던 신라가 탈해이사금 재위 5년째인 이때에 과거의 종주국이던 마한의 소국을 거두어들일 만큼 성장해 있었다는 것은 놀라운 일이다. 그것은 한때 일부 학자들에게 도저히 있을 수 없는 것으로 여겨져 급기야 《삼국사기》의 초기 기록을 의심하게 할 만큼 믿기 힘든 상황이었다. 그도 그럴 것이 신라는 얼마 전까지만 해도 소수의 왜인에 의한 공격에도 수도를 포위당하는가 하면, 낙랑군의 속현으로 반독립 상태에 있던 *화려華麗와 불내不耐가 공격 대상으로 삼을 만큼 연약한 존재였기 때문이다. 그러나 한 국가가 변화하는 데 필요한 요소는 시간이 아니라 충격이다. 아무리 미약한 존재일지라도 어떤 결정적 계기를 만나게 될 경우, 그것을 자기화할 수 있는 기본적 토대만 갖추고 있다면 잠재되어 있던 에너지의 폭발적인 분출을 통해 급성장할 수도 있는 것이 국가라는 조직의 특성이다. 그 무렵 신라에는 분명히 그러한 충격이 있었다.

진한 12국 중 하나에 불과하던 사로국斯盧國의 갑작스러운 팽창, 정확하게는 그 기반이 되는 군사력의 괄목할 만한 발전에 결정적 원인으로 작용한 사건은 고구려에 의한 *낙랑국樂浪國의 멸망이었을 것이다. 37년, 이미 몇 해 전에 최리崔理 정권의 붕괴를 야기한 대무신왕의 침략으로 빈사상태에 빠져 있던 낙랑국이 마침내 고구려에 병합되자 그곳에 거주하던 인구 5천 명이 신라로 이주했다. *훈족의 동유럽 침공이 게르만 민족의 대이동을 초래한 경우와 마찬가지로 물리적 충격이 공간적으로 전이된 경우라고 하겠다. 그러나 지금도 그 존재가

박혁거세(BC 69~AD 4)
신라의 제1대 왕. 재위 BC 57~AD 4.

화려·불내
각각 함경남도 영흥과 강원도 안변으로 추정. 한때 낙랑군 동부도위의 속현.

낙랑국
1세기 초, 현재의 함경남도 지역에 존재했을 것으로 추정되는 나라. 고구려 대무신왕에게 멸망당함.

훈족(Huns)
서양사에 등장하는 최초의 투르크계 민족. 375년 흑해 북쪽의 동고트족을 침공한 이래 유럽 변경의 여러 종족들과 로마 제국에 일대 혼란을 야기함. 이들을 흉노족과 동일한 민족으로 간주하는 시각이 있음.

◆ 전쟁의 시대 ◆

부조현
낙랑군 동부도위에 속했던 현의
이름. 함남 함흥 일대로 추정.

동이현
낙랑군 동부도위에 속했던 현
의 이름. 위치 미상.

생생하게 살아 있는 게르만 민족과는 달리《삼국사기》에 '그 나라 사람其國人'으로 표기된 그 5천 명이 어떻게 되었는지는 알 수 없다. 그 기록 이후 어떤 사서에서도 그들의 존재가 다시 등장하지 않기 때문이다. 그렇다면 그들은 고구려의 수탈을 피해 도망친 옥저의 농민들로 낙랑군에서 유입된 선진 농업기술을 신라인들에게 전수하면서 평화롭게 살아갔을지도 모른다. 그러한 사람들에 관해서 역사가 적어야 할 일이 무엇이 있겠는가? 하지만 문제는 간단하지 않다. 그들이 오기 전과 온 이후의 신라는 분명히 달랐으며 그들을 낙랑국의 원주민이 아닌, 고도의 기동력과 강력한 전투력을 보유한 외래 종족으로, 또한 초기 신라의 군사적 성장에 결정적인 기여를 한 전사戰士 집단으로 추정할 수 있는 근거들이 적지 않기 때문이다. 와산성은 잠시 접어 두고 그 문제에 대해 세밀하게 짚어 보도록 하자.

5천 명이나 되는 인구가 한꺼번에 주거를 옮기는 행위는 지금도 큰 주목을 받을 일이지만 당시의 기준으로는 한 도시 정도가 아니라 하나의 작은 국가가 통째로 이동하는 엄청난 일이었다. 그때로부터 약 80년 전인 한 원제 초원初元 4년(기원전 45년)에 작성된 낙랑군의 '현별 호구목간縣別戶口木簡'에 따르면 낙랑국 중심지로 추정되는 °부조현夫租縣의 인구는, 비옥한 토지를 점유하고 있음에도 그 최대치가 1만 명을 넘지 못했다. 인접한 °동이현東暆縣의 경우는 279호 2천 명에 불과했고, 낙랑군 동부도위 관할 7현의 인구를 모두 합쳐도 5만을 초과하지 않았다. 낙랑국의 영역을 확정할 수는 없으나 그간의 인구증가를 감안하더라도 5천이라는 숫자는 1개 이상의 현 지역을 텅 비게 할 만큼 큰 규모였던 것이다. 그런데 주목할 점은 그들의 이동이 매우 단기간에 이루어졌다는 사실이다. 그들은 불과 수개월 만에 낙랑국의 소재지인 옥저 지역으로부터 수백 km나 떨어진 신라 중심부로 매우 신속하게 이동했다. 농경과 수렵 등으로 생활하던 정착민 집단이 노약자와 어린이, 여성 등 행동이 느릴 수밖에 없는 사람들을 동반한 채 도보로 이동하였다면 불가능한 일이다. 더구나 낙랑국이 보유한 토지와 인민의 점유가 목적이었던 고구려의 군대가 그들을 추격하지 않았을 리 없는 데다 옥저와 신라 사이에는 노동력과 군대가 필요한 여러 소국들, 그리고 말갈로 통칭되던 약탈자들도 있었기 때문에 더욱 그러하다. 그렇다면 그들은 고구려 군대의 추격을 따돌리고 앞을 가로막는 적대세력들을 격파하면서 빠르게 이동할 수 있는 능력을 보유한 집단이라고 볼 수 있는데, 전투력이라는 측면만 놓고 보면 그들을 이미 왕조가 무너진 상태임에도 고구려에 저항하던 낙랑국 병사들로 볼 수도 있다. 하지만 농경민으로 구성된 보병이 주력을 이루던 옥저 지역 토착세력의 군사적 특성을 감안하면 기동력이라는 측면이 결여되기 때문에 그들이 낙랑국에 정주하던 사람들일 가능성은 희박하다. 따라서 그들은 옥저의 원주민들과는 성격을 달리하면서 탁월한 전투력과 타의 추종을 불허하는 기동력을 모두 보유한 사람들이라고 보아야 하는데 그렇다면 그들을 누구라고 해야 할 것인가? 기동력이라는 측면에 주목해 보자. 당시 그만큼 빠른 기동력을 제공하는 교통수단은 말 이외에는 없었는데 그것을 집단이주의 수단으로 사용할 만한 집단은 유라시아 초원의 유목민뿐이었다. 주지하다시피 농경국가에서 말은 귀중한 군사적 자원으로 취급되어 일반인이 말을 소유하거나 운용할 수 있는 경우는 극히 제한적이었기 때문이다. 그러면 전투력의 측면은 어떠한가? *진시황이 통일정권을 수립하기 훨씬 전부터 중국인들을 무던히도 괴롭혔던 대표적 유목민족 *흉노匈奴의 특징을 언급한 *《사기史記》의 기록을 보자.

> 어린아이들도 양을 타고 돌아다니며 활로 새나 쥐를 쏘고 …… 남자들은 자유자재로 활을 다룰 수 있어 모두가 무장기병이 되었다 ……

진시황(BC 259~BC 210)
중국 진(秦)나라 제1대 황제. 성은 영(嬴) 이름은 정(政).

흉노
BC 3세기~AD 1세기에 몽골 고원과 만리장성 지역에서 활동한 유목민 집단, 또는 그 국가의 명칭. 그 왕을 선우(單于)라고 칭함.

사기
전한의 사마천(司馬遷)이 BC 91년에 완성한 역사서. 중국의 신화시대부터 전한 무제에 이르는 기간의 역사를 담음.

6부
양부, 사량부, 점량부(모량부),
본피부, 가리부, 습비부로 구
성됨.

긴급한 상황일 때에는 전원이 군사행동에 나설 수 있었다. 이것은 그
들의 타고난 천성이었다.

兒能騎羊 引弓射鳥鼠 …… 士力能毋弓 盡爲甲騎 …… 急則人習戰攻
以侵伐 其天性也

사기 권110 흉노열전 제50

이처럼 유목민들에게 기마능력과 전투력은 필수적인 것이며 태생
적인 것이다. 결국 집단 전체의 신속한 이동마저 가능하게 하는 기동
력과 우수한 전투능력이란 당시 유목민들만이 가지고 있던 특징이며
그렇다면 그 낙랑인들의 정체에 대한 의문의 해답은 한 가지밖에 없
다. 그들은 하필 그 시점에 알 수 없는 이유로 낙랑 지역에 체류 중이
던, 초원에서 온 유목민 무리였던 것이다.

신라가 그들을 *6부에 나누어 살게 하였다는 점도 그 낙랑인들이
어떤 사람들이었는지를 강하게 시사한다. 6부는 6촌에서 발전한 수
도 금성의 구성 체제이다. 당시 신라의 상층부도 외부에서 유입된 세
력이기는 했지만 이미 6부 체제를 통해 안정적인 권력을 확보하고 있
던 왕족과 귀족들이 자신들의 기득권 유지에 위협이 될지도 모를, 5
천이나 되는 이질적인 인구를 지방이 아닌 금성에 집결시켜 거주하게
할 리가 없다. 더구나 낙랑인들은 얼마 전까지만 해도 신라를 빈번하
게 침범했던 적대세력이었다. 때문에 그들은 신라를 공격했던 그 '낙
랑인들' 즉 낙랑군이나 낙랑국의 원주민들과는 성격을 달리하면서
그만큼 우대할 가치가 있던, 신라가 몹시 필요로 하는 특수한 기능을
가진 집단이라고 밖에는 볼 수 없는 것이다. 그렇다면 이미 철제농기
구를 사용할 만큼 일반화된 철기문화와 그것에서 비롯된 농업생산
성의 증대, 그리고 6부 체제로 상징되는 내부의 정치적 결속에도 왜
인의 약탈과 가야, 낙랑의 군사적 위세에 눌려 온전한 국가로 발전할

수 없었던 신라에 가장 필요한 것은 무엇이었을까. 비록 낙랑국은 멸망했지만 왜인의 침입과 무섭게 성장하는 가야에 맞서면서 장차 닥칠지도 모를 고구려의 위협에 대비하기 위해 신라에 절실했던 것, 그것은 바로 강력한 군사력이었고 낙랑에서 온 망명자들은 바로 그것을 가지고 있었던 것이다.

그들이 말 탄 전사들이라는 점은 신라인들에게 다소의 위험이 존재하더라도 결코 거부할 수 없는 유혹으로 작용했을 것이 분명하다. 예나 지금이나 강력한 군사력이란 대개 군대가 보유한 공격적인 능력을 의미하며 그것은 기동력과 충격력에서 비롯되는데, 현대의 기계화 부대처럼 고대에는 기병이 바로 그 두 가지를 모두 만족시켜주는 강력한 군사력이었기 때문이다. 신라는 그때 공격적인 측면이 결핍되어 있던, 느리고 힘없는 군대를 보유하고 있을 뿐이었다. 말과 선박이라는 기동수단을 가진 낙랑과 왜인들에게 방어자의 이점을 안고 있음에도 효과적으로 대응하지 못한 이유는 바로 그것에 기인했다. 실제로 《삼국사기》를 비롯한 그 어떤 사서에서도 37년 이전에 신라가 기병을 운용하였다는 기록을 찾아볼 수 없다.

신라에게 기병의 보유는 단순히 군사적인 측면의 진보만이 아니었다. 그것은 이전까지 주변세력에 대해 수세로 일관하며 현상유지에 만족하던 신라인들의 사고방식에 혁명적인 능동성을 부여했다. 이전에는 없던 힘을 손에 쥐게 되자 그들도 드디어 외부로 눈을 돌리게 된 것이다. 그리고 낙랑인 망명자들과 마찬가지로 외부에서 유입된 세력의 수장이 분명한 석탈해昔脫解가 박씨들을 제치고 왕위에 오르면서 갑자기 공격적으로 돌변한 신라는 마침내 본격적인 정복자의 길을 걷게 된다. 사서에는 그 과정이 언급되어 있지 않지만 '와산과 구양의 점유'라는 결과가 입증하듯, 그들은 37년 무렵부터 가야와 왜인들에 막힌 남쪽으로의 진출을 포기하고 *파사이사금 시기에 국경분쟁을 일

파사이사금(?~112)
신라 제5대 왕. 재위 80~112.

음집벌국·실직곡국
응집벌국은 경주시 안강읍 일대, 실질곡국은 포항에서 삼척에 이르는 동해 연안 지역으로 추정.

고타국·사벌국
각각 경북 안동시와 상주시 일대로 추정.

으키게 되는 *음집벌국音汁伐國과 실직곡국悉直谷國 등 금성 북쪽에 소재한 소국들과 느슨한 동맹을 형성하면서 북방으로의 진출을 추구했던 것이 분명하다. 그리고 낙동강 상류의 *고타국古陁國과 사벌국沙伐國을 무력 점령하여 직할령에 편입한 뒤 그곳을 전진기지로 삼아 서쪽으로 진로를 전환한 끝에 61년, 맹소가 투항할 즈음에는 현재의 충북 보은과 옥천, 즉 와산과 구양에 도달하게 되었다. 그렇게 신라는 순식간에 강력한 군사력을 보유하고 또 그것을 사용하여 주변 소국들을 통합해 나가는, 진한 지역의 중심적인 국가로 등장하게 되었던 것이다. [낙랑인들의 이주는 60년, 혹은 65년에 처음 등장하는 신라 김씨 왕족의 시조 '김알지(金閼智)'와도 어떤 연관이 있는 듯하다. 신라 김씨 자체를 북방에서 유입된 세력, 더 구체적으로는 흉노의 일파로 추정하는 가설과 맞물려 김알지의 후손이자 고급 귀족으로 2세기 말 백제와의 전쟁에서 활약하는 구도(仇道)가 기병전을 능수능란하게 구사한 사실이 '외래종족+기마'라는 낙랑인들의 이미지와 겹쳐지기 때문이다. 시기의 문제에 있어서도, 80년에 즉위한 파사이사금의 부인이 '사성부인 김씨, 갈문왕 허루(許婁)의 딸이다.'라는 《삼국사기》 기록을 보면 김씨들의 신라 입국은 65년이 아닌, 적어도 그보다 한두 세대 이전에 이루어진 일로 보아야 한다. 파사의 아들인 지마이사금의 부인 역시 김씨인데 파사이사금 때 그녀의 아버지인 갈문왕 마제(摩帝)는 서발한(舒發翰), 즉 당시 최고 관등인 이벌찬(伊伐飡)이 되고 허루는 2등급인 이찬(伊飡)의 직위에 있었다. 그렇다면 김알지의 등장 이전에는 그 존재조차 확인되지 않는 김씨 세력은 실상 그 훨씬 전에 신라에 유입되었고 또한 그로부터 얼마 지나지 않은 시점에 이미 상급귀족사회의 구성원이 되어 정치권력을 분점하고 있었다는 이야기가 된다. 신라 김씨들의 유입시기와 경로를 짐작게 하는 보다 직접적인 사료도 존재한다. 중국 서안의 '비림박물관(碑林博物館)'에 소장된 〈대당고김씨부인묘명(大唐故金氏夫人墓銘)〉이다. 그것에는 신라 김씨의 선조를 한무제에게 항복한 흉노인인 투정후(秺亭侯) 김일제(金日磾 BC134~BC86), 즉 신라 문무대왕의 능비에 투후(秺侯) 김일제로 등장하는 인물로 명시하면서, 그 후손들이 한나라의 혼란 중에 요동으로 도피하여 그곳에서 다시 번성하였다는 내용이 새겨져 있다. 이와 관련된 〈한서(漢書) 권68 곽광·김일제전(霍光金日磾傳) 제38〉

◆ 그들이 처음 만났을 때 ◆

의 기록을 보면 김일제의 후손들이 전한을 멸망시킨 왕망(王莽)에게 적극 협력하였기 때문에 그의 몰락과 함께 세력을 잃었다고 되어 있는데 그렇다면 그들이 요동으로 이동한 시기는 왕망이 사망한 23년 무렵일 것이다. 흉노인 김일제와 신라 김씨와의 혈연관계에 대해서는 논란의 여지가 있지만 그 시기만큼은 너무도 절묘하게 들어맞지 않는가? 이 문제를 풀어내자면 살펴보아야 할 시간과 공간이 너무 광범위하기는 하나, 낙랑인들의 귀순이 금관가야가 투항하기 전까지 신라에 대한 가장 큰 규모의 자발적 인구유입이라는 점을 중시하여 보다 개방적인 시각에 의거한 구체적 연구결과의 등장을 기대한다.]

청주 정북동토성. 금강 지류인 미호천 유역에 위치하고 있으며, 성 내부에서 출토된 유물은 그 편년이 기원전까지 올라가는 경우도 있다. 이 성은 백제가 낭자곡, 즉 현재의 청주 지역에 진출하기 이전에 마한세력에 의해 축조된 것으로 추정된다. 성벽은 정사각형에 가까운 형태이며 네 개의 문터가 있고 외부에는 해자의 흔적이 있다. 비교적 잘 보존된 이 판축토성은 우리나라의 대표적인 평지 토성 중 하나로 서울 풍납동토성과 그 입지와 형태가 매우 유사하며 고대 성곽의 형태와 발전과정을 연구하는 데 있어 중요한 위치를 차지하는 유적이다.

속리산
소백산맥 중앙부에 위치한 산.
높이 1,058m.

구병산
충북 보은군 마로면과 경북
상주시 화북면에 걸쳐 있는
산. 높이 876m.

다시 64년의 와산으로 돌아가자. 청주에서 보은으로 이르는 길은 도로망이 발달한 지금도 험난하기 그지없다. 중부 내륙 깊숙이 자리 잡은 두 지역 사이에는 크고 작은 산과 고개들이 버티고 있어 하천과 골짜기를 따라 이동하지 않는다면 가파른 산길을 수도 없이 오르내리는 고된 행군을 각오해야 한다. 그런데도 백제군은 제법 뜨거운 햇볕이 내리쬐는 음력 8월에 와산성을 공격하기 위해 그 길을 갔다. 왜 그랬을까. 그 사건이 아니었다면 역사에 이름을 올리지도 못했을 와산이 도대체 그들에게 무슨 의미였기에 가을걷이가 끝나기 무섭게 전쟁의 길로 나서야 했던 것일까. 그것은 다음과 같은 몇 가지 이유가 있다.

첫째, 그 당시 와산은 영역 확장의 단계에 돌입한 두 나라에 반드시 필요한 군사거점과 보급기지 역할을 수행할 만한 조건을 완벽하게 갖추고 있었다. 와산 지역의 중앙부를 가로지르는 보청천 유역에 발달한 넓은 평야지대는 주변에서 보기 힘든 곡창지대를 형성하고 있다. 지금도 그 지역은 충북의 대표적 농업지대 중 하나이다. 그리고 보청천과 그 지류들은 농경과 일상생활에 사용하기에 충분한 수자원을 제공하고 평야 주변에는 °속리산과 °구병산 등 큰 산이 많아 연료와 건축에 사용할 목재도 풍부하므로 많은 인구가 정착하여 살기에 좋은 조건을 갖추고 있다. 따라서 이곳은 사람들을 정착시켜 산업을 일으키고 관청을 설치하여 안정적인 통치를 실행하면서 그것을 바탕으로 다음 정복지를 향해 나아가기에 더없이 적합한 지역이었다. 백제건 신라건 이곳을 장악하기만 하면 자신들이 진출하려는 방향으로 계속 뻗어 나갈 수 있는 든든한 교두보를 확보하게 되는 것이다.

둘째, 와산성이 소재한 보은읍과 그 주변 지역은 일단 안정적인 토대를 마련하고 나면 어떠한 방향의 공격도 막아내기가 매우 용이한 지형적 이점을 가지고 있다. 사방이 산악이라 골짜기는 깊고 산은 높아서 몇 가닥 제한된 교통로가 있을 뿐인데, 그 도로들마저 주변 산봉우리에 초소 몇 개만 설치하면 완벽하게 감시할 수 있다. 도로변에는 수비하기 좋은 곳을 골라 산성을 설치하기 적당한 장소가 얼마든지 있어서 적군이 사용할 만한 통로를 봉쇄하거나 견제할 수 있다. 실제로도 어느 방면에서건 보은으로 이르는 길가에는 크고 작은 산성의 유적들이 존재한다. 그리고 이 산성들은 하나같이 공격하기가 상당히 곤란한 곳에 위치하고 있다. 이를 극복하려면 공격하는 측은 막대한 병력과 시간의 손실을 감수해야 한다. 그들이 험난한 지형을 이용한 전방방어선을 거쳐 보은에 도착할 무렵에는 이미 병력과 보급품을 심각할 정도로 소모한 상태라서 정상적인 전투가 불가능하기 때문에 대개는 중도에서 되돌아갈 수밖에 없다. 또한 이 산성들은 확실한 경보수단으로 작용하기도 한다. 침입자의 최종목적지는 보은이 될 수밖에 없으므로 그곳에 주둔하고 있는 병력에 적군의 접근을 미리 통보하여 대비하게 하는 것이다. 이 일은 실시간 통신수단이 존재하지 않았던 옛날에도 발 빠른 병사 몇 명이면 충분히 가능했다. 그리고 잘 축성된 요새에서 준비된 군대가 기다리고 있다면 이미 지치고 소모된 침략군은 퇴각밖에는 할 수 있는 것이 없다. 물론 1세기 당시에 그런 산성이 존재하지는 않았을 것이다. 하지만 그 시대에 두 나라가 변경 지역에 배치 가능했던 병력은 기껏 수백에서 수천 명 수준으로, 험난한 자연지형과 수비자의 이점을 적절히 활용하기만 한다면 와산에 대한 어떠한 침공도 충분히 격퇴할 수 있었다.

그러나 무엇보다도 와산이 중시되었던 이유는 백제나 신라 모두에게 그곳을 점유하느냐 그렇지 못하느냐에 따라 군사적 주도권이 뒤바뀔 수 있는 전략적 교통로의 핵심에 자리하고 있기 때문이었다. 당시 신라인들이 지향하던 바를 정확히 알 수는 없다. 어쩌면 백제와 마찬가지로 진마의 병탄을 꿈꾸었던 것인지도 모르며, 내륙통로나 한강수로를 통해 낙랑군과의 무역루트를 개통하고자 했을 수도 있다.

분명한 점은, 무엇을 원했든 그들은 북쪽으로 가야만 했고 따라서 와
산이 반드시 필요했다는 사실이다. 와산은 전략적으로 중요할 뿐 아
니라 새로운 단계로의 도약을 위해 반드시 필요한 발판이었기 때문이
다. 그때 신라가 점유하고 있던 경북 상주 지역에서 청주나 괴산 방면
으로 진출하려면 거대한 속리산과 그 지맥들에 막혀 보은으로 우회
할 수밖에 없으며, 옥천이나 영동에서 북쪽으로 진출하는 길도 보은
을 거쳐야만 했다. 더욱이 신라가 문경이나 괴산을 거쳐 남한강 중상
류 방면으로 진입하려 할 경우에 대비하기 위해서라도 보은은 반드
시 확보해야 할 지역이었다. 이곳을 백제에 넘겨준다면 상주·문경 루
트를 통해 북쪽으로 진출한다고 해도 그 측면이 심각하게 위협받을
것이기 때문이다. 그렇게 불안한 상황이 조성된다면 북방으로의 진
출은 무의미하며 국력의 낭비만 초래할 따름이다. 백제 역시 마찬가
지였다. 낭자곡을 손에 넣은 백제가 동쪽, 또는 동남쪽으로 진출하기
위해서는 와산성의 확보가 반드시 필요했지만, 반대로 그곳에 신라가
확고한 군사거점을 건설하게 되면 이미 정복한 중부 내륙지역의 영토
가 위협받게 됨은 물론 신라가 *계립령·남한강 루트를 통해 백제 중
심부로 접근하는 일이 한결 용이해질 것이기 때문이었다. 결국 와산
은 두 나라 모두에게 어떠한 희생을 치르더라도 반드시 확보해야 할
최상급 전략목표가 될 수밖에 없었던 것이다.

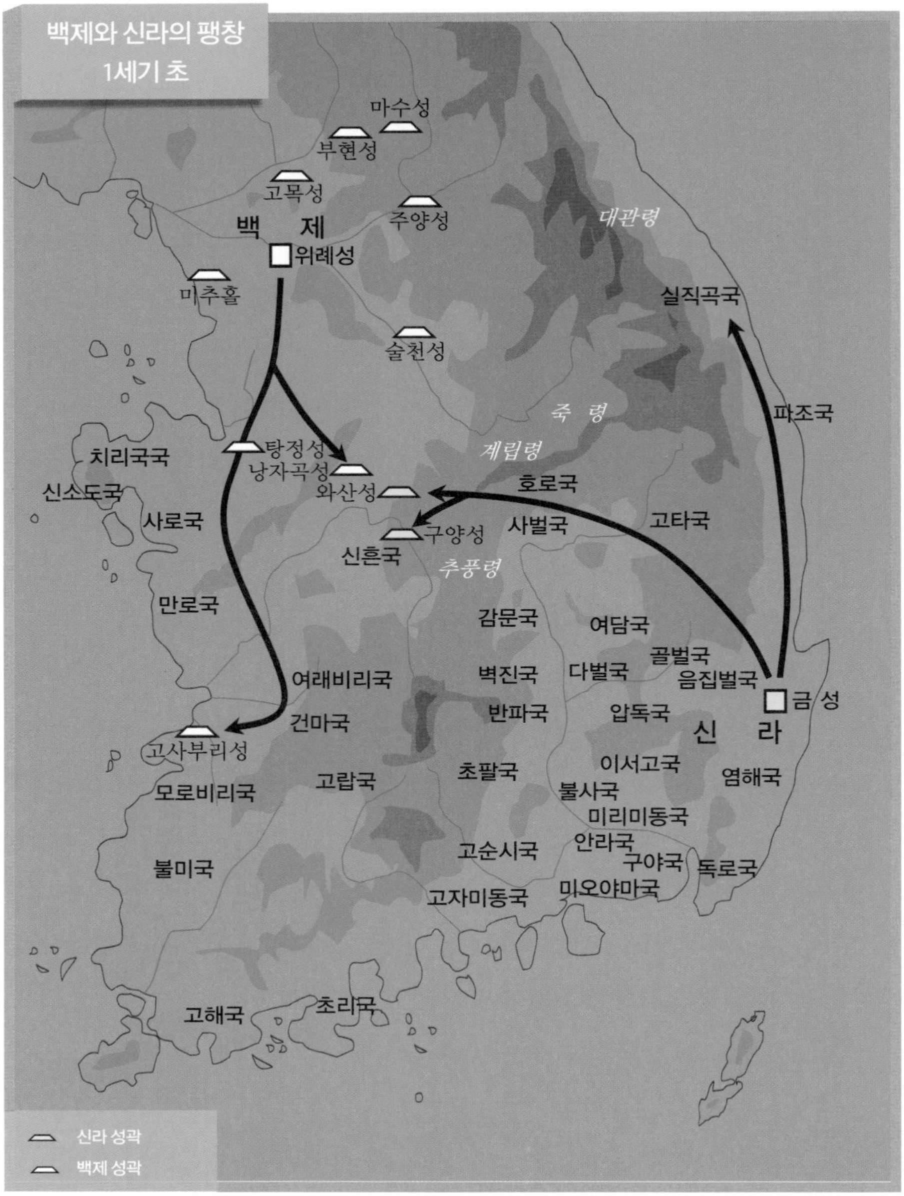
백제와 신라의 팽창
1세기 초
마수성
부현성
고목성
주양성
대관령
백 제
위례성
미추홀
실직곡국
술천성
파조국
죽 령
계립령
치리국국
탕정성
낭자곡성
호로국
신소도국
와산성
사로국
구양성
사벌국
고타국
신흔국
추풍령
만로국
감문국
여담국
골벌국
여래비리국
벽진국
다벌국
음집벌국
금성
반파국
압독국
건마국
신 라
고사부리성
이서고국
염해국
모로비리국
고랍국
초팔국
불사국
미리미동국
고순시국
안라국
불미국
구야국
독로국
고자미동국
미오야마국
고해국
초리국
신라 성곽
백제 성곽

기원후 1세기 초에서 중엽에 이르는 시기 백제와 신라의 진출 방향. 마한의 붕괴 이후 혼란에 빠진 소국들을 제압하며 빠른 속도로 세력을 확장해 나가던 백제와 신라가 와산에서 조우함으로써 기나긴 상쟁의 역사는 마침내 그 막을 열게 된다.

와산 공방전

백제군 주력이 철수하자마자 반격을 가해온 신라군은 아주 쉽게 와산성을 탈환한다. 그렇게 힘없이 와산성을 내어준 이유는 절대적인 병력의 열세 때문이었을 것이다. 어쨌든 이처럼 와산성 방면의 전황은 혼란 그 자체였다. 그러나 그것은 이어지는 시소게임의 시작일 뿐이었다.

와산을 둘러싼 양국 간의 기나긴 공방전은 앞서 보았듯 64년, 백제의 *선제공격으로 시작되었다. 그리고 첫 전투에서 백제군은 이기지 못했다. 하지만 졌다는 기록도 없다. 따라서 백제군의 목적은 와산성 자체의 점령은 아니었을 것이다. 어쩌면 10월에 있을 구양성 공격 이전에 신라의 눈길을 다른 곳으로 돌리려 한 것이었는지도 모르겠다. 어쨌든 가을걷이가 끝난 음력 8월, 백제군은 마침내 운명의 전쟁이 시작될 와산성으로 향했다. 그들은 도로사정에 밝은 낭자곡 주민이나 상인들을 길잡이로 동반한, 백제의 중앙에서 파견된 병력으로 구성되었을 것이다. 맹소의 경우에서 알 수 있듯이 그때까지도 마한의 잔여세력을 완전히 제압하지 못한 백제로서는 낭자곡의 원주민들을 별로 신뢰하지 않았을 것이기 때문이다.

백제군의 임무는 와산성에 이르는 통로의 개척 및 *지형정찰, 그리고 와산성에 접근할 수 있다면 공격을 시도하여 신라군의 위력을 시험해 보는 일이었을 것으로 생각된다. 사전에 이동로에 대한 정보 수집 활동이 있었을 것은 분명하지만 그리 멀리까지 나갈 수는 없었던 탓에 잘 훈련된 병사들의 마음속에도 미지에 대한 공포가 꿈틀대고 있었을 것이다. 하지만 그들은 별 탈 없이 와산성에 도달했고 거기서 전투까지 치렀다. 그리고 다시 돌아왔다. 임무를 성공적으로 완수한 것이다. 신라와 백제 간 최초의 전투라는 타이틀에 걸맞지 않는 싱거운 결말이지만 그들의 노력으로 수집된 정보는 2년 뒤 백제가 다시 와산성을 침공하여 마침내 점령할 수 있는 열쇠가 되었다.

그러면 그때 백제군은 어떤 루트를 통해 와산으로 갔을까? 이 무렵 추풍령과 조령, 죽령 주변에서 전개되는 일련의 전투를 비롯하여 그 뒤에 이어진 여러 전쟁들의 목적이 대개 도로망의 확보에 있었기 때문에 당시의 도로가 어떠한 형태로 존재했는지를 아는 것은 매우 중요하다. 물론 기록이 없기 때문에 그 정확한 내용을 알 수는 없다. 하

선제공격(Preemptive Attack)
적의 공격이 임박하였다는 증거를 기초로 적보다 먼저 시작하는 공격.

지형정찰
특정 지역의 지형에 대한 천연적·인공적 특징을 살피는 군사적 행위.

세조(世祖)(1417~1468)
조선 제7대 왕. 재위
1455~1468.

지만 고대의 군사행동이 대체로 기존의 상업도로나 일반적인 통행로를 이용하여 이루어진 사실과 아울러 우리나라의 경우 교통로의 발달을 제한하는 지형적 조건 때문에 고대의 도로망이 근대 이전까지 거의 유사한 형태로 유지되어 왔음을 고려하면 당시 두 지역을 연결하는 도로의 사정이 어땠을지 짐작할 수 있다.

현재의 청주와 보은 간에 고대로부터 존재했을 것으로 생각되는 통로는 세 갈래가 있다. 그중 가장 남쪽에 있는 길은 청원군 가덕면 지역에서 동쪽으로 피반령皮盤嶺을 넘는 길이다. 조선 초기, 피부질환을 앓던 *세조가 초정에서 요양한 뒤 청주를 거쳐 속리산으로 가기 위해 이 고개를 넘었는데, 이 사실은 피반령로가 이미 오래전부터 국가에서 관리하던 주요 교통로였음을 말해준다. 해발 360m인 피반령에는 지금 2차선 포장도로가 개통되어 있다. 하지만 산의 굴곡을 따라

보은읍 외곽의 평야지대. 무려 2천 년 전에 역사의 무대에 등장한 이 지역은 고대로부터 내륙교통의 중심지이자 군사적 요충인 동시에 풍요한 자원을 가진 곳이었다. 하지만 그만큼 이곳을 지배하려는 세력들도 많았기 때문에 기원후 1세기부터 후삼국시대에 이르기까지 이 지역은 격렬한 전쟁의 한가운데 놓여 있어야 했다.

가는 길은 여전히 험악하여, 여름철에 폭우가 내리면 도로건설을 위해 절개한 산비탈이 상습적으로 무너져 내려 며칠씩이나 통행이 금지되곤 한다. 청원군 가덕면과 보은군 회북면의 경계인 피반령 정상에 오르면 청주와 미원 방면의 산봉우리들이 한눈에 들어온다. 그리고 고개를 넘어 골짜기 사이의 좁은 평지를 따라 진행하다 보면 백제의 미곡현未谷縣으로 신라에는 매곡현昧谷縣이던 회인懷仁에 도착한다. 이곳에는 고려를 거쳐 조선시대까지 *현청이 존재했다. 피반령 루트가 언제부터 존재했으며 누구에 의해 개척되고 활성화되었는지를 짐작게 해주는 사실이다. 피반령로는 백제가 청주 지역을 점유하고 있던 때에도 존재했던 것이다. 회인을 지나 다시 산길로 접어들면 해발 321m의 수리티재가 나타난다. 수리티재는 피반령 루트의 마지막 관문이라고 할 수 있다. 이 고개를 넘으면 논과 밭이 산재한 골짜기가 나

현청
현의 수장인 현령이 근무하는
관청.

전쟁의 시대

해발고도 360m인 피반령은 이미 조선시대 초기에 그 존재가 확인되는 유서 깊은 교통로이다. 하지만 청주와 보은을 연결하는 3개 교통로 중 가장 험악한 피반령로는 굴곡이 심하고 산사태가 빈발하는 탓에 지금도 그다지 많이 이용되는 도로는 아니다.

타나는데 그 오른쪽에 옥천, 즉 당시의 구양 방면으로 향하는 갈림길이 있으며 하천을 따라 조성된 도로를 계속 따라가면 골짜기가 점점 넓어지면서 마침내 보은읍 남쪽으로 진입할 수 있다.

그런데 이 길은 세 개의 통로 중 가장 험난하며 마을도 별로 없고 갈림길이 많아 초행인 사람은 이정표를 보지 않고는 다니기 힘들 정도다. 때문에 지금도 휴가철을 제외하고는 차량 통행이 별로 없다. 만약 당시의 백제군이 이 길을 선택했다면 땡볕 아래 산악행군을 해야 하는 어려움은 물론 진로 파악에 상당한 곤란을 겪었을 것이며 따라서 이동에 필요한 시간도 상대적으로 길어졌을 것이다. 따라서 적지에 들어가 짧은 시간 내에 치고 빠져야 하는 임무를 위해서 선택할 만한 길은 아니다.

중간에 있는 길은 청원군 낭성면에서 미원면을 거쳐 보은군 내북면 창리倉里를 지나 보은읍 서쪽에 펼쳐진 평야지대로 접근하는 도로이다. 이 길은 현재의 19번 국도로서 청주와 보은을 잇는 교통로 중 가장 많이 사용되고 있다. 청주와 보은, 속리산을 오고 가는 노선버스들 대부분도 이 도로를 이용한다. 이 길은 큰 고개가 없고 골짜기도 비교적 넓어 어느 정도 시야를 확보한 상태로 이동할 수 있는 데다 길가에 크고 작은 마을들이 산재해

청주와 보은을 잇는 19번 국도의 중간지점에 위치한 주성산성(酒城山城/朱城山城). 이 산성은 보은군 회북면 창리 동남쪽 약 2.4㎞ 지점에 있는 주성산(359.8m) 정상부를 둘러싼 석축산성으로 둘레가 약 600m에 불과한 소규모 요새이다. 원래는 납작한 돌을 겹겹이 쌓아 올린 형태였으나 지금은 그 대부분이 무너져 내려 원형을 확인하기 어렵다. 현재 남아 있는 성벽의 최고 높이는 1m가 못 되고, 최대 폭은 1.6m 정도이다. 19번 국도는 이 산을 휘어 감고 지나는데, 현대처럼 실시간 조기경보체제가 없던 고대에는 이렇게 도로 주변에 작은 산성이나 보루, 봉수대 등을 축조하여 주요 지역에 대한 적의 침입을 사전에 감지하려 하였다.

낭자곡을 떠난 백제군은 낭성-미원-창리를 거쳐 보은에 이르는 루트를 따라 이동했을 것으로 추정된다. 이 루트는《대동여지도》에도 표기되어 있으며 현재에도 두 지역을 오가는 데 가장 많이 사용되는 19번 국도와 대체로 일치한다. 지리적 여건을 고려하면 당시에도 이 길이 낭자곡과 와산을 연결하는 가장 용이한 도로였을 것이 분명하다.

있어 도로와 주변 상황에 대한 정보를 얻기에도 용이하다. 물론 주변 산봉우리에 신라군의 작은 *보루 정도는 있었을 것이다. 하지만 1년 전에 파견되었던 백제 사신이 그 길을 이용했다면 신라군의 배치에 대해 어느 정도는 파악되어 있었을 것이며 백제군은 이들 보루를 기습하여 돌파했을 것이다. 그러지 않더라도 소수의 병력이 존재를 감추고 피해 갈 수 있는 길은 많다. 그래서 이 길은 당시 백제군이 이용할 수 있었던 가장 안전한 길이었다. 게다가 청원군 낭성면과 미원면 일대는 당시 백제가 점령한 낭자곡으로 비정되는 지역이다. 백제의 입장에서 보면 가장 빠른 시간 내에 보은으로 접근할 수 있는 출발점이 되는 것이다. 따라서 64년 당시 백제군은 이 미원·창리 루트를 따

보루(堡壘)
방어와 관측 등을 목적으로 설치되는 소규모 군사 거점.

라 보은으로 갔을 확률이 높다.

　세 번째 루트는 미원에서 방향을 전환하여 동쪽에 있는 괴산군 청천면까지 간 다음 다시 남쪽으로 방향을 틀어 속리산 서쪽 사면의 굴곡을 따라 보은군 산외면과 내속리면을 거쳐 크게 우회하는 길이다. 이 길은 현재의 37번 국도와 대체로 일치한다. 하지만 37번 국도는 관광목적 이외에는 많이 사용되는 도로가 아니며 산이 높고 골짜기는 깊은 데다 하천은 좁고 굴곡도 심해 당시 이곳에 제대로 된 도로가 있었을 리 없다. 청천을 지나면 험악한 산봉우리가 암반을 그대로 드러낸 채 빼곡히 들어차 있고 하천 주변은 바위투성이라 경작할 만한 평지도 없어 마을조차 드물다. 아마도 당시 이곳은 개척되지 않은 무인지경이었을 것이며 백제건 신라건 이 지역에 대한 정보는 거의 가지지 못했을 것이다. 길이 있고 정보가 있었다 해도 백제군이 이 길을 선택

낭성에서 미원, 청천을 거쳐 보은까지 연결되는 북쪽 루트는 대체로 사진과 같은 풍경이 이어진다. 하천을 따라 속리산 자락을 경유하는 이 통로를 이용하면 중간에 길을 잃게 될 염려는 없지만, 산이 높고 골짜기는 좁은 데다 도로의 굴곡이 매우 심해 다른 두 루트에 비해 시간이 오래 걸리고 매복공격에 취약한 단점이 있다. 사진의 청천 지역은 5세기 말, 신라와 고구려가 격돌한 살수원전투(494년)의 현장으로 비정되고 있다.

하지는 않았을 것이다. 일단 신속한 행군이 어려운 데다 자칫 잘못하면 길을 잃고 엉뚱한 산골짜기에서 헤맬 위험이 있고 그런 상태에서 매복을 당한다면 도주조차 불가능하기 때문이다. 따라서 이런 길을 개척할 때에는 충분한 정보를 습득한 상태에서 시간적인 여유를 가지고 하나하나 안정적인 거점을 마련해 가며 전진해야 한다. 실제로 이 길은 신라가 보은 지역을 안정적으로 확보하고 충북 괴산 방면을 통해 남한강 상류인 충주 쪽으로 진출할 때 그런 식으로 개척되어 유용한 교통로로 사용된다.

64년 음력 10월, 와산성의 충돌이 있은 지 두 달 뒤에 다루왕의 백제군은 신라 구양성을 공격했다. 보은에서 남쪽으로 불과 25km밖에 떨어지지 않은 지금의 충북 옥천 지역이다. 구양성을 충북 괴산 부근으로 보는 견해도 있지만 신라의 입장에서 볼 때 괴산은 조령을 확보해야만 안전하게 점유할 수 있는 지역이다. 하지만 당시는 아직 신라가 조령에 접근하지 못한 때였다. 따라서 구양성은 옥천 지역으로 보는 것이 타당하며 앞으로 전개될 상황을 보아도 그렇다. 또한 이때 백제군의 출발지는 구양성에서 멀지 않은, 지금의 대전광역시 동쪽 방면이었던 것 같다. 당시 백제는 파죽지세로 남진하며 마한의 저항을 물리치고 남쪽으로 국경을 확장하여 옥천과 인접한 대전 지역에 이미 확고한 군사거점을 마련하고 있었을 것이다. 옥천에서 서쪽으로 대전과 통하는 *탄현炭峴 주변에는 수많은 백제계 산성과 보루의 유적들이 존재하며 그 끝에는 백제가 건설한 대전 지역 최대의 요새인 *계족산성이 있다. 《삼국사기》에 등장하는 옹산성甕山城으로 *비정되는 이 산성은 뒤에 와산 지역에 축성되는 신라의 삼년산성만큼이나 역사적 비중이 큰 곳으로 백제가 멸망할 때까지 한 번도 함락된 적이 없었다. 그만큼 현재의 대전광역시, 특히 동서를 잇는 교통로의 중심에 위치한 회덕과 유성 지역은 군사적으로 백제에게 매우 중요한 곳이었다.

탄현
대전광역시 동구와 충북 옥천군 군서면의 경계에 위치한 마달령(馬達嶺).

계족산성
대전광역시 대덕구 계족산에 위치한 산성. 《삼국사기》의 옹산성으로 추정.

비정(比定)
확실하지 않지만 비교하여 정함.

　백제는 대전 지역을 최초로 점령한 바로 그 시점부터 강력한 군사기지를 만드는 작업을 시작했다. 온조왕 때인 18년에 이미 탕정湯井, 즉 현재의 온양까지 진출하여 마한 중서부 지역을 평정하고 다시 동쪽으로 향하던 그들의 눈앞에, 추풍령을 넘어 서쪽으로 향하던 신라의 전방요새인 구양성이 나타난 때문이었다. 신라가 이미 진한과 마한의 경계인 추풍령을 넘은 것은 매우 위협적이며 용인할 수 없는 상황이었다. 백제가 공격의 중심을 와산에서 구양으로 옮기게 되는 이유였다.

　전쟁을 사양해서 안 될 이유는 와산의 경우보다 뚜렷했지만 구양성에서도 탐색전의 양상은 이어졌다. 〈삼국사기 신라본기〉에서 신라는 구양성을 공격한 백제군에 대해 2천 명의 기병을 동원해 이를 무찔렀다고 주장하나 〈백제본기〉에는 오히려 백제가 신라기병을 역습하여 패퇴시켰다고 기록되어 있다. 이러한 혼돈은 《삼국사기》 대부분의 전쟁기록에 단일 전투의 승자와 패자가 명확히 기록되어 있는 것과는 사뭇 다르다. 특히 백제는 구양성을 점령하지도 못했으면서 자신을 승자라고 주장했다. 와산성의 경우와 같이 백제군에게는 이 전투 역시 구양성에 대한 탐색전에 불과했기 때문이다. 본격적으로 침공을 벌이기 전에 구양성으로 가는 도로와 신라군의 전력을 상세히 알아야 할 필요가 있던 백제는 일단 그 목적을 달성했다고 판단하였던 것이다.

　이미 많은 전쟁에서 숱한 성공과 실패를 경험한 바 있는 백제군은 교활하다고 할 만큼 치밀하게 행동했다. 그들은 와산성과 구양성에서 수집한 정보를 근거로 동쪽으로의 진군을 위해 필요한 전략 방침을 확정하고 주공 방향을 다시 와산성 방면으로 이동시켰다. 백제군이 구양성을 돌파하여 추풍령을 넘으면 바로 서라벌과 멀지 않은 경상북도 중앙부로 진입할 수 있기 때문에 신라가 와산보다는 구양 방면을 중시하고 있는 데다, 2천 명이나 되는 기병을 신속히 파견하여

조령루트 북쪽 끝인 충주 조령산. 골짜기를 따라 올라가면 조령 제3관문인 '조령관'이 있다. 2세기 중엽 신라가 개통한 계립령은 보통 이곳보다 더 북쪽에 있는 '하늘재', 즉 문경에서 수안보 방면으로 통하는 고개로 비정된다. 그러나 5세기 무렵 고구려의 남진전략과 맞물려 충주 지역이 중시되면서 교통의 중심은 조령 쪽으로 이동했고, 그때부터 근대에 이르기까지 경북 영주에서 충북 단양으로 통하는 죽령과 함께 남북을 연결하는 매우 중요한 내륙통로가 되었다.

공격적으로 반응한 것을 보면 구양성 점령을 위해 큰 희생을 무릅써야 할 것으로 판단한 때문이었다.

66년, 주공의 방향을 정한 백제는 다시 와산성을 공격한다. 하지만 이번에는 정찰 목적이 아니었다. 다루왕은 본격적으로 성을 공격할 수 있을 만큼 많은 병력을 보내 마침내 와산성을 점령했다. 몇 년을 공들인 정보전을 통해 상대의 약점을 발견하고 그곳에 주력을 집중시킨 끝에 얻은 승리였다. 하지만 백제는 와산성을 수비할 병사 2백 명만을 남겨둔 채 주력을 철수시켰다. 구양성에 주둔한 신라군을 견제하기 위해서라도 대전 방면에서 빼낸 군대를 신속히 복귀시켜야 했기 때문이다. 그러나 백제군 주력이 철수하자마자 반격을 가해온 신라군은 아주 쉽게 와산성을 탈환한다. 그렇게 힘없이 와산성을 내어준 이유는 절대적인 병력의 열세 때문이었을 것이다. 어쨌든 이처럼 와산성 방면의 전황은 혼란 그 자체였다. 그러나 그것은 이어지는 시소게임의 시작일 뿐이었다.

와산성이 다시 신라에 넘어간 이후 다루왕은 공세의 방향을 옮겨가며 신라 변경의 이곳저곳을 공격했다. 어떤 특정한 지역을 점령했다는 기록이 없는 것으로 보아 그러한 산발적인 공격의 목적은 신라군을 분산시켜 와산성에 집중하지 못하도록 만드는 데 있었을 것이다. 작전은 제대로 먹혀들어 75년 10월에 백제는 다시 와산성을 공격

기루왕(?~128)
백제 제3대 왕, 재위 77~128.

하여 손에 넣었다. 그리고 이듬해 음력 9월까지 와산성을 점령하고 있었다. 지난번의 쓰라린 경험을 교훈 삼아 성을 개축하고 물자를 비축하는 등 수비태세가 갖추어질 때까지 주력을 철수시키지 않았기 때문일 것이다. 그러나 76년 음력 9월, 이번에는 신라가 와산성을 공격해 점령했다. 1년 동안 주변지형을 익혀가며 완벽한 전투태세를 갖추고 있었을 백제군을 일거에 격파하고 획득한 포로 2백여 명까지 살해한 것으로 보아 이때 신라는 다수의 정예 병력으로 기습적인 공격을 실시했던 것 같다.

10여 년에 걸쳐 점령과 탈환이 반복되는 상황은 와산에 살던 주민들에게는 매우 비극적인 일이었을 것이다. 그러나 어떠한 희생을 치르더라도 와산 방면에서 주도권을 확보하려는 백제와 신라의 의지는 확고했다. 하지만 두 나라의 치열했던 공방전은 와산성이 신라에 다시 넘어가고 1년이 지난 77년 9월에 다루왕이 사망하고, 80년 8월에는 신라 탈해이사금이 숨을 거두면서 갑자기 종료되었다. 그 뒤로는 다루왕을 이은 *기루왕이 85년에 신라 변경을 침입했을 뿐, 기루왕 29년인 105년에 신라와의 화친이 성립된 이후 한동안 두 나라 국경은 평화로운 상태를 유지했다. 쉽게 끝장을 볼 수 있을 것 같지도 않은 전쟁에 매달리기보다는 점령지를 안정시키고 다른 방면으로 영토를 확장하는 데 국력을 집중하는 편이 낫다는 판단 때문이었을 것이다. 특히 신라는 서쪽의 전통적 적대세력인 가야를 견제해야 했고, 동쪽의 해적세력인 왜인과 말갈에 의한 북방으로부터의 위협에도 대처해야 했다. 어쨌든 두 나라는 2세기 중반까지 별다른 충돌 없이 자신들의 문제에만 몰두했고 병사들의 함성과 병장기 부딪히는 소리가 그칠 날 없던 변경 지역도 평온을 되찾았다. 하지만 그 평화는 더 큰 전쟁을 예비하기 위한 폭풍 전야의 고요일 뿐이었다.

상당산성

1970년에 사적 제212호로 지정된 산성으로 충북 청주시 산성동과 청원군 낭성면에 걸쳐 있는 해발 491m의 '상당산(上黨山)'에 위치한다. 성의 둘레는 4.2㎞, 성벽의 높이는 가장 높은 곳이 4m 정도로서 산 정상을 둘러싼 석성이다. 성 내부는 계곡을 포함하고 있으며 다른 산성에서는 보기 힘든 큰 저수지가 존재하는 거대한 산성이다. 최근에 있은 보수 및 복원공사로 제 모습을 찾게 된 상당산성에는 3개의 문과 3개의 치(雉), 그리고 2개의 암문(暗門)이 있는데, 산세가 험하고 경사가 급한 북쪽에는 문이 없고 성벽도 그리 높지 않다. 상당산성은 동쪽을 제외한 모든 방향에서 우수한 시계를 제공한다. 북동쪽으로는 고구려 산성으로 추정되는 초정리 구녀성(九女城)과 청원 북이면의 낭비성이 보이고, 북쪽으로는 곡창지대인 오창평야 및 미호평야, 그리고 미호천 변에 자리 잡은 청주 정북동 토성, 증평군 도안면의 이성산성 등이 관측되는데 날씨가 맑으면 진천 지역의 큰 건물들도 육안으로 확인할 수 있다. 남서쪽으로는 토성이 있는 청주 우암산과 당산, 부모산성, 신봉동 백제고분군, 인류최초의 금속활자가 만들어진 흥덕사지, 그리고 6~7세기 신라 산성들이 밀집한 청원군 문의면의 산봉우리들이 보인다. 하지만 동쪽 방향의 시계도 완전히 막혀 있는 것은 아니다. 상당산성의 정문이라고 할 수 있는 '공남문'과 동문인 '진동문' 위에 서면 미원으로 통하는 도로가 한눈에 들어온다. 미원은 보은과 괴산, 그리고 청주 지역을 연결하는 고대 도로망의 집합점이다. 때문에 산성을 한 바퀴 돌아보기

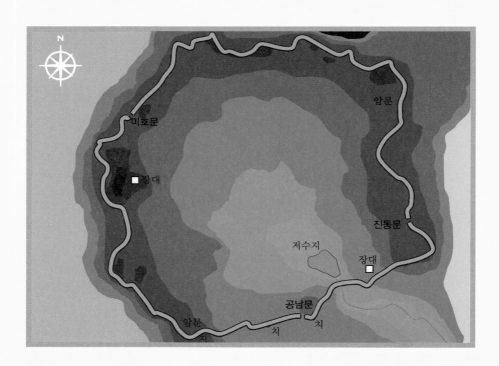

상당산성의 정문인 '공남문'의 누각에서 바라본 남서벽 전경. 토벽에 석축을 덧댄 형식과 가운데 돌출한 '치'의 형태를 뚜렷이 확인할 수 있다.

만 해도 이곳에 성을 쌓기로 결정한 사람의 탁월한 전략적 식견을 확인할 수 있다.

이 산성이 위치한 낭성 지역은 1세기 중엽에 백제 다루왕이 지경을 개척하며 도달하였다는 낭자곡으로 비정되며, 5세기 이전까지 신라군이 주둔한 보은의 와산성을 공략하기 위한 백제군의 전방사령부 겸 보급기지 역할을 했을 것으로 추정된다. 또한 이 성은 상당현을 지키는 방어시설이자 중원통로를 견제하는 전방거점 역할을 하며 인접한 괴산 지역과 피반령 동쪽 지역에서 벌어진 여러 전투에 직간접적으로 관여했을 것이다. 청주와 청원 지역에는 낭자곡성으로 추정하는 산성이 여럿 있지만 상당산성처럼 규모가 크고 전략적인 위치를 점유하고 있는 것은 없으며, 청주를 지키면서 보은이나 괴산, 증평, 진천 지역 등으로 진출하기에 적합한 지리적 특성을 가진 곳도 드물다.

상당산성은 장수왕의 남진정책 이후 고구려가 중부 지역을 점유하고 있는 동안에도 역시 신라의 삼년산성을 견제하며 고구려 남방영토의 중심지인 국원성과 조령, 계립령을 방어하는 중요한 군사기지로 사용되었을 것이며, 신라가 중원통로를 탈환하고 국원성을 점령하며 한강유역으로 진출하던 무렵에는 신라에게 점령되었을 것으로 보인다. 하지만 6세기 말에 죽령과 계립령을 확보하여 강원도 지역과 충북 지역을 연결하기 위한 온달의 남방원정 이후 다시 고구려의 손에 넘어간 것으로 생각되는데, 그렇다면 이때에는 괴산군 일부와 청원 지역을 교두보 삼아 국원성 회복을 노리던 고구려군의 총사령부 역할을 하는 동시에, 한강 하류에 주둔한 신라군의 교통로와 보급로를 차단하고 배후를 위협하는 중요한 역할을 수행했을 것이다. 그러나 629년에 있은 낭비성전투 이후 상당산성은 신라군의 공격을 받아 함락되었거나, 아니면 낭비성 함락으로 이곳을 지킬 능력을 상실한 고구려군이 스스로 성을 포기하고 철수했을 것으로 생각된다.

신라는 685년에 청주에 소경(小京)을 설치하며 서원경(西原京)으로 개칭하였고 상당산성 역시 이름이 바뀌어 '서원술성(西原述城)'이 되었는데 이곳에 서원경의 행정기관이 설치되어 치소의 역할을 수행했는지는 알 수 없다. 하지만 이미 그전에 고구려에게서 이 성을 빼앗은 김유신의 아버지 김서현이 성을 개축했던 것으로 보아 신라 역시 상당산성을 중원통로를 지키고 백제를 공략하기 위한 군사기지로 사용하려 했을 것이다.

백제가 점유하던 당시 이 성은 석성이 아닌 토성, 또는 토성과 목책이 혼합된 형태로 존재했을 것으로 보이는데, 그렇다면 석성으로의 개축은 신라가 이 성을 점령한 이후에 이루어졌을 것이다. 하지만 그것 역시 완전한 석축이 아닌 비교적 경사가 완만한 남쪽과 동쪽 방향을 일부 개축하는 것에 그쳤을 것이다. 그렇게 보는 이유는 당시 주변의 괴산, 음성, 충주, 보은 지역 모두가 신라의 영토가 되어 상당산성의 전략적 의의와 존재가치가 그만큼 축소되었을 것이기 때문이다.

상당산성을 최초로 쌓은 주체에 대해서는 이견이 많다. 그중에 이 성이 동쪽보다는 서쪽을 방어하는데 유리한 지형상의 특징을 지닌 점을 들며 신라가 최초로 축성하였을 것이라는 주장이 있다. 하지만 진천 지역

상당산성 남서벽. 치밀하고 가지런히 쌓은 성벽 아래에는 넓은 평지가 펼쳐져 있다. 성벽 위의 凸자형 구조물은 수비하는 병사들이 몸을 가리고 전투를 수행할 수 있도록 하기 위한 성가퀴로 '여장'이라고도 한다. 현재의 모습은 조선 후기에 축조된 것을 최근에 보수한 것으로 고대의 산성들에도 여장이 설치되어 있었지만 성벽이 붕괴될 경우 가장 먼저 무너지는 까닭에 현재까지 이것이 남아 있는 고대 산성은 거의 없다.

에 적군을 두고 있던 6세기 초의 고구려라면 몰라도 신라가 이 성을 점령했을 당시에는 서쪽을 방어할 이유가 전혀 없었다. 그리고 어차피 산성에서 농성전을 펼치기로 결심했다면 사방에서 접근하는 적 모두를 방어해야 하므로 특별히 어느 지역을 대비해야 한다는 원칙은 없다. 공격하는 쪽도 바보가 아닌 이상 특별히 대비한 방향을 선택하여 공격할 이유가 있겠는가? 상당산성은 단지 지형적인 특징을 감안하여 견고한 성벽이 불필요한 곳과 필요한 곳을 선별하여 축성했을 뿐인 것이다.

서원경 시기 이후 군사적 가치를 상실하고 한동안 버려져 있었던 것으로 보이는 상당산성은 임진왜란 중에 보수되어 다시 사용하기 시작한 것으로 생각되며 조선 숙종 때인 1716년, 대대적인 개축이 이루어짐으로써 현재의 모습과 가까운 형태를 갖추게 되었다. 성벽은 이때 비로소 완전한 석축이 이루어진 것으로 보이는데, 임진왜란과 병자호란을 거치면서 산성의 중요성을 깨닫고, 버려졌던 산성들 중 전략적으로 중요하다고 판단되는 것들을 골라 다시 사용하기로 한 때문이다. 실제로 1481년에 간행된 《동국여지승람》에 상당산성은 폐기된 성으로 기록되어 있다. 그런데 이 시점에 다시 성을 활용하기로 한 이유는 유사시 평지성인 청주읍성을 버리고 상당산성에서 농성전을 전개하는 것이 합리적이라고 판단한 때문일 것이다. 지금은 터만 남아 있지만 원래 성내에는 무기고와 창고, 숙소 등 여러 채의 건물이 존재했고, 부족한 병력을 보충하기 위한 방편으로 불교사찰까지 지어 승군(僧軍)을 머무르게 했다.

격동하는 고대(古代)

신라와 백제 사이의 본격적인 전쟁은 와산에서 다시 막을 올렸다. 그리고 전쟁의 주
요 무대 역시 와산성과 그 주변 지역이었다. 170년, 초고왕의 백제군은 다시 신라를
공격하여 약탈하고 돌아간다. 3년 전에 있었던 치욕스러운 패배에 대한 보복전이자
신라에 대한 경고였다.

125년, 말갈이 신라 북쪽 국경을 침범했을 때 백제 기루왕은 장군 다섯 명을 파견하여 신라군을 지원했다. 물론 다수의 백제 병사들도 참전했을 것이다. 이때 신라의 °지마이사금은 말갈과의 전투 경험이 풍부한 백제에 정식으로 국서를 보내 도움을 요청했다. 신라와 백제의 관계가 화해를 넘어 동맹으로까지 발전할 수도 있는 순간이었다. 하지만 1백 년 가까이 지속되던 평화는 165년에 벌어진 한 사건 때문에 파국을 맞고 만다. 그해 10월, 신라의 °아찬 길선吉宣이 반역을 도모하다 실패하고 그만 백제로 망명해버린 것이다. 신라의 °아달라이사금은 서한을 보내 반역자의 송환을 요구했으나 백제 °개루왕은 단호히 거절했다. 그것은 백제가 신라를 친밀한 이웃으로 간주한다면 결코 있을 수 없는 일이었다. 하지만 1백 년 전에 신라의 손에 넘어간 복암성의 경우를 상기하면 백제는 그럴 만도 했다. 물론 신라에게 그것은 경우가 다른 일이었다. 분노한 아달라이사금은 대뜸 병력을 동원하여 백제를 공격했다. 백제와의 평화는 끝났다고 판단한 것이다.

전쟁은 그렇게 다시 시작되었다. 167년, 이번에는 백제가 신라를 침공했다. 패기만만한 백제 °초고왕은 그해 음력 7월에 신라 서쪽 변경을 기습해 두 개의 성을 함락시키고 신라인 1천 명을 붙잡아갔다. 그가 공격한 서쪽의 두 성이 어디인지는 알 수 없으나 아마도 그 지리에 익숙하고 신라와는 여전히 첨예하게 대립 중이던 와산 방면이었을 것으로 추정된다. 이때는 신라가 와산 지역을 개척한 지 최소한 1세기가 지났을 무렵으로 1천 명이 포로가 될 정도로 많은 인구가 거주하고 있었던 것이다. 당시 백제와 접한 신라 서쪽 경계의 여러 지역 중 백제군이 신속하게 치고 빠지는 기동전으로 다수의 민간인을 포로로 할 만한 지역은 다른 곳에서 찾기 어렵다.

어쨌든 백제는 초전을 승리로 장식했다. 하지만 신라의 반격은 예상보다 빠르고 거셌다. 그해 8월, 신라의 °일길찬 흥선興宣은 2만이나

지마이사금(?~134)
신라 제6대 왕. 재위 112~134.

아찬
신라 17관등 중 제6등급.

아달라이사금(?~184)
신라 제8대 왕. 재위 154~184.

개루왕(?~166)
백제 제4대 왕. 재위 128~166.

초고왕(?~214)
백제 제5대 왕. 재위 166~214.

일길찬
신라 17관등 중 제7등급.

되는 압도적인 병력으로 백제의 동쪽 국경에 있는 여러 성들을 공격했다. 그리고 아달라이사금은 친히 기병 8천 명을 거느리고 계립령을 넘어 남한강 방면으로 육박해 들어갔다. 역시 기록에는 없지만 이때 홍선이 공격한 '여러 성'이란, 초고왕에게 강탈당한 두 성을 비롯해 와산 공방전 이후 낭자곡과 와산 사이에 백제가 건설한 성곽과 촌락들로 생각된다. 그 지역을 확보하여 청주와 대전 지역에 주둔 중인 백제군을 묶어두어야만 문경 방면으로 북상하는 아달라이사금의 기병부대가 측면을 위협받지 않고 신속하게 이동할 수 있을 것이기 때문이다. 신라군의 전격적인 행동과 엄청난 병력규모에 압도되어 국경이 순식간에 유린당하자 백제는 속수무책, 당장 대처할 방법을 찾을 수 없었다. 결국 초고왕이 서둘러 사과하고 붙잡아 간 신라인들을 돌려보내기로 하면서 사태는 일단락된다.

요란한 시작에 비해 어찌 보면 싱겁게 마무리된 이 사건은 그러나 1백 년에 이르는 평화의 시기 동안에 많은 변화가 있었음을 보여준다. 특히 백제의 적극적인 공격에 대해 수세를 위주로 하는 현상유지 정책으로 일관하던 신라가 이전에는 볼 수 없던 대규모 군대를 동원해 반격함으로써 이제는 전면전도 불사하겠다는 공격적인 자세로 전환한 것은 주목해야 할 일이다. 그것은 가야 및 말갈과의 끊임없는 전쟁을 수행하는 와중에도 북서쪽으로의 진출을 위한 통로 개척을 꾸준히 추진하여 문경 방면에서 계립령을 넘어 남한강과 물길이 닿는 현재의 괴산군 감물甘勿 지역까지 진출하고, 소백산맥으로 가로막힌 영주와 단양을 연결하는 죽령루트를 개통해 역시 남한강 상류로 접근하는 데 성공함으로써 가능했다. 수도 서라벌로 향하는 관문인 추풍령과 근접한 대전 지역을 전략거점으로 선택한 백제에 수동적으로 대응할 수밖에 없던 신라가 드디어 백제의 중심부를 위협할 수 있는 능력을 보유하게 된 것이다. 그처럼 서로가 서로에게 위협을 느낄 수밖에 없는 세력균형을 깨뜨리기 위한 백제와 신라 사이의 불꽃 튀는 공방전은 고구려 장수왕의 공격적인 남방공략으로 두 나라 모두 그 존재 자체를 위협받게 되는 5세기 중엽에 이르기까지 무려 1백 년 이상 계속된다.

신라와 백제 사이의 본격적인 전쟁은 와산에서 다시 막을 올렸다. 그리고 전쟁의 주요 무대 역시 와산성과 그 주변 지역이었다. 170년, 초고왕의 백제군은 다시 신라를 공격하여 약탈하고 돌아간다. 3년 전에 있었던 치욕스러운 패배에 대한 보복전이자 신라에 대한 경고였다. 188년에는 그 위치를 알 수 없는 모산성母山城을 공격했다가 신라

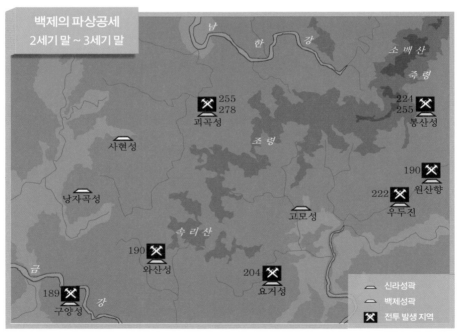

두 나라 사이에 벌어진 전쟁에서 먼저 주도권을 잡은 나라는 백제였다. 마한을 붕괴시키고 중서부 지역을 장악한 백제는 계립령과 죽령을 통해 북상을 도모하는 신라를 거세게 몰아붙였다. 또한, 낙동강 상류로부터 신라의 중심부로 진입하려는 의도하에 신라의 요새들이 버티고 있던 조령 및 죽령의 후방 깊숙이 돌입하는 과감한 기습전을 전개하기도 하였다. 지도에 표기된 숫자는 백제가 해당 지역을 공격한 해를 나타낸다.

원산향
경북 예천군 용궁면 일대로 추정.

부곡성
경북 군위군 부계면 일대로 추정.

구수왕(?~234)
백제 제6대 왕, 귀수(貴須)라고도 함. 재위 214~234.

우두진
경북 예천군 개포면 신음리 옛 우두원(牛頭院)으로 추정.

이벌찬
신라 17관등 중 제1등급. 각간, 서발한, 서불한이라고도 함.

봉산
위치 미상. 경북 영주시 북쪽으로 추정하기도 함.

김씨 왕족의 시조 김알지의 직계후손인 당대 최고의 명장 구도에게 패했다. 이듬해에는 다시 구양성을 공격했지만 역시 구도에게 격퇴당했는데 그것으로 보아 170년과 188년의 전투도 와산, 또는 구양과 가까운 신라의 서북쪽 변경에서 일어난 일로 짐작된다.

연이은 패배에도 불구하고 초고왕은 포기하지 않았다. 백제군은 190년에도 신라 깊숙이 쳐들어가 °원산향圓山鄕을 점령하고 °부곡성缶谷城을 포위했다. 그리고 이를 막기 위해 출동한 구도의 군대를 와산까지 유인하여 마침내 패퇴시킨다. 신라의 야전군 사령관으로 승승장구하던 구도는 이 전투에서 기병 5백 명을 잃고 부곡성주로 좌천되었다. 반면 백제는 그 승리를 통해 천적과도 같았던 구도를 퇴장시키는 최고의 성과를 거두면서 신라와의 전쟁에서 주도권을 확보하게 되었다. 강철 같은 의지와 인내심으로 전세를 역전시키는 데 성공한 초고왕은 199년과 204년에도 신라를 공격했다. 특히 204년에 지금의 경북 상주시 부근으로 추정되는 요거성腰車城을 공격하여 성주를 살해한 것으로 보아 이때 와산은 백제의 수중에 있었을 것이다. 그것은 구도의 좌천이 그저 전투에 패배한 때문이 아니라 전략적으로 중요한 와산 지역을 탈환하지 못한 탓임을 말해 준다.

초고왕의 아들 °구수왕 역시 신라에 대한 공격을 멈추지 않았다. 빈번하게 국경을 침범하던 말갈을 직접 나서서 토벌하고 그들의 주요 침입 루트로 사용하던 추가령구조곡의 남쪽 끝단에 목책을 세워 방어태세를 굳건히 한 구수왕은 218년, 금성으로 통하는 관문인 장산성獐山城, 즉 현재의 경북 경산 지역까지 원거리 공격을 감행해 신라인들의 간담을 서늘하게 하더니, 222년에는 °우두진牛頭鎭으로 진출하여 신라 °이벌찬 충훤忠萱의 군대 5천 명을 전멸시켰다. 이에 신라가 공세로 전환하여 224년, 연진連珍이 인솔하는 신라군과 °봉산烽山에서 전투를 벌여 백제군이 크게 패하기도 하지만, 죽령과 계립령에 접한 경북

◆ 겨동하는 고대(古代) ◆

북서부 지역에서 대규모 전투가 계속되었던 것으로 미루어 와산성을 상실한 신라는 이 시점에 죽령 및 계립령을 통해 남한강으로 이어지는 북방 진출 루트인 '중원통로中原通路' 역시 백제에 탈취당한 것으로 추정된다. 초고왕과 구수왕은 대를 이은 끈질긴 공격으로 드디어 와산 일대를 장악하고 신라로부터 중원통로를 탈취함으로써 신라가 자국의 중심부와 수도 한성을 위협할 수 있는 거리 밖으로 신라군을 축출하는 데 성공한 것이다. 그러나 신라에게 그것은 국가적 재앙이었다. 중원통로는 5세기 무렵 고구려의 남방 수도인 국원성國原城이 설치되고, 더 나중에는 신라의 중원소경中原小京으로 발전하는 현재의 충북 충주시 일대, 일명 중원 지역을 경유해 낙랑군과 °동한東漢 지역으로 접근할 수 있는, 신라에게는 가장 중요한 교역로였기 때문이다. 먼 훗날 강력한 해군국으로 성장하게 되는 신라도 그때는 낙랑 지역과의 해상 무역으로 큰 이익을 얻고 있던 가야와 동남연안을 떠돌며 신라의 해안지역을 집요하게 약탈하던 왜의 해적들에 가로막혀 바닷길을 사용하기가 불가능한 형편이었다.

마침내 신라와의 전쟁

동한(25~220)
전한 왕족 유수(劉秀)가 세운 왕조. 후한(後漢)이라고도 함.

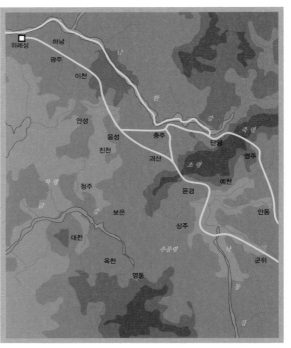

이것은 조령 및 죽령을 통해 신라와 백제 지역을 연결하는 고대 교통로를 추정한 그림으로 당시 그 두 지역이 전쟁의 주요 무대가 되었던 이유를 알 수 있다. 1세기 이전의 백제와 신라에게 조령과 죽령은 교역과 문화 및 기술의 교류에 손쉽게 이용될 수 있는 편리한 교통로였을 것이다. 그러나 두 나라가 군사적으로 충돌하게 되고 그 양상이 격화되면서 두 고개는 공격과 방어 모두를 위해 반드시 확보하여야 할 전략적 거점으로 부상하게 된다.

경북 문경시에 소재한 고모산성. 우리나라 성곽의 발전을 연구하는 데 있어 중요한 위치를 차지하는 이 산성은, 북서쪽으로 영역을 확장하던 신라가 계립령을 개척한 156년 무렵에 처음 축성되었을 것으로 추정된다. 지금은 많은 부분이 붕괴되었지만 성벽의 길이가 1.2㎞에 이르고 큰 저수지가 있어 계립령과 조령을 지키기에 부족함이 없는 요새이다.

에서 확실히 주도권을 쥐게 된 백제의 새로운 지배자 °고이왕은 확대된 왕권을 통해 국가의 체제를 일신하는 한편 강력한 군사력을 육성하여 본격적인 정복전쟁에 나섰다. 그는 먼저 쇠퇴의 길을 걷고 있던 북쪽의 낙랑군과 대방 지역을 공격하더니 240년에는 신라 서부 국경에 대한 공세를 재개했다. 또한, 255년 9월에는 현재의 충북 괴산 지역으로 추정되는, 당시에는 거의 고립된 상태였을 신라군의 전방기지 °괴곡성槐谷城을 공격해 일벌찬 익종翊宗을 살해했고, 10월에는 그곳으로부터 멀리 떨어진 죽령 남쪽의 봉산성烽山城을 공격했다. 두 지역의 거리와 두 전투가 벌어진 시기를 고려해 볼 때 당시 백제군이 여러 방면에서 동시에 전투를 벌일 수 있을 만큼 충분한 군사력을 보유하고 있었음을 알 수 있다. 고이왕에 의해 강화된 백제군은 주요 통로를 모두 장악한 °지리地利를 등에 업고 진퇴양난에 빠져 쇠락해 가는 신라군을 압도하고 있었던 것이다.

266년과 272년에도 고이왕의 공세는 계속되었다. 278년에는 다시 괴곡성을 공격했고, 283년에도 신라의 변경을 침략했다. 모두 중원 통로 주변에서 벌어진 이 일련의 전투는 어렵게 장악한 주도권을 다시 내어주지 않겠다는 결연한 의지에서 비롯된 행동이었다. 실제로 신라는 백제의 파상적인 공격에 수세로 일관할 수밖에 없었다. 그런데 재위기간 내내 신라와 전쟁을 벌인 고이왕은 사망하기 직전 뜻밖에도 신라에 화의를 요청했다. 남북으로 공간을 확대해 나가다가 스

고이왕(?~286)
백제 제8대 왕. 재위 234~286.

괴곡성
충북 괴산군 괴산읍 주변에 있던 성으로 추정.

지리
특정 지역을 점유함으로써 얻는 이익

스로 얽혀 들어간 복잡한 역학 관계 속에서 고구려라는 새로운 적을 만난 때문이었는지도 모르겠다. 어쨌든, 화의가 이루어졌다는 기록은 없지만 적어도 묵시적인 합의가 있었던 모양인지 그 뒤 약 1백 년 동안 두 나라 사이의 국경에는 다시 평화가 찾아왔다. 하지만 그 1세기에 걸친 길고 긴 휴전 기간에도 두 나라는 결코 평화롭지 않았다. 4세기 말까지 백제는, 낙랑군을 무

고모산성 북벽에서 바라본 조령. 가운데 희미하게 보이는 산은 조령길이 시작되는 주흘산이며 그 동쪽에 옛 계립령인 하늘재가 있다. 조령은 경북 북서부 지역에서 남한강으로 가장 빠르게 도달할 수 있는 도로의 핵심에 위치하고 있는 탓에 고대로부터 동방의 패권을 다투던 여러 세력들의 각축장이 될 수밖에 없었다. 임진왜란 당시 경북 지역에서 한양을 향해 북상하던 왜군도 바로 이 고모산성 아래를 통과하여 조령을 넘었다.

너뜨린 여세를 몰아 집요하게 남진을 추구하던 고구려와 대방 지역을 둘러싸고 격렬한 전쟁을 벌이면서 애써 축적한 국력을 소모하여야 했고, 신라는 가야의 지원을 받으며 무서운 적으로 성장한 왜인들의 침략을 막아내는 데 모든 자원을 투입할 수밖에 없었다. 두 나라 사이에는 아직 해결해야 할 일이 많이 남아 있었지만 서로 적대할 입장이 아니었던 것이다. 이른바 백제의 전성기를 이끈 위대한 정복군주로 불리는 ˚근초고왕조차 3백 명을 거느리고 신라로 망명한 독산성주를 응징할 여유가 없었고, 신라의 수도 금성은 걸핏하면 왜인들의 공격을 받았다. 결국 평화는 다른 방향의 적을 상대해야 하는 두 나라의 어쩔 수 없는 선택이었던 셈이다. 그러나 서방에서 서진의 붕괴와 북방민족의 화북 지역 진입으로 인한, 이른바 ˚5호 16국의 혼란이 절정에 이르는 와중에 북방의 위협을 제거한 고구려 광개토대왕이 마침내 원수의 나라 백제가 있는 남쪽으로 눈을 돌리면서 상황은 급변한다.

근초고왕(?~375)
백제 제13대 왕. 이름은 구(句). 재위 346~375.

5호 16국
3세기 초~4세기 중반 북중국에 세워졌다가 사라진 16개 국가를 말함. 건국의 주체가 흉노·갈·강·저·선비 등 오랑캐 종족들이라 해서 앞에 5호라는 명칭이 붙게 되었지만 그 중에는 한족이 세운 나라들도 존재함. 중국 역사상 가장 혼란스러웠던 시기로 평가됨.

<< 백제군 보병지휘관과 창병

영토 확장 전쟁이 한창이던 1~2세기 무렵 백제군 보병지휘관과 창병. 부여의 일파로 북방문화를 간직한 채 남하한 백제의 군대는 대체로 비늘갑옷으로도 불리는 찰갑(札甲 Lamellar armour)을 착용했을 것으로 추측된다. 이들이 착용한 철제 갑주는 실물이 출토된 바는 없으나, 갑옷의 경우 서울 몽촌토성에서 출토된 바 있는 소뼈로 만든 골제(骨製) 찰갑을 참고한 것이며, 투구는 부여의 초~중기 중심지로 추정되는 중국 길림성 길림시에서 출토된 유물이다. 백제갑주에 대한 자료는 매우 부족하지만 북방문화의 흔적이 강하게 남아 있었을 초기 백제군이 착용했던 갑주의 형태는 그림과 크게 다르지는 않았을 것이다. 그러나 한성시대 백제의 유물 중 판갑(板甲 Plate armour)이 발굴된 예가 여럿 있는 것으로 미루어 백제가 반드시 찰갑만을 착용하지는 않은 것 같다. 아마도 영역을 남방으로 넓혀가면서 접하게 된 판갑의 높은 생산성에 주목하여, 그들 역시 판갑을 도입했던 것으로 생각된다. 원형방패는 당시 아시아와 유럽 등지에서 많이 사용되던 것으로 나무 위에 가죽을 덧댄 방식이지만 개연성에 의존한 그림일 뿐 신라나 백제에서 이러한 방패를 사용했다는 증거는 발견되지 않았다. 그러나 철제무기가 일반화되면서 방패 역시 진화하였을 것이며 필요에 따라 매우 다양한 방패가 사용되었을 것임은 의심할 여지가 없다.

오른쪽의 지휘관이 착용한 종장판갑(縱長板甲), 즉 넓은 철판 몇 장을 세로 방향으로 연결한 흉갑(胸甲)은 경주시 구정동 고분에서 목을 보호하는 경갑(頸甲) 및 간단한 견갑(肩甲)과 함께 출토된 것으로 신라-가야 지역에서 발굴된 갑옷 중 가장 오래된 유물이다. 같은 방법으로 제작한 투구는 주로 가야 지역에서 출토되는 4세기의 유물이며 이후 더욱 복잡한 형태로 발전되는 종장판 투구의 초기 형식인데, 구정동 고분에서는 투구가 출토되지 않았지만 선진적인 갑옷 제작기술을 보유했던 가야로부터 강한 영향을 받았을 신라 역시 이러한 투구를 사용했을 것으로 생각된다. 실용적인 면에서 찰갑이 판갑보다 유리하기는 하지만 생산성 측면에서는 판갑도 나름대로 장점이 있고, 철을 다루는 기술이 발전하면서 판갑 역시 합리적인 방향으로 개선되어 나갔기 때문에 북방과의 군사적 교류가 급증하는 5세기 이후에도 판갑은 신라와 가야, 백제, 왜 등에서 보편적으로 사용되었다. 그가 들고 있는 방패는 싸리나무나 등나무와 같이 질기고 잘 휘어지는 성질을 가진 나무줄기를 엮어 만든 것으로 가벼워서 다루기가 쉽고 화살에 대한 방어력이 특히 우수한 장점이 있다. 왼쪽에 있는 병사는 생업에 종사하다 갑자기 동원된 징집병이 아니라 《삼국사기》에서 6부의 정병(精兵)이라고 언급되는, 전문적인 훈련을 받은 전사 집단의 일원으로 철제 투겁창과 투겁도끼, 활과 화살 등 다양한 무기로 중무장하고 있다. 당시에는 귀한 물건이었을 갑옷은 착용하지 못했지만 나무 위에 가죽을 덧댄 대형 방패는 남부 지역의 전장에서는 어쩌면 갑옷보다 더 실용적이고 경제적인 방어구로 선호되었을 것이다. 왜냐하면 5세기 이전까지 신라와 가야 등 백제를 제외한 이른바 '남한' 지역의 갑옷은 판갑 일색이었는데, 철판 몇 장을 가죽 끈이나 리벳 등으로 연결하여 조립한 판갑은 아무리 개선을 한다고 해도 당시의 소재기술 및 가공기술로는 방어력의 증강에 한계가 있으며, 본질적으로 전투 시의 활동성에 있어 병사들에게 치명적일 수도 있는 여러 가지 제약을 지니고 있기 때문이다.

<< 1~3세기 무렵의 신라군 기병

종장판 투구와 철제판갑을 착용하였으며, 활과 화살, 그리고 특별한 장식이 없는 실전용 철검으로 무장했다. 고고학적 증거는 미미하지만 문화의 흐름이라는 큰 줄기에서 보면 당시 신라기병들이 찰갑을 착용했을 가능성도 있다. 이 시기에는 안장 한편에 걸어두고 말에 올라타기 위한 발걸이로 사용되던 답등(踏鐙)의 존재만이 확인될 뿐 아직 동아시아에 등자가 도입되었다는 증거가 없다. 따라서 당시의 기병은 그림과 같이 다리 전체를 사용하여 말의 몸통을 감싸는 방법으로 자세를 유지했을 것이다.

2세기 말부터 3세기 말에 걸쳐 약 90년간 계속된 백제와 신라의 기동전은 쌍방의 기병들이 그 주역이었을 것으로 생각되는 바, 특히 이전까지는 기병의 운용에 관한 기록이 미미하던 신라의 경우 64년에 벌어진 구양성전투에 2천이나 되는 기병을 투입하고 167년에는 아달라이사금이 기병 8천 명으로 백제를 위협하는 등 1세기 중반 이후 신라군 기병의 등장과 활약은 가히 돌발적이며 폭발적이라고 할 만하다. 하지만 그러한 현상이 이전부터 존재하던 기병세력의 확대에 기인한 것인지, 아니면 기마에 능숙한 북방계 유민의 유입 등 어떤 외부적 요인 때문인지는 확실치 않다. 다만 37년에 고구려 대무신왕이 낙랑을 공격하였을 때 그곳에 살던 5천명이 신라로 유입된 사실이 있는데 그 시기를 놓고 볼 때 그것과 어떤 연관이 있을 것으로 생각된다.

날이 긴 철검을 뽑아든 초창기 백제 기병. 허리에는 활과 화살집을 휴대하고 철제투구와 찰갑, 그리고 승마에 적합한 가죽장화를 착용하고 있는 모습이 같은 시기 신라의 기병보다 세련되었다는 느낌을 준다. 그의 안장에도 등자의 모습은 보이지 않는데 본격적인 기병전투를 가능하게 해준 등자가 동아시아 지역에 보급되기 시작한 시기는 대개 기원후 4세기 무렵이었을 것으로 추정한다. 등자가 없다고 해도 기마전투가 불가능한 것은 아니지만 마상에서 격렬하게 움직일 경우 다리로만 중심을 잡는 데는 한계가 있어 낙마할 위험이 크고 한 손으로는 반드시 고삐를 잡고 있어야 한다. 때문에 당시 기병의 활용은 기병과 기병의 극적인 접전보다는 속도를 이용한 빠른 증원과 정찰, 그리고 우회 및 차단, 추격 등으로 제한되었을 가능성이 높다.

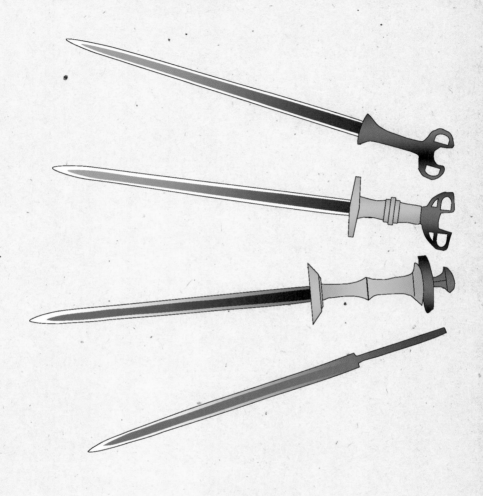

<< 고대의 철검(鐵劍)

한쪽에만 날이 있는 도(刀)와 달리 양날을 가진 검은 석기시대부터 청동기시대를 거쳐 철기시대에 이르기까지 창과 함께 가장 흔하게 사용된 전투 도구였다. 우리 민족의 활동 영역에서도 철검이 많이 출토되는데 부여 지역부터 대구, 김해에 이르기까지 유사한 형식의 유물들이 발굴되었다. 그림 맨 위가 부여, 그 아래는 각각 대구, 김해에서 출토된 것인데 자루의 모양이 스키타이 유물인 아키나케스(Akinakes) 청동검이나 오르도스(Ordos) 동검과 흡사하여 이 철검들은 북방식 동검의 발전된 형태로 보인다. 맨 아래는 제주 용담동 고분에서 출토된 철검으로 위에 있는 세 부류와는 구별되는 형태이다.

고구려의 등장

부여는 더 고구려의 적수가 될 수 없었다. 30년 이상을 장기집권한 대소가 갑자기 죽
자 부여는 내전상태에 빠져들었다. 그리고 그 과정에서 갈사국(曷思國)이 분리되고
일부 귀족들이 고구려로 망명하면서 부여의 영향력은 더욱 약화되었다.

추모왕(BC 58~BC 19)
고구려 제1대 왕. 광개토대왕
릉비에는 추모왕, 《삼국사기》
에는 동명성왕이라고 표기됨.
재위 BC 37~BC 19.

고구려는 건국 이후 4백 년이 다 되어가던 4세기 중반까지 신라는 물론, 그 근원을 함께 하는 백제와도 특별한 접촉을 가지지 못하고 홀로 거친 북방에서 다른 길을 걸어야 했다. 시조 °추모왕 즉, 동명성왕으로 잘 알려진 주몽이 나라를 세우던 순간부터 주변의 크고 작은 세력들과 끊임없는 분쟁을 겪어야 했던 고구려의 역사는 전쟁 그 자체였다. 북방의 패자로 군림하던 부여인의 높은 자긍심과 불굴의 의지, 그리고 탁월한 전사적 기질을 이어받은 고구려는 추모왕 시기에 이미 압록강과 두만강 유역의 소국들을 병합하고 그 주변의 광활한 지역에 퍼져 살던 말갈 부족들을 복속시키는 한편, 함경도 북부 지역에서 두만강 하류 북안에 걸쳐 있는 북옥저까지 진출하면서 누구도 무시할 수 없는 세력으로 성장했다.

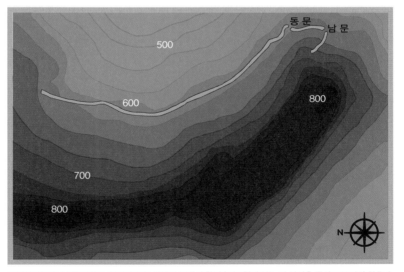

오녀산성(五女山城) 평면도. 현재의 중국 요령성 본계시 환인(桓仁)현에 있는 이 산성은 통상 고구려의 최초 수도인 '홀본', 또는 '홀승골(紇升骨)'로 비정되는 곳이다. 길이는 약 1,100m이며 천연 암벽이 성곽의 구실을 하는 서쪽에는 따로 성벽을 쌓지 않았다. 바로 아래를 흐르는 혼강(渾江)과 어울려 수려한 풍광을 자랑하는데, 성내에는 '천지(天池)'라고 불리는 우물이 아직도 존재하며 정상부의 평탄한 대지에 주거 및 왕궁 시설이 위치했을 것으로 추정한다. 그러나 이 산성은 축조 시기가 명확히 밝혀지지 않았고, 수도치고는 지나치게 고립되고 험난한 지형에 위치하여 홀본의 피난성이라면 몰라도 홀본 그 자체로 비정하기에 무리가 따른다는 견해도 있다.

하지만 마치 떠오르는 태양처럼 눈부신 고구려의 비상은 곧바로 주변세력들의 눈길을 끌고 강력한 견제를 불러일으켰다. 토착세력들의 반발로 압록강 유역에서 고구려의 서쪽까지 밀려난 현도군과 북방의 대국 부여, 그리고 이미 고구려의 직접적인 위협을 받고 있던 남쪽의 낙랑군이 그들이었다. 특히 추모왕과 매우 적대적이었던 부여왕 *대소帶素는 서기전 9년, 추모왕의 아들 *유리명왕과 노련한 장군 부분노扶芬奴가 일단의 *선비鮮卑족을 공격하여 고구려의 영향권으로 편입한 일을 매우 위협적인 상황으로 인식했다. 당시 선비족은 *요하 상류인 시라무렌강과 대흥안령산맥 일대에서 요하의 본류 유역에 발달한 초원지대로 서서히 남하하는 중이었고 요하의 동쪽은 바로 부여의 서쪽 변경이었기 때문이다. 만약 고구려가 선비족에 대한 영향력을 확대시키며 북상을 계속한다면 부여는 현도군을 통한 한나라와의 연결이 차단되어 정치적, 경제적으로 큰 타격을 입게 될 것이 분명했다. 당시 부여와는 비교할 수 없는 소국이었던 고구려가 그런 생각을 품었으리라고는 생각되지 않지만 어쨌든 부여에게는 묵과할 수 없는 일이었다.

고구려의 선비 정벌이 있고 2년 뒤인 서기전 6년 봄, 부여왕 대소는 고구려에 사신을 보내 태자를 인질로 보낼 것을 요구했다. 고구려에 누가 강자인지를 확실히 인식시켜 주기로 한 것이다. 하지만 유리왕은 태자가 두려워한다는 이유로 이를 거부했다. 부여왕은 분노했다. 그것은 모욕이었다. 더 말이 필요 없다고 생각한 대소는 그해 겨울, 5만 군대를 동원해 고구려로 향했다. 그것은 아직 작은 나라에 지나지 않는 고구려를 제압하고도 남을 만한 대군이었다. 하지만 하필 혹독한 북방의 겨울철을 선택한 그 원정은 비극으로 막을 내렸다. 행군 도중 폭설을 만나 다수의 동사자가 발생한 것이다. 결국 부여군은 고구려에 대소왕의 군사적 무능만 알려주고 철군했다. 하지만 그 사건은

대소(?~22)
부여의 왕. 금와왕(金蛙王)의 아들이며 22년 고구려와의 전쟁 중 전사함.

유리명왕(?~18)
고구려 제2대 왕. 이름은 유리. 재위 BC 19~AD 18.

선비
당시 시라무렌강(江) 유역에 분포하던 유목민족. BC 2세기 무렵 흉노에게 멸망당한 동호(東胡)의 일파라고 추정하나 확실하지 않음.

요하
중국 동북지방에 있는 강. 수많은 지류를 가지며 그 길이가 약 1,400km에 달하는 큰 강. 고대의 요동과 요서는 대체로 이 강의 본류를 기준으로 구분됨. 내몽골 방면의 상류는 따로 구분하여 시라무렌강이라고 함.

국내위나암
고구려의 두 번째 수도가 있던 지역. 현재의 중국 길림성 집안(集安) 일대. 보통 국내성이라고 함.

대보(大輔)
당시 고구려의 최고 관직.

유리왕의 경각심을 일깨웠다. 운이 좋았기에 망정이지 그것은 고구려가 멸망할 뻔한 사건이었다. 그는 서둘러 대책을 강구했다. 3년 겨울, 1년에 걸친 준비 끝에 유리왕은 부여에서 한참 떨어진 *국내國內 위나암尉那巖으로 수도를 옮겼다. 그러나 왕자 해명解明과 *대보 협보陜父 등은 부여에 맞서지 않는 유리왕의 행동에 크게 반발했다. 특히 형의 죽음으로 새로 태자가 된 해명은 위나암으로의 천도를 굴욕적인 것으로 받아들이고 새 수도로 가기를 거부한 채 홀본에 머물렀다. 하지만 부여와의 전쟁이 시기상조라고 굳게 믿고 있던 유리왕은 천도를 철회하지 않았다. 대신 그는 아버지 추모왕의 심복이자 친구였던 협보를

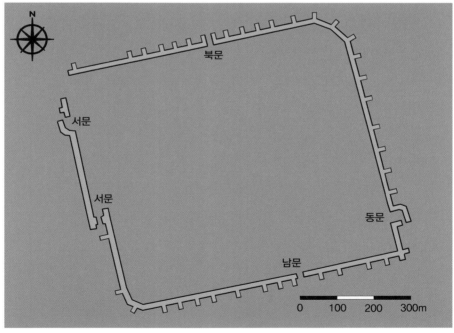

국내성 평면도. 1910년대에 작성된 원본을 바탕으로 그려낸 것이다. 서쪽으로 약간 기울어진 사각형 성벽의 윤곽과 성문 방어 시설인 옹성, 그리고 무수하게 돌출된 치가 뚜렷이 나타나 있다. 원래 성벽은 폭이 7~10m, 높이는 5~6m에 이르렀다고 하는데 지금은 동벽과 남벽이 모두 사라진 상태이며, 잔존하는 성벽의 높이도 약 2m에 불과하다고 한다. 고구려는 이미 유리왕 때 국내 위나암으로 천도하였지만 이 성이 지어진 시기는 그 완성도로 볼 때 4세기 중후반 또는 그 이후였을 것으로 추정된다.

파면하고 해명을 자살토록 하는 극단적인 방법으로 자신의 의지를 관철시켰다.

　고구려의 천도를 가장 기뻐한 인물은 부여왕 대소였다. 어쨌든 고구려를 굴복시켰다고 판단한 그는 해명이 죽고 얼마 되지 않아 사신을 파견하여 유리왕을 협박했다. 부여를 상국으로 섬기지 않으면 멸망을 면하기 어려울 것이라는 이야기였다. 왕자 무휼無恤의 반대가 있었지만 유리왕은 그것을 받아들였다. 우선은 안정을 유지하면서 갑작스러운 수도 이전으로 야기된 여러 문제를 해소하고 힘을 기를 시간을 벌어보겠다는 속셈이었으리라. 하지만 때마침 발생한 동아시아의 돌발적인 상황은 고구려에 평화를 허락하지 않았다.

　8년, 전한의 실권자로 마침내 제위를 찬탈하여 °신新을 건국한 °왕망은 한족 중심의 유교적 국제질서 수립을 내세우고 주변민족들을 공격하기 시작했다. 그 공격의 대상은 가장 큰 골칫거리인 흉노를 위시하여 동서남북의 모든 이민족을 망라하는 것으로 이른바 ‘동쪽의 오랑캐 동이東夷’라 일컫던 부여와 고구려도 포함되었음은 물론이다. 하지만 그것의 실현은 거대한 영토와 인구를 장악한 왕망에게도 매우 버거운 일이었다. 왕망의 급진적 개혁정책이 초래한 내부의 혼란으로 인해 병력과 물자의 동원이 쉽지 않았을 뿐 아니라 주변민족들 역시 상호 간의 연계를 통해 신의 공격에 맞설 준비를 하고 있었기 때문이다. 그래서 그 두 가지 문제를 한꺼번에 해결할 생각으로 왕망이 채택한 것이 오랑캐를 물리치기 위해 오랑캐를 동원하는 이른바 ‘이이제이以夷制夷’의 술책이었다. 그리고 그에 따라 12년, 왕망은 흉노를 공격하기 위해 현도군 고구려현高句麗縣의 °맥인貊人들을 징집했다. 그러나 일은 뜻대로 진행되지 않았다. 〈한서 왕망전〉에 ‘구려병句驪兵’으로 기록되어 있는 고구려현의 맥인 병사들이 참전을 거부하고 국경 밖으로 도주해버리고 만 것이다. 게다가 그들은 왕망의 명령으로 자신들

신(8~24)
전한의 외척 왕망이 세운 나라.

왕망(BC 45~AD 23)
신의 건국자. 급진적 개혁을 통한 유교적 이상주의를 실현하려다 실패하고 농민·호족 등의 반란에 의해 몰락함.

맥인
당시 압록강과 혼하 사이에 퍼져 살던 종족. 부여와 고구려의 근간이며 백제의 건국세력 역시 이들에 속함. 예맥이라고도 함.

전쟁의 시대

요서대윤
요서군의 수장. 원래 태수라고 했지만 왕망이 대윤으로 호칭을 개정함. 후한 시기에는 다시 태수라고 함.

을 추격해 온 °요서대윤 전담田譚을 살해하기까지 했다. 어처구니없는 일이었다. 그것은 전적으로 왕망의 되지도 않을 망상 때문에 야기된 사건이었으나 자존심에 큰 상처를 입은 왕망은 그렇게 생각하지 않았다. 그는 책임을 회피하려는 변방 관리들의 말을 믿고 맥인들의 행동을 그들과 동족인 고구려의 사주에 의한 것으로 판단하여 장군 엄우嚴尤로 하여금 고구려를 공격하도록 명령했다. 유리왕으로서는 억울한 일이며 피하고 싶은 상황이었다. 하지만 다짜고짜 국경을 넘어온 신의 군대에 맞서 군사적으로 대응할 뿐 다른 방도가 없었다. 유리왕은 장군 연비延조를 보내 엄우의 군대에 맞서도록 했다. [현도군 고구려현은 추모왕의 고구려가 건립되기 훨씬 전에 압록강 중류 지역에 존재했던 소국의 명칭으로 그곳을 군치(郡治)로 삼았던 현도군이 현지인들의 저항에 밀려 서쪽으로 이동하면서 그 지명을 함께 가지고 갔다는 것이 현재 학계의 통설이다. 현도군은 한이 그 영역을 확장하는 과정에서 이민족 거주지에 설치한 이른바 변군의 하나로 현지 유력자들을 관료로 기용하는 간접통치 방식을 그 특징으로 하기 때문에 고구려현 주민 대부분이 예맥 계통의 원주민이었음은 의심할 여지가 없다.]

《삼국사기》에는 이때 엄우가 모략을 내어 연비를 유인한 뒤 살해함으로써 전쟁이 일단락된 것으로 되어 있다. 그러나 이 사건의 결말에 대한 중국 측 사서들의 기록은 상당히 모순적이다. 《한서》와 《후한서》, 《양서》, 《북사》 등에는 한결같이 당시 엄우가 살해한 사람이 '고구려후추高句麗侯騶', 즉 고구려의 왕 '추'라고 기록되어 있기 때문이다. 하지만 비슷한 이름을 가진 추모왕은 사망한 지 이미 30년이 지났고 유리왕 역시 그 후로도 몇 년을 더 살면서 고구려를 통치했기 때문에 그것은 터무니없는 기록이라고 아니할 수 없다. 결국 신과 고구려 사이에 벌어진 전쟁의 결말은 애초에 부여와 예맥에 대한 공격을 반대했던 엄우가 왕망을 만족시키기 위해 조작한 희대의 사기극이었던 것이다. 엄우의 말을 믿은 왕망은 '오랑캐 추를 잡아 목을 베고 동방지역을 평정하였다'고 선포하는가 하면 고구려를 하구려下句麗라는 멸칭으로 부르며 승리감을 만끽했다. 하지만 그 일 때문에 고구려가 무슨 생각을 품게 되었는지 왕망은 물론 엄우도 알지 못했을 것이다. 〈후한서 동이열전〉은 그 이후에 벌어진 일을 다음과 같이 기록하고 있다.

> 이래서 맥인이 변경을 약탈하는 일이 더욱 심해졌다.
> 於是 貊人寇邊愈甚

고구려가 마침내 한으로 지칭되던 서방을 적으로 간주하게 된 것이다. 그리고 그때를 기점으로 유리왕의 대외정책도 공격적으로 돌변했다. 이듬해인 13년 11월, 부여가 침공했지만 유리왕은 굴복하지 않았다. 그는 당당하게 맞섰고 왕자 무휼이 *학반령鶴盤嶺에서 승리함으로써 부여를 물리쳤다. 그리고 이듬해, 태자가 되면서 유리왕에게 군사권을 위임받은 무휼은 노장 오이烏伊와 마리摩離로 하여금 2만 군대를 이끌고 서쪽으로 진군토록 하여 *양맥梁貊을 멸망시키고 다시 현도군을 공격해 고구려현을 점령해 버렸다. 부여의 속국으로 전락했던 고구려는 그렇게 되살아났다.

18년, 유리왕이 사망하고 태자 무휼이 제3대 *대무신왕으로 즉위하면서 고구려는 더욱 공격적으로 변해갔다. 21년 겨울, 부여를 공격할 기회를 노리고 있던 그는 마침내 군대를 이끌고 부여를 향해 북진하여 이듬해 2월에 부여의 남쪽 경계로 진입했다. 그때까지도 부여를 통치하고 있던 대소왕은 기다리고 있었다는 듯 국내의 병력을 모두 이끌고 출전했다. 하지만 부여에 대한 적개심과 군사적 천재성으로 무장한 대무신왕을 당해 낼 수는 없었다. 대소에게도 기회는 있었다. 고구려군은 평지에 군영을 설치하고 부여군을 기다렸다. 그것은 보병이 대부분인 고구려군이 기병을 주력으로 하는 부여군을 상대하

후한서
중국 남북조시대 송의 범엽(范曄)이 편찬한 역사서. 광무제~헌제에 이르는 후한 왕조의 역사를 담음.

학반령
위치 미상.

양맥
요하의 지류인 혼하 유역에 거주하던 맥족, 또는 그 거주지. 소수맥이라고도 함.

대무신왕(4~44)
고구려 제3대 왕. 이름은 무휼. 재위 18~44.

전마
전쟁에 쓰이는 말. 보통 기병들이 사용하는 승마용 말을 가리킴.

괴유(?~22)
대무신왕의 장군. 북명(北溟) 출신.

갈사국
대소왕의 동생이 세운 나라. 압록강 부근으로 추정.

기에는 어울리지 않는 전술로 함정일 가능성이 높았다. 그러나 부여의 왕으로 군림하던 30여 년 동안 고구려에 대해 멸시로 일관하던 대소는 신경 쓰지 않았다. 그는 풋내기 어린 왕이 지휘하는 고구려의 군대쯤이야 단칼에 일소해 버릴 수 있다는 듯 전군에 공격명령을 내리고 스스로도 그 대열에 합류했다. 그때 대소의 뇌리에는 공포에 질린 고구려 병사들이 부여 기병대의 말발굽 앞에 처참하게 유린당하는 광경이 그려지고 있었으리라. 하지만 그것은 희망사항에 불과했다. 그는 곧 자신이 대무신왕의 함정에 걸려들었다는 사실을 깨달았다. 돌격하는 부여군과 수비태세를 갖춘 고구려군 사이를 가로막은 것은 해빙기의 진흙탕이었다. 등자도 없던 시대에 그런 진흙탕에 빠져들면 제아무리 막강한 기병일지라도 보병보다 못한 신세가 된다. 부여의 기병들은 경악했을 것이다. 하지만 이미 속도가 붙은 •전마戰馬들을 제어할 수는 없었다. 늪처럼 변한 지면에서 움직일 수 없게 된 말들이 놀라 날뛰면서 그대로 땅에 떨어진 병사들은 적이 눈앞에 있었지만 아무것도 할 수 없었다. 결국 부여 기병들은 장군 •괴유怪由의 지휘로 반격에 나선 고구려 병사들의 창끝에 무참히 학살당했고, 뒤따르던 부여군의 보병들 역시 국왕 대소가 괴유의 칼에 목숨을 잃자 일시에 붕괴되었다. 고구려의 완벽한 승리였다. 드디어 고구려가, 북방의 패자이자 예맥의 종주국임을 자처하며 끊임없이 자신들을 핍박하던 부여를 이긴 것이다. 흩어졌던 부여군이 재집결하여 고구려 군대를 7일 동안이나 포위했지만 국왕을 잃은 마당에는 소용없는 일이었다. 대무신왕은 짙은 안개와 기만전술을 이용해 큰 피해 없이 전장을 벗어났다.

　그 전쟁은 고구려에 많은 것을 선사했다. 부여는 더 고구려의 적수가 될 수 없었다. 30년 이상을 장기집권한 대소가 갑자기 죽자 부여는 내전상태에 빠져들었다. 그리고 그 과정에서 •갈사국曷思國이 분리되고 일부 귀족들이 고구려로 망명하면서 부여의 영향력은 더욱 약화되었

고구려의 등장

다. 이후 부여가 다시 힘을 되찾기까지는 거의 한 세기에 이르는 시간
이 소요되었다. 하지만 고구려는 그 전쟁의 승리로 북방의 주도권을
거머쥐고 동서남북 어디로든 거침없이 뻗어 나갈 수 있는 토대를 구
축하게 되었다.

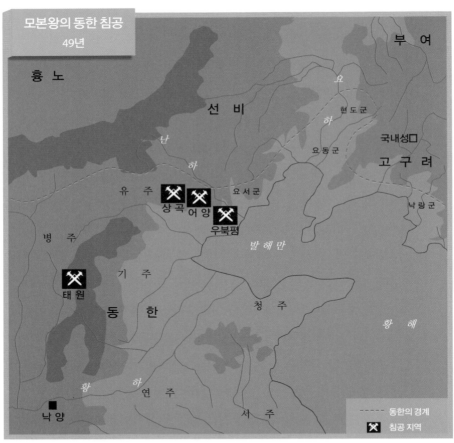

49년, 고구려는 동한의 유주에 속한 상곡, 어양, 우북평과 병주의 중심지 태원을 공격했다. 이때 고구려 군대는 대규모 기병을 동원, 방어력이 취약한 북쪽의 현도군을 기습적으로 돌파한 뒤 신속하게 남진하여 요동군의 배후로 돌입했을 것으로 추정된다. 모본왕의 이 과감한 행동은, 부여를 이용해 고구려를 견제하려다 오히려 부여가 대무신왕에게 격파당하자 고구려 내부의 분열을 획책하는 방향으로 전략을 전환한 끝에 47년 10월, 잠지락부(蠶支落部)의 주민 1만 명을 낙랑군 쪽으로 끌어들인 동한의 끈질기고 야비한 도발행위에 대한 보복차원에서 이루어진 것 같다.

개마국
소국 이름. 위치는 개마고원
북부 압록강 유역으로 추정.

구다국
소국 이름. 위치는 개마고원
북동부로 추정.

광무제(BC 6~AD 57)
후한 제1대 황제. 성명은 유수.
재위 25~57.

모본왕(?~53)
고구려 제5대 왕. 이름은 해우
(解憂). 재위 48~53.

우북평·어양·상곡·태원
모두 동한의 군 이름. 중심지
는 각각 현재의 중국 하북성
당산시(唐山市), 하북성 밀운현
(密雲縣), 북경시 연경현(延慶
縣), 산서성 태원시(太原市).

대무신왕은 멈추지 않았다. 거기서 멈추면 고구려에 미래는 없다는 사실을 그는 잘 알고 있었다. 26년, 갓 23세가 된 패기만만한 대무신왕은 °개마국蓋馬國을 직접 공격하여 병합하고 °구다국句荼國의 항복을 받아 고구려의 영역을 확장해 나갔다. 그러한 팽창에 대한 경고로 28년, °광무제의 명령을 받은 한 요동태수가 침공해 왔지만 고구려가 이미 예전의 그 허약한 국가가 아님을 알게 된 그는 대무신왕과 타협하고 스스로 군대를 돌려 퇴각했다. 그것으로 후한이 아직 약점 많은 신생국가라는 사실을 알게 된 대무신왕은 32년, 몇 년간의 준비 끝에 최리가 통치 중인 낙랑국을 기습적으로 공격해 항복을 받아냈다. 옥저 지역에 위치했던 낙랑국의 정확한 실체는 아직 오리무중이지만 대부분의 연구자들이 원래 낙랑군 동부도위 소속이었다가 전한 말의 혼란 중에 자립하여 독립왕국이 된 것으로 추정하는 국가이다. 후한의 낙랑태수 왕준王遵이 전한 말기에 태수 유헌劉憲을 살해하고 5년 동안이나 낙랑군을 장악했던 조선인 왕조王調를 진압한 30년에 동부도위는 완전히 폐지되었지만 여전히 한의 영역으로 인식되던 낙랑국을 공격한 것은 광무제에 대한 도발이었다. 하지만 아직 왕조교체의 후유증을 극복하지 못한 상태라서 낙랑군의 중심부를 확보하는 것조차 힘겨웠던 후한은 그저 지켜볼 뿐 다른 방도가 없었다. 오히려 광무제는, 대무신왕이 낙랑을 공격한 바로 그 해에 왕망이 하구려로 격하시켰던 고구려의 국명을 원래대로 돌려놓음으로써 고구려의 행위를 묵인한다. 결국 대무신왕은 5년 뒤인 37년, 낙랑국을 다시 공격하여 아예 고구려의 속령으로 편입해 버렸다. 그리고 °모본왕 때인 49년, 고구려는 급기야 한의 심장부에 근접한 °우북평右北平, 어양漁陽, 상곡上谷, 태원太原 등을 기습적으로 공격하여 서방을 공포에 떨게 한다. 그때 한이 취한 조치는 요동태수 채동蔡彤으로 하여금 침략자 고구려를 '은의와 신의'로 대하게 하는 것뿐이었다. 글로 쓰면 그렇다는 것이지 은

고
구
려
의

등
장

의와 신의란 애걸과 다름없는 말이었다. 홀로서기조차 힘겨웠던 고구려가 바야흐로, 서방의 대제국 한나라까지도 더 이상 두려움의 대상이 아닐 만큼 강력한 국가로 성장한 것이다. 하지만 고구려가 꿈꾸는 세상은 아직 멀리 있었고 고구려는 멈출 수 없었다. 대무신왕 이후에도 절대강국을 향한 고구려의 도전은 계속되었다. 그리고 우리가 알고 있는 동아시아의 패자로 우뚝 설 때까지 그 역시 길고 긴 파란과 시련의 세월을 겪어야 했다. [당시 고구려 서쪽에 거대한 요동군이 버티고 있었다는 이유로 봉상왕이 우북평 등을 공략한 일에 의혹을 제기하는 경우가 있다. 그러나 요동군의 북쪽, 상대적으로 취약한 현도군을 통과해 요동군의 배후로 진입하는 것은 고구려의 전력으로도 충분히 가능한 일이었다. 이른바 '새외민족(塞外民族)'에 대해 적극적인 공세로 일관했던 한무제 시기에도 외곽의 군현과 요새들이 돌파당하는 일은 비일비재했다.]

<< 고구려 기병의 모습

이것은 1~3세기의 일반적인 고구려 기병의 모습을 추정한 그림이다. 건국 초기부터 부여계통의 고구려인은 물론 말갈, 마한, 예맥 등 여러 종족의 기병이 전쟁에 동원되고 있는 사실로 미루어 볼 때, 고구려에서는 이러한 경장기병이 그 군사조직의 근간을 이루었던 것으로 여겨진다. 실제로 요하 서쪽에서 함경도 동해안에 이르는 고구려의 전투공간은 매우 광활했고 상대해야 하는 적들 역시 북중국의 기병이나 말에 의한 기동력을 무기로 삼는 초원민족들이 대부분이었기 때문에 기병에 의존하는 기동전이 전쟁의 기본적인 형태일 수밖에 없었다. 그림의 병사는 몸통을 가리는 철제찰갑과 견고한 조립식 투구를 착용하고 투겁창과 철검으로 무장했다. 역시 등자가 없어 다리 전체로 말의 몸통을 감싼 자세가 보기에는 매우 부자연스럽지만 동천왕이 위나라 군대와 전쟁할 때 그 선봉에 섰던 중장기병들이 등자의 부재로 인해 큰 어려움을 겪은 것과는 달리 이러한 경장기병에게 급격한 기동에 의한 일시적인 균형 상실은 그다지 큰 문제가 되지 않았을 것이다.

<< 초기 고구려 창병과 대도수(大刀手)

왼쪽의 창병은 갑옷 없이 투구만 쓰고 있지만 그가 소지한 방패는 실제 전투 시에 갑옷보다 더 능동적으로 사용할 수 있는 방어
구이자 공격무기로 각광받았을 것이다. 이 방패는 안악 3호분 벽화에 다른 형태의 방패와 함께 등장하는 것인데, 실물이 남아 있
지 않기 때문에 재질이 무엇이었는지는 알 수 없으나 그 상부와 하부가 적을 가격하여 상처를 입힐 수 있을 만큼 예리하게 가공
된 것을 보면 적어도 테두리 부분은 금속제가 아니었나 생각된다.

5

도전과 좌절

위나라 군대는 창병부대로 여러 개의 방진(方陣), 즉 사각대형을 형성하고 고구려 철기병을 유인한 뒤 오환의 날랜 궁기병 집단으로 하여금 각 방진 사이로 분산된 철기병들의 측면을 향해 화살공격을 퍼붓도록 했다. 그것은 일대 학살극이었다.

고구려가 최초의 전성기를 맞이한 시기는 1세기 중반부터 2세기 중엽까지 무려 90년을 재위한 °태조대왕 시대였다. 《삼국사기》에 '날 때부터 눈을 뜨고 볼 수 있었고, 어려서도 뛰어났다.生而開目能視 幼而岐嶷' 라고 기록될 만큼 타고난 전사였던 태조대왕은 서부 국경에 10성을 쌓아 한나라에 대한 경계를 풀지 않으면서도 재위 초기부터 적극적인 영토 확장에 나섰다. 그는 56년에 있었던 °동옥저 정복을 시작으로 갈사국과 °조나, 주나 등을 차례로 정복하여 그때까지 고구려의 주변에 잔존하던 소국들 대부분을 병합했다. 그리고 105년, 한 요동군의 6현을 공격하고, 111년과 118년에는 요동의 전사부족 예맥濊貊을 동원하여 한의 현도군을 공격함으로써 천자의 나라를 자처하던 서방의 제국 한나라를 공포로 몰아넣었다. 121년, 후한 °유주자사 풍환馮煥이 현도, 요동 2군의 군대를 동원하여 예맥을 공격하고 그 우두머리를 살해하는 데 성공하지만 끈질기게 추격해 온 태조대왕의 동생 수성遂成의 공격으로 현도와 요동의 성곽이 불타고 2천여 병력이 몰살되는 참패를 당하고 말았다. 그리고 같은 해, 선비족 전사 8천명을 동반한 고구려의 공격으로 요동태수 채풍蔡諷이 전사하고 현도성이 포위되는가 하면, 146년에는 °서안평西安平을 공격한 고구려 군대의 손에 대방현령이 살해당하고 낙랑태수의 가족들이 포로가 되는 등 한의 동북 지역은 속절없이 무너지면서 걷잡을 수 없는 혼란에 빠져들었다. 그리고 재위기간 내내 한을 집요하게 몰아붙였던 태조대왕의 이름 '궁宮'은 당시의 중국인들에게 그대로 공포의 대명사가 되어 버렸다.

태조대왕의 뒤를 이은 °차대왕 수성을 °연나부 °조의 명림답부明臨荅夫가 살해하고 °신대왕을 옹립한 지 4년째인 168년, 한 현도태수 경림耿臨은 고구려 국경을 침범하여 가벼운 접전을 벌인 후 퇴각했다. 한을 궁지로 몰아넣었던 두 주인공, 즉 태조대왕과 차대왕이 없는 고구

태조대왕(47~165)
고구려 제6대 왕. 이름은 궁(宮). 재위 53~146.

동옥저
함남 해안 지역에 있던 소국으로 추정.

조나·주나
압록강 유역에 있던 소국들로 추정.

유주자사
후한 동북 지역 11개 군이 소속된 유주의 행정장관.

서안평
압록강의 지류 안평하(安平河) 하류 서쪽에 있던 요동군의 속현.

차대왕(71~165)
고구려 제7대 왕. 이름은 수성. 재위 146~165.

연나부
고구려 5부의 하나. 왕실과의 지속적인 혼인으로 그 영향력이 매우 컸음.

조의
고구려 10관등 중 제9등급. 이 시기에는 각 부에 소속된 무사단의 일원이었을 것으로 추정됨.

신대왕(89~179)
고구려 제8대 왕. 이름은 백고(伯固). 재위 165~179.

요새선
산성, 보루 등 여러 개의 영구
적인 요새들로 구성된 방어선.

좌원
위치 미상. 국내성과 요하 사
이에 있던 지명으로 추정.

려가 어떤 상황인지를 알아보려는 탐색전이었다. 그리고 정변으로 인
해 내부안정에 집중하던 고구려가 만만해 보였는지 172년, 경림은 마
침내 대규모 병력을 동원하여 고구려를 침공했다. 그러나 요동 지역
에 구축된 *요새선要塞線을 돌파하지 못한 데다 보급선마저 위태로워
지자 아무런 성과도 거두지 못하고 철군하다가 *좌원坐原에 이르러 고

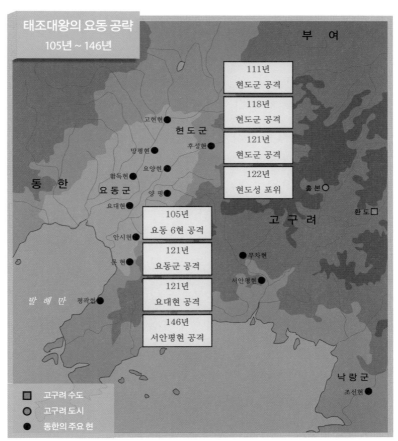

즉위 초기부터 적극적으로 주변 소국들을 정복하여 고구려의 덩치를 불린 태조대왕은 마침내 서방으로 관심
을 돌려 요동과 현도 등 동한의 동방군들을 집요하게 공략한다. 중국 측 사서에 '약탈'로 묘사된 태조대왕의
공세는 서쪽 변경의 완충지대를 확장하고 부여와 동한의 연결을 차단하는 데 그 목적이 있었다. 또한 턱 아래
에 도사린 칼날과 다름없는 낙랑군을 본토와 고립시켜 고구려의 세력권으로 편입하는 것도 그 중요한 목표였
음은 이후 다른 왕들에 의해 전개되는 서방공략전의 추세를 보면 알 수 있다. 어쨌든 태조대왕 시기의 연속적
인 공격에 의해 요동군과 현도군은 큰 타격을 입고 점차 요하 가까이로 후퇴하게 된다.

◆ 도 전 과 좌 절 ◆

구려 °국상 명림답부가 이끄는 기병부대의 기습을 받아 궤멸적인 타격을 입었다.[1차 좌원전투] °고국천왕 때인 184년, 이번에는 요동태수가 다시 공격을 감행하여 왕자 계수罽須의 군대를 격파하지만 공교롭게도 다시 좌원에서 고국천왕이 직접 지휘하는 고구려 기병에게 공격당해 막대한 전사자를 내며 패배하고 말았다.[2차 좌원전투] 그리고 이 무렵부터 후한은 왕권이 흔들리고 군웅이 할거하는 내란 상태에 돌입하여 다시는 한의 이름을 가진 군대가 고구려를 공격할 수 없었다.

220년, 마침내 후한이 멸망하면서 다시 분열된 서방이 위, 촉, 오 삼국의 격렬한 상쟁으로 혼란에 빠져들자 고구려는 비로소 평화를 얻을 수 있게 되었다. 하지만 고구려는 언젠가는 깨어질 것이 분명한 평화 속에 안주하지 않았다. 고구려인들에게 그것은 오히려 무력을 통해 평화를 획득할 수 있는 기회였다. 때문에 삼국의 혼란이 고구려와 인접한 °위魏나라에 의해 수습되는 기미를 보이자 상황이 더 악화되기 전에 동방에서의 군사적 우위를 선점할 필요가 있다고 판단한 °동천왕은 재위 16년째인 242년, 위나라의 요동군에 속해 있던 서안평을 공격해 점령했다. 고구려의 서안평 점령이 시사하는 바는 하나밖에 없었다. 서안평은 낙랑군과 요동군의 접점에 위치한, 위나라의 동방경영에 있어 급소와 같은 곳으로 그 지역을 차단하면 요동군과 낙랑군은 분리되고 만다. 이미 태수의 통제를 벗어나 제어불능 상태에 빠진 낙랑군이 완전히 고립되는 것이다. 그렇다면 낙랑군은 고구려의 손쉬운 공격대상이 될 수밖에 없다. 그리고 낙랑군이라는 배후의 위협이 사라지면 고구려는 마음 놓고 요동을 공격할 수 있게 된다. 서안평 다음은 낙랑군, 그리고 그 다음은 요동군이었다. 그렇게만 된다면 고구려는 거꾸로 위나라의 배후를 위협할 수 있게 될 뿐 아니라 남쪽에 집중된 위나라의 군사력을 분산시켜 궁극적으로는 중국의 분열국면을 장기화함으로써 장차 예상되는 서방의 공격으로부터

국상(國相)
당시 고구려의 최고 관직. 귀족들의 합의기구인 제가회의(諸加會議)의 의장.

고국천왕(?~197)
고구려 제9대 왕. 이름은 남무(男武). 국양왕(國襄王)이라고도 함. 재위 179~197.

위나라(220~265)
조조(曹操)의 아들 조비가 후한을 멸하고 세운 나라. 수도는 낙양.

동천왕(209~248)
고구려 제11대 왕. 이름은 우위거(憂位居). 동양왕(東襄王)이라고도 함. 재위 227~248.

석우로(?~249)
3세기 초반에 활약한 신라의 군인. 내해이사금의 아들이자, 흘해이사금의 아버지.

동예
강원도 동해안에 분포하던 종족, 또는 그 지역의 명칭. 영동예(嶺東濊)라고도 함.

자유로워질 수 있는 것이다. 실로 몇 수 앞을 내다보는 탁월한 전략가의 천재적인 계산이었다. 그러나 '위궁位宮'으로 불리며 태조대왕의 재림으로 추앙받던 동천왕의 그 야심에 찬 예방전쟁은 고구려를 역시 배후의 큰 위협으로 간주하면서 언젠가는 손 볼 생각을 품고 있던 위나라를 크게 자극하여 고구려에게 전에 없던 잔혹한 시련을 안겨주는 거대한 전쟁으로 비화하게 된다. [249년 이후 위나라의 실권은 사마(司馬)씨 일족이 장악하고 있었다. 여기서 사마씨 일족이란 다름 아닌, 《삼국지연의》에 제갈량(諸葛亮)의 라이벌로 등장하는 사마의(司馬懿 179~251)와 그의 아들들을 말한다. 사마의와 동천왕 사이에는 직접적인 인연이 있는데, 238년에 사마의가 4만 군대로 요동의 공손연(公孫淵)을 토벌할 때 동천왕이 고구려군 수천 명을 파견해 그를 도와주었던 일이 바로 그것이다. 이때 이미 사마의는 장차 고구려를 침공할 생각을 가지게 되었는지도 모른다. 이미 수차례나 중국을 공격한 바 있는 고구려야말로 공손연과는 비교할 수 없는 동방의 강력한 위협이었기 때문이다.]

그런데 245년, 고구려는 뜬금없이 신라를 공격했다. 〈고구려본기〉를 보면 변방에 주둔하던 군대 사이의 사소한 분쟁으로 생각되지만, 〈신라본기〉의 기록에는 당시 신라 최고의 군인이었던 *석우로昔于老조차 이 공격을 막아내지 못한 것으로 되어 있어 결코 우발적인 소규모 국경분쟁이 아니었음을 알 수 있다. 하지만 고구려의 이 갑작스러운 공격은 전후 사정이 따로 기록되어 있지 않아 그 원인을 밝혀내기가 곤란하다. 건국 초기에 이미 백제는 물론 신라의 존재까지 인식하고 있었을 것임에도 고구려는 남쪽으로의 진출에는 매우 소극적이었고, 실제로도 4세기에 이르기까지 결코 백제나 신라와는 대규모 전쟁을 벌이지 않았기 때문이다. 《삼국사기》에도 대무신왕 재위 2년인 19년, 백제의 백성 1천여 호가 투항해 온 사건을 제외하면 3세기 중엽까지 백제, 또는 신라와 이렇다 할 접촉이 있었다는 기록을 찾아볼 수 없다. 그러나 낙랑국 병합 이후 고구려에게 완전히 복속된 *동예 원

◆ 도 전 과 좌 절 ◆

주민들이 빈번하게 백제를 공격하고 나중에는 신라까지 침범한 사실을 보게 되면 고구려가 남쪽 지역에 전혀 관심이 없었다고는 생각되지 않는다. 때문에 이 사건은 서안평 공격으로 자신감을 얻은 동천왕이 남쪽으로 진출하려다가 곧바로 이어진 위의 침략으로 계획을 접게 된 일을 이야기한 것 같다. 어쩌면 그때, 위나라 군대가 고구려의 지배를 받던 *단단대령單單大嶺 동쪽의 예인들을 공격한 일과 어떤 연관이 있는 지도 모르겠다. 어쨌든 그것은 기록상으로 고구려와 신라가 직접적으로 접촉한 최초의 사건이다.

246년 8월, 위나라 유주자사 *관구검毌丘儉은 고구려에 깊은 원한을 품고 있던 부여의 병참지원 하에 유주군 1만과 현도태수 왕기王頎의 군대, 그리고 *오환烏桓족 병사들로 수만 병력을 편성하여 요하 상류인 현도 방면에서 고구려에 대한 대규모 공격을 감행했다. 위나라 승상 사마의가 고구려의 서안평 점령이 요동 지역 장악을 위한 계획적 도발임을 간파하고 이를 저지하도록 명령한 때문이었다. 후한 말의 혼란 중에 50여 년 동안 요동 지역에 웅거하면서 연왕燕王을 자칭하기까지 했던 공손公孫씨 정권이 고구려와 위나라의 협공으로 멸망한 이후, 하북과 요동의 실권을 잡게 된 관구검은 매우 야심이 큰 인물로 세력을 확대할 절호의 기회인 고구려 침공을 위해 치밀한 준비과정을 거쳤다.

245년, 관구검은 낙랑태수 유무劉茂와 대방태수 궁준弓遵으로 하여금 고구려의 속령인 동예 지역을 공격하게 하여 *불내예不耐濊의 항복을 받아냈다. 그리고 고구려를 공격하기 바로 전, 246년 초에는 역시 유무와 궁준에게, 삼국쟁패의 혼란기에 위나라의 영향에서 벗어나 토착 *신지臣智들이 지배하는 8개 소국으로 나뉘어 있던 낙랑군과 대방군을 재건하도록 했다. 그것에 반발하는 토착세력 중 *신분고한臣濆沽韓의 군대와 대방 *기리영崎離營에서 충돌하여 궁준이 전사하는 우여

단단대령
태백산맥, 또는 백두산의 고대 명칭으로 추정.

관구검(?~255)
중국 위나라의 군인. 관구는 성, 자는 중공(仲恭). 유주자사, 진동도독을 역임. 사마씨 세력에 대항하다 실패하고 도피 중 살해됨.

오환
요하 상류 지역에서 유목에 종사하던 종족. 207년에 조조의 공격을 받아 부족연맹이 와해된 뒤 위나라에 복속됨.

불내예
동예 지역의 중심인 현재의 강원도 안변에 있던 것으로 추정되는 소국. 낙랑군 동부도위가 폐지되면서 명목상 한의 후국(侯國)이 되었다가 고구려에 복속됨.

신지
삼한을 구성하던 소국들의 지배자에 대한 호칭.

신분고한
마한 54국 중 하나. 신분활(臣濆活), 또는 신분첨(臣濆沾)이라고도 함.

기리영
현재의 황해도 지역으로 추정되나 정확한 위치는 알 수 없음.

전역
특정한 목표의 달성을 위해 일정한 시간과 공간 내에서 벌어지는 여러 전투의 집합을 의미. 규모가 큰 전쟁은 대개 여러 개의 전역으로 이루어짐.

철기병
철갑옷을 착용한 기병. 정예기병이라는 의미로도 사용됨.

◆ 도 전 과 좌 절 ◆

곡절이 있었지만 마침내 두 군에 병력을 주둔시킴으로써 해당 지역을 장악해 고구려의 전략적 융통성을 제한하려는 관구검의 시도는 성공적으로 완료되었다. [관구검이 고구려를 침공한 시점은 사료마다 차이가 있다. 연대순으로 나열하면 〈삼국지 위서 오환선비동이전(烏丸鮮卑東夷傳)〉에는 폐제 조방(曹芳)의 연호인 정시(政始) 5년(244년)으로, 〈삼국지 위서 관구검전〉에는 그 2차 침공 시기만 명기하면서 정시 6년인 245년으로, 그리고 〈삼국사기 고구려 동천왕본기〉와 《자치통감 위기(魏紀)》, 〈삼국지 위서 삼소제기(三少帝紀)〉에는 동천왕 재위 20년이자 정시 7년인 246년으로 되어 있다. 이러한 연대상의 혼란에 대해서는 여러 견해가 있으나 실상 그것은 침공 직전에 낙랑과 동예 지역에서 전개된 유무와 궁준의 복잡한 전술행동에 기인한 것으로 생각된다. 즉 그들의 행동을 고구려에 대한 본격적인 공격행위에 포함시키느냐, 아니면 사전준비의 차원으로 보느냐에 따라 침공이 시작된 시점에 대한 시각이 달라질 수 있다는 것이다. 이 글에서는 정황상 관구검의 1, 2차 침공을 따로 구분하지 않고 모두 246년에 벌어졌던, 연속성을 지닌 하나의 *전역(戰役, Campaign)으로 본다. 참고로 1906년에 길림성 집안현 판석령(板石嶺)부근에서 발견된 이른바 〈관구검기공비(毋丘儉紀功碑)〉 파편에 '6년 5월'이라는 문구가 등장하나 그때 정확히 무슨 일이 있었는지는 알 수 없다.]

동천왕은 관구검의 대대적인 침공 이전에 이미 그것이 임박했음을 예견하고 있었을 것이다. 고구려와 근접한 지역에서 벌어지고 있는 위나라의 군사행동을 몰랐을 리 없기 때문이다. 하지만 그것은 피할 수 없는 전쟁이었고 위군의 선제공격은 오히려 동천왕이 바라던 일이었다. 동천왕에게는 위의 변방인 유주의 군대와 야만인 집단에 불과한 오환의 잡병쯤은 거뜬히 물리칠 자신이 있었던 것 같다. 국왕의 직접적인 지휘를 받는 고구려군은 관구검 군대에 수적으로 열세였으나 잘 훈련된 정예 병력인 데다 당시로써는 최첨단 병과인 *철기병鐵騎兵을 5천 명 이상 보유하고 있었다. 게다가 관구검의 군대는 장거리 행군에 지쳐 있었고 수많은 강과 산이 길을 끊는 고구려의 복잡한 지형을 잘 알지도 못했다. 실제로 동천왕은 그러한 약점을 파고들어 위나라 군대의 보급로가 길어지기를 기다렸다가 마침내 보병과 기병으로 구성된 2만 군대를 이끌고 °비류수沸流水로 진군하여 관구검 군대를 공격했다. 대개 그러한 상황에서 얻어지는 결과는 예상을 벗어나지 않는다. 고구려 군대는 비류수에서만 3천 명의 목을 베었고, 퇴각하는 관구검을 추격해 다시 양맥梁貊의 골짜기에서 3천 명을 죽였다. 고구려를 침공한 한족의 군대가 1, 2차 좌원전투에 이어 다시 한 번 궤멸을 눈앞에 두게 된 것이다. 하지만 계속된 승리는 그대로 독毒이 되었다. 두 번의 패배를 통해 병력의 대부분을 잃고 더 싸울 의욕을 상실한 관구검은 도주할 수밖에 없었고 그냥 두었어도 한동안 고구려를 넘보지 못했을 터였다. 하지만 동천왕은 이때 최초로 대규모 운용된 철기병의 위력에 고무된 나머지 보병 및 °궁기병弓騎兵의 엄호도 없이 위나라의 남은 병력에 대해 돌격전을 감행했다. 결과는 참담했다. 흉노의 기병들에게 혹독하게 당하면서 기병을 상대하는 전술을 습득한 바 있던 한나라의 전통을 고스란히 물려받은 위나라 군대는 창병부대로 여러 개의 방진方陣, 즉 사각대형을 형성하고 고구려 철기병을 유인한 뒤 오환의 날랜 궁기병 집단으로 하여금 각 방진 사이로 분산된 철기병들의 측면을 향해 화살공격을 퍼붓도록 했다. 그것은 일대 학살극이었다. 둔중한 갑옷을 입은 데다 목표가 분산되어 집중의 강점을 상실한 고구려 철기병들은 아직 변변한 등자도 없던 탓에 방향을 바꾸는 것조차 쉽지 않아 위나라 보병들의 방진 사이에 갇혀 제대로 저항도 못하고 궤멸되어 갔다. 뒤늦게 고구려 보병부대가 도착했지만 그 자랑스럽던 철기병들이 겪고 있는 참상은 고구려 군대의 사기를 꺾어 놓았다. 결국 이 전투에서 고구려는 병사 1만 8천 명을 잃었고 동천왕은 살아남은 소수의 기병들과 함께 °압록원鴨淥原으로 퇴각했다. 그것은 고구려에게는 전에도 없었고 앞으로도 없을, 완벽하고 비극적인 패배였다.

비류수
중국 요령성과 길림성 사이를 흐르는 부이강(富爾江)에 비정.

궁기병
달리는 말 위에서 활을 쏘는 것을 주특기로 하는 기병.

압록원
중국 길림성 집안시를 마주보는 압록강 남쪽의 만포 일대로 추정.

◆
도
전
과

좌
절
◆

환도성
중국 길림성 집안시 산성자산
성(山城子山城)으로 추정.

　　동천왕의 실책에 힘입어 가까스로 패전의 수렁 속에서는 빠져나왔
지만 반격을 가하여 전과를 확대할 여력이 없던 관구검은 일단 철군
했다가 그해 10월, 병력을 보충하여 다시 고구려로 왔다. 워낙 많은 병
력을 잃어 이에 대항할 엄두도 내지 못하던 동천왕은 시간을 벌기 위
해 수도를 포기하고 동쪽으로 퇴각했다. 관구검의 지시를 받은 현도
태수 왕기의 군대는 °환도성을 점령해 폐허로 만든 뒤, 압록원에 머물
며 군대를 모집 중이던 동천왕을 추격해 남옥저까지 몰아세웠다. 그
속도로 짐작건대 아마도 위군 추격부대는 모두 기병이었던 것 같다.
그때 동천왕 역시 기병 1천여 명을 동반하고 퇴각 중이었다. 어쨌든

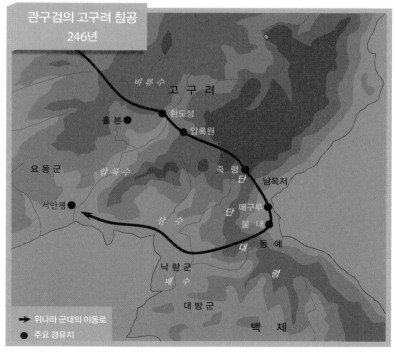

환도성을 점령하여 초토화한 위나라 군대는 압록원에 머물던 동천왕을 추격하여 땅끝까지 몰아붙였다. 남옥
저에서의 반격으로 겨우 망국의 위기에서 벗어났지만 그것은 고구려 역사에서 유사한 사례를 찾아보기 힘들
만큼 치욕적인 사건이었다.

이때 위나라 군대는 고구려 영토를 서에서 동으로 횡단한 셈인데 그것은 고구려 역사를 통틀어 다시없을 일로 사실상 전 국토가 유린당한 참담한 사건이었다. [〈고구려본기〉와 〈밀우·유유열전〉에 나타난 동천왕의 도주로는 압록원-죽령(竹嶺)-남옥저 순으로 배열된다. 이를 통상적인 위치비정에 따라 현재의 지명으로 옮겨보면 그때 고구려군은 만포에서 출발하여 황초령을 넘어 함흥 지역에 도달한 것으로 풀이되는데 이를 바탕으로 보다 세밀한 루트를 설정하자면 만포-강계-장진-황초령-함흥의 순서가 될 것이다. 이 루트를 이용하는 것이야말로 남옥저와 환도성 방면을 오가는 가장 빠른 방법이기 때문이다. 한국전쟁 당시에도 UN군은, 강계로 이동한 북한군 수뇌부를 격파하고 압록강까지 진격하기 위한 전진로로 이 루트를 상정한 바 있다.]

그렇다고 전쟁이 위나라의 승리로 끝난 것은 아니었다. 동천왕은 밀우密友와 유옥구劉屋句 등이 위군 추격대를 상대로 지연전을 펼치는 동안 남옥저로의 도피에 성공했다. 그리고 투항을 위한 교섭을 핑계로 적진에 침투하여 위군 지휘관을 살해한, 그 유명한 유유紐由의 희생을 발판으로 삼아 대대적인 반격전을 전개했다. 무려 1천 리에 이르는 기나긴 행군에 지친 데다 지휘관마저 잃은 위군은 그 예기치 못한 기습으로 순식간에 붕괴되었다. 얼마 전 동천왕이 저지른 실수를 그대로 답습한 것이다. 하지만 위군의 수모는 그것으로 끝나지 않았다. 남옥저를 포함하여 북부와 남부 등 3개 방면에서 동시에 실시된 고구려군의 거센 반격은 환도성에서 왕기의 군대를 물러나게 했을 뿐 아니라 낙랑 지역에 주둔 중이던 병력까지 철퇴시키게끔 했다. 245년에 고구려에게서 탈취했던 동예 지역의 주도권을 상실했음은 물론이다.

위나라 군대의 철수 이후 더 이상의 전투는 없었다. 약 3년에 걸쳐 동방을 떠들썩하게 했던 그 전쟁은 그렇게 승자와 패자가 불명확한 상태로 흐지부지 종료되었다. 전투에 있어서는 승패를 주고받았지만 쌍방 모두 막대한 희생을 치르면서도 어느 쪽도 전쟁의 궁극적인 목적을 달성하지 못한, '아무것도 아닌' 전쟁이었다. 동방을 정복하기 위

진서
당 태종의 지시로 방현령(房玄齡) 등이 644년에 편찬한 진 왕조의 정사.

조선현
낙랑군의 행정중심지. 현재의 평양시 대동강 남쪽 지역으로 추정.

패수
현재의 대동강을 지칭.

해 막대한 군사력을 투입했던 위나라는 그 전쟁으로 얻은 것들 중 대부분을 도로 고구려에 넘겨주면서 낙랑 및 대방을 포함하는 동방의 주도권을 영원히 상실했다. 그 이전까지 11개 현縣을 통할하던 낙랑군이 《진서晉書 지리지》의 기록대로 °조선현朝鮮縣 등 °패수 남쪽의 6개 현으로 축소된 시점은 아마도 이 무렵이었을 것으로 짐작된다. 하지만 고구려가 입은 피해는 그것에 비할 바가 아니었다. 위기의 순간에 가까스로 재기하여 나라를 지키는 데는 성공했지만 군대는 와해되었으며 경제가 붕괴되고 수많은 인재가 죽거나 포로가 되어 적지로 끌려갔다. 위군에게 점령당했던 환도성은 폐허로 변해 평양성平壤城으로 수도를 옮겨야 할 정도였다. 국가를 완전히 새로 꾸며야 할 지경에 이른 것이다. 결국 동천왕은 일체의 군사행동을 자제하고 국가를 재건하는 일에 모든 자원을 투입해야만 했다. 덕분에 국가는 빠른 속도로 재건되었다. 하지만 그것으로 요동 지역 탈환이라는 원대한 계획은 좌절되었고 동천왕은 위나라와의 전쟁이 끝나고 1년이 조금 지난 248년 9월, 한 줄의 문장으로는 표현할 수 없는 파란만장했던 삶을 마감하고 세상을 떠난다. [전쟁 이후 동천왕이 백성과 묘사(廟社)를 옮겼다는 평양성의 위치에 대해서는 매우 다양한 학설이 존재한다. 그중 대표적인 것으로는 그때의 평양성을 343년에 고국원왕이 이거(移居)하였다는 동황성(東黃城)과 같은 곳으로 보면서 그 위치를 환도성의 동쪽인 압록강 건너편의 강계 지역에 비정하는 통설과 평양성에 대한 《삼국사기》의 기록 및 전쟁의 결과로 인한 낙랑군의 축소 등과 연계하여 장수왕 시기 고구려의 수도가 되는 대동강 북안의 평양으로 보는 견해가 있다. 여기서는 후자의 견해를 따르는데, 전자를 부정하는 첫 번째 이유는 그 주장의 결론이 《삼국사기》에 동천왕 시기의 평양성을 '원래 선인왕검이 살던 곳이다(本仙人王儉之宅也)'라고 설명한 것과 충돌하는 데다, 동황성을 '지금의 서경 동쪽 목멱산에 있다(在今西京東木覓山中)'고 한 기록을 전면 부정하는 것으로 단지 추측의 결과에 지나지 않기 때문이다. 전혀 그럴 필요가 없음에도 불구하고 사서의 기록을 오류로 치부하면서 오로지 추측만으로 이론을 만들어낸 것이다. 두 번째 이유는 그 견해가 당시의 평양성이 현재의 평양이 될 수 없는 이유로 낙랑군의 수도가 여전히 평양 지역에 존재하고 있었음을 전제로 하는 바, 이는 고구려군의 반격으로 낙랑군이 몰락의 지경에 이르면서 그 중심이 남쪽의 대방군 지역으로 이동한 역사적 사실에 반할 뿐 아니라 사료의 해석에 있어서도 위군이 '마침내 낙랑으로부터 물러났다(遂自樂浪而退)'는 기록 중 '自樂浪'을 단지 위군 주력의 퇴각로가 낙랑군에 걸쳐 있었던 것으로만 인식하는, 극히 자의적이며 소극적인 데다 선입견마저 개입된 해석을 제시해 타당성과 객관성을 결여하고 있기 때문이다.]

동천왕을 이은 *중천왕은 전쟁을 통해 얻은 값비싼 교훈을 되새기며 서방에 대한 수세를 유지한 상태에서 국가를 안정시키는 데 전념했다. 하지만 그 또한 아버지 동천왕과 마찬가지로 적과 타협하지 않았으며 침략자에 대한 응징 역시 단호했다. 259년, 위나라가 장군 위지해尉遲楷를 사령관으로 임명하여 다시 대대적으로 침공해 오자 중천왕의 군대는 양맥 골짜기에서 8천 명을 목 베는 큰 승리를 거두며 위나라로 하여금 고구려가 결코 만만한 상대가 아님을 깨닫게 해 주었다. 이 전투에서 고구려는 정예기병 5천을 동원했다. 그들이 동천왕 때의 철기병과 같은 존재였는지는 알 수 없으나 기병 5천을 동원했다는 사실은 고구려가 관구검의 침략이 있은 지 불과 십여 년 만에 예전의 군사력을 회복하였음을 시사한다. 물론 그 쓰라린 패배의 교훈을 통해 고구려의 군사적 능력은 혁신적으로 진보했을 것이다.

중천왕의 아들인 *서천왕이 재위한 23년 동안은 북동 지역의 화근인 *숙신肅慎을 격파하고 그 부락들을 영토에 포함시킨 일 외에는 전쟁에 대한 기록이 없다. 하지만 그의 아들 *봉상왕의 치세는 시작부터 내우외환의 연속이었다. 292년, 의심이 많고 교만한 심성을 가진 그는 즉위하자마자 중천왕이 가장 신뢰하던 신하이자 숙신을 정복한 명장으로 국가적인 존경을 받던 안국군 달가達賈를 죽였다. 왕 자신의 숙부이기도 한 달가의 죽음에 온 국민이 분노한 것은 물론이다.

중천왕(224~270)
고구려 제12대 왕. 이름은 연불(然弗). 중양왕(中壤王)이라고도 함. 재위 248~270.

서천왕(?~292)
고구려 제13대 왕. 이름은 약로(藥盧). 서양왕(西壤王)이라고도 함. 재위 270~292.

숙신
현재의 중국 흑룡강성 및 러시아 연해주 일대에 분포하던 고대 종족. 뒤에 금나라와 청나라를 세우는 여진족의 선조로 봄.

봉상왕(?~300)
고구려 제14대 왕. 이름은 상부(相夫). 재위 292~300.

전쟁의 시대

모용선비
선비족의 한 갈래. 5호 16국 시대에 전연, 후연, 서연, 남연 등을 세움.

모용외(268~333)
전연의 시조. 단선비·우문선비·고구려를 격파하고 전연 건국의 기초를 세움.

미천왕(?~331)
고구려의 제15대 왕. 이름은 을불(乙弗). 호양왕(好壤王)이라고도 함. 재위 300~331.

그 패륜에 대한 신의 징벌인지 달가를 죽인 이듬해 °모용선비가 쳐들어왔다. 그들은 북방의 초원으로부터 마침내 요동 지역까지 남하하여 서진의 군현들을 약탈하다가, 285년에는 부여를 공격하여 멸망 지경에 몰아넣을 만큼 강력한 세력으로 성장해 있었다.

초원에 뿔뿔이 흩어져 양이나 치던 유목민들을 결집하여 뚜렷한 동기를 가진 전사 집단으로 조직화한 °모용외慕容廆 휘하의 선비족 군대는 고구려가 이전에 겪었던 상대들과는 차원을 달리하는 공격력과 기동력을 지니고 있었다. 그때까지 벌어졌던 전쟁에서 고구려 군대는 기병을 사용하여 적의 측면과 배후를 유린하는 우회 공격과 치고 빠지는 기습전을 전매특허처럼 사용하고 있었으나 기동력이라는 측면에서 선비족의 능력은 고구려를 초월했다. 그들은 순식간에 고구려의 중심부로 육박했고 봉상왕은 이를 피해 수도를 버리고 나왔다가 추격해 온 선비족에게 붙잡혀 죽을 뻔했다. 다행히 구원병이 나타나 위기를 모면했지만 바람과 같은 선비족의 기동력은 충격이었다. 선비족이 아직은 변방부족에 지나지 않았으나 마땅히 대비해야 할 일이었다. 그러나 봉상왕은 그런 것에는 관심을 두지 않고 수도로 돌아오기 무섭게 동생인 돌고咄固에게 역모를 씌워 스스로 목숨을 끊도록 했다. 백성들이 또 한 번 경악했음은 물론이다. 그런 상황에서 외부의 침략을 제대로 막아낼 리가 없다. 296년, 모용외는 다시 고구려를 공격했다. 이번에는 고구려 영내 깊숙한 고국원까지 침입하여 서천왕의 능을 파헤치려다 되돌아갔다. 하지만 국가는 현명한 국상 창조리倉助利의 힘으로 겨우 유지되고 있을 뿐 계속된 외침과 기근에도 봉상왕의 폭정은 계속되었다. 결국 위기의식을 느낀 창조리 이하 대신들은 봉상왕을 몰아내고, 돌고의 아들로 봉상왕의 살해위협을 피해 민간에 숨어 살던 을불乙弗을 왕으로 옹립했다. 그가 바로 5세기까지 이어지는 고구려 제2전성기의 토대를 구축한 °미천왕이다.

불행한 젊은 시절을 겪었으되 그 군사적 천재성과 전략적 식견에 있어 결코 광개토대왕에 뒤지지 않는 미천왕의 전쟁목표는 급격히 세력을 확대하고 있는 북방민족의 기선을 제압하기 위한 군사적 거점으로 반드시 필요했던 서부 지역의 선점에 집중되었다. 그 첫걸음으로 302년 9월, 즉위 2년째를 맞은 그는 군사 3만 명을 거느리고 현도군을 공격하여 8천 명을 포로로 잡아 평양으로 개선했다. 한의 동북방에 위치한 전략거점으로 그 힘이 강할 때에는 숱하게 고구려를 침략하였으며 한이 멸망한 뒤에도 끈질기게 명맥을 유지하고 있던 현도군에게 이 한 번의 공격은 치명타가 되었다.

현도 정벌 이후 한동안 상황을 관망하던 미천왕은 흉노가 *진晉을 공격하여 화북을 장악함으로써 서방이 5호 16국의 혼란에 돌입하자 311년 8월에 군대를 요동으로 보내 서안평을 점령했다. 서안평의 점령은 화북의 흉노를 견제할 군사기지와 서방으로의 진출을 위한 전진기지가 확보되었음을 의미한다. 실제로 313년, 미천왕은 서안평을 발판으로 본격적인 정복전쟁을 전개하여 고구려와 백제 사이에 갇힌 채 간신히 명맥을 유지하던 낙랑군을 공격하고 그곳 주민 2천 명을 포획했다. 이 일로 동방변군으로서 낙랑군은 사실상 소멸되고 말았는데, 한무제가 *위만조선을 공격하여 낙랑군을 설치한 지 무려 400여 년 만의 일이었다. 손쉽게 낙랑군을 병합한 미천왕은 이듬해에 대방군을, 그리고 그다음 해에는 현도군을 다시 공격해 서남쪽 변경에 잔존하던 한의 흔적을 완전히 지워 버렸다. 그리고 궁지에 몰린 진나라의 평주자사 최비崔毖의 주도로 *단段선비, 우문宇文선비와 연합하여 날로 세력을 확장하는 모용외를 공격하는 등 서방 공략에 전념하다 재위 32째 되는 해에 사망했다.

미천왕을 이은 *고국원왕도 서방의 안정을 가장 우선했다. 특히 승승장구하며 고구려 서북변경의 거대세력으로 성장한 모용선비에 대

진(265~316)
위나라 장군 사마염이 세운 나라. 삼국을 통일하였으며, 서진(西晉)이라고도 함.

위만조선
전한 시기 연왕(燕王) 노관(盧綰)의 부하였던 위만이 BC 2세기 초 고조선의 왕권을 찬탈하여 세운 나라, 또는 그 정권. BC 108년에 멸망함.

단선비·우문선비
모두 선비의 부족 이름.

고국원왕(?~371)
고구려 제16대 왕. 이름은 사유(斯由). 국강상왕(國岡上王)이라고도 함. 재위 331~371.

동진(317~419)
서진의 왕족 사마예가 양자강 이남에 재건한 나라.

모용황(297~348)
전연 제1대 왕. 모용외의 아들. 재위 337~348.

전연(337~370)
중국 5호 16국의 하나. 전진의 부견에게 멸망.

비하는 일은 발등에 떨어진 불이었다. 고국원왕은 평양성을 증축하고 북쪽에 신성新城을 쌓는 한편, 화남 지역으로 밀려난 *동진東晉과 연합 전선을 모색하는 등 분주한 나날을 보냈다. 그러나 337년, 모용외의 아들 *모용황慕容皝이 동진과의 종속관계를 청산하고 *전연前燕을 건립 하는 상황을 막을 수는 없었다. 동진은 스스로를 지켜내기에 급급한 데다 너무 멀리 떨어져 있었으며, 연합을 형성할 만한 주변 세력 대부

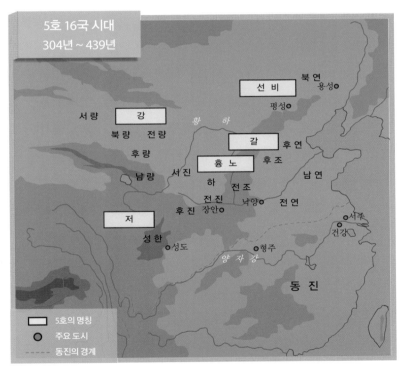

316년, 삼국을 통일했던 서진이 대규모 내란으로 멸망하자 그 일족 사마예는 동남쪽으로 이동하여 삼국시대 오나라의 도읍이던 건강(建康)을 수도로 동진을 세웠다. 하지만 그 사이 흉노, 선비, 갈(羯), 강(羌), 저(氐) 등 다섯 민족이 봉기하여 권력공백 상태에 빠져 있던 황하 유역 및 그 이북 지역에 돌입하여 약 130년에 걸쳐 열 여섯 개 왕조를 세우며 남부의 동진과 더불어 상쟁하였다. 이때를 대개 5호16국 시대라고 부르는데, 이 기간은 중국 역사상 전무후무한 일대 혼란기로 대륙이 남북으로 나뉘고 여러 민족들이 각기 나라를 세우며 서로 패 권을 다투던 암울한 전란의 시기였다. 이 혼란은 439년 선비의 일족인 탁발씨의 북위가 화북을 통일하고, 화 남은 송(宋)의 유유(劉裕)가 장악함으로써 종지부를 찍게 되었지만, 대륙은 여전히 남북조시대라는 이름으로 분열 상태가 지속되었다. 남북조 시대가 수나라에 의해 종료되기까지 서방의 견제로부터 자유로워진 고구려 는 남과 북을 오가는 교묘한 삼각외교를 바탕으로 3세기에 걸친 황금기를 구가하게 된다.

◆ 도전과 좌절 ◆

분은 이미 모용선비에 복속된 상황이었기 때문이다. 고구려는 요동의 장악과 고구려 정복을 노리는 전연을 홀로 상대할 수밖에 없었다.

전연에 대한 두려움은 곧 현실로 다가와 339년, 모용황은 마침내 고구려에 침입했다. 전연을 뒤흔들었던 모용인慕容仁의 반란에 동참했던 곽충郭充과 *동수冬壽를 받아들이고, 338년에 벌어진 전연과 *후조後趙의 전쟁 중에 모용황을 배반하고 후조에 보급기지를 제공했던 동이교위 봉추封抽, 호군 송황宋晃 등을 보호하고 있는 고구려를 더 이상 두고 볼 수 없었기 때문이다. 하지만 고구려의 험준한 요새인 신성에 막혀 전진을 계속할 수 없게 되자 고국원왕이 화친을 요청한 것에 만족하고 일단 철수했다. 고구려는 표면적으로 전연과 화친하면서 환도성과 국내성을 고쳐 쌓는 등 피할 수 없는 모용황의 재침에 대비하였다. 전연의 속셈 역시 고구려와 크게 다르지 않았다. 전연을 수립한 후 내부 단속을 위한 시간이 필요했던 모용황은 342년에 *용성龍城으로 수도를 옮기고, 먼저 고구려를 멸망시킨 뒤 우문선비 및 중원 지역을 평정한다는 전략을 채택한 뒤 5만 5천이나 되는 대군을 동원하여 고구려 침공에 나섰다.

모용황의 2차 침입은 치밀한 기만작전을 통해 이루어졌다. 모용황은 *별동대 1만 5천을 장사 왕우王㝢에게 주어 환도성으로 접근하기에 수월한 북방 루트로 보내는 한편, 자신은 주력 4만을 이끌고 험난한 남방 루트를 택해 이동했다. 그것은 이미 여러 차례 고구려를 침공했던 경험으로 미루어 평범한 방법으로는 결코 고구려 군대를 제압할 수 없음을 깨닫게 된 모용선비의 고육책으로, 만약 실패하면 전멸을 감수해야 하는 모험이기도 했다. 하지만 고구려는 모용황의 이 기만적인 술수를 간파하지 못하고 상식적으로 대응했다.

고국원왕은 전연의 침공을 접하자 아우 무武로 하여금 5만의 주력을 이끌고 북방루트를 지키게 하고 자신은 소수의 병력으로 남방 루트를 차단하기로 한다. 예상대로 무가 이끄는 군대는 북방루트에서

동수(289~357)
전연 출신으로, 모용황과 모용인 사이에 벌어진 내란에 휘말렸다가 고구려로 귀화함. 고구려 무덤인 안악 3호분의 묵서명에 등장하는 동수와 동일인물로 간주됨.

후조(319~351)
전조(前趙)의 장군 석륵(石勒)이 건립한 5호 16국의 하나.

용성
현재의 중국 요령성 조양(朝陽).

별동대
주력에서 분리되어 독립적으로 작전을 수행하는 부대.

단웅곡
위치 미상.

남소성
현재의 중국 요령성 소자하(蘇
子河) 유역에 있던 고구려 성.

전연의 군대를 포착하고 사령관 왕우를 포함한 1만 5천 병력을 전멸시켰다. 하지만 남방에서 마주친 모용황과 고국원왕 사이에 벌어진 전투는 그 결과가 사뭇 달랐다. 국왕이 직접 이끌고 있었음에도 결코 정예라고 할 수 없었던 고구려군은 모용한慕容翰이 거느린 전연의 선봉군에 크게 패하고 말았던 것이다. 결국 모용황의 본대는 환도성에 육박했고 고국원왕은 겨우 몸을 빼내 *단웅곡斷熊谷으로 도주했다. 다시 한 번 고구려의 수도가 유린당한 것이다.

하지만 비극은 거기서 끝난 게 아니었다. 고국원왕을 추격하던 전연의 군대는 왕의 어머니와 왕비를 포로로 잡고 사신을 보내 국왕의 항복을 요구했다. 물론 왕은 항복을 거부했다. 무가 이끄는 주력이 아직 건재한 데다 북방에서 승리한 기세를 몰아 전연 영내로 진입하게 되면 오히려 모용황을 포위할 수도 있을 것이기 때문이었다. 고국원왕이 항복을 거부하자 더 이상 시간을 끌다가는 퇴로를 차단당하게 될 것임을 깨닫게 된 모용황은 환도성을 허물고 궁궐을 불태우는 야만적인 행위를 저지르며 철군하기 시작했다. 하지만 다음에 벌어진 일이야말로 진정 경악할 만했다. 고구려의 추격이 두려웠던 모용황이 미천왕의 무덤을 도굴하고 그 시신을 볼모로 삼는 만행을 저지른 것이다. 고구려에는 퇴각하는 전연 군대를 궤멸시킬 능력이 있었다. 하지만 모후와 왕비에 이어 부친의 시신까지 볼모로 잡힌 상황에서 눈이 뒤집힌 선비족을 자극할 수는 없는 노릇이었다. 결국 고국원왕은 추격을 포기하고 치욕스런 정전을 선택했다.

수모는 계속되었다. 이듬해 고국원왕은 수많은 공물과 함께 동생을 전연에 보내 미천왕의 시신을 돌려받았다. 하지만 아직 모후가 잡혀있는지라 345년에 다시 침입한 전연에게 *남소성南蘇城을 내어 줄 수밖에 없었다. 355년에 겨우 모후를 돌려받는 데 성공하지만 그것은 고구려가 전연에게 조공하고 왕이 '정동대장군영주자사낙랑공征東大將軍

◆ 도전과 좌절 ◆

營州刺史樂浪公'으로 불리며 모용선비의 신하가 되는, 자부심 강한 고구려에는 지극히 굴욕스러운 조건으로 이루어진 일이었다.

치양
황해도 배천(白川)에 비정. 반걸양(半乞壤)이라고도 함.

그런데 이때 고구려에는 새로운 위협이 닥쳐온다. 바로 백제였다. 이 시기는 백제 역사상 전무후무한 전성기를 구가했던 근초고왕이 재위하던 때였다. 바야흐로 백제를 세계의 중심에 두고자 했던 근초고왕은 우선 신라와 군사적 우위를 확보한 채 평화협정을 맺었다. 그리고 고구려를 상대할 군사적 자원의 확충을 위해 막 국가 형성의 싹을 틔우고 있던 일본열도로 눈을 돌려 지역 호족 간의 주도권 싸움에 적극적으로 개입하면서 정치적 영향력을 한층 확대해 나가고 있었다. 고구려는 긴장했다. 남방의 주도권을 백제가 장악하게 되는 것은 고구려에 결코 달가운 일이 아니기 때문이었다. 이때까지 백제와 고구려 사이에 전쟁이 있었다는 기록은 없지만 한 뿌리에서 갈라져 나간 두 나라의 관계는 그 시작부터 결코 화목하지 않았다. 더구나 이때는 그들이 황해도 지역에서 국경을 마주하고 있던 시기로 이미 돌이킬 수 없는 정복자의 길로 들어선 두 나라 사이에 크고 작은 군사적 충돌이 발생하고 있었을 것이다.

어쨌든 같은 뿌리에서 시작된 고구려와 백제가 서로 다른 국가로 처음 만나게 된 사건은 전쟁이었다. 새로운 시대 역시 전쟁으로 열리고 있었던 것이다. 369년, 고국원왕은 백제 근초고왕이 남방으로 군대를 이동시켜 서남해 지역 소국들을 공략하는 틈에 보병과 기병 2만을 이끌고 백제 북부 국경의 전략거점인 °치양雉壤을 전격적으로 점령했다. 그것은 적극적인 남진계획의 실천이라기보다 백제수도 한성을 압박해 근초고왕의 야망을 위축시키려는 의도에서 비롯된 제한적 군사행동이었다. 하지만 치양 점령 이후 전과확대를 위해 분산되어 있던 고구려군은 급거 북상한 백제 태자 근구수近仇首의 역습을 받고 5천여 명이 전사하는 큰 패배를 당한다. 그리고 이 일로 오히려 자신

저족
5호의 하나. 원래 중국 감숙성 일대에 거주하다가 동쪽으로 이동하여 성한·전진·후량 등의 나라를 세움.

전진(315~394)
저족의 부건(苻健)이 세운 5호16국의 하나.

패하
현재의 예성강.

소수림왕(?~384)
고구려 제17대 왕. 이름은 구부(丘夫). 소해주류왕(小解朱留王)이라고도 함. 재위 371~384.

수곡성
황해도 신계(新溪)에 비정.

을 얻은 근초고왕은 한수에서 자신의 군대를 대대적으로 사열하는데, 그때 세계의 중심을 상징하는 황색 깃발을 사용함으로써 고구려를 더욱 자극했다. 그것은 백제가 사방으로 뻗어 나갈 것임을 노골화한 행동으로, 자국의 북방에 자리 잡고 있는 고구려 역시 백제의 정복 대상임을 암시한 것이기 때문이었다.

안일하게 행동하다가 이미 선비족에게 수모를 당한 바 있는 고국원왕은 백제의 그러한 태도를 두고 볼 수 없었다. 그는 370년 °저氐족이 세운 °전진前秦이 전연을 멸망시켰을 때 고구려로 도망쳐 온 전연 귀족 모용평慕容評을 전진으로 압송해 서부 국경을 안정시키고 다시 백제를 공격하기 위해 군사를 일으켰다. 그러나 수많은 전쟁과 우여곡절을 겪는 사이 늙고 지쳐버린 고국원왕에게 패기만만한 백제는 힘에 부치는 상대였다. 371년, 고국원왕은 다시 백제에 대한 공격을 재개했지만 °패하浿河에서 근초고왕의 매복에 걸려 군사를 돌릴 수밖에 없었다. 그리고 그해 겨울, 계속된 승리의 기세를 타고 마침내 공세로 전환한 근초고왕의 백제군을 맞아 평양성에서 싸우다 화살을 맞고 사망한다. 용맹한 고구려의 전사다운 죽음이었으나 꿈을 이루지 못한 불우한 영웅의 허망한 최후였다. 하지만 고국원왕의 죽음은 고구려인들의 가슴에 결코 잊지 못할 상처를 남겨 이후 2백 년 간 계속된 두 나라 사이의 무시무시한 전쟁을 촉발시킨 불씨로 작용했다. 그리고 그의 죽음으로 비롯된 고구려의 단결은 가까운 장래에 고구려가 동아시아의 절대강자로 부상할 수 있는 힘의 원천이 되었다.

고국원왕의 아들 °소수림왕은 현명하고 인자한 성격을 가진 인물로 평가된다. 하지만 전진과 원만한 관계를 수립하고 불교를 도입하는 한편, 율령을 반포하여 왕권을 강화함으로써 국력집중의 토대를 구축한 그는 재위 5년째 되던 375년에 백제의 °수곡성水谷城을 기습 점령함으로써 고국원왕의 죽음에 대한 보복이 시작되었음을 백제에

◆ 도전과 좌절 ◆

알렸다. 그 이듬해에도 고구려 군대는 백제에 쳐들어갔다. 그리고 그 다음 해에는 고국원왕을 죽인 근초고왕의 아들인 백제왕 근구수가 3만 병력으로 평양성을 침공했지만 간단히 물리치고 다시 백제 북쪽 국경을 공격했다. 근초고왕이 사망한 이후 급격히 내리막길에 들어선 백제는 확대된 영토 이곳저곳으로 병력이 분산된 탓에 북부 국경에 집중된 고구려의 파상공세를 당해낼 수 없었다. °근구수왕이 평양성 침공 때 동원했던 3만 병력은 당시 백제가 긁어모을 수 있었던 병력의 한계치였을 것으로 생각된다. 하지만 백제에게는 다행스럽게도 378년, 고구려 전역에 큰 기근이 들고 현재의 몽골 지역에 거주하던 °거란족이 남하하여 고구려 영내에 침입하면서 백제에 대한 소수림왕의 공세는 주춤하고 만다.

소수림왕의 뒤를 이은 고국양왕은 소수림왕의 동생이자 고국원왕의 아들로 역시 백제에 대한 원한이 깊었다. 그러나 그가 재위 중이던 시기에는 백제를 적극적으로 공격할 수 없었다. 북서 국경에 새로운 변수가 등장한 때문이었다. 그것은 이미 소멸된 줄 알았던 과거의 숙적 모용선비의 부활이었다. 384년, 전진에 망명했던 전연의 귀족 °모용수慕容垂는 다시 전진을 이탈한 뒤 자립하여 선비족의 전통을 잇는 새로운 국가 후연後燕을 건국했다. 그리고 고구려와의 악연도 이어졌다. 후연이 건국될 무렵 고구려는 모용선비의 군대를 궤멸시키고 요동과 현도를 공격하여 1만 명의 포로를 잡아 왔는데, 385년에 후연이 고구려를 공격해 요동과 현도를 탈취함으로써 두 나라 사이에 대규모 전쟁으로 비화될 수 있는 고도의 긴장상태가 조성되고 만 것이다. 때문에 고국양왕은 재위 3년째 되던 해에 백제를 공격하기는 했지만 후연과의 문제와 아울러 계속되는 천재지변 및 그로 인한 만성적인 기근 등으로 죽는 순간까지 백제를 공격한 것은 그게 전부였다. 오히려 재위 말인 390년에 백제 °달솔 진가모眞嘉謨에게 °도압성都押城을

근구수왕(?~384)
백제 제14대 왕. 이름은 수(須). 재위 375~384.

거란족
퉁구스계와 몽골계의 혼혈로 추정되는 종족. 당시에는 시라무렌강 유역에서 부족단위로 유목에 종사함.

모용수(326~396)
5호 16국 중 하나인 후연의 건국자. 재위 384~396.

달솔
백제 16관등 중 제2등급.

도압성
위치 미상.

고국양왕(?~391)
고구려 제18대 왕. 이름은 이
련(伊連). 재위 384~391.

내물마립간(?~402)
신라 제17대 왕. 재위 356~
402. 마립간은 신라왕의 호칭.
그가 즉위한 때로부터 제52
대 효공왕이 사망하는 912년
까지 신라의 왕위는 김씨가 독
점함.

광개토대왕(374~413)
고구려 제19대 왕. 이름은 담
덕. 영락태왕(永樂太王)이라고
도 함. 재위 391~413.

일시 점령당하고 주민 2백여 명이 포로로 잡혀가는 등 상황의 주도권이 백제에게 넘어가는 것처럼 보였다. 그리고 실제로 상황은 그렇게 전개되고 있었다. 서방의 혼란과 고구려의 소극적인 태도에 고무된 백제가 적극적인 팽창정책을 재개하여 다시 주변의 모든 것을 집어삼킬 듯 뻗어 나가기 시작했던 것이다. 하지만 그런 이웃을 둔 나라, 특히 수백 년에 걸친 전쟁으로 말미암아 백제에 대한 원한과 공포를 축적해 온 신라가 불안하지 않을 수는 없는 노릇이었다.

391년, 왜의 침략과 백제 및 가야의 잠재적인 위협에 직면하였으나 그것에 대처할 능력이 없던 신라는 고구려에 의존하여 난국을 타개하기로 결정하고 °고국양왕에게 군사동맹을 요청했다. 그것은 어느덧 같은 하늘 아래에서 공존할 수 없는 원수지간이 되어버린 백제의 중심부로 접근하고 싶었음에도 해당 지역의 지리와 정세에 어두워 주저할 수밖에 없던 고구려에는 반갑기 그지없는 일이었다. 고국양왕은 즉시 사신을 보내 제안을 수락했고 신라의 °내물마립간이 조카 실성을 인질로 보냄으로써 동맹은 성립되었다. 고구려가 한강 이남의 국가와 맺은 최초의 동맹으로만 인식되기 쉬운 이 일은 그러나, 북방에 웅거하던 고구려가 마침내 남방의 상황에 직접 개입하게 됨으로써 동북아시아의 주도권을 둘러싼 경쟁이 더 복잡하고 치열한 양상으로 전개되는 계기가 된, 역사적으로 아주 중요한 사건이었다. 고국양왕은 신라와 동맹을 맺던 그 해에 8년이라는 짧은 치세를 마무리하고 숨을 거두었다. 하지만 그를 이어 고구려에게는 최고의 축복이었으나 주변에 위치한 모든 나라에는 무시무시한 재앙으로 기억될 한 사람이 그의 뒤를 이어 고구려의 새로운 군주로 등극했다. 담덕談德이라는 이름을 가진 고국양왕의 태자로, 사후에 '국강상광개토경평안호태왕國罡上廣開土境平安好太王'으로 불리며 고구려를 진정한 강국으로 끌어올린 인물, 바로 우리가 잘 알고 있는 °광개토대왕이다.

이때 병사와 무기의 모습

<< 중국 삼국시대의 위나라 기병

북중국의 광활한 평원 지역을 점유하던 위나라는 다른 두 나라의 전력을 합쳐도 상대가 되지 않을 만큼 강력한 육군을 보유하였으며, 특히 기마에 능숙한 북방 민족들을 상대하기 위해 막강한 기병 전력을 육성하였다. 또한, 관구검이 고구려를 침공할 때 오환 병사들이 동행한 것처럼 중요한 전쟁이 있을 때마다 유목민족 기병들을 자국 군대의 일원으로 활용하기도 하였다. 그림의 병사는 작은 사각형 철판들을 가죽끈으로 결합한 소찰주(小札胄)를 쓰고, 길고 좁은 철판 여러 장을 역시 같은 방법으로 조립한 철제찰갑을 착용하고 있다. 얼굴 부분만 노출되도록 만들어진 투구는 이미 전국시대 후기에 등장하고 있는데, 비록 모양은 다르지만 우리나라에서도 합천 반계제, 경산 임당, 충남 부여 등지에서 이와 같은 형식의 투구가 출토된 것으로 볼 때 소찰주가 사용된 시간과 공간의 폭은 매우 넓었던 것 같다.

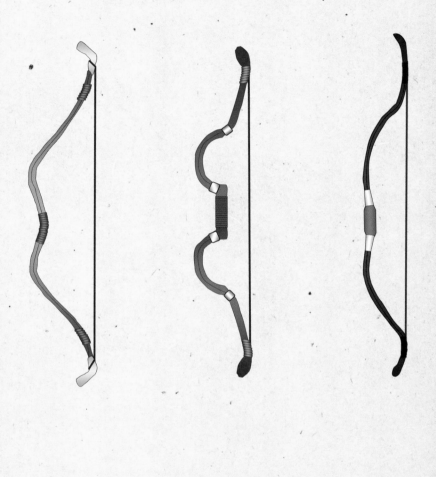

<< 활

활은 대표적인 발사병기로 지금도 그렇지만 우리는 예로부터 우수한 활을 보유하였으며, 활을 잘 쏘기로도 유명한 민족이었다. 그러나 우리 조상들이 고대에 사용한 활의 정체에 대해서는 아직도 정확히 밝혀지지 않아서 많지 않은 유물이나 고분 벽화를 통해 그 재질과 형태를 유추할 뿐이다. 그림은 고구려 고분벽화에 나타난 활을 재현한 것인데 왼쪽은 안악 3호분 대행렬도, 중간 은 무용총 수렵도에 묘사된 것으로 두 고분이 비슷한 시기에 조성된 점을 감안할 때 당시 고구려에는 여러 종류의 활이 존재했 었음을 알게 한다. 특히 두 활은 유라시아 초원지대에서 활동하던 기마민족인 스키타이와 훈족이 사용하던 활과 많이 닮아 있어 우리 활의 원류에 관한 연구에 귀중한 단서를 제공한다. 오른쪽 그림은 우리 활의 최종 형태인 조선시대의 활인데 비록 그 모양 은 많이 다르지만 세 활은 두 번 구부러진, 이른바 2중 만곡궁(彎曲弓, Recurve bow)이며, 동물의 뼈나 뿔을 여러 종류의 나무와 조합하여 만든 복합궁(複合弓, Composite bow)이라는 점에서 그 본질과 계통이 동일선상에 있음을 알 수 있다.

<< 고구려 궁기병

달리는 말 위에서 몸을 돌린 채 후방을 향해 사격 중인 고구려 궁기병. 이들의 생존방식은 속도이며 말을 타고 자유롭게 사격해
야 하기 때문에 투구 이외에 기동력과 민첩성을 저해할 만한 보호 장구는 착용하지 않았다. 그가 취하고 있는 사격자세는 서구
인들이 파르티안 샷(Parthian Shot)이라고 부르는 자세인데 말을 한 몸처럼 다루지 못할 경우 낙마할 가능성이 높은, 매우 위험
한 방법이다. 하지만 무용총 벽화를 비롯한 고구려의 여러 고분 벽화에서 보듯 승마와 활쏘기가 일상생활의 일부분이었던 고구
려인들은 평소 수렵과 훈련 등을 통해 기마민족의 장기인 마상 사격을 무리 없이 소화해 낼 수 있었을 것이다. 고구려의 궁기병
운용에 대한 구체적인 자료는 없지만 대체로 궁기병은 특유의 기동력과 활의 장점을 이용해 본격적인 전투가 시작되기 직전에
적 전방으로 접근하여 일제사격을 가한 후 후퇴하였다가 다시 같은 행동을 반복하는, 이른바 치고 빠지는 전술로 적의 대열을
무너뜨리고 기세를 꺾는 역할을 담당한다. 또한 빠른 속도를 이용한 우회 및 포위, 유인 그리고 퇴각하는 적을 추격하여 섬멸하
는 데에도 크게 활약하였다. 이러한 다용도성과 경제성 때문에 고대로부터 근대에 이르기까지 기병의 주력은 중장기병이 아닌
경기병이었으며 그 점은 고구려의 경우도 마찬가지였을 것이다.

<< 고구려의 철갑기병

안악 3호분 벽화 등을 토대로 구성한 이 그림 속의 기병과 말은 온몸을 철제 찰갑으로 휘감은 무시무시한 모습이다. 기원전 1세기에 현재의 이란 지역을 장악하고 있던 파르티아(Parthia)제국에서 비롯된 것으로 추정되는 철갑기병은 당시 절정에 도달해있던 장갑보병의 방진을 깨뜨릴 새로운 병과로서의 기대감과 아울러 실제 전장에서 그 능력을 인정받으며 동과 서로 퍼져 나갔다. 고구려의 경우 3세기경 동천왕 시기에 이미 대규모 철갑기병에 대한 기록이 등장하는 것으로 보아 적어도 2세기 중반에는 이러한 철갑기병을 도입했던 것으로 생각된다. 철갑기병은 개별적인 전투보다는 긴 창을 내밀고 밀집대형으로 돌격함으로써 적을 공황상태에 빠뜨리며 진(陣)을 파괴하여 뒤따르는 보병부대의 안전과 전진로를 확보하는 역할을 수행하였을 것이다. 하지만 그 완벽해 보이는 겉모습과는 달리 철갑기병도 무적의 병과는 아니었다. 관구검의 침략 때 동천왕이 대패한 경우에서 보듯 경기병에 비해 기동력이 현저히 떨어지는 데다 무거운 갑옷 때문에 지구력에도 문제가 있는 철갑기병부대의 단독작전은 큰 위험을 수반하며 특히 산악이 많은 지형에서는 효용성이 저하되는 한계가 있다. 또한, 장비의 도입과 유지, 교육훈련, 이동 등에 막대한 경비와 시간, 그리고 고난도의 기술이 소요되므로 웬만한 부국이 아니라면 철갑기병의 보유와 운용은 불가능하며, 설사 무리해서 보유한다 하더라도 그 비용을 경기병이나 보병부대에 투자한 만큼 효과를 얻을 수 있을는지도 모를 일이다. 고구려의 남하 이후 가야와 신라에도 철갑기병이 도입된 것으로 보이지만 철 자원이 풍부하고 가공기술도 뛰어났던 가야의 경우 그보다 이른 시기에 유사한 형태의 기병부대가 존재했을 가능성도 있다. 개마무사(鎧馬武士), 또는 중장기병(重裝騎兵)이라고도 부른다.

◆ 도전과 좌절 ◆

<< 고구려 창병

안악 3호분의 벽화에 그려진 4세기 중엽 고구려 창병의 모습. 상반신을 가리는 철제찰갑과 투구를 갖추어 입고 커다란 방패를
들고 있다. 이렇게 갑옷을 입은 데다 대형 철제방패를 들고 밀집대형을 형성한 중장보병은 평야 지역 전투에서 기병과 보병 모두
에게 큰 위협이 된다. 당시 백제군 일부만이 찰갑을 사용했을 뿐 한강 이남 지역의 보병과 기병 대부분이 판갑을 입고 있었던 반
면 고구려는 시작부터 찰갑을 기병과 보병의 방호구로 사용한 것 같다. 물론 찰갑과 판갑은 각각 장단점을 가지고 있지만 문제는
전체 병력에 대한 공급 비율이다. 고구려 고분벽화에서 보듯 고구려 군대는 일부 특수병과를 제외한 대부분의 병사들이 갑옷을
갖추어 입고 있었는데, 유명한 철 생산지이자 소수정예 병력을 보유하던 가야 여러 나라를 논외로 하면 당시 백제와 신라가 과연
얼마나 많은 병사를 갑옷으로 무장시킬 수 있었을지 궁금하다.

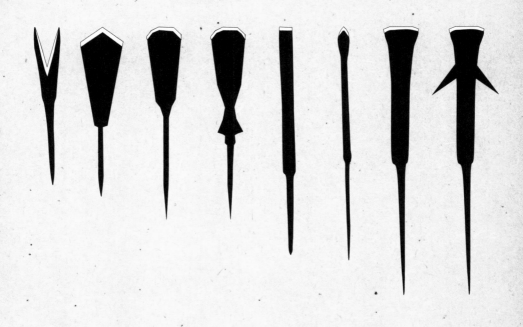

<< 고구려의 다양한 화살촉

이처럼 형태가 다양했던 이유는 상대방이 기병일 경우와 보병일 경우, 혹은 갑옷을 입은 경우와 그렇지 않은 경우에 따라 사용하는 화살이 달랐기 때문이다. 도끼날이나 끌을 닮은 것은 갑주를 착용하지 않은 인마살상에 사용되던 것이며, 버들잎 모양 화살촉은 그보다 사거리가 짧지만 관통력이 높다. 다른 나라들 역시 여러 가지 화살촉을 사용했지만 고구려나 가야의 유물을 보면 이들이 특히 다양한 형태의 화살촉을 가지고 있었음을 알 수 있다.

<< 철제 투겁창의 여러 종류

투겁창이란 금속으로 만들어진 창날 하단부에 파이프와 같은 자루꽂이가 있는 창을 말하는데, 철기가 등장한 이래 모(矛), 극(戟), 과(戈) 등 우리가 창(槍)으로 통칭하는 종류의 대부분은 이와 같은 결합방식을 가지고 있다. 또한, 이러한 투겁 결합방식은 금속의 소재만 달리할 뿐 청동기 시대부터 계속 이어져 온 형식이다. 하지만 투겁창 이외에도 자루에 직접 창날을 꽂게 되어 있는 슴베 형식도 널리 사용되었다.

창은 대량생산이 용이하고 칼보다 먼 거리에서 적을 공격할 수 있어 주로 보병이 사용했지만 동서양을 막론하고 기병의 주무기 역시 검이나 도가 아닌 창이었다. 기병이 말 위에서 휘두르는 창은 상대적으로 낮은 위치에 있는 보병에게는 매우 위협적이었다. 주지하는 바와 같이 창은 선사시대부터 사용된 사냥도구이자 가장 일반적인 전쟁무기이다. 때문에 창을 진부한 무기로 여기기 쉽지만 이만큼 값싸고 위력 있는 병기는 없다. 또한, 4m가 넘는 고대 그리스 및 마케도니아 군대의 장창은 2m 내외의 창을 든 경장보병을 간단히 격파하였으며, 오랜 세월 전장을 주름잡던 전차와 경장기병의 강력한 라이벌로 등장하면서 이전의 전쟁방식을 바꿀 만큼 혁신적인 무기였고, 신라의 경우 전문화된 장창부대의 대량운용을 통해 기병 전력의 열세를 훌륭하게 보완할 수 있었다.

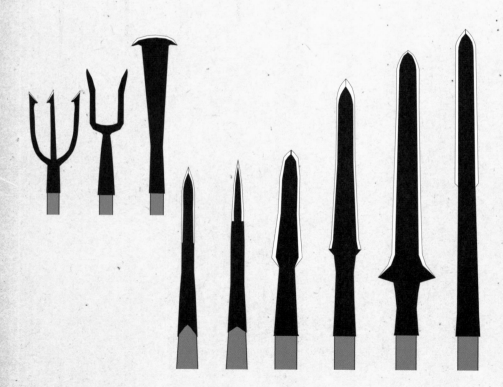

<< 고구려 부월수(斧鉞手)

전투자세를 취하고 있는 고구려 부월수(斧鉞手)들. 빠른 속도로 돌격하며 두 손으로 도끼를 휘둘러야 하는 이 병사들은 갑옷처럼 거추장스러운 물건은 걸치지 않았다. 당시 고구려는 여러 가지 병종을 채용하여 합리적이고 다양한 전술을 구사했을 것으로 생각된다. 부월수로 구성된 부대 역시 결코 평범하다고 할 수 없는 특수병과의 하나로 보병과 보병이 전투를 벌일 경우 이들이 휘두르는 도끼는 적을 겁먹게 하여 대열을 분산시키는 역할을 한다. 기병으로 치자면 철갑기병과 같은 역할인데, 실제로 이들이 가진 도끼는 자루까지 쇠로 되어 있기 때문에 그 충격력이 대단해서 목재나 가죽으로 만든 방패 정도는 단 한 번의 타격으로 조각낼 수 있다. 물론 갑옷을 입었다 해도 이런 도끼에 제대로 맞으면 그 충격으로 더 이상 전투를 수행하기가 불가능하다.

<< 철제도끼의 여러 종류

고대에는 나무자루에 날을 세운 철정을 끈으로 묶어 결합하는 단순한 것부터 다소 복잡한 제작 및 결합공정이 필요한 투겁도끼에 이르기까지 매우 다양한 종류가 사용되었다. 맨 오른쪽은 서울 아차산성에서 출토된 고구려의 철제도끼로 안악 3호분의 부월수가 들고 있는 것과 유사한 종류인데 자루까지 쇠로 제작되어 매우 강력한 타격력을 보유하고 있다. 고대에서 중세에 이르기까지 도끼는 필수적인 공병장비일 뿐 아니라 백병전에 사용되는 유용한 병기이기도 했다. 특히 무거운 도끼를 두 손으로 들고 내려칠 경우 얇은 철판이나 가죽, 또는 목재나 가죽을 조합한 방패 정도는 완전히 두 동강 낼 수 있었다. 도끼를 든 부월수가 중요한 병과의 하나였음은 고구려 고분인 안악 3호분을 비롯한 여러 기록과 부장품 등을 통해 쉽게 확인된다. 언뜻 원시적인 것으로 생각할 수 있으나 보병의 밀집대형에 강력한 타격을 가할 필요가 있을 때 도끼만큼 유용하게 사용된 병기도 드물었을 것이다.

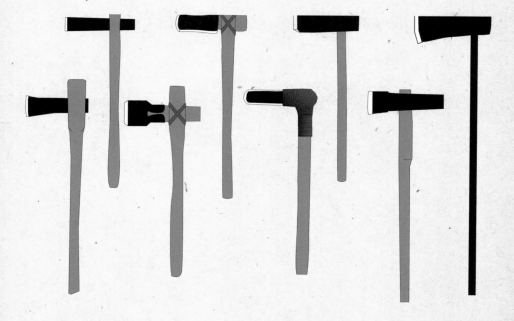

가야전쟁

모든 준비를 마치고 은밀히 낙동강 동쪽에 집결한 가야군과 조용히 바다를 건너 금성
동쪽 해안으로 접근한 왜군들은 마침내 동서 양 방면에서 신라를 기습적으로 공격
했다. 그것은 단순한 국지전이 아니라 아예 신라라는 나라를 지도 위에서 지워버리기
위한 전면적인 침공이었다.

391년, 광개토대왕은 18세에 불과했지만 왕위에 오르기 무섭게 백제에 대한 공격을 감행했다. 그는 백제 북쪽 국경으로 육박하여 10여 개 성을 획득하고, 그 몇 달 뒤에는 현재의 한강 하구에 위치한 천혜의 요새이자 백제수도 한성의 관문인 °관미성關彌城을 20일간에 걸친 공격 끝에 점령함으로써 당대의 누구보다도 뛰어난 군사적 천재성을 유감없이 보여주었다. 반면 한창 전성기를 구가하던 백제는 관미성을 잃음으로써 고구려를 공격하기는커녕 수도 한성의 방어에 큰 부담을 떠안게 되었다. 관미성은 경기도 파주시 탄현면, 통일전망대가 있는 오두산성烏頭山城으로 비정된다. 고구려에게 관미성은 임진강과 한강이 합류하는 곳에 위치하고 있어 고구려가 백제의 북부방어선을 거치지 않고도 수군을 사용해 지척에 있는 한성까지 직진할 수 있는 전략거점의 역할을 하게 될 터였다. 하지만 관미성의 함락은 이후 백제가 겪어야 할 재앙의 시작에 불과했다. 졸지에 수도가 최전방 도시로 변해버린 백제는 °아신왕이 즉위한 392년에 서둘러 반격을 시도했다가 보급에 문제가 발생해 성과도 없이 철군했다. 그리고 393년, °좌장 진무眞武가 1만 병력으로 관미성 탈환을 시도하다가 5천 기병을 거느리고 나온 광개토대왕의 역습을 받아 참패했다. 이듬해에 재개한 공세 역시 수곡성에서 고구려의 역습을 받아 8천 명이 포로로 잡히는 참패로 끝났다.

하지만 포기할 수는 없는 노릇이었다. 공세의 주도권을 빼앗기면 수도 한성은 바람 앞의 등불 신세를 모면할 수 없었다. 394년 8월, 아신왕은 진무로 하여금 대규모 병력을 이끌고 다시 고구려를 공격하도록 했다. 처음에 공세는 순조롭게 진행되는 듯했다. 진무는 고구려에 빼앗겼던 한강 이북의 여러 성을 되찾고 북진을 계속했다. 하지만 패수에서 기다리던 광개토대왕의 7천 군대와 싸워 8천 명이 전사하는 참담한 패배를 당했다. 패수전투의 충격이 얼마나 대단했던지 아신왕이 그 복수를 하겠다며 한겨울인 11월에 직접 7천 병력을 거느리고

관미성
경기도 파주시 오두산성에 비정. 광개토대왕릉비의 각미성(閣彌城).

아신왕(?~405)
백제 제17대 왕. 아방(阿芳)이라고도 함. 재위 392~405.

좌장(左將)
당시 백제군의 최고 책임자. 군사에 대한 모든 업무를 총괄함.

청목령
고개 이름. 개성시 서북쪽에 있었을 것으로 추정. 청목(靑木)은 소나무를 의미함.

패려
거란의 한 갈래로 추정되는 유목집단.

영
유목종족 특유의 기본적인 군사편제를 영이라고 하지만 비문의 영은 규모가 작은 마을 정도로 추정.

고구려 정벌에 나설 정도였다. 하지만 그것은 아신왕의 군사적 무능력만 드러냈을 뿐 애초부터 가능하지도 않은 계획이었다. 아신왕은 고구려와의 국경에 가까운 °청목령靑木嶺에 이르러 진을 쳤지만 본격적인 전투에는 돌입하지도 못하고 엄청난 폭설과 혹한으로 수많은 병사만 잃은 채 회군해야 했다. 아마도 최정예 병력과 함께 백제가 동원 가능했던 모든 군사력을 투입했을 이 두 차례의 공격이 실패로 마무리되자 백제군은 고구려에 대한 자신감을 상실하고 말았다. 그리고 고구려를 패수 북쪽으로 몰아내려던 시도가 좌절됨으로써 백제의 수도 한성은 고구려 군대의 위협 앞에 무방비 상태로 노출되어 버렸다.

광개토대왕은 서두르지 않았다. 395년, 그는 백제에 대한 공세를 일시 중지하고 북쪽으로 군대를 집결시켜 거란의 일파로 북서 국경에서 약탈을 일삼고 있던 °패려稗麗원정에 나선다. 패려 전쟁의 전개 상황은 〈광개토대왕릉비〉에 상세히 기록되어 있는데, 그 과감한 장거리 원정의 결과는 수백 개의 °영營을 깨뜨리고 셀 수 없을 만큼 많은 가축을 노획하는 대승으로 마무리되었다. 그러나 이 전쟁은 단순히 국경의 안정을 위한 것이 아니라 언제 고구려를 침략할지 모르는 선비족의 신흥 국가 후연을 북쪽에서 견제하려는 고도의 전략적 판단에서 비롯된 간접적인 압박이었다.

한편 아신왕은 고구려의 공세가 주춤한 틈을 타 자구책을 강구하기 시작했다. 그는 최소한 고구려와의 병력균형이라도 맞추기 위해 태자 전지腆支를 왜에 보내 군대를 동원하도록 하는 한편, 한성에 집결한 백제군을 사열하며 고구려에 대한 저항의지를 굳건히 하고 땅에 떨어진 병사들의 사기와 흐트러진 전열을 복구하려 했다. 그러나 396년, 백제군이 다음 행동을 취하기도 전에 고구려군은 전격적으로 국경을 넘어 백제 영내로 돌입했다. 이제 백제를 무릎 꿇릴 때가 되었다고 판단한 광개토대왕이 직접 기획하고 실행한 전면적인 침공이었다. 여전히 방대한 군사력을 보유하고 있는 백제에게서 대응할 시간을 빼앗기 위해 작전은 전광석화와 같이 전개되었다. 황해도 내륙지역을 거쳐 예성강 동쪽 방면으로 빠르게 남하한 고구려군 주력은 서해 연안을 타고 교동도와 강화도를 점령한 뒤 한강 수로로 진입한 수군 함대의 선박을 이용해 아주 손쉽게 한강을 건넜다. 그리고 배후의 안전을 확보할 목적으로 *미추홀에 상륙한 또 다른 부대와의 협격으로 마침내 백제의 수도 한성을 포위했다. 눈 깜짝할 사이에 벌어진 일이었다.

고구려가 수군을 공세의 주력으로 사용할 것을 예상하지 못했던 아신왕은 필사적으로 저항을 시도했다. 하지만 수도를 지켜줄 주변의 성곽들이 모두 공격을 당하고 있거나 함락된 상태에서 고구려 수군이 압박해 오자 더 이상 버틸 의지를 상실했다. 〈광개토대왕릉비〉에 따르면 결국 그는 남녀 1천 명과 다량의 공물, 그리고 자신의 형제와 대신 열 명을 고구려에 바치며 영원히 고구려의 **"노객奴客'이 될 것을 맹세했다고 한다. 고구려인들에 의해 세워진 비석의 기록을 다 믿을 수는 없지만 그것은 분명 백제가 고구려에 참패한 전쟁이었다. 〈광개토대왕릉비〉에는 이때에 획득한 백제의 영토가 무려 '58성城 700촌村'에 달한다고 기록되어 있다. [이전에 관미성이 이미 고구려에 넘어간 것을 감안하면 비문에 기록된 전과는 대왕이 그 무렵까지 백제로부터 탈취한 지역을 모두 합친 숫자로 보는 게 옳다. 어쨌든 각 성의 위치 비정과 이후 전개되는 상황으로 미루어 볼 때 한강 이북의 백제 영토 대부분은 물론, 백제에게 예속되어 있던 강원 영서 지역의 예족(穢族) 거주지 및 백제군 요새들이 고구려에게 넘어간 것은 분명하다.]

그렇게, 어제까지만 해도 세계의 중심을 자처하며 자부심이 하늘을 찌르던 백제는 하루아침에 고구려의 신민이 되었음을 스스로 인정하고 말았다. 역사상 처음으로 겪는 치욕적인 일이었다. 그러나 아신왕에게 그런 형식 따위는 중요하지 않았다. 비록 무릎을 꿇었지만 보복을 위해서라도 국가 멸망의 위기는 벗어나고 볼 일이었기 때문이

미추홀(彌鄒忽)
인천광역시 남구에 있는 문학산성(文鶴山城)으로 추정. 광개토대왕릉비의 미추성.

노객
신하가 왕에게 자신을 낮추어 일컫는 말.

아단성
서울 광진구에 있는 아차산성
(阿嵯山城/阿且山城)에 비정.

다. 참으로 단호하고 영리한 결단이 아닐 수 없다. 백제에게는 다행스럽게도 광개토대왕은 그 결단에 만족했던 것으로 보인다. 아니, 그보다는 북방의 큰 화근거리인 선비족 때문에 남쪽으로 쏠린 주력의 철군을 서둘러야 할 필요가 있었을 것이다. 어쨌든 고구려 군대는 거의 멸망의 지경에 이를 뻔한 백제를 더 이상 몰아치지 않고 왕족과 귀족이 포함된 다수의 인질과 전리품만 챙겨 철군했다. 이 시점에 미추성彌鄒城 등 한강 이남에 소재한 점령지 대부분은 백제에 반환된 것으로 추정된다. 그렇지 않았다면 곧바로 벌어지는 아신왕의 배신과 왜와의 '화통和通' 등은 결코 일어날 수 없는 사건이다. 물론 백제를 견제하는 데 반드시 필요한 관미성과 *아단성阿且城 등 한강 북안의 전략거점들에 대한 방비는 더욱 강화되었을 것이다.

연이은 패배와 북부 완충지대의 상실로 백제에게 고구려는 넘지 못할 산이 되었다. 그러나 근초고왕 시기의 영광을 기억하고 있는 백제는 현실을 인정하지 않았다. 아신왕은 치욕을 가슴에 안은 채 와신상담, 고구려가 철군하자마자 즉시 보복을 위한 절차에 착수했다. 그는 고구려를 직접 공격하기에는 역부족이라는 사실을 인정하고 적에게 재침의 명분을 제공하지 않으면서 제3의 공간을 통해 간접적으로 압박한다는 새로운 전략을 채택했다. 그 제3의 공간이란 바로 신라였다. 오랜 숙적이면서 이제는 고구려에 기대고 있는 신라야말로 북방을 치기 전에 반드시 제거해야 할 배후의 위협이라고 판단했던 것이다. 하지만 군대를 재정비하여 잃어버린 균형을 되찾기까지는 오랜 시간이 필요하기 때문에 결코 만만한 상대가 아닌 신라를 공격하는 데 전력을 소모할 여유가 없는 것이 큰 문제였다. 책략이 필요한 순간이었으나 의외로 아신왕은 해답을 엉뚱한 곳에서 찾았다. 신라의 팽창으로 위기의식을 느끼고 있던 가야에게 신라정복이라는 달콤한 미끼를 제시하며 군사동맹의 체결을 요구했던 것이다. 그때 백제의 행동

◆
가
야
전
쟁
◆

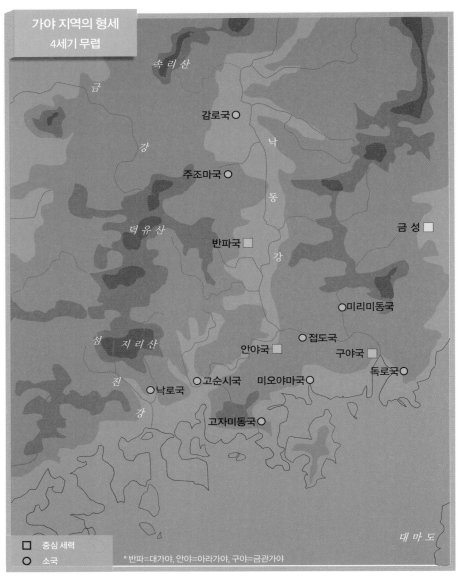

가야 지역의 형세
4세기 무렵

속리산

금강

감로국 ○

낙동강

주조마국 ○

덕유산

반파국 ▢

금성 ▢

미리미동국 ○

섬진강

지리산

안야국 ▢

접도국 ○

구야국 ▢

독로국 ○

낙로국 ○

고순시국

미오야마국 ○

고자미동국 ○

대마도

▢ 중심 세력
○ 소국

*반파=대가야, 안야=아라가야, 구야=금관가야

전쟁의 시대

기원후 1~4세기에 이르는 전기가야연맹의 형세. 가야는 42년, 현재의 김해 지역에서 금관가야가 건국된 이래 낙동강 중류 및 하류, 전라도 동부 지역, 일본 열도 등을 중심으로 520년 동안이나 존속한 소국들의 연맹국가이다. 가야 소국들은 대부분 김해평야를 비롯한 비옥한 농경지와 바다를 끼고 있어 경제적으로도 안정되어 있었으며, 선진적인 제철기술 및 철제품 수출을 통한 부의 축적 등을 바탕으로 독자적인 세력을 구축하며 발전했다. 4세기까지만 해도 백제와 동등하며 신라를 능가하는 강국이었지만 399년, 대규모 군대를 동원하여 신라를 공격했다가 고구려의 역습을 받는 바람에 크게 위축되었다. 고구려의 영향력이 약화된 이후에는 전라도지역과 낙동강 하류 지역의 소국들이 백제, 신라에 차례로 병합되었으며, 532년에 금관가야가 신라에 투항하고, 572년에는 대가야 역시 신라에게 멸망당함으로써 역사 속으로 사라지게 된다.

야마토 정권(Yamato Seiken)
현재의 일본 긴키(近畿) 지역
야마토(大和)를 중심으로 하
던 호족연합체.

헤게모니(Hegemony)
지배권, 맹주권, 패권 등을 의
미함.

을 〈광개토대왕릉비〉는 다음과 같이 기술하고 있다.

> (광개토왕) 9년 기해년에, 백잔(백제)이 서약을 어기고 왜와 화통하였다.
> 九年己亥 百殘違誓與倭和通

　신라를 정복하면 얻을 것이 무척 많았던 금관가야, 그리고 가야 지역의 주도권을 놓고 금관가야와 경쟁하고 있었지만 신라에 대해서만은 이해관계를 같이하던 대가야를 주축으로 하는 가야 여러 나라들은 아신왕의 책략에 말려들지 않을 수 없었다. 그들은 동맹에 의한 신라 침공 계획에 동의했을 뿐만 아니라 전쟁 이후 신라에 대한 주도권을 확보하려는 생각으로 백제보다 더욱 열정적으로 행동에 나섰다. 특히 4세기 이후, 고구려가 낙랑군과 대방군을 몰아내고 서해를 장악하여 중국으로 통하는 뱃길을 차단하자 막대한 수입을 제공하던 무역활동이 크게 위축되면서 경제적 어려움에 직면하게 된 금관가야는 일본열도의 호족 연합체인 °야마토 정권까지 끌어들이면서 전에 없던 대규모 군대를 조직하기 시작했다. 여전히 수많은 소국이 난립하던 왜 지역에서 무력을 통해 정치적 °헤게모니를 장악해 나가고 있던 야마토의 호족들은 군사력의 근간인 철의 공급을 가야에 의존하고 있는 탓에 파병을 거부할 입장이 못 되었다. 어쨌든 그 끝에 무엇이 있는지를 알지 못한 채 운명을 향한 발걸음을 재촉하는 가야인들 덕분에 아신왕은 상당 기간 자국 군대의 재건에만 모든 노력을 기울일 수 있게 되었다. 전쟁에 지친 백성들의 반발이 멀지 않은 백제의 불행을 예고하고 있었지만 이미 복수의 화신이 되어버린 그의 마음은 조금도 흔들리지 않았다.

　한편, 백제가 당분간 재기할 수 없을 것으로 판단한 광개토대왕은 다시 북방으로 관심을 돌려 변경의 안전을 확보하는 데 노력을 집중

가 야 전 쟁

모용성(373~401)
후연 제3대 왕. 재위 398~401.

했지만 다수의 군대를 남쪽의 신규 점령지에 남겨두고 온 탓에 후연에 대한 견제는 외교적인 방법에 의존할 수밖에 없었다. 그러나 고구려의 그러한 처지를 간파한 후연의 왕 *모용성慕容盛은 399년, 고구려의 외교적 결례를 구실로 3만 군대를 동원하여 고구려를 침공, 신성과 남소성 등 700여 리에 이르는 영토를 점령해 버렸다. 불패의 군주 광개토대왕도 당황할 수밖에 없는 일이었다. 그는 후연에 보복하고 빼앗긴 땅을 되찾기 위해 다시 북부 국경으로 군대를 집결시켰다. 하지만 그때 신라의 내물마립간이 전해 온 급보로 후연과의 전쟁은 잠시 유보될 수밖에 없었다.

고구려가 연나라와 접전을 벌이고 있던 그때, 모든 준비를 마치고 은밀히 낙동강 동쪽에 집결한 가야군과 조용히 바다를 건너 금성 동쪽 해안으로 접근한 왜군들은 마침내 동서 양 방면에서 신라를 기습적으로 공격했다. 그것은 단순한 국지전이 아니라 아예 신라라는 나라를 지도 위에서 지워버리기 위한 전면적인 침공이었다. 가야의 대군은 치밀한 계획에 따라 톱니바퀴처럼 움직이며 거대한 폭풍처럼 신라의 영토를 휩쓸며 나아갔고, 상륙에 성공한 왜군은 신라의 연안방어체제를 붕괴시키고 수도 금성을 향해 해일처럼 밀려들었다. 고구려와 백제의 전쟁이 계속됨에 따라 고구려의 동맹국으로서 당연히 백제와의 접경인 서북 방면으로 군사적 관심을 집중하고 있던 신라는 처음 당해 보는 양면공격 앞에 아연실색하며 제대로 저항도 하지 못하고 무너져 갔다. 당시 신라가 어떤 상황까지 몰려 있었는지 〈광개토대왕릉비〉에 상세히 묘사되어 있다.

왜인이 나라 안에 가득하고, 성곽들은 모두 파괴되었으며, 노객(신라왕)을 백성으로 삼으려 합니다.

倭人滿其國境 潰破城池 以奴客爲民

백제와 고구려 사이의 전쟁을 숨죽이며 지켜보던 신라가 애꿎게도 국가 존망의 위기를 맞게 된 것이다. 하지만 무시하지 못할 군사력을 보유한 가야가 백제와 동맹을 형성한 일은 고구려에도 심각한 사태였다. 만약 그들 손에 신라가 넘어가고 다시 힘을 합쳐 고구려를 공격한다면 가뜩이나 어려운 북방의 상황과 맞물려 커다란 위기를 초래할 것이기 때문이었다. 더 이상 상황이 악화되기 전에 서둘러 격파하여 화근을 제거해야 했다.

결심을 굳힌 광개토대왕은 하평양下平壤에서 신라 사신을 접견하고, 곧 파병하여 구원해 줄 것을 약속하며 작전계획 일부를 내물마립간에게 전달하도록 했다. 비록 후연과의 일전은 유보되었지만 남방원정을 감행할 대내적 명분을 얻게 된 것은 광개토대왕 입장에서는 매우 반가운 일이기도 했을 것이다. 언젠가는 다시 일어서서 고구려의 숨통을 끊으려 할 백제와 그 동맹국들을, 전쟁에서 승리하기 위해서라면 물불을 가리지 않을 신라와의 협공으로 완전히 제압할 수 있는 절호의 기회였기 때문이다. 후연이 강하다고 하지만 고구려에게 가장 두려운 존재는 역시 백제였다. 하평양에서 전략의 방침을 확정한 대왕은 새로운 전쟁을 준비하기 위해 국내성으로 돌아갔다. [하평양의 위치에 대해서는 비문의 문구 '王巡下平壤'을 '아래로 평양에 순행하였다.'고 해석하면서 현재의 평양이나 한때 고구려 남평양으로 불리던 서울 강북 지역 일대로 보는 견해, 고구려의 한성군(漢城郡)이던 황해도 재령의 장수산성(長壽山城) 및 그 주변 지역으로 파악하는 견해, 국내성을 상평양으로 보고 현재의 평양을 하평양에 비정하는 견해, 신라와의 접근성을 우선적으로 고려하면서 뒤에 고구려 평원군(平原郡)이 되는 강원도 원주로 보는 견해 등이 있다. 모두 구체적인 정황분석과 아울러 사료적 배경이나 고고학적 증거 등을 그 이유로 제시하고 있어 비문상의 하평양이 정확히 어디를 지칭하는지 현재로서는 단정할 수 없다.]

원정을 위한 사전준비는 매우 신중하고 치밀하게 이루어졌다. 서부 국경이 후연에게 위협받는 상황인지라 단기간에 전쟁을 끝내야만

할 텐데 그러자면 작전 지역의 지형과 적군의 동향을 완벽하게 파악할 필요가 있었기 때문이다. 실패란 절대 있어서는 안 될 일이었다. 하지만 신중함이란 시간을 필요로 하는 일이었다. 죽령을 통해 남한강 이북의 고구려 점령지를 오가던 신라 사신으로부터 필요한 정보를 입수하고 그를 바탕으로 세밀한 실천계획을 수립하며 북서 국경 지역의 병력을 남쪽으로 이동시키기까지는 수개월이 소요되었다. 그리고 그 사이 신라는 가야와 왜인들의 세상이 되어 버렸다. 그들은 전쟁이 이미 끝난 일이며 이제는 신라를 분할하는 일만 남아 있다고 생각했을 것이다. 하지만 그들의 등 뒤로는 이미 돌이키지 못할 운명의 검은 그림자가 다가오고 있었다.

400년, 5만의 고구려 원정군은 〈광개토대왕릉비〉에 나단성那旦城으로 기록된 현재의 충북 단양군 영춘면 지역에 집결한 뒤 죽령을 넘어 전격적으로 신라 영내에 진입했다. 뒤에 고구려의 을아단乙阿旦현이 되는 나단성 지역을 고구려 군대의 도하 및 집결지로 보는 이유는 그곳이 대규모 병력의 도하와 집결에 적합한 지형적 특징을 가질 뿐만 아니라, 396년 이래 남한강 이북 지역을 장악하고 있던 고구려가 이미 죽령루트를 신라와의 교통로로 사용하고 있었으리라 확신하기 때문이다. 이견도 있지만 이때 고구려군이 백제와의 전쟁을 통해 획득한, 현재의 철원-춘천-평창-영월-단양을 경유하는 내륙통로를 사용하여 죽령 이북 지역에 도달한 것으로 추정하는 게 연구자들의 일반적인 견해이기도 하다. 물론 고구려가 신라침공의 주체로 파악한 백제를 기만하는 것도 내륙통로를 선택한 이유 중 하나였을 것이다. ['을아단'을 빨리 읽으면 '라단=나단'이 된다. 나단성은 비문에 나타나 있는 여러 성들 중에서 그 위치의 비정이 가능한 얼마 되지 않는 사례 중 하나로 당시 고구려군의 남진 한계를 추정하는 데 중요한 지표가 된다. 을아단의 위치는 《삼국사기 지리지》에 명시되어 있다.]

비록 전쟁에 직접적으로 개입하지는 않았지만 백제가 고구려 군대의 동태를 예의 주시하고 있었을 것은 분명하다. 아신왕은 고구려의 개입을 이미 예견하고 있었기 때문이다. 고구려군의 움직임을 파악하여 가야 측에 전달함으로써 동맹군이 고구려에게 더 많은 피해를 입히게 된다면 더 바랄 나위가 없었을 것이다. 이때 백제는 고구려 군대가 충주 지역에서 남한강을 건너 조령을 넘는 길을 선택할 것으로 예상하고 조령 북쪽의 소백산맥 일대에 치밀한 감시망을 구축했을 것으로 생각된다. 그러나 그들은 실패했다. 광개토대왕이 교묘하게 병력의 이동을 은폐했을 뿐 아니라 이미 수많은 기동전과 장거리 원정을 경험했던 고구려 군대의 속도가 백제의 상상을 초월했기 때문이다. 물론 백제가 고구려 군대와 조우했다 할지라도 적극적으로 그들을 저지하지는 않았을 것이다. 왜냐하면 고구려의 개입이 있더라도 직접적인 교전을 회피하며 북부 국경의 소강상태와 고구려군의 소모, 그리고 자국 군대를 재건할 시간적 여유를 얻는다는 백제의 전략은 그대로였기 때문이다.

어쨌든 고구려군은 백제군에게 어떠한 방해도 받지 않고 소백산맥을 돌파하여 신라 영내로 쇄도했다. 그리고 그들은 광개토대왕의 계획에 따라 경북 북서부 지역으로 이동하여 전열을 정비 중이던 내물마립간의 신라군 주력을 남거성男居城에서 만났다. 신라군이 남거성에 있었을 것으로 보는 이유는 광개토대왕이 하평양에서 신라인에게 제시했다는 '밀계密計' 중에 신라군으로 하여금 동맹군의 주목표인 금성 등 신라중심부를 포기하고 고구려 군대와의 접촉이 용이한 북부 지역으로 전략적 퇴각을 단행하도록 하는 내용이 포함되었을 것으로 생각하기 때문이다. 신라군과의 합류는 〈광개토대왕릉비〉에 명기된, '신라를 구원한다往救新羅'는 전쟁명분 확보의 측면에서도 중요했지만 주전장이 될 신라의 지리적 환경과 적군의 현황에 대한 제반 정보의 습득을 위해 필수적인 일이었다. [문제의 남거성은 정황상 죽령 남쪽에 위치

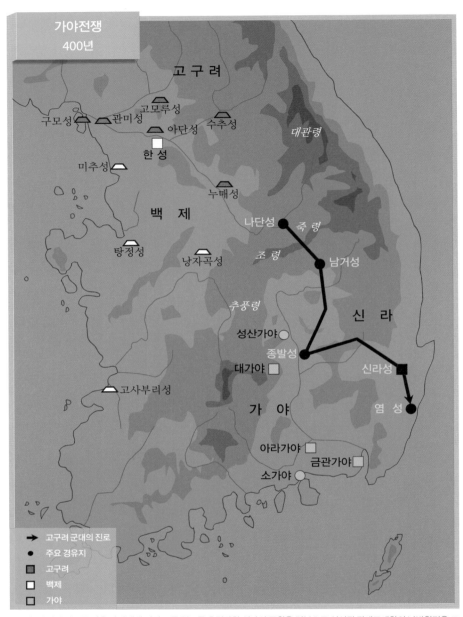

**가야전쟁
400년**

고 구 려

구모성　관미성　고모루성　수추성
아단성
한 성　　　　　　대관령
미추성
누매성
백 제
나단성　죽 령
조 령　남거성
탕정성
낭자곡성
추풍령
신 라
성산가야　종발성
대가야　　　　　신라성
고사부리성　　　　　　　염 성
가 야
아라가야
금관가야
소가야

➡　고구려 군대의 진로
●　주요 경유지
⬛　고구려
⬜　백제
⬜　가야

◆
전
쟁
의
시
대
◆

400년, 백제의 사주를 받은 가야에게 거의 모든 영토를 유린당한 신라의 구원을 명분으로 실시된 광개토대왕의 남방원정은 그
피해자가 된 가야는 물론 신라에게도 일찍이 경험해 보지 못한 일대 충격이었다. 거친 북방에서 단련된 5만의 고구려군은 당시로
서는 상상할 수 없는 빠른 속도로 수백 ㎞를 이동한 뒤 가야연맹의 군대를 일방적으로 난타하여 재기불능 상태로 몰아넣었다. 하
지만 명분과는 달리 이 원정은 이미 기선을 제압했음에도 여전히 껄끄러운 상대인 백제의 재기를 막기 위한 예방전쟁의 성격이
짙었다.

한 신라의 군사요새로 추정되나 정확한 위치는 아직 파악된 바 없다. 대상 지역을 당시의 신라 서북부로 한정하고, 성의 이름 '남거'를 나무(木)의 옛말인 '낡'과 연관시켜보면《세종실록 지리지》에 신라 경덕왕 이전까지 '대목현(大木縣)'이었다고 되어 있는 현재의 경북 칠곡군 약목면 일대를 그 유력한 후보지라 할 수 있다.《삼국사기 지리지》에 따르면 해당 지역은 원래 이름은 '팔거(八居)', 또는 '팔거리(八居里)'였는데 고대에 '八'의 소리 값이 무엇이었는지는 알 수 없지만 남거성의 '거(居)'자와 동일한 한자가 포함된 것은 주목할 만하다. 하지만 이것은 음운상의 유사성 외에 또 다른 근거를 필요로 하는 문제이기 때문에 아직 그 개연성을 운운할 단계는 아니다.]

고구려 군대가 남거성에 도달한 시점부터 상황은 급박하게 전개되었다. 망설일 이유가 없던 두 나라 군대는 낙동강 동쪽 강변을 따라 남진하며 동맹군에게 점령당한 신라 영토 내의 촌락과 성곽들을 공격하기 시작했다. 그리고 해가 바뀌도록 신라를 정복하기는커녕 수도 금성조차 함락시키지 못하면서 예정에 없던 장기전의 늪에 빠져 긴장이 풀어진 가야군의 전열은 그 빠르고 거센 공격 앞에 속절없이 무너져 내렸다. 비문의 내용을 보면 그들은 예상치 못한 적이 배후에 출현한 것에 놀란 나머지 공황상태에 빠져 소부대 단위로 각개격파당하면서 처참하게 궤멸되어 간 것으로 보인다.

먼 길을 온 고구려군에게 자비를 베풀 여유 따위는 없었다. 그들은 무서운 기동력으로, 전의를 상실하고 뿔뿔이 흩어져 도망치는 동맹군을 추격했고 마침내 그 주력을 대가야의 전략거점 종발성從拔城에서 포위한 뒤 항복을 받아냈다. 당시의 전황을 분석하는 데 있어 종발성의 위치는 매우 중요하다. 대체로 종발성을 낙동강 하구 동쪽 지역 어느 곳으로 비정하지만, 종발성에서의 전투 이후 신라성新羅城과 염성鹽城을 차례로 공격한 것과 연결지으면 그 성은 현재의 대구광역시 지역에 있었을 개연성이 크다. 죽령을 넘어 영주 방면으로부터 낙동강 최상류 지역인 안동·의성을 거쳐 대구·영천·경주, 그리고 최종적으로 현재의 울산광역시 지역인 염성에 도달하는 루트가 당시 고구려군이 전략적 목표 달성에 접근할 수 있는 가장 빠른 길이기 때문이다. 만약 고구려군이 낙동강을 따라 그 하구까지 동맹군을 추격한 뒤 다시 북상하여 금성으로 향했다면, 이미 동맹군이 재기불능에 빠진 상태임을 감안할 때 엄청난 시간과 노력을 낭비하는 행위일 뿐이다. 또한, 〈광개토대왕릉비〉에 등장하는 종발성은 신라가 대구 지역을 지칭하던 다벌多伐, 달벌達伐, 달불達弗 등의 고구려식 표기인 것으로 추정할 수 있다. 한자 從의 의미는 '따르다'로 그의 고어인 '뿔오다'가 신라에서는 소리를 좇아 達로 표기된 것으로 생각되며, 拔과 伐과 弗은 모두 한자의 음을 차용한 것으로 고대에는 평지나 성읍을 의미하는 글자로 사용되었기 때문이다. 이것은 경남 밀양의 순우리말 이름인 '밀불'을 한자로 옮길 때 그 뜻과 음을 뒤섞어 추화推火로 표기했던 것과 같은 원리라고 하겠다. [임나가라에 대해서는 시종 고령 지역의 대가야를 지칭하는 것이라는 설과 전기 가야연맹의 금관가야를, 그리고 후기가야연맹에 있어서는 대가야를 의미한다는 설, 연맹체로서의 가야 전체를 가리킨다는 설 등 여러 견해가 있다. 여기서는 비문에 나타난 정황을 중시하여 임나가라(任那加羅)를 고령 지역의 대가야로 보았다.]

종발성을 점령한 고구려군은 공세의 방향을 동쪽으로 전환했다. 동맹군에게 포위된 신라성 즉, 금성을 구원하기 위해서였다. 하지만 적어도 신라 지역에서는 전투다운 전투가 더 이상 없었던 듯하다. 금성을 포위하고 있던 동맹군은 해로를 이용해 도주할 의도로 이미 염성 방면으로 퇴각 중이었던 것이다. 결국 내친김에 낙동강 서안의 가야 지역까지 공격하기 위해 고구려군이 전열을 재정비하는 사이, 분노에 찬 신라군이 이제는 거꾸로 잔적이 되어버린 동맹군 패잔병들을 학살하기 시작했고, 겨우 살아남은 가야인과 왜인들은 바다를 통해 대마도 방면으로 도주함으로써 전쟁은 일단락된다. [역설적으로, 이때 신라군의 보복을 피해 일본 열도로 도피한 가야인들은 야마토 정권에 합류하여 이후 신라

를 더욱 지독하게 괴롭히게 될 왜국의 군사기술 발달에 지대한 공헌을 하게 된다.]

재기의 여지마저 남지 않은 그 비참한 패배로 화려한 부활을 꿈꾸던 가야의 야망은 무산되었다. 전쟁 초기만 해도 곧 신라를 집어삼킬 듯 기세등등하던 가야군이 그처럼 무기력하게 붕괴된 이유로는 여러 가지를 들 수 있지만 가장 큰 원인은 병력과 노력의 분산에 있었다. 〈광개토대왕릉비〉에는 고구려 군대가 신라 영내로 진입할 당시의 상황이 이렇게 묘사되어 있다.

남거성에서 신라성에 이르기까지 왜인이 가득했다.
從男居城 至新羅城 倭滿其中

신라성은 바로 지금의 경북 경주시인 신라의 수도 금성임이 분명하다. 그리고 앞서 언급한 대로 남거성은 죽령의 남쪽, 현재의 경북 북부 지역에 있던 것으로 추정되는 성이다. 그래서 언뜻 보면 가야군이 신라 전역을 장악했던 것으로 이해하기 쉽다. 하지만 두 지역 사이에 펼쳐진 공간은 광활하다. 기록을 뒤집어 보면 가야는 원정에 동원된 고구려군보다 많지도 않았을 병력을 광범위한 지역에 분산시켜 수백, 또는 수천 명 단위로 개별적인 전투를 벌이고 있었던 것이다. 그것은 당시 가야가 강력한 국왕 중심의 통치체제를 성립하지 못한 소국들의 연맹체에 지나지 않은 탓에 개별 집단들의 이해관계에 따라 전쟁을 계획할 수밖에 없었으며, 같은 이유로 지휘권의 통일이 곤란했던 것에 큰 원인이 있었던 것이라고 이야기할 수도 있다. 그러나 그것은 운명을 걸고 전쟁을 결심한 집단이 내세울 변명은 아니다. 일단 전쟁을 시작했다면 승부를 결정지을 가장 중요한 한 개의 목표를 설정하고 그것에 도달하기 위해 모든 전술행동을 계획하고 실천하여야 한다. 하지만 그들은 이 가장 기본적인 전쟁의 원칙을 무시한 채 목표와 병력을 분산시킴으로써 결국은 단 하나의 목표도 달성하지 못했다. 그 결과는 장기전이었으며 장기전의 결과는 군대의 피로와 전투의지의 저하, 그리고 고구려의 개입이었다. 가야의 그러한 행동이 한 단계 늦은 국가체제의 한계에 기인한 것인지는 알 수 없다. 하지만 가야의 신라정복전쟁이 계획단계부터 잘못되어 있었음은 분명하다. 그들이 신라를 굴복시키려면 먼저 금성을 점령한 후, 주력과 함께 도주한 국왕을 추격하는 데 집중하여 그 무력적 기반을 붕괴시킨 뒤에 정식으로 항복을 받아내든가 아니면 협상을 강요하여 유리한 조건으로 전쟁을 마무리 지어야 했다.

어쨌든 동방의 모든 나라들이 직간접적으로 개입하여 삼한을 뒤흔들던 1년 동안의 전쟁은 그렇게 막을 내렸다. 그리고 언제나 그러하듯 참전국들의 운명은 크게 엇갈렸다. 신라를 병합할 꿈에 부풀어 있던 가야 여러 나라들은 엉뚱하게도 고구려에게 영토를 유린당하면서 그동안 공들여 건설한 기반시설들이 파괴되고 수많은 인명을 상실하며 응분의 대가를 치렀다. 특히 이 전쟁 이후 금관가야는 낙동강 동쪽의 영토와 가야연맹의 중심적 위치를 상실하고 고구려의 속국과 다름없는 신세가 되면서 희망이 보이지 않는 추락의 길로 접어들었다. 그리고 그 여파로 가야의 중심이 비교적 피해가 적었던 내륙의 대가야로 이동하면서 낙동강 동쪽의 땅으로부터 더욱 멀어지게 되어 더 이상 신라에 대해 공격적인 자세를 취할 수 없게 되었다. 하지만 신라 역시 승자는 아니었다. 영토를 보존하는 데는 성공하였으나 이후 신라는 자주성을 잃고 고구려에게 조공하며 인질과 군사기지를 제공하여야 하는 초라한 신세로 전락했다. 심지어 신라에 대한 고구려의 영향력은 국왕의 교체에까지 미칠 정도였다. 반면 동아시아에서 누가 가장 강한 존재인지를 확인시킨 고구려는 전쟁의 최대 수혜자가 되었다. 그들은 가야와 왜를 무력화시킴으로써 라이벌 백제의 양 날개를 모두 제거했고 신라를 손아귀에 넣어 남방을 경략할 든든한 교두보를 확보했다. 당분간 동방에서 고구려의 앞길을 막을 수 있는 존재는 아무도 없었다.

그런데 사실상 이 전쟁의 주동자인 백제가 피해를 입었다는 기록은 없다. 이 전쟁에 대해 소상히 기록되어 있는 〈광개토대왕릉비〉에도 그들이 오직 '왜'로만 인식했던 가야·왜 동맹군의 존재와 고구려가 점령한, 혹은 거쳐 간 지역들의 지명이 등장할 뿐 백제에 대해서는 어떠한 언급도 없다. 도대체 왜 그런 이해할 수 없는 일이 벌어졌을까? 아무래도 그것은 백제군의 전력을 보존하려는 아신왕의 책략에 의해 동맹군 간에 협의되었던 역할의 분담 때문인 것으로 보인다. 고구려의 존재가 두려웠던 동맹군 간의 협상으로 백제는 고구려의 개입을 견제하면서 서부 국경에 배치된 신라군 정예 병력을 묶어두는 역할을 맡고, 신라 중심부로의 접근이 용이한 가야가 주공을 담당하기로 했을 개연성이 높은 것이다. 그래서 신라인들은 자국영토 내에서 백제군을 목격하지 못했을 것이며, 백제군 정예 병력이 저지선을 펼치고 있던 조령 지역을 피해 죽령 방면으로 남하한 고구려군 역시 백제군과 직접 충돌하지 않은 것이다. 결국 백제군은 자신이 담당한 역할을 수행하지 못함으로써 동맹군이 패배하는 데 직접적인 원인을 제공한 셈이다. 하지만 이미 고구려에 대해 자신감을 잃고 있던 백제는 고구려의 대병력이 그 가공할 파괴력을 발휘하며 동맹국 군대를 지리멸렬케 하는 상황을 그저 지켜볼밖에 다른 도리가 없었으리라.

<< 금관가야의 보병지휘관과 창병

4세기 말~5세기 초 금관가야의 보병지휘관과 창병. 김해 퇴래리의 4세기 무덤에서 출토된 것으로 전해지는 지휘관의 종장판갑은 비슷한 시기 신라의 갑주에 비해 완성도가 높으며 예술적이다. 창병들이 주로 사용하는 대형 목제 방패에는 소용돌이 모양 장식이 부착되어 있는데 이것은 당시 가야와 왜의 깊은 정치적, 문화적 관련성을 입증하는 유물로 두 지역에서 공통적으로 출토되고 있다. 병사가 입은 갑옷은 넓은 철판 몇 장을 가죽끈으로 연결한 매우 간단한 형식이며, 투구 역시 지휘관의 것과 달리 장식이 생략되고 생산성이 강조된 형태이다. 가야는 '철의 왕국'이라 일컬어질 만큼 우수한 철 생산 및 가공기술을 가지고 있었기 때문에 이 무렵까지 갑주나 병기의 제작능력이 신라보다 우위에 있었을 것이다.

<< 5세기 초, 신라정복전쟁에 나선 가야의 기병

투구와 흉갑을 착용한 경기병(輕騎兵)이다. 이 시기에는 이미 가야에도 찰갑이 도입되었지만 그 보유량과 사용계층은 한정적
이어서 기병 및 보병 갑주의 주종을 이루던 것은 역시 다양한 형식의 판갑들이었을 것으로 생각된다. 작은 철판 수십 장을 리벳
으로 붙여 만든 투구에는 차양이 달려 있는데 상당히 공을 들여 제작한 물건으로 전문적인 무사들만이 착용했을 것이다. 5세기
이전 가야연맹의 중심지였던 낙동강 하류의 광활한 평야 및 구릉 지역은 기병 전력의 보유와 활용에 매우 적합한 형세를 지니고
있다. 그러나 북방 유목민족들과의 대규모 기병전을 경험하며 기병 및 대(對)기병 전술의 수준이 정점에 도달해 있던 고구려군
앞에 아직 말 탄 보병 수준에 머물던 가야의 기병대가 할 수 있는 일은 별로 없었을 것이다.

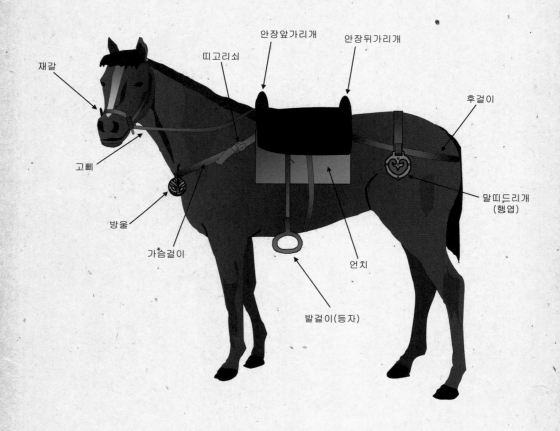

재갈

띠고리쇠

안장앞가리개

안장뒤가리개

후걸이

고삐

방울

가슴걸이

말띠드리개
(행엽)

언치

발걸이(등자)

<< 군마

일찍부터 말을 일상생활과 전쟁에 사용했던 우리 민족의 활동영역에서는 당연히 말과 관련된 각종 유물들이 풍부하게 출토된
다. 하지만 그중에서 금으로 장식된 행엽(杏葉)이나 방울, 갖가지 구슬장식 등 과시를 위한 물품들은 호젓한 나들이 때에나 필요
한 것이다. 전장에서 활동하는 기병들은 재갈과 등자, 안장 등 기본적인 말갖춤과 더불어 지면의 상태에 따라 진흙이 튀어 오르
는 것을 방지하는 장니(障泥) 정도를 구비하였을 것이다.

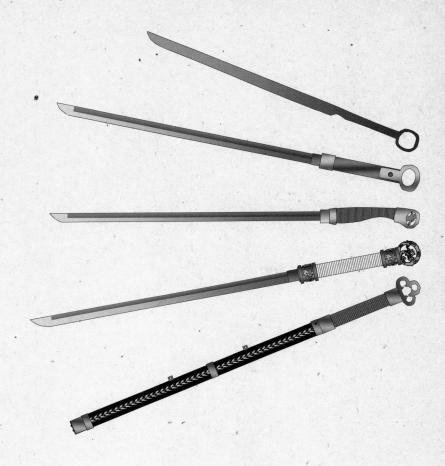

<< 환두대도

고리 모양 자루가 달린 큰 칼을 일컫는 '환두대도'는 기원전부터 고려시대 전기까지 사용된 가장 일반적인 개인병기였다. 하지만 이것은 검과 도를 결합한 듯한 과도기적 형태를 가지고 있어 다루기 쉬운 무기는 아니다. 우리가 흔히 알고 있는 도(刀)처럼 칼몸이 휘어 있지 않고 직선을 이루지만 날이 한쪽밖에 없기 때문에 당연히 검(劍)이 아닌 도로 분류한다. 소유자의 신분에 따라 귀금속으로 화려하게 장식된 것부터 장식이 별로 없는 실전용에 이르기까지 다양한 형태로 제작되었는데 우리나라 고대 무덤의 대표적 부장품으로서 고구려, 백제, 신라 및 가야 지역은 물론 일본에서도 많은 수량이 출토된다. 주로 가야 지역에서 발굴된 유물 중에 금, 은 등으로 화려하게 치장된 종류가 많지만 공주 무령왕릉에서 출토된 환두대도의 경우 장식의 아름다움과 정교함이 예술적 경지의 극단에 이른 유물로 평가된다.

전쟁의 시대

<< 신라정복전쟁에 동원된 야마토 정권의 보병지휘관과 병사

호족 가문 출신인 젊은 지휘관은 왜에서 고려검(高麗劍 또는 狛劍;こまつるぎ), 즉 고구려의 칼로 불리던 둥근 고리머리 칼과 철창으로 무장하고, 형태와 제작방식이 매우 단순한 초기형식 종장판갑을 착용하였다. 반면 옻칠한 목제(木製) 갑옷을 걸친 병사는 철창과 나무 방패로 무장하고, 매우 귀중한 물품이던 투구는 물론 신발조차 신고 있지 않다. 수많은 소국이 난립하던 일본열도에서는 가야의 철기문화가 보급되기 시작한 3세기 말에 이르러 초기적인 국가 성립의 움직임이 일기 시작하였고, 4세기 중엽이 되어서야 소국 연합체인 야마토 정권이 나라(奈良) 지역에서 태동함으로써 장차 고대 국가로 도약하게 될 발판을 마련하게 된다. 하지만 이들에게는 이때까지도 철의 자체 생산능력이 없어 전쟁이나 토목공사 등에 필요한 인력을 가야에 제공하며 무력의 기반이 되는 중요한 금속 자원을 공급받을 수밖에 없었다. 신라침공전쟁에 동원된 다수의 왜군 역시 그런 이유로 야마토 정권에서 파견한 병사들로 추정된다.

정복되지 않는 요새

산비탈은 깎아지른 듯하고 정상에 내리쬐는 햇볕은 뜨겁다. 그런 환경 속에서, 공사
에 동원된 사람들은 먼저 산 아래와 연결되는 길을 만들고 주변의 나무들을 뿌리까
지 제거한 뒤 켜켜이 쌓인 부엽토를 긁어냈다. 그리고 마침내 단단한 땅이 나타나면
그 흙을 다시 파고들어가 어떠한 충격과 압력에도 버텨낼 기초를 조성했다. 현대의 토
목 기술을 동원한다고 해도 쉽지 않은 작업이다.

고구려의 등장으로 힘없는 자에겐 치욕과 멸망이 있을 뿐이라는 사실을 자각한 신라와 백제는 이전과는 차원을 달리하는 숨 막히는 생존경쟁, 그것에서 살아남기 위한 힘의 확보에 모든 것을 걸게 된다. 그러나 그 힘을 얻기 전에 두 나라는 우선 전쟁의 상처를 치유해야 했고 그것에는 긴 세월이 필요했다.

백제는 아신왕의 아들로 400년의 전쟁에 깊숙이 개입했던 *전지왕이 사망하여 신라와의 적대적인 감정이 어느 정도 희미해진 433년, 신라에 화친을 요청했다. 왜의 침략과 고구려의 내정간섭에 시달리고 있던 신라 역시 이에 화답했다. 이 화친은 국력을 정비하기 위한 목적도 있었지만 고구려에 대한 두려움이 주된 이유였다. 이때 고구려는 *장수왕이 재위 중이었는데 그는 아버지 광개토대왕의 유업을 이어 북방의 국경을 더욱 확대하고 427년에는 수도를 평양으로 옮겨 본격적인 남방경략을 도모하고 있었다. 따라서 장수왕의 첫 번째 목표임이 확실한 백제와 수십 년 동안 계속되어 온 고구려의 간접통치에 불만이 고조되어 있던 신라의 이해는 일치했다. 서로 언젠가는 부딪혀야 함을 알면서도 눈앞에 닥친 위협에 대처하기 위해 다시 화해를 선택한 것이다. 그것을 통해 여유를 얻은 신라는 고구려의 독단에 저항하기 시작했다.

450년, 신라군의 영역인 *실직悉直의 들판에서 허가도 없이 사냥을 하던 고구려군 장교가 *하슬라何瑟羅 성주 삼직三直에게 살해되는 사건이 발생했다. 국경을 넘어와 태연히 사냥하는 군대를 공격한 것은 너무나도 당연한 대응이었지만, 신라를 '신하의 나라' 정도로 인식하던 고구려에게는 충격적인 사건이었다. 400년 이후 신라가 그런 태도를 보인 적은 없었다. 장수왕은 엄중히 항의하는 것으로 그치지 않고 군대를 보내 신라의 서쪽 국경을 공격했다. 강력한 응징이었다. 신라는 저항하지 못했고 고구려군은 다급해진 *눌지마립간의 직접적인 사과

전지왕(?~420)
백제 제18대 왕. 직지왕(直支王)이라고도 함. 재위 405~420.

장수왕(394~491)
고구려 제20대 왕. 이름은 거련(巨連). 재위 413~491.

실직(悉直)
강원도 삼척시 일대.

하슬라
강원도 강릉시 일대. 하서량(河西良)이라고도 함.

눌지마립간(?~458)
신라 제19대 왕. 재위 417~458.

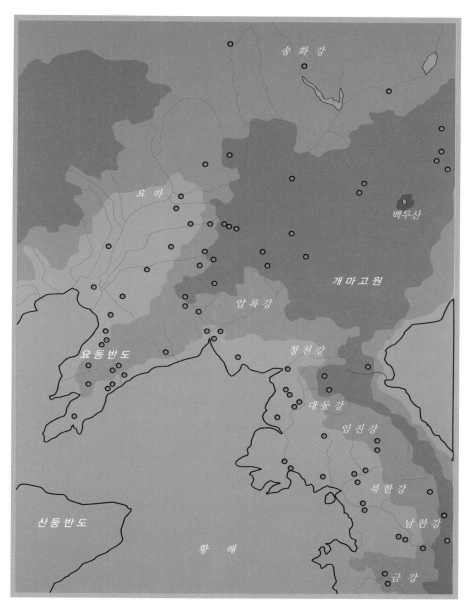

고구려 주요 성곽 분포도. 고구려가 축조했거나 장기간 점령했던 성곽들이다. 모든 성곽이 표기된 것도 아니며 아직 알려지지 않은 곳도 많겠지만 장수왕 시대 고구려 강역은 이 지도와 거의 일치한다. 전쟁이 잦았던 서부 지역에는 부여성에서 요동반도 남단에 이르기까지 성곽들이 긴 띠 모양을 이루고 있는데, 신라의 산성방어 개념도 고구려의 이러한 전략적 특징에서 많은 영향을 받았을 것으로 생각된다.

를 받고서야 철군했다. 큰 충돌 없이 수습된 이 사건은 어찌 보면 우발적인 일로 간주할 수도 있었다. 그러나 장수왕은 '우발적인 상황' 따위는 믿지 않았다. 이미 그는 신라를 위험한 존재로 간주하고 있었다. 백제와 신라가 화친한 사실을 알고 있었기 때문이다. [이 사건과 연결할 수 있는 기록이 〈일본서기 웅략 8년〉조에 보인다. 고구려를 보호자로 여겼던 신라인들이 자신들을 정복하려는 고구려의 속내를 우연히 알아채고 신라 영내에 주둔하던 고구려 군사들을 일거에 몰살시켰다는 내용이다. 웅략 8년은 463년으로 해석되나 신라의 행위에 분노한 고구려가 보복공격을 감행한 일이 같은 문단에 이어지는 것을 보면 신라의 고구려인 살해는 바로 450년의 사건을 말하는 것 같다. 만약 그 사건이 463년에 벌어진 일이라면 455년의 신라·백제 군사동맹은 있을 수 없다. 이와 같이 《일본서기》에는, 그 기년(紀年)체계의 조작으로 인해 특정 사건이 발생한 시점을 다른 사서와 비교해 보거나 고고학적 증거 등을 참고하여 재조정해야만 하는 사례가 비일비재하다.]

그것은 분명 고구려에 대한 도전이었다. 장수왕은 결단을 내렸다. 더 이상 방치해 두었다가는 백제와 신라가 군사적인 동맹관계로 발전하여 고구려를 공격할지도 모를 일이 아닌가? 454년 가을, 고구려는 백제공략의 전초전으로 우선 신라의 북쪽 국경을 공격했다. 백제와 동맹을 맺어 고구려의 영향에서 벗어나려는 신라에 경각심을 일깨워 주려 한 것이다. 하지만 이 일은 오히려 신라의 두려움을 불러일으키는 한편, 주권 회복에 대한 의지를 고조시켜 백제와의 관계를 군사동맹으로 발전시키도록 했다. 그리고 455년에 고구려가 백제를 공격하자 신라는 군대를 파견해 백제군과 함께 고구려 군대를 패퇴시켰다. 장수왕이 우려하던 사태가 현실이 되어 버린 것이다. 이때 백제 *비유왕이 전사한 것으로 추정되는 데다 신라가 북부 국경의 위험을 무릅쓰고 원군을 파견한 것으로 보아 고구려의 공격은 백제의 수도를 노린 본격적인 침공이었을 것이 분명하다. 두 나라 연합군이 막강한 고구려군의 전면공세를 막아낸 것이다. 장수왕은 분개했다. 하지만 두

비유왕(?~455)
백제 제20대 왕. 재위 427~455.

전쟁의 시대

북위(386~534)
선비족 탁발규(拓跋珪)가 5호 16국의 혼란을 수습하면서 북 중국 지역에 세운 왕조.

나라를 한꺼번에 상대하려면 준비가 필요했고, 화북의 강국으로 등장한 *북위北魏와의 긴장관계도 완화시킬 필요가 있었다. 노련한 전략가인 그는 북위와의 직접적인 충돌을 회피하며 10여 년을 기다렸다.

468년 봄, 고구려는 말갈병 1만 명을 동원해 신라 북부 국경의 실직주성을 점령했다. 백제 침공전의 주력이 되어야 할 정규병력 대신 신라와의 전쟁에 익숙한 말갈부대를 앞세운 것에서 장수왕의 의도를

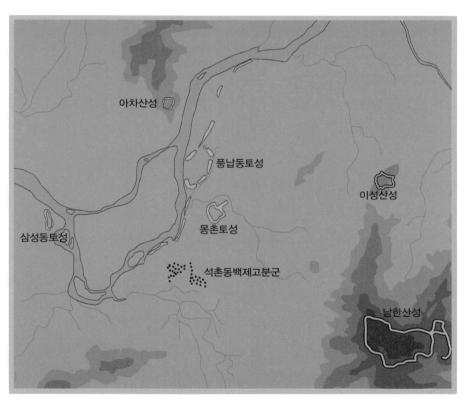

1918년에 제작된 지형도에 나타난 한성 중심부. 한강과 주변 하천의 물길이 지금과는 다름을 알 수 있다. 《삼국사기》 기록을 보면 개로왕 시기 한성은 북성과 남성으로 구성되어 있었는데 발굴조사의 진전에 따라 북성은 현재의 풍납동토성, 그리고 남성은 몽촌토성일 것이라는 주장이 설득력을 얻고 있다. 풍납동토성 좌우로 제방의 윤곽이 보이는데 이것은 한강의 범람을 막기 위해 개로왕이 축조하였다는 제방의 흔적으로 추정된다.

알 수 있는 이 작전은 450년에 벌어진 사건에 대한 응징이자 더 이상 고구려에 맞서지 말라는 마지막 경고이기도 했다. 하지만 반응은 백제에서 나왔다. 그 이듬해인 469년 음력 8월, 백제 °개로왕은 고구려 남부 국경을 공격하고, 더불어 북부 국경지대에 산성과 목책으로 구성된 강력한 요새선을 구축한다. 신라에 자신들의 동맹의지가 얼마나 굳건한지 확인시키고, 나아가 고구려에 묵은 빚을 갚아 주겠다는 의도에서 진행된 무력시위였다. 군사력 강화와 아울러 외교적 책략도 동원되었다. 개로왕은 472년, 북위에 국서를 보내 함께 고구려를 공격하자고 제안했다. 훗날 신라가 당나라를 끌어들인 것처럼 북위와의 양면공격으로 철천지원수인 고구려를 멸망시켜버리고 말겠다는 개로왕의 당찬 의지를 확인할 수 있는 장면이다. 하지만 그것에 대한 긍정적 답변이 담긴 국서를 소지한 북위 사신은 어이없게도 고구려 영토를 통과해 백제로 가려했고 장수왕에게 국서를 보내 호위를 요청하기까지 한다. 상식적으로는 이해할 수 없는 일이 벌어진 것이다. 어쨌든 고구려는 일단 사신을 영내로 들어오게 한 뒤 백제가 적대국이라는 핑계를 대고 통과를 거부했다. 물론 장수왕은 백제와 북위 간에 모종의 음모가 진행 중임을 간파했을 것이며 국서의 내용이 무엇인지는 북위 사신에게 물어보지 않아도 알 수 있는 일이었다. 때문에 그는 사신이 백제로 갈 수 없도록 방해해 두 나라의 연락을 차단했고 결국 이 일은 기다리다 지친 개로왕이 북위와의 국교를 단절함으로써 끝이 난다. 하지만 이 사건은 장수왕을 자극하여 백제에 대한 공격을 서두르도록 하는 직접적인 원인이 되었다. 신라와 백제의 군사동맹에 북위가 합류하게 된다면 고구려는 큰 위기를 맞게 될 것이 명백하다고 판단한 것이다.

475년 가을, 드디어 장수왕은 직접 군대를 이끌고 백제를 공격했다. 당시 백제는 북위와의 연락이 차단되자 고구려에 대한 공세를 포

개로왕(?~475)
백제 제21대 왕. 이름은 경사(慶司). 근개루왕(近蓋婁王)이라고도 함. 재위 455~475.

기하고 수도 주변에 대규모 축성작업을 실시하던 중이어서 그 잘 계획된 기습공격에 대처할 수 없었다. 고구려에 대한 이해를 함께하는 신라와는 동맹상태였지만 신라 역시 고구려의 위협 앞에서는 자신을 지켜내기도 힘에 겨운 마당인지라 즉각적인 파병은 불가능했다. 물론 사전에 그러한 분위기를 조성한 인물 역시 장수왕이었다.

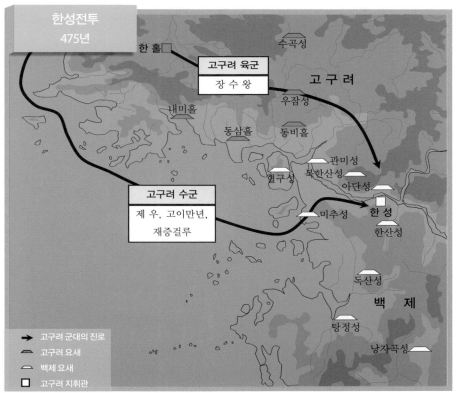

북위와 신라 등 타국과 연합하여 고구려를 공격하려는 개로왕의 의도를 간파한 고구려 장수왕은 475년, 마침내 대군을 동원하여 백제의 수도 한성을 침공한다. 순식간에 한성을 포위하고 점령한 사실로 보아 장수왕의 한성공략전은 매우 치밀한 사전준비 끝에 이루어졌음을 알 수 있는데, 기록에는 없지만 역시 그 주력은 광개토대왕 때처럼 해로를 이용하였을 것으로 생각된다. 당시 장수왕은 백제출신 장군으로 고구려에 망명한 재증걸루(再曾桀婁) 등으로부터 백제가 한강 북쪽에 여러 개의 산성을 확보하고 있어 육로를 통한 공격은 성공가능성이 희박하며, 한강 남안에는 새롭게 구축된 강력한 방어선이 존재하고 있어 한강 도하역시 불가능하다는 이야기를 들었을 것이기 때문이다. 지도는 당시 고구려 군대가 이용했을 것으로 짐작되는 침공루트를 나타내고 있다.

장수왕의 백제 공격에는 396년에 광개토대왕이 사용했던 전술이 거의 그대로 답습되었다. 개로왕이 축출한 백제의 귀족 재증걸루再曾桀婁와 고이만년古尒萬年에게 인도되는 주력이 수로를 이용해 한성의 배후로 상륙하는 한편, 장수왕은 육로를 통해 한성과 마주하고 있는 한강 북안의 요새로 현재의 아차산성에 비정되는 아단성 방면으로 돌입했다. 결말은 조금 다르지만 백제의 반응 역시 아신왕 때의 그것과 크게 다를 바 없었다. 백제는 속수무책이었다. 〈삼국사기 백제 개로왕본기〉에는 당시의 전투 상황이 상세하게 적혀 있다.

> 고구려 왕 거련이 군사 3만을 거느리고 왕도 한성을 포위했다. 왕은 성문을 닫았고 나가서 싸울 수 없었다. 고구려인들은 네 방향에서 협공하였고 바람을 타고 불을 질러 성문을 불태웠다. 인심이 극도로 불안해져 나가서 항복하려는 자도 있었다. 왕은 대책이 없어 어찌할 바를 모르다 기병 수십 명을 거느리고 성문을 나가 서쪽으로 달아났다. 고구려인이 이를 추격하여 살해했다.
> 麗王巨璉帥兵三萬來圍王都漢城 王閉城門不能出戰 麗人分兵爲四道夾攻 又乘風縱火 焚燒城門 人心危懼 惑有欲出降者 王窘不知所圖 嶺數十騎出門西走 麗人追而害之

이렇게 전쟁은 일방적으로 진행되었다. 고구려의 기습으로 백제는 수도를 유린당하고, 잔여 병력을 이끌고 마지막 공격에 나섰다가 포로로 잡힌 개로왕은 고구려 군대의 향도가 되어 돌아온 옛 신하들에게 모욕을 받으며 아단성 아래에서 살해되었다. 아신왕이 396년에 당한 일보다 더한 치욕이었다. 신라에 구원을 요청하러 갔던 개로왕의 아들 문주가 신라군 1만 명과 함께 서둘러 북상했지만 이미 상황은 종료된 뒤였다. 망연자실한 상태에서 부친의 죽음을 확인하고 왕위

웅진
현재의 충남 공주시 일대.

문주왕(?~477)
백제 제22대 왕. 재위 475~477.

송(420~479)
동진의 장군 유유(劉裕)가 세운 나라. 대개 유송(劉宋)이라고 함. 북위와 함께 중국의 남북조시대를 개막.

에 오른 문주는 5백 년을 이어온 수도 한성을 포기하고 *웅진熊津으로 천도할 수밖에 없었다. 고구려 군대가 철수했어도 한성은 복구할 수 없을 정도로 파괴되었고 더 이상 안전하지도 않았기 때문이다. 하지만 고구려의 압박은 계속되었다. 장수왕은 다시 군대를 파견하여 웅진에서 불과 23km밖에 떨어져 있지 않은 금강 북안의 충북 청원군 부용면 지역까지 백제를 추격해 왔다. 대전의 월평동산성과 함께 남한 지역 최남단에 있는 고구려 군사유적 중 하나인 남성골산성이 위치한 지역이다. *문주왕은 서방과의 연계를 통해 고구려의 위협에 맞서려 했지만 서해는 이미 고구려의 바다였다. 결국 *송으로 향하던 사신은 바다 위에서 되돌아 올 수밖에 없었다. 이후 백제는 무령왕이 즉위하기까지 20여 년 동안 고구려에 대한 공격은 꿈도 꾸지 못하는 상황에 놓이게 된다. [고구려가 한성을 공함한 뒤 내처 현재의 경기도 남부 지역을 장기간 점령하면서 군현통치를 시행하였다는 통설은 부분적으로 수정되어야 한다. 왜냐하면 그 견해는 고구려 군대가 475년에 이미 한성에서 철수하였

국보 제205호 중원 고구려비. 1979년 충주시 가금면 용전리 입석마을에서 발견되었으며 높이 203cm, 너비 55cm에 광개토대왕릉비를 축소시켜 놓은 듯한 모양을 하고 있다. 전부대사자(前部大使者), 제위(諸位), 사자(使者) 등 고구려 관직명, 그리고 광개토대왕릉비문에 있는 고모루성(古牟婁城) 등이 언급되어 있는 데다 신라매금, 동이매금, 신라토내당주(新羅土內幢主) 등 고구려의 입장에서 신라를 지칭하는 단어와 문장들이 등장하고 있어 이것을 세운 주체가 고구려임을 쉽게 확인할 수 있다. 비문 첫머리에는 '고려대왕'이라는 글자가 보이는데 이는 당시 고구려인들 스스로 자신들을 '고려'로 호칭했다는 사실을 알게 한다. 처음에는 고구려의 남쪽 경계를 표시하는 비석으로 추정하였으나 기술발전에 따라 판독 가능한 글자가 늘어나고 당시 고구려가 현재의 대전 지역까지 남하했었다는 사실이 밝혀지면서 신라와의 주종관계를 명시한 일종의 기념비로 보게 되었다.

◆ 정복되지 않는 요새 ◆

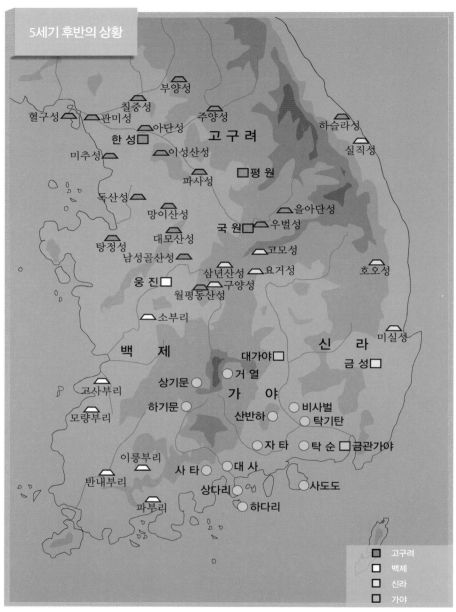

5세기 후반의 상황

부양성
칠중성
혈구성 관미성 아단성 주양성 하슬라성
한 성 고 구 려 실직성
미추성 이성산성
파사성 평 원
독산성 을아단성
망이산성 국 원 우벌성
탕정성 대모산성 고모성
남성골산성 삼년산성 요거성 호오성
웅 진 구양성
월평동산성
소부리 미실성
백 제 대가야 신 라
거 열 금 성
고사부리 상기문 가 야
하기문 비사벌
모량부리 산반하 탁기탄
자 타 탁 순 금관가야
이릉부리 사 타 대 사
반내부리 상다리 사도도
파부리 하다리

고구려
백제
신라
가야

한성을 점령하고 개로왕을 살해해 백제를 멸망의 벼랑으로 밀어붙인 장수왕은 그 기세를 타고 계속 남진하여 이전에 백제와 신라가 점유했던 중부 지역 전체를 고구려 영토로 선언한다. 장수왕이 재위했던 긴 세월 동안 백제와 신라는 고구려의 그늘에서 숨죽이고 살아야 했다. 심지어 신라왕은 '동이매금(東夷寐錦)'이라는 치욕적인 호칭으로 불리며 고구려의 신하 노릇을 하게 된다.

자비마립간(?~479)
신라 제20대 왕. 재위 458~479.

다는 기록과도 맞지 않으며, 그로부터 얼마 지나지 않은 동성왕 시기부터 성왕이 한강 이남 지역에서 고구려 군대를 축출하게 되는 시점에 이르기까지 한산성, 수곡성, 한성, 횡악, 오곡원(五谷原), 한북(漢北) 독산성 등 서울과 경기북부, 그리고 황해도 지역으로 비정되는 장소에서 두 나라가 전투를 벌인 사실이 《삼국사기》에 언급되고 있기 때문이다. 그 통설의 전제가 되는, '한산성, 한성, 횡악, 한북 독산성 등의 지명은 백제의 남천을 따라 이동하였을 것'이라는 가설로는 황해도 신계와 서흥에 비정되는 수곡성과 오곡원의 문제를 설명할 수 없다. 따라서 이 문제에 대해서는 《삼국사기 지리지》에 따라 475년 이후 백제의 행정력이 철수한 해당 지역에 고구려의 군현이 설치된 것은 인정하되 앞서 언급한 동성왕~성왕 시기의 고구려·백제 국경은 피차의 공방에 의해 수시로 변화하였다고 보는 게 타당하다.]

백제가 수많은 전란을 겪으면서도 5세기 동안이나 수도로 삼았던 한성을 포기하고 남쪽으로 중심을 옮기게 된 원인은 탁월한 전략가 장수왕의 존재와 아울러 이미 그 능력이 정점에 올라 있는 고구려 군대에 정면으로 맞서려 했던 개로왕의 무리한 전략에 기인한다. 그는 신라와의 군사동맹과 한층 강화된 왕권을 기반으로 착실하게 준비하면서 역전의 기회를 기다려야 했다. 광개토대왕을 거쳐 장수왕에 이르는 5세기 고구려는 백제가 홀로 도전할 만한 상대가 아니었기 때문이다. 하지만 개로왕은 겨우 회복된 국력을 전쟁으로 소모하고 세련되지 못한 외교로 북위를 충동하다 오히려 고구려를 자극해 화를 불렀다. 이것은 신라가 그 시기에 취했던 신중한 행동과 극명하게 대비된다.

458년에 즉위한 *자비마립간은 신라 역사상 가장 신중하며 인내할 줄 아는 인물이었다. 또한 그는 눈앞에 닥친 상황을 힘겹게 헤쳐나가면서도 넓은 안목으로 시국을 읽어가며 신라의 생존을 위한 대전략을 침착하고 끈질기게 실천한 인물이었다. 그는 백제와 함께 모든 국력을 동원하여 고구려에 대항한다 해도 결코 그 강적을 극복할 수 없다는 사실을 잘 알고 있었다. 오히려 그런 행동은 겨우 회복되어 가는 국력을 소모시켜, 400년에 경험했던 국가 멸망의 위기를 자초할 것이 분명했다. 때문에 그는 평생토록 모험을 자제하고 신라가 살아나갈 수 있는 토대를 조용히 만들어 갔다.

자비마립간이 정한 전략의 우선순위는 백제나 고구려만큼은 아니지만 걸핏하면 연해 지역을 약탈하고 때로는 수도의 안전까지 위협하던 왜의 침입을 막는 일이었다. 그는 백제와의 동맹으로 여유가 생긴 군사력의 일부를 금성 주변으로 이동시키는 한편, *덕지德智와 *벌지伐智 등 우수한 자질을 갖춘 인물들을 군 지휘관으로 임용하여 왜의 침입루트를 봉쇄했다. 장래, 신라가 치열한 각축장에서 살아남으려면 우선 그 배후가 안전해야 하기 때문이었다. 노력의 결과는 고무적이었다. 왜는 야마토 정권을 중심으로 마침내 제대로 된 국가를 형성해 나가던 격동기에도 마치 숙명인양 빈번하게 신라를 쳐들어왔지만 신라는 몇 차례에 걸친 왜인들의 침략을 어렵지 않게 막아냈다. 그러나 해안을 따라 요새를 구축하고 해군을 정비하여 수도에 대한 방비를 강화하는 작업은 왜인들의 공격이 주춤한 사이에도 부지런히 진행되었다.

다음 차례는 고구려의 남하 루트이자 장차 한강을 통해 서해안에 닿기 위한 발판이 될 중원통로 주변에 강력한 산성들을 축조하는 일이었다. 특히 중원통로의 확보를 위한 교두보로서 숱한 전쟁의 무대가 되었던 옛 와산 지역에 치밀한 설계와 대규모 인력을 동원하여 신라 역사상 유례가 없을 만큼 강력한 위력을 지닌 요새를 건설하기 시작했다. 막대한 비용과 희생을 필요로 하는 일이지만 궁극적인 국가의 생존을 위해 자신의 이름을 희생할 각오가 되어 있던 자비마립간은 그 일에 모든 노력을 집중시켰다. 그는 고구려가 실직주성을 점령했을 때에도 반격하지 않았다. 대신 고구려가 물러간 뒤 하슬라에 성을 쌓았다. 고구려를 공격할 의지가 없음을 일부러 드러낸 것이다. 삼년산성을 축조하는 도중 큰 홍수를 겪기도 했지만 자비마립간은 직접 나서서 백성들을 위로하며 공사를 진행시켰다. 그만큼 그것은 중

덕지(?~?)
자비마립간 때 신라의 좌장군(左將軍). 관등은 급찬.

벌지(?~?)
자비마립간 때 신라의 우장군(右將軍). 관등은 아찬.

부엽토
풀이나 낙엽 같은 것이 썩어서 만들어진 흙.

요한 일이었기 때문이다. 그럼 여기서 남한 지역의 대표적인 고대 산성이자 이후 다른 산성들의 설계와 축조에 기술적 표준이 된 삼년산성을 좀 더 상세히 알아보자.

축성작업이 얼마나 힘들고 곤란한 일이었을 지는 삼년산성에 올라가 그 성벽을 관찰해 보면 누구나 알 수 있을 것이다. 산비탈은 깎아지른 듯하고 정상에 내리쬐는 햇볕은 뜨겁다. 그런 환경 속에서, 공사에 동원된 사람들은 먼저 산 아래와 연결되는 길을 만들고 주변의 나무들을 뿌리까지 제거한 뒤 켜켜이 쌓인 *부엽토를 긁어냈다. 그리고 마침내 단단한 땅이 나타나면 그 흙을 다시 파고들어가 어떠한 충격과 압력에도 버텨낼 기초를 조성했다. 현대의 토목 기술을 동원한다고 해도 쉽지 않은 작업이다. 하지만 본격적인 축성작업은 그때부터가 시작이었다. 우선 적당히 다듬은 돌을 산 아래에서부터 운반해 성벽의 윤곽을 만든 뒤 그 틈을 작은 돌들로 메워나가며 길이 1.7㎞에 높이는 10m가 넘는 석벽을 쌓아나가야 한다. 착오가 있어서는 절대 안 되는 치밀한 계산과 극한을 넘나드는 인내가 필요한 일이다. 그것은 매우 지루하며 고통스러운 작업으로 그것이 토성이건 석성이건 공사기간과 노동력의 상당 부분은 바로 이 단계에 집중된다. 장차 반드시 있을 위기에 대비하며 수세기를 내다보는 장기적인 계획 아래 국가의 확고한 생존 기반을 마련한다는 명분과는 별개로 공사에 동원되었던 사람들의 고통은 그야말로 뼈와 살을 깎아내는 것에 다름 아니었을 것이다. 성벽이 완성되면 노동력보다는 기술과 아이디어를 필요로 하는 작업이 시작된다. 전투 시 병사들이 몸을 숨길 수 있는 여장女墻을 쌓고, 망루와 포루를 설치하고, 튼튼한 목재와 철판을 결합한 성문을 설치하는 일이다. 특히 삼년산성에는 우직하리만치 견고한 성벽과는 달리 진입로와 성문의 설계에는 첨단적이고 창조적인 기술이 적용되었다.

◆ 정복되지 않는 요새 ◆

공사를 시작하고 3년 만인 470년, 삼년산성은 드디어 그 완성된 모습을 드러냈다. 성을 쌓은 신라인들의 바람대로 훗날 백제와 고구려, 그리고 중국인들 스스로 역사상 가장 위대한 제국이라고 일컫는 당나라까지도 놀라게 한, 정복되지 않는 요새가 역사 앞에 등장하는 순간이었다. 우리나라에는 크고 작은 산성 2천여 개가 존재하지만 많은 사람이 삼년산성을 남한 지역에 위치한 최고의 고대 성곽으로 부르기를 주저하지 않는다. 그런데 신라인들 역시 삼년산성을 특별한 존재로 인식했던 모양이다. 그 이유는 길이가 1,680m에 불과한 중간 규모의 산성이 폭 8m에 최고 높이가 20m에 이르는 거대한 석벽으로 구

전쟁의 시대

충북 청원군 부용면에 소재하는 남성골산성. 금강과 접해있는 이 산성은 추정되는 길이가 약 270~370m이며, 3개의 치성 흔적과 아울러 북동쪽 및 서쪽에서 각 1개소의 성문터가 확인되었다. 토성과 목책을 혼합한 형식으로 축조된 매우 특이한 산성으로 성내에서 고구려 계통 유물들이 출토됨으로써 5~6세기 한반도 남부 지방까지 접근한 고구려의 최남단 유적 중 한 곳으로 확인되었다. 이곳에서 금강 수로를 따라 손쉽게 도달할 수 있는 백제 수도 웅진성은 직선거리로 불과 23㎞, 현재까지 밝혀진 고구려의 최남단 거점인 대전 월평동산성까지는 20㎞밖에 떨어져 있지 않다.

성되어 있기 때문만은 아니다. 삼년산성이 특별한 이유는 바로 자연과 인간의 힘이 결합되어 이루어진, 그것이 가진 가공할 방어력에 있다. 삼년산성은 공격자의 입장에서 보면 접근할 엄두조차 낼 수 없는 지리적, 구조적 특징을 지니고 있기 때문이다.

삼년산성에 접근하려면 먼저 산성 위의 신라군 병사들이 지켜보는 가운데 수 km를 이동해야 한다. 삼년산성이 있는 오정산 바로 아래의 지형은 하천과 구릉으로 둘러싸인 평야지대로 신라군 초병의 시선을 가리지 않는다. 어느 방면에서 접근하건 수 km의 거리를 완전히 노출된 채 움직여야 하는 것이다. 적군의 규모와 공격방향, 장비와 병력의 구성을 파악하는 일은 예나 지금이나 전투의 승패를 결정짓는 가장 중요한 요인이다. 평야지대를 통과해 산 아래에 도달하더라도 이미 성안의 수비 병력은 방어태세를 완전히 갖추고 있는 상황이다. 공격자의 고난은 그때부터 시작된다. 오정산은 높지 않은 산이다. 하지만 산성은 그 꼭대기에 있으며 산 자체의 경사도 아래에 있는 병사들을 주눅 들게 할 만큼 가파르다. 게다가 성벽 기초의 일부분이자 성문으로 향하는 진입로는 산을 휘감고 돌면서 성벽 아래를 한참이나 지나도록 설계되어 있다. 성벽 밑으로 난 좁고 가파른 통로를 지나는 동안 머리 위로 쏟아지는 돌과 화살, 그리고 끓는 물과 기름의 세례를 받아야만 한다는 의미이다. 현재 산 아래에서 산성의 정문 격인 서문으로 연결되는 평탄한 진입로는 최초 축성 당시에는 없었던 길이다. 따라서 이 산성을 공격하겠다고 벌판을 건너온 군대는 대부분 여기서 주저할 수밖에 없다. 물론 희생을 감수하더라도 성을 점령하겠다는 의지가 확고한 지휘관이라면 거기서 멈추지는 않았을 것이다. 그러나 수직으로 쌓아 올린 성벽 위의 수비군을 공격할 방법이 전혀 없는 병사들로서는 상상조차 끔찍한 일이다. 만약 누군가가 병력의 우세를 믿고 삼년산성을 공격했다면 그중 상당수는 성문에도 닿기 전에 성벽 아래에서 학살당했을 것이다. 그리고 살아남은 병력이 성문에 도달한다고 해도 또 다른 난관이 그들을 가로 막는다. 그것은 다름 아닌 성문 그 자체다.

삼년산성의 성문은 모두 네 곳이다. 그러나 비교적 완만한 경사를 가져 접근이 용이한 곳에 설치된 북문은 원래 그 자리에 있지 않았으며 후대에 성벽이 무너진 자리에 문을 내었을 것으로 추정된다. 따라서 당시에 확실하게 존재했을 것으로 보이는 문은 세 개로 정문인 서문과 남문, 그리고 동문이 그것이다. 그러나 그중 남문은 성벽 윗부분에 문을 만들어 두고 성벽 아래에서 사다리나 밧줄을 타고 드나들도록 설계된 현문懸門이다. 문을 닫으면 그저 성벽이나 다를 바가 없는 것이다. 또한 동문은 진입로의 성벽이 한 번 꺾이면서 'ㄹ'자 모양으로 굽어 있다. 성문에 닿으려면 이 굴곡부의 양쪽 성벽 위에서 발사되는 수비군의 화살을 고스란히 뒤집어쓰게 된다. 역시 끔찍한 상황이 벌어질 것이다.

하지만 서문에 대한 공략은 더욱 곤란하다. 서문 양옆에는 반원형으로 돌출한 두 개의 구조물이 있다. 곡성曲城, 또는 치성雉城으로서 성벽 중간 중간, 대개는 화살 °유효사거리의 2배 정도 간격으로 설치되어 그 사이로 접근하는 적군을 양쪽에서 공격할 수 있도록 설계된 구조물이다. 이 훌륭한 두 개의 구조물은 서문의 위치보다 높은 지점에 있는 데다 수십 m 바깥쪽으로 돌출되어 있어 성문을 공격하려는 적군을 내려다보며 그 측면과 배후를 공격할 수 있다. 다시 한 번 막대한 손실을 감수해야 하는 치명적인 함정인 것이다. 피할 곳은 없다. 서문 바깥쪽에는 문에 대한 직접적인 접근을 막는 °옹성이 구축되어 있으며 옹성 외벽의 아래쪽은 자연암반으로 이루어진 절벽이기 때문이다. 따라서 좋든 싫든 공격군은 옹성의 입구를 통해 문쪽으로 접근해야 한다. 그러나 성문을 감싸고 있는 옹성 위에서도 화살은 쏟아져

유효사거리(Effective Range)
화살, 총탄 등의 발사체가 날아가 적을 살상할 수 있는 거리의 한계, 혹은 어떤 무기가 평균 50퍼센트 확률로 표적을 명중시킬 수 있는 거리.

옹성
성문의 방어를 강화하기 위해 성문 밖에 쌓는 L자 또는 U자 모양 성벽.

옹성 내부는 아수라장이 되고 결국 천신만고 끝에 성문 앞에 도달한 소수의 병력은 그곳에서 전멸당하게 된다.

서문의 방어수단은 거기서 그치지 않는다. 서문은 특이하게도 밖으로 열리게 되어 있어 빗장에만 의지하여야 하는 그 반대의 경우와 달리 당차撞車와 같은 성문파괴용 장비를 동원한다 해도 그것을 뚫기까지는 아주 오랜 시간이 필요하다. 물론 그것도 험준한 산비탈로 그 무거운 공성장비를 끌고 올라왔다는 가정하에 가능한 일이다. 하지만 그 불가능할 것 같은 가정을 전제로 성문을 돌파하여 성안으로 진입하는 순간 공격군은 수비군과 접전하기 전에 눈앞을 가로막은 또 하나의 함정과 마주친다. 인공연못 아미지蛾眉池이다. 좁은 성문을 돌파하여 성안으로 뛰어든 병사들은 당연히 눈앞에 펼쳐질 넓은 공간을 기대할 것이다. 그러나 그들은 전투를 벌이기는커녕 양옆에 집결하여 자신들을 공격하는 수비군과 전방의 연못에 막혀 한 발짝도 나아갈 수 없다. 그들에게 남은 선택이란 항복 아니면 죽음뿐이다. 삼년산성을 향해 무모한 도전을 감행한 공격군의 비참한 종말이다.

물론 하나의 성을 공략하는 데 접근전만 유효한 것은 아니다. 당시에는 공성기술이 상당히 발전되어 있어서 먼 거리에서 성벽을 파괴하기 위한 투석기나 성문을 부수는 데 쓰이는 대형 °쇠뇌 등 다양한 공성장비가 개발되어 있었다. 그러나 이런 장비들은 그 무게 때문에 비탈을 이동하기가 불가능하여 대개 산 아래쪽에나 배치가 가능하다. 따라서 성벽이나 성문의 파괴가 가능할 만큼 위력 있는 에너지를 가진 돌이나 화살을 쏘아 보내기에는 거리가 너무 멀다. 당시에는 아무리 성능 좋은 투석기라도 그 사정거리가 500m 이하에 불과했기 때문이다. 물론 군사의 수가 넉넉하다면 산 아래에서 성을 포위한 채 계속 병력을 올려보내 수비군의 소모를 강요할 수도 있다. 하지만 결과는 마찬가지일 것이다. 많은 병사들이 주둔하며 전투를 수행할 수 있도록 여러 개의 우물이 있어 수자원이 풍부하고 식량과 병기 등 보급품을 충분히 저장해 둘 만큼 넓은 공간이 있는 삼년산성은 장기간의 포위전도 너끈히 견딜 만한 능력을 가지고 있기 때문이다. 따라서 당대에는 물론 *화포가 도입되기 이전까지 개발된 공성전술로는 결코 삼년산성을 극복할 수 없었다.

그렇게 삼년산성은 그 예를 찾기 힘든 무시무시한 방어력을 가진 요새로 역사 속에 등장했다. 하지만 신라가 만든 난공불락의 요새는 삼년산성만이 아니었다. 그것은 멸망의 위기에 몰린 신라인들이 수립한 생존 프로젝트의 시작이며 그 일부분일 뿐이었다.

삼년산성 이후에도 신라의 축성작업은 계속되었다. 471년에는 *모로성茅老城을, 473년에는 수도 부근에 있는 *명활성明活城을 보수하였고, 474년에는 일모一牟, 사시沙尸, 광석廣石, 답달沓達, 구례仇禮, 좌라坐羅 등 여러 성을 한꺼번에 만들어 냈다. 전투는 없었지만 그것은 분명 전쟁이었다. 기록은 남아 있지 않아도 성을 쌓는 과정에서 수없이 많은 사람들이 희생되었을 것은 의심의 여지가 없다. 하지만 그렇게 신라인들의 피와 땀과 눈물로 지어진 산성들은 마침내 치밀한 조직을 가진 요새방어선으로 완성되어 이후 수 세기 동안 신라를 지켜줄 거대한 울타리가 되었다.

475년, 장수왕의 침공으로 개로왕이 사망하고 고구려에 밀린 백제가 수도를 웅진으로 옮기자 백제와의 동맹에 따라 구원병을 파견했던 신라도 어쩔 수 없이 전시상태에 돌입하고 자비마립간도 수도의 *피난성避難城 역할을 하던 명활성으로 거처를 옮긴다. 하지만 고구려의 공격은 없었다. 신라를 응징할 분명한 이유가 있었지만 장수왕은 섣불리 군사를 일으키지 않았다. 고구려가 백제 문제에 몰입한 동안 신라가 국경을 따라 강력한 요새방어선을 완성한 사실을 알게 되었기 때문이다. 그것이 요동 지역에 구축된 고구려의 요새방어선만

화포
화약의 폭발력을 이용하는 총포.

모로성
위치 미상. 경북 군위군 효령면으로 추정하기도 함.

명활성
경북 경주시에 있는 명활산성. 둘레 약 6km.

피난성
전쟁, 내란 등 비상사태 발생시 주민과 행정기관 등을 대피시킬 목적으로 쌓은 성.

큼이나 극복하기 곤란한 장애물이라는 사실을 그는 너무나 잘 알고 있었다. 동부 국경 쪽에서도 비슷한 상황이 벌어졌다. 476년, 왜군은 여느 때처럼 금성 동쪽 해안가에 침입했다가 덕지의 반격을 받아 2백여 명이 죽거나 포로로 잡히는 피해를 입었고, 그 이듬해에는 치밀한 계획하에 병력을 5개 방면으로 나누어 금성 진입을 획책하다가 어느 쪽에서도 빈틈을 찾지 못한 나머지 스스로 퇴각하고 말았다. 동쪽 해안과 금성 주변에 밀집한 여러 요새들, 그리고 집중적인 증강을 통해 한층 강력해진 신라 수군의 위력이 왜인들의 전매특허인 기습을 무용지물로 만들어 버리고 만 것이다. 왜인들은 그 이후에도 여러 차례에 걸쳐 신라를 공격했지만 예전처럼 금성을 포위한다거나 신라군을 압도하는 일은 꿈도 꿀 수 없었다.

그처럼 장차 신라가 강국으로 성장할 수 있는 토대를 마련하는 데 평생을 바친 자비마립간은 479년에 세상을 떠났다. 그는 한 세대의 희생과 고통을 통해 신라의 미래를 만들었고 그렇게 만들어진 미래는 역사를 바꾸어 놓았다. 또한 그는 오늘 힘이 없으면 내일 당장이라도 나라가 멸망할 수 있으며 그 어떤 이웃도 조국을 대신 지켜줄 수는 없다는 사실을 신라인들에게 깨우쳐 준 선각자였다. 자비마립간은 당대에 뚜렷한 업적을 남기지 못했지만 약소국으로 전락한 신라에 부활의 희망을 준 진정 위대한 제왕이었다. 이후 신라에 그와 같은 군주는 다시 나타나지 않았다.

삼년산성

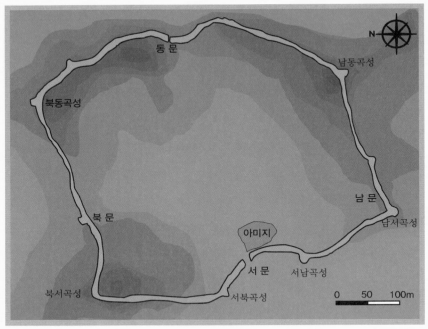

삼년산성 평면도. 산성이 골짜기를 품고 있는 모습과 각 방향에 설치된 여러 개의 곡성, 그리고 정문인 서문과 아미지의 상관관계를 알아볼 수 있다. 삼년산성은 수천 개에 이르는 우리나라 고대 성곽 중 아주 드물게 완공시기와 개축시기, 작업에 동원된 인원 등이 기록되어 있어 그 역사적 의미와 보존가치가 매우 높다.

삼년산성 북문 부근의 내벽. 천오백 년의 세월이 지났지만 상단부만 약간 붕괴되었을 뿐 원래의 모습을 그대로 간직하고 있다. 거의 수직에 가까운 인공 석벽이 보는 이를 압도한다.

복원된 삼년산성 남서쪽 성벽. 최대 폭 8m, 최고 높이는 무려 20m에 달하던 거대한 석벽의 형태를 재현해 놓았다. 하지만 산 아래에 남아 있는 무수한 성돌을 방치한 채, 그와는 전혀 다른 재질의 암석을 들여와 사용한 까닭에 오히려 문화재를 파괴한 행위로 비판받고 있다.

서문지에 남아 있는 성문 초석. 삼년산성의 정문이라고 할 수 있는 서문에서는 시대를 달리하는 두 종류의 초석이 발견되었는데 이것은 그중 오래된 것으로 문이 밖으로 열리게 제작된 형태이다. 밖으로 열리는 문은 외부로부터의 타격에 대해 그 반대의 경우보다 오래 견딜 수 있는 장점이 있으며, 비록 드문 일이기는 하지만 필요할 경우 내부의 병력이 성문을 열고 외부로 돌격해 나갈 때에도 유리하다.

삼년산성에서 출토된 확쇠. 문을 여닫기 위한 회전축에 사용되는 철물이다.

서북곡성에서 바라본 서문과 아미지. 삼년산성이 성내에 골짜기를 품고 있는 이른바 '포곡식' 산성임을 알 수 있다. 아미지는 비교적 규모가 큰 연못으로 성내에 산재한 여러 개의 우물과 함께 충분한 식수와 생활용수를 공급할 수 있다.

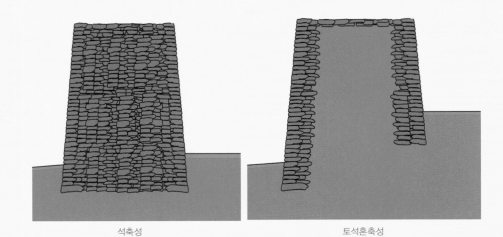

석축성   토석혼축성

흙, 나무, 돌, 벽돌 등 성곽의 축조에 사용되는 재료는 다양하다. 하지만 우리나라에서 가장 일반적인 성곽은 돌로만 쌓은 '석축성'이나 돌과 흙이 혼합된 '토석혼축성'이다. 그중 가장 견고한 구조로 평가되는 것은 석축성으로 '내외협축'이라고도 하는데 생경한 용어이지만 왼쪽 그림과 같이 안팎을 모두 돌로 쌓은 형태를 조금 어렵게 표현한 것일 뿐이다. 이러한 성곽은 산의 경사면을 깎아 토벽을 만들고 그 바깥둘레에만 돌을 쌓아 올린 '내탁외축' 형식에 비해 많은 노동력과 석재가 필요하지만 잘만 쌓는다면 그 방호력은 어떠한 형태의 성곽보다 우수하다. 삼년산성은 이러한 형식의 대표적인 산성으로 대부분의 산성이 내탁공법과 내외협축을 혼용하고 있는 데 비해 성벽 전체를 내외협축으로 시공했다. 오른쪽 그림은 먼저 흙을 쌓아 성곽의 형태를 만든 뒤 외부에만 돌을 입힌 토석혼축성으로 내외협축에 비해 품이 덜 들지만 방어력은 떨어지며 안팎을 구성하는 재료의 성질이 달라 결합력이 약하기 때문에 자연붕괴되기 쉽다.

모략의 거장(巨匠)

고구려는 백제와 남제의 관계, 백제의 군사력, 백제인의 북위에 대한 생각 등을 얼마
든지 과장하거나 왜곡하여 전달함으로써 백제를 보는 북위의 시각을 조작할 수 있었
던 것이다. 그리고 바로 그것이 북위의 백제 침공에 장수왕의 외교적 책략이 큰 원인
으로 작용하였다고 확신하는 근거이다.

480년 11월, 말갈이 신라의 북쪽변경을 공격했다. 신중하게 기회가 오기를 기다리던 장수왕이 자비마립간의 사망과 수도 주변의 기근으로 신라의 내부가 혼란한 틈을 타 우선 말갈병사들을 동원한 탐색전을 실시한 것이다. 결과가 만족스러웠던지 이듬해인 481년 3월, 말갈 전사들과 고구려 정규병으로 구성된 혼성부대는 신라 북부 국경에서 대대적인 공격을 감행해 °호명성狐鳴城 등 일곱 개 성을 점령한 뒤 동해안을 따라 °파죽지세로 남하했다. 그러나 °미질부彌秩夫 부근까지 진출해 금성 진입을 눈앞에 두었던 고구려군은 그곳에서 뜻밖의 상황과 조우한다. 신라·백제 양국 군대에 대가야 병력까지 포함된 강력한 연합부대가 그들을 기다리고 있었던 것이다. 백제가 신라영내 깊숙한 곳까지 파병을 감행한 것도 놀랍지만 대가야군의 합류는 전혀 예상하지 못한 일이었다. 이때 고구려 군대가 일방적으로 밀린 것을 보면 3국 군대는 숫자에서 고구려 측을 압도한 게 분명하다. 어쨌든 승승장구하던 고구려군은 미질부 북쪽에서 큰 손실을 입고 °이하泥河 서쪽으로 퇴각하였다가 거기까지 추격해 온 세 나라 군대의 공격을 받고 1천 명이 넘는 전사자를 내며 궤멸당하고 말았다. [이 사건 역시 그 시기는 크게 차이가 나지만, 앞서 언급한 〈일본서기 웅략 8년〉의 기록과 연결된다. 요약하면 고구려의 위협에 직면한 신라가 '임나왕(任那王)', 즉 대가야의 왕에게 사신을 보내 이른바 '일본부행군원수(日本府行軍元帥)'의 군대를 파병하도록 중개해줄 것을 애걸한 끝에 마침내 일본부의 군대가 신라로 가서 고구려의 공격을 격퇴해 주었다는 내용이다. 여기 등장하는 '일본부'란 4세기 중후반에 왜국의 신공황후(神功皇后)라는 인물이 바다를 건너와 삼한을 정복했다는 참람한 주장 속에 등장하는 바로 그 '임나일본부(任那日本府)'를 지칭함은 물론이다. 하지만 신공황후의 실존여부에 대한 의문은 차치하더라도 《일본서기》에 기록된 그녀의 행적이 당시 상황과는 전혀 맞지 않는 황당무계한 줄거리로 일관되는 탓에 그것을 결코 역사적 사실로 인정할 수 없는 바, 〈웅략 8년〉기록에 나타나는 '일본부'의 성격을 '가야 지역에 설치된 왜국의 통치기관'으로 해석하는 것 역시 어불성설이다. 따라서 여기 '일본부행군원

호명성
위치 미상. 경북 청송군 호명산 부근으로 추정하기도 함.

파죽지세(破竹之勢)
대나무를 쪼개듯 거침없이 나아가는 기세.

미질부
경북 포항시 흥해읍 일대.

이하
강원도 강릉 남대천(南大川)으로 추정.

남제(南齊)(427~482)
유송의 장군 소도성(蕭道成)이
세운 나라. 소제(蕭齊)라고도 함.

수'로 표현된 인물은 대가야 인근에 주둔 중이던 백제군 사령관 정도로 이해하는 게 적당할 것이다.]

천재적인 모략가인 장수왕에게도 그것은 충격적인 사건이었다. 아직 무기력한 상태에 머물러 있어야 할 백제가 신라의 영토까지 들어와 고구려를 압박하리라고는 예상하지 못했기 때문이다. 게다가 이미 패배한 군대를 1백 ㎞ 이상이나 추격하여 끝장을 보고 말았다는 사실은 고구려에 대한 도발에 다름 아니었다. 하지만 백제와 신라의 동맹에 대가야가 가세한 것이야말로 가장 우려되는 일이었다. 그들의 동맹이 굳건해질 경우 남방 3국의 분열을 그 중요한 전제로 하는 장수왕의 남진전략에 결정적인 장해요소로 작용할 것이기 때문이었다. 50년 전이라면 상관없겠지만 당시 이른바 후기가야연맹의 맹주로 군림하면서 급기야 중앙집권적 왕정국가로의 이행을 추진 중이던 대가야는 머나먼 *남제와 교류하면서 479년에는 그 국왕 하지荷知가 '보국장군본국왕輔國將軍本國王'의 직함을 받아낼 만큼 괄목할 성장을 이룬 마당이었다. 하지만 대가야의 경우는 장수왕 스스로 만들어낸 문제라고 보아도 크게 틀리지 않다. 대가야가 별로 친하지도 않은 신라에 군대를 보내야 했던 이유는 한성 함락 이후 그 영역이 크게 축소된 백제가 고구려에 대항하기 위해 대가야와의 밀착관계를 강화시킬 수밖에 없었던 데 그 원인이 있었던 것이다. 어쨌든 세 나라가 노골적으로 반고구려 동맹을 과시하는 상황에서 장수왕이 할 수 있는 일이란 별로 없었다. 동맹의 주축을 이루는 신라와 백제를 지리적으로 격리시키는 게 최선이었지만 이미 견고해진 두 나라의 군사동맹은 더 이상 고구려의 독주를 허용하지 않았다. 484년, 고구려는 백제와 신라가 국경을 맞대고 있는 중부 내륙 방면에서 공격을 시도했지만 또 다시 격퇴당했다.

그처럼 세 나라의 군사동맹이 고구려의 남하를 효과적으로 저지하면서 남방의 국가들은 마침내 희망적인 전환기를 맞이하게 되었다. 그러나 바로 그 무렵, 그러한 분위기에 찬물을 끼얹는 사건이 발생한다.

10년, (북)위가 군사를 보내 쳐들어왔으나 우리에게 패한 바 되었다.

十年 魏遣兵來伐 爲我所敗

삼국사기 권26 백제본기 제4 동성왕 10년

영명 6년, (북)위가 군대를 보내 백제를 공격하였다가 백제에게 패한 바 되었다.

永明六年 魏遣兵擊百濟 爲百濟所敗

자치통감 권136 제기2 세조世祖 영명 6년

(북)위 오랑캐가 또 기병 수십만으로 백제 영토에 침입하니 모대(동성왕)가 보낸 장군 사법명, 찬수류, 해례곤, 목간나 등이 무리를 이끌고 오랑캐 군대를 습격하여 크게 깨뜨렸다.

魏虜又發騎數十萬攻百濟入其界 牟大遣將沙法名贊首流解禮昆木干那率衆襲擊虜軍 大破之

남제서 권58 열전 제39 만蠻·동남이東南夷

모대가 사신을 보내 표를 올려 말하기를 …… 지난 경오년(490년)에 험윤[흉노의 다른 이름. 북위를 가리킴]이 뉘우치지 않고 군사를 일으켜 심하게 협박하였습니다 …… (백제군이) 밤에 벼락처럼 치니 흉리[흉노의 선우. 북위군의 우두머리를 지칭함]는 당황하여 마치 바닷물이 들끓듯 무너졌습니다. 도망치는 적을 쫓아가 목을 베니 시체들이 들판을 붉게 물들였습니다.

牟大遣使上表曰 …… 去庚午年 獫狁弗悛擧兵深逼 …… 宵襲霆擊

동성왕(?~501)
백제 제24대 왕. 이름은 모대
(牟大). 재위 479~501.

匈梨張惶崩若海蕩 乘奔追斬僵尸丹野

남제서 권58 열전 제39 만·동남이

앞의 두 기록은 488년, 그리고 뒤의 두 기록은 490년에 벌어진 상황을 묘사한 것이다. 사실상 동맹을 주도하던 백제에 느닷없이 북위의 군대가 침공해 온 것이다. 그것도 3년 동안 두 차례나 실시된 전면적인 침공이었다.

그런데 이 사건에 대해서는 그 의미를 논하기 전에 정리하고 넘어가야 할 두 가지 문제가 있다. 그 첫 번째 문제는 북위 측 사서에 관련 기록이 등장하지 않는다는 사실을 들어 이 사건을 허구나 조작, 심지어는 백제 측의 창작으로 의심하는 견해와 관련된 것이다. 그러나 위에서 보듯 이것은 여러 신뢰할 만한 사서에 명확하게 기재된 사실로 혹시 어떠한 과장이 있을지는 몰라도 사서의 기록을 중요한 논거로 삼는 역사학자들이 그 사건의 실재 자체를 의심하는 것은 모순이다. 특히 네 번째 기록의 경우 전쟁에서 승리한 °동성왕이 북위와 대립하고 있던 남제에 보낸 표문의 내용 중 일부로, 여기서 동성왕은 양 전쟁에서 전공을 세운 인물들의 성명을 일일이 나열하며 그들에 대한 봉작을 요구하기까지 했음에도 그것을 조작으로 본다면 그 시각은 매우 편협한 것일 수밖에 없다. 더구나 남북조를 중심으로 하여 양 진영으로 갈라진 동아시아 여러 국가들이 서로를 예리하게 관찰하며 첨예하게 대립하던 당시의 상황을 감안하면 그것에 과장이나 조작이 끼어들 여지가 없다. 따라서 전쟁의 당사자와 시기, 규모에 대한 진위 여부를 논란의 대상으로 삼는 것은 시간낭비일 뿐이다.

두 번째는 이 전쟁이 벌어진 공간에 대한 문제이다. 그것에 대한 견해는 크게 두 가지로 갈리는데, 한편에서는 이것이 백제가 요서 지역 일부를 점유하고 2군을 설치한 적이 있다는 중국 측 사서의 기록과 연계하여 북중국 일대 −더 구체적으로는 산둥과 요서 지역에서 벌어진 영역분쟁으로 보는 반면, 다른 쪽에서는 북위가 조공을 끊고 남조에 붙은 백제를 응징하기 위해 해로를 이용하여 서해안으로 침공해들어온 것으로 파악한다. 아주 상반된 입장을 취하고 있지만 모두 구체적인 근거를 제시하고 있기 때문에 현재도 논란이 계속되고 있다. 하지만 첫 번째 견해에는, 그 전제에 가설 전체를 의심케 하는 중요한 오류가 있다. 그 견해는 당시 백제가 요서 지역에 근거지를 두고 있었다는 전제로부터 비롯되는데 사실은 결코 그렇지 않았다는 것이다. 백제가 요서를 점유하고 2군을 설치한 적이 있다는 사실은 《송서》, 《양서》, 《남사》, 《자치통감》, ˚《양직공도梁職貢圖》, 《통전》 등 여러 사서에 등장하는 일인 만큼 그것을 부정할 수는 없다. 그러나 그 시점이 나와 있는 《양서》와 《양직공도》, 《자치통감》에는 백제가 요서에 진출한 시기를 '진나라 말기', '진나라 시기 고구려가 낙랑을 몰아내고 요동을 차지하였을 때', 또는 '진나라 때' 등으로 언급하고 있다. 여기 진나라는 모두 4세기 초에 내부분열과 5호의 침략으로 붕괴된 '서진西晉'을 지칭한다. 모두가 백제·북위전쟁이 발생한 때로부터 이미 150년도 더 지난, 오래된 사실을 말하고 있는 것이다. 그런데 그동안 요서에 무슨 일이 있었는가. 이미 언급한 바와 같이 5호 16국의 혼란을 겪으며 그 지역은 물론 고구려가 점령하였던 요동 지역까지 완전히 선비족의 손아귀에 들어가 그 중요한 근거지로 활용되었던 것이다. 해당지역과 국경을 맞대고 있는 고구려조차 광개토대왕 시기에 겨우 요동의 일부를 차지하였는데 바다로 격한 백제가 여전히 요서를 점유하고 있었을 것으로 생각한다면 그것은 자의적 판단에 불과하다.

또 그 가설이 주장하는 바, 기병을 그 군사력의 요체로 하는 북위가 머나먼 해로를 지나 백제를 침공한다는 게 도무지 말이 안 된다는 것이다. 그러나 북위가 내세울 만한 것이 기병뿐이라는 착각은 이미

양직공도
남조 양나라 원제(元帝)(재위 552~554)에게 조공하러 온 외국 사신들의 모습을 그림으로 묘사하고 옆에 그 나라의 내력, 풍속 등을 간략히 적어 놓은 화첩.

도무제(371~409)
북위 제1대 황제 탁발규. 재위
386~409.

100년 전에 북중국을 장악한 북위가 여전히 선비족의 유목적인 전통을 유지하고 있었을 것이라는 추상적 판단에 근거할 뿐이다. 선비 귀족들의 반발에도 불구하고 그 건국자인 °도무제道武帝 시기부터 북위 왕실이 얼마나 적극적으로 중국화를 추구하였는지는 따로 설명이 필요가 없을 것이다. 게다가 당시 북위가 점유하고 있던 발해 연안과 산둥반도의 항구도시에서 선박을 이용해 백제에 닿는 것은 그리 어려운 일도 아니었다. 그보다 수백 년 전에 한무제의 군대는 이미 수군을 동원하여 위만조선의 수도 왕검성을 공격한 바가 있지 않은가? 당시 북위가 동원한 병력이 수십만이라고 하지만 그것이야말로 북위의 위신을 깎아내리려는 남제 측의 과장으로 의심되는 바, 그렇다고 해도 '수십만'이라는 표현을 감안하여 그 규모를 십만 명 정도로 가정할 때 그만한 병력을 수송할 능력이 없을 정도로 북위의 해상력이 보잘것없었다는 말인가? 아마도 그러했다면 북위는 전통적으로 강력한 수군을 보유하며 그것으로 북조에 대항하였던 남조 국가들에게 그 광활한 동쪽 측면이 무방비상태로 노출되어 일찌감치 멸망했어야 맞는 것이다. 남북조시대 이전에는 물론 그 이후인 수·당 시대에도 동방원정에 나서는 수군의 발진기지가 당시 북위의 영역이었던 산둥반도의 해안지대에 있었음을 잊지 말자. 그들에게 정작 문제가 발생한 시점은 바다를 건널 때가 아니라 피곤한 항해 끝에 미지의 땅으로 발을 내딛는 바로 그 순간이었다.

이상과 같은 이유로 백제·북위전쟁의 발생공간에 대해서는 두 번째 견해를 따를 수밖에 없다. 바로 황해 동안에 위치한 백제의 본토를 말한다. 좀 더 구체적으로 언급하자면 그곳은 당시 백제가 영유하던 현재의 충청남도 서해안, 그중에서도 현재의 보령시 일대였을 것으로 추정한다. 그 이유는 동성왕의 표문에 언급된 수훈자 중에서도 가장 첫머리에 등장함으로써 당시 백제 야전군의 최고지휘관으로 추

정되는 상급귀족 사법명이 '매라왕選羅王'으로 불린 점에 있다. '매라'는
《삼국사기 지리지》에 훗날 당나라가 백제를 점령한 뒤 그 땅에 설치
하려고 계획했던 웅진도독부 13현 중 하나로 수록된 이름이며 마한
을 구성하던 54개 소국 중 하나인 만로국萬盧國과 연계하여 현재의 충
남 보령시 일대로 비정되고 있다. 사법명이 전쟁 전부터 매라 땅에 봉
해졌던 것인지, 아니면 그곳에서 거둔 승리로 인해 매라왕의 봉작을
받은 것인지는 알 수 없으나 두 가지 중 어떤 경우라도 매라가 백제·
북위전쟁과 직접적으로 연관되어 있었음을 시사한다. 더구나 매라의
해안은 당시 중국과 연결되는 항로의 중요한 출발지 중 하나로 백제
수도 웅진의 관문 역할을 하던 곳이다. 또한, 사법명과 함께 등장하
는 찬수류, 해례곤의 봉지封地인 벽중辟中과 불중弗中은 현재의 전북 김
제와 충남 당진 일대로 비정되는 바, 그 두 지역이 매라와 남북으로 연
접하는 점 또한 주목할 만하다. 그렇다면 당시 북위의 군대는 산둥반
도 북부의 알 수 없는 항구에서 출발, 발해와 황해 연안을 따라 항해
한 뒤 매라의 해변에 상륙하여 웅진 방면으로 직진하려던 것이라 하
겠다. 하지만 그렇게 백제 땅에 발을 내딛은 원정군은 상륙지점에서
벗어나지도 못하고 야간에 기습 공격을 실시한 백제군에 의해 궤멸되
었던 것이다. 그들이 사용했을 항로는 당시 고구려가 장악하고 있었으
니 항해 중에 공격을 받았을 가능성은 거의 없다. 북위 군대가 해안에
서 격퇴되었으리라는 추정은 《남제서》의 기록을 그 근거로 삼을 수
있다. 앞서 언급한 동성왕의 표문에 이런 구절이 있기 때문이다.

목간나는 전에도 군공이 있었는데, 또 누선을 쳐서 빼앗았으니…….
木干那前有軍功 又拔臺舫…….

남제서 권58 열전 제39 만·동남이

여기서 '대방臺舫'이란 갑판 위에 여러 층의 건조물을 설치한 중대형 전투함을 의미한다. 흔히 말하는 '누선樓船'이다. 이 문장만 놓고 상상해 보면 해상전투의 상황을 떠올릴 수도 있다. 하지만 앞서 동성왕의 표문에 '도망치는 적을 쫓아가 목을 베니 시체들이 들판을 붉게 물들였다.'는 구절을 상기하자. 이미 해전에서 패했으면 왔던 길로 도망칠 일이지 무엇 때문에 적지 한가운데로 뛰어들겠는가? 상식적으로 납득할 수 없는 일이다. 이때 동성왕은 목간나가 상륙지점으로부터 멀지 않은 장소에서 백제군의 야간 기습을 받고 도주하던 북위 패잔병들을 해안까지 추격한 끝에 마침내 그 함선까지 탈취한 사실을 이야기한 것이다. 그것은 490년에 있은 두 번째 전쟁에 관한 내용이지만 488년에도 상황은 크게 다르지 않았을 것이다. 만약 북위의 1차 침공 시에 상륙지점에서 그들을 격파하지 못했다면 백제는 크나큰 낭패를 보았을 것이며 그렇다면 북위가 재차 침공을 감행할 일도 없었을 것이기 때문이다.

그런데 북위는 왜 백제를 침공했던 것일까. 이것도 결론부터 말하자면 그것은 온전히 고구려 장수왕의 책동에 기인한 것으로 볼 수밖에 없다. 다소 복잡하지만 그렇게 보는 이유는 다음과 같다. 우선 앞서 설명한 바와 같이 첫 번째 견해의 근거부족으로 인해 영토분쟁의 가능성은 고려의 대상이 되지 못한다. 그렇다고 단순히 조공을 하지 않는다는 이유로, 또는 남조와 외교관계를 맺었다는 이유만으로 머나먼 백제를 공격했다는 것도 이해할 수 없는 일이다. 당시 고구려의 외교범위는 남북조 모두를 포괄하고 있었지만 백제는 고구려의 방해 때문에 개로왕 이후 북위와의 접촉이 아예 차단된 상태였다. 서해의 해상권이 완전히 고구려에 넘어갔다는 뜻이다. 그것은 무슨 의미인가. 고구려는 북위에게 군사적으로 도움이 될 수 있는 존재였지만 백제는 남조 국가들에게 결코 그러한 도움을 줄 수 있는 형편이 못 되었

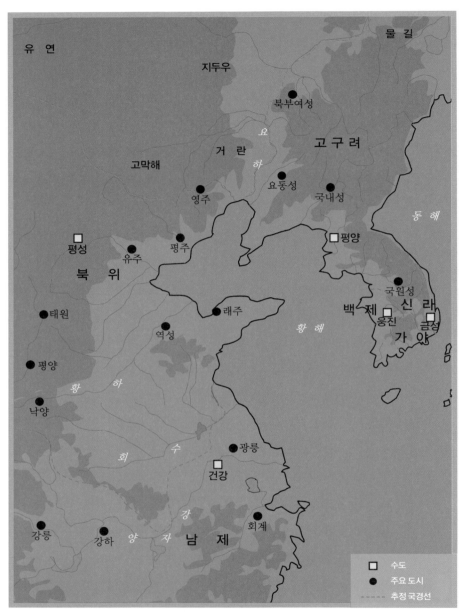

6세기 말 동아시아의 상황. 이때 북위는 전성기를 맞고 있었으나 북방에서 세력을 확장 중이던 유연(柔然)과 강력한 고구려의 존재로 국제정세는 아슬아슬한 긴장상태에 놓여 있었다. 여전히 백제를 가장 위험한 존재로 인식하고 있던 장수왕은 동성왕이 결성한 백제-신라-대가야 군사동맹에 의해 남방에서의 주도권이 위협받게 되자 북위와 남제 사이의 균형자적 입장을 이용하여 백제를 무력화시킬 계략을 추진한다. 그 결과로 나타난 것이 바로 북위의 백제 침공이다.

물길
숙신의 다른 이름. 뒤에 말갈,
여진으로 불리게 됨.

섭라
현재의 제주도. 탐라, 탐모라
(耽牟羅)라고도 함.

선무제(483~515)
북위 제8대 황제. 재위 499~515.

다는 이야기이다.

하지만 북위는 그 사실을 몰랐을 것이다. 왜냐하면 북위는 동방의 상황과 관련된 정보를 고구려의 보고에 전적으로 의존하고 있었기 때문이다. 뒷날 문자명왕이 예실불芮悉弗을 북위에 보내 '부여가 °물길勿吉에게 쫓기고 백제가 °섭라涉羅를 병합하였기에 황금과 가옥珂玉을 더 이상 바칠 수 없게 되었다.'는 허위 과장된 이야기를 전할 때 °선무제宣武帝는 그것을 액면 그대로 믿고 오히려 그 일은 고구려의 잘못이 아니라 스스로의 불찰 때문이라고 탄식할 정도였다. 결국 고구려는 백제와 남제의 관계, 백제의 군사력, 백제인의 북위에 대한 생각 등을 얼마든지 과장하거나 왜곡하여 전달함으로써 백제를 보는 북위의 시각을 조작할 수 있었던 것이다. 그리고 바로 그것이 북위의 백제 침공에 장수왕의 외교적 책략이 큰 원인으로 작용하였다고 확신하는 근거이다.

장수왕은 천재적인 군사전략가인 동시에 외교술의 대가였다. 그는 외교를 형식이 아닌, 국가의 이익에 봉사하는 중요한 수단으로 인식했다. 북위건 남제건 그에겐 국가의 이익을 위해서라면 언제든 고개를 숙일 수도, 또 언제든 그 목에 칼을 들이댈 수도 있는 타자일 뿐이었다. 그러한 그가 백제의 위협을 과장하는 간단한 정보조작으로 북위를 자극하여 그 거대한 힘을 백제의 약화에 이용할 수 있다면 왜 그것을 주저하겠는가? 그는 첫 전쟁이 있던 488년에는 무려 세 번, 489년에도 역시 세 번, 그리고 490년에는 불과 두 달 간격으로 두 차례나 북위에 사신을 파견했다. 틀림없이 백제에 대한 북위의 적개심을 자극하고 침공에 필요한 제반 정보를 제공하기 위한 행동이었을 것이다. 백제와의 전쟁을 통해 해당 지역의 지형과 백제의 군사적 능력을 소상히 알고 있던 고구려가 해로의 안내는 물론 그 세세한 작전 사항에 대해서도 깊숙이 관여했을 것은 분명하다. 장수왕이 세 차례

에 걸쳐 북위에 사신을 파견한 또 다른 사례는 한성을 공격해 개로왕
을 살해한 이듬해인 476년뿐이었다.

　도무지 그럴 필요가 없었던 북위의 백제침공전쟁은 그해 9월, 15년
에 걸쳐 사실상 북위를 지배해 온 여걸 풍태후馮太后가 사망하면서 *효
문제에게로 실권이 이양되는 와중에 흐지부지되어 결국 천하에 웃

효문제(467~499)
북위 제7대 황제. 재위 471~499.

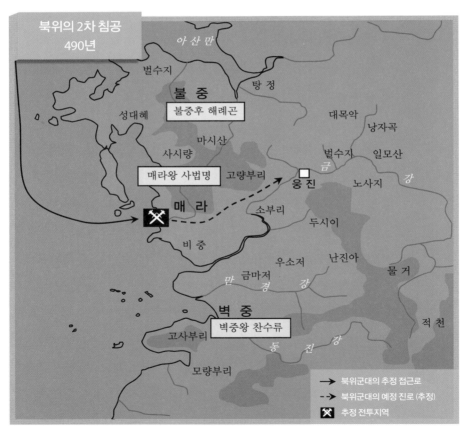

488년의 상황은 그 상세를 알 수 없으나 490년에 두 번째로 백제를 침공한 북위군대의 상륙지점은 사법명이 수장으로 있던 매라, 즉 현재의 보령시 일대로 추정된다. 보이는 것처럼 전투에 참가했던 백제 측 지휘관들의 근거지는 매라와 인접한 벽중, 불중 등으로 이것은 그 전쟁이 서해연안에서 벌어졌을 가능성을 제공한다. 매라, 벽중, 불중 등은 그곳을 통치하는 인물들이 왕이나 후(侯)로 지칭되는 것을 볼 때 《양서》에 언급된 백제의 광역행정구역인 '22담로' 중 일부일 것으로 추정된다.

문자명왕(?~519)
고구려 제21대 왕. 이름은 나운. 명치호왕(明治好王)이라고도 함. 재위 492~519.

음거리를 선사한 패가망신으로 귀결되었지만, 장수왕에게는 기대한 만큼은 아니겠지만 주적 백제와 잠재적국 북위의 국력 소모라는 측면에서 어느 정도 정치군사적 이익을 안겨주었을 것은 분명하다. 하지만 강대국 북위를 상대로 한 전쟁에서 승리했다는 자신감과 더불어 남제와 신라에게 글자 그대로 아주 강한 이미지를 심어주며 든든한 동맹국으로 인정받게 된 점은 소모된 백제의 국력을 상쇄하고도 남았을 것이다. 어쨌든 그 전쟁으로 백제가 큰 타격을 입은 것 같지는 않다. 〈백제본기〉에는 그 전쟁의 후유증에 대한 암시는 없고 전쟁이 끝난 이듬해에 웅진을 덮친 대홍수와 그것으로 인한 기근의 심각성만을 언급하고 있다.

491년, 약관의 나이에 아버지 광개토대왕의 뒤를 이어 왕위에 오른 이래 자그마치 79년 동안이나 고구려를 이끌었던 장수왕이 마침내 사망했다. 가공할 정도로 교활한 데다 형언할 수 없을 만큼 잔인하기까지 했던 적국의 수괴가 사라졌으니 백제와 신라는 혹시 평화가 올지도 모른다는 일말의 기대로 설레었을 것이다. 그러나 장수왕의 손자로, 그 아버지 조다助多가 일찍 세상을 떠나는 바람에 할아버지의 손에 양육된 *문자명왕 나운羅雲은 백제와 신라에 대해 뚜렷한 적대와 멸시의 감정을 가지고 있던 장수왕의 정책과 성격을 그대로 계승하면서 오히려 남방에 대한 공세를 강화할 움직임을 보였다. 신라와 백제가 실망한 것은 물론이다. 하지만 언제까지 신세한탄만 늘어놓을 수는 없는 일이었다. 북위와의 잇따른 전쟁으로 뜻하지 않게 시간과 노력을 소모해야 했던 백제는 고구려 남부 국경과 인접한 웅진의 취약성 때문에 북쪽으로 보다 넓은 공간을 확보할 필요가 절실해졌다. 하지만 그것은 시간을 필요로 하는 일이었고 고구려는 언제든 쳐들어 올 수 있었다. 그럴 때는 적극적인 공세를 취하는 것이 오히려 좋은 선택일수도 있다. 그러나 문자명왕의 공격이 어찌나 격렬했던지 평생 전쟁을 마다하지 않았던 동성왕조차 이때에는 그저 수세로 일관할 수밖에 없었다. 알고 보니 문자명왕은 그 할아버지에 그 손자가 아닌, 할아버지보다 더 흉악하고 난폭한 인물이었던 것이다. 백제가 비로소 공세를 시도할 수 있게 된 시기는 무덤 속의 화려한 유물들로 더욱 유명해진 *무령왕이 귀족들과의 불화로 암살의 비운을 맞이한 동성왕의 뒤를 이어 왕위에 오르고 난 이후였다.

무령왕(462~523)
백제 제25대 왕. 이름은 사마
(斯摩). 재위 501~523.

9

관산성의 혈투

역사도 때로는 아무도 생각지 못했던 우연에 의해 그 향방이 결정된다. 한창 승기를
잡아가던 전투 중에 지휘관이 조준하지도 않은 화살에 맞아 사망함으로써 전세가 역
전되었을 때, 우리는 우연이라는 단어를 떠올린다. 그러나 관산성전투에서 백제군의
참패를 불러온 성왕의 죽음은 우연한 사건이 아니었다.

501년, 찬란했던 근초고왕 시대의 재현을 꿈꾸던 무령왕은 왕위에 오르기가 무섭게 정예 병력 5천을 동원하여 고구려를 기습, 한강을 건너 수곡성에 이르는 과감한 장거리 공격을 감행했다. 순식간에 고구려 군대를 후방 깊숙한 지역까지 몰아붙인 것이다. 그러나 그 작전은 결정적인 성과를 얻지 못한 채 좌절되었고 오히려 고구려의 무서운 보복을 초래하고 말았다. 격분한 문자명왕은 503년, 우선 말갈병력을 동원하여 수차례 파상적인 공격을 실시함으로써 백제군의 취약한 동쪽 측면을 압박했다. 이에 당황한 무령왕은 북쪽에서 군대를 빼내, 이미 °마수책馬首柵을 돌파하고 °고목성高木城으로 쇄도하던 말갈 군대를 격퇴함으로써 일단 고구려의 반격을 막아내는 데 성공한다. 하지만 506년 가을, 그칠 줄 모르고 계속되던 말갈의 거센 공격 앞에 마침내 고목성이 함락당하자 무령왕은 한강 이북 지역을 포기하고 주력을 남쪽으로 철수시킬 수밖에 없었다. 이후 백제는 고목성 남쪽에 두 개의 목책을 세우고 °장령성長嶺城을 축조하면서 완전한 수세로 돌아섰다.

6년에 걸쳐 계속된 그 전쟁은 507년 10월, 한강 북안에 주둔하면서 대규모 공격을 준비 중이던 고구려 장군 고로高老가 백제군의 견제로 좌절당하면서 양측에 막대한 손실만 안겨준 채 종료되었다. 하지만 512년 가을, 추수가 끝나자마자 고구려가 긴 침묵을 깨고 정규 병력을 동원하여 백제 영내로 쇄도함으로써 전쟁은 다시 시작되었다. 그런데 전격적으로 백제의 °원산성圓山城과 °가불성加弗城을 점령한 고구려 군대는 더 이상 전과를 확대하지 않고 점령지에 머물면서 극심한 살육과 약탈을 자행한 뒤 주민 1천 명을 잡아끌고 곧바로 퇴각했다. 그것은 본격적인 공세가 있기 전에 백제에 극도의 공포를 안겨줌으로써 공격의 효과를 극대화시키려는 문자명왕의 심리전이었던 것이다. 역시 장수왕의 후계자다운 행동이었다. 그러나 그가 고려하지

마수책
위치 미상. 강원도 철원군 김화읍 부근으로 추정.

고목성
위치 미상. 경기도 연천군 지역으로 추정.

장령성
위치 미상.

원산성
위치 미상.

가불성
위치 미상.

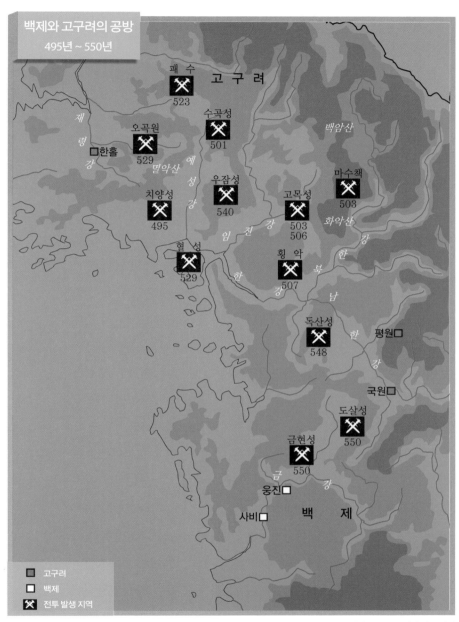

백제와 고구려의 공방
495년 ~ 550년

고 구 려

패수 523

수곡성 501

오곡원 529

□한홀

치양성 495

우잠성 540

혈성 529

횡악 507

고목성 503 506

마수책 503

독산성 548

평원□

국원□

도살성 550

금현성 550

웅진□

사비□

백 제

재령강

예성강

멸악산

백암산

화악산

임진강

한강

한강

북한강

남한강

금강

□ 고구려
□ 백제
⚔ 전투 발생 지역

5세기 말~6세기 중엽 백제-고구려의 주요 분쟁 지역. 보는 바와 같이 두 나라는 남방에서의 주도권 다툼으로 그치지 않고 마치 4세기 말의 상황처럼 서로의 심장부로 접근하기 위해 치열한 공방전을 전개했다. 한 가지 특기할 만한 사항은 보통 이 시기에는 확고한 고구려의 영토였던 것으로 인식되어 온 아산만 이북-한강 이남 지역 및 경기 북동부 방면에서 격렬한 전투가 벌어지고 있는 사실이다. 한성 함락 이후 고구려가 해당 지역을 확고하게 점유했던 기간이 그리 길지 않았음을 알 수 있다.

못한 것이 있었으니 그것은 50을 훌쩍 넘겼어도 변하지 않고 빛을 발하던 무령왕의 배짱과 기민한 판단력이었다.

원산성과 가불성이 처참하게 유린당하면서 가뜩이나 위태로운 변경 지역이 혼란에 빠져들 조짐을 보이자 무령왕은 직접 군대를 인솔하여 전쟁터로 뛰어들었다. 이때 그를 따르던 병력은 선발된 기병 3천 명뿐이었다. 그가 기동력을 가진 소수정예를 선택한 이유는 만행을 저지른 고구려 군대를 따라잡아 잔인하게 처단함으로써 국왕과 군대에 대한 백성들의 신뢰를 회복하는 것이야말로 혼란을 예방하는 가장 확실한 방법이라고 생각했기 때문일 것이다. 무령왕은 대개 그 무덤과 부장품의 화려함으로 기억될 뿐이지만 사실 그는 대단한 군사적 자질을 지닌 인물이었다. 방비가 엄중했을 국경 지역의 두 성을 순식간에 초토화시키고 1천 명의 주민을 잡아갈 정도라면 고구려 군대의 규모는 대단했을 것이다. 실제로 당시 고구려 군대는 그 수가 적다는 이유로 무령왕의 군대를 전혀 두려워하지 않았다. 하지만 무령왕은 망설임 없이 °위천葦川을 건넌 뒤 기동력을 이용한 포위공격을 감행함으로써 수적으로 우세한 고구려 군대를 궤멸시켜버리고 말았다. 그가 납치당한 백성들을 구출했는지는 알 수 없으나 그것만으로도 백제의 분위기를 반전시키기에는 충분했으리라.

그 승리로 백제가 입은 막대한 손실을 돌려받을 수는 없었지만 무령왕은 그 이상 전쟁을 확대시키지는 않았다. 영리한 문자명왕이 그러한 상황을 예견하고 별도의 °예비계획을 가지고 있을 것으로 판단한 때문이었을 것이다. 대신 그는 남쪽으로 눈을 돌려 반독립상태에 있던 영산강 유역의 여러 소국들을 확실히 복속시키고 섬진강 하류까지 진출해 °상다리上哆唎, 하다리下哆唎, 사타娑陀, 모루牟婁 등을 합병함으로써 그 아들 명농明穠이 고구려에 집중할 수 있는 환경을 조성해주는 것에 만족해야 했다.

전쟁의 시대

위천
위치 미상.

예비계획 (Alternate Plan)
기본계획이 실패할 경우에 대비하여 다른 방법으로 임무를 달성하기 위하여 수립된 계획.

상다리·하다리·사타·모루
모두 섬진강 유역의 지명들로 추정.

한편, 신라는 6세기 중엽까지 고구려에게 여러 차례나 침략을 당하면서도 적극적인 대응을 자제하며 국력을 비축하는 데 전념하고 있었다. °소지마립간을 이은 °지증마립간도, 그를 이은 °법흥왕도 자비마립간의 수세적 방어와 잠재적 현상유지 정책을 고수했다. 그들은 변경 지역을 개척하며 빈자리에 성을 쌓고 군대에 대한 왕의 통제력을 한층 강화하는 등 국가의 기틀을 다잡아가며 결정적인 기회를 기다릴 뿐이었다. 532년, 가야연맹의 주도권을 대가야에 넘겨준 이래 재기의 기회를 잡지 못하고 몰락을 거듭하다 마침내 김해 지역의 소국으로 전락해버린 금관가야가 신라에 투항함으로써 그 유서 깊은 경제 및 군사 인프라, 우수한 인적자원 등을 고스란히 흡수하게 된 일은 좋은 징조였다. 그리고 자비마립간이 사망한 지 70년도 더 지난 550년, 더할 수 없을 만큼 철저하게 준비된 신라의 눈앞에 마침내 기회가 다가왔다.

당시 백제와 고구려의 전쟁은 절정을 향해 치닫고 있었다. 무령왕의 아들 °성왕은 굳세면서도 유연한 정치적, 외교적 능력과 탁월한 군사적 식견의 소유자였다. 그는 즉위하던 해에 있던 고구려의 대규모 침공을 성공적으로 막아낸 뒤 서방 남조의 °양梁나라 및 신라와 안정적인 외교관계를 구축하여 고구려에만 집중할 수 있는 환경을 조성하고, 수도 웅진의 방비를 강화하며 공세에 나설 준비를 했다. 그러나 고구려 °안장왕은 성왕이 준비될 때까지 기다리지 않았다. 그는 성왕이 즉위한 지 7년째 되던 529년 10월, 직접 군사를 거느리고 백제 북부변경의 혈성穴城을 기습적으로 점령했다. 뜻밖에 기선을 제압당한 성왕은 즉시 °좌평 연모燕謨에게 3만 군대를 주어 반격을 시도하도록 했다. 하지만 °오곡원에서 안장왕과 격돌한 연모는 병사 2천 명을 잃고 퇴각했다. 공을 들여 양성한 정예 병력을 투입했음에도 패배했다는 사실은 성왕에게 큰 충격을 주었다. 하지만 전투의 패배보다 더욱 큰 문제는 백제의 근간을 이루는 귀족들 사이에 국왕에 대한 불신과 패배주의가 만연하게 된 사실이었다. 옛 백제의 영역에서 고구려를 몰아내고 백제를 다시 강국으로 만들려는 성왕에게 그것은 결코 있어서는 안 될 일이었다. 그는 고구려를 공격하는 것보다 더 중요한 일이 분열과 패배주의를 극복하고 자신을 구심점으로 힘을 결집하는 일이라고 판단했다. 그러기 위해서는 귀족을 중심으로 돌아가는 백제의 체제를 송두리째 바꾸어 놓을 혁신적 대전환이 필요했다.

538년, 성왕은 64년 동안 백제의 수도였던 웅진을 떠나 소부리所夫里에 건설한 신도시 °사비泗沘로 천도하는 동시에 나라 이름까지 남부여南夫餘로 고쳤다. 소부리는 금강변의 버려진 습지에 조성되어 귀족들의 영향이 미칠 수 없는 곳이며 부여는 백제왕실의 근원이자 자부심이었다. 성왕은 한성 함락 이후 웅진으로 쫓겨 내려온 이래 토착 귀족들의 텃세에 왕권이 휘둘리던 상황을 부정하고 백제가 누구의 나라인지를 명백히 선언한 것이다. 고구려를 공략하는 데에도 그는 새로운 전략을 채택했다. 540년 9월, 장군 연회燕會의 °우산성牛山城 침공이 또다시 실패로 돌아가자 성왕은 신라를 부추겨 고구려에 대항할 강력한 군사동맹을 결성했다. 두 나라는 여전히 서로를 믿지 못할 존재로 인식하고 있었으나 혼자서는 감당할 수 없는 공공의 적 고구려를 우선 막아내고 보자는 성왕의 제안에는 이견이 있을 수 없었다. 결국 548년, 예인을 징집하여 백제 °독산성獨山城을 침공한 고구려 군대 6천 명을 두 나라 연합군이 격파함으로써 백제와 신라는 같은 배를 타게 되었다.

동맹은 상상 이상의 위력을 발휘했다. 550년 음력 정월, 성왕은 고구려가 북방의 돌궐을 경계하느라 여념이 없는 틈을 타 마침내 신라와 대가야, 그리고 왜의 군대와 함께 대대적인 북진을 감행했다. 그는 우선 1만 군대로 °도살성道薩城을 점령해 전진기지를 확보한 뒤 고구려의 저항을 간단히 물리치고 신라와 함께 협공을 펼치며 파상적인 공

사비
충남 부여군 부여읍 일대. 백제의 마지막 수도.

우산성
충남 청양군 청양읍 읍내리에 있는 산성. 둘레 약 950m.

독산성
경기도 오산시 독산성(禿山城)으로 추정. 충남 예산으로 보기도 함.

도살성
충북 증평군 도안면 이성산성으로 추정.

충북 단양군 영춘면 지역을 흐르는 남한강. 경북·영주 방면에서 죽령을 넘으면 곧바로 남한강 상류를 만나게 되며, 거기서 조금만 내려가면 고구려의 국원성인 충주시에 도달한다. 지금은 충주댐에 막혀 있지만 이 강의 흐름을 타면 손쉽게 한강 하류 지역으로 진출할 수 있으며, 하천의 양안 역시 산악지형이 잇닿는 우리나라와 같은 지형에서는 중요한 육상교통로 구실을 한다. 충주호가 건설되기 전에는 최상류인 영월 지역에서 서울까지 뗏목을 타고 내려갈 수 있었다.

세를 전개했다. 그리고 경기도 남부 지역까지 내려와 있던 고구려의 군사거점들을 불과 한 달 만에 휩쓸어 버리면서 전광석화와 같이 치고 올라가 마침내 한강에 도달하고 폐허가 된 채 버려져 있던 옛 수도 한성에 입성한다. 아마도 그때가 성왕의 일생 중 가장 감격스러운 순간이었으리라. 개로왕의 치욕이 있은 지 150년 만에 드디어 확실한 보복을 하고 다시 한번 동방의 절대강국으로 우뚝 설 기회를 잡게 된 것이다. 역사의 방향이 다시 한 번 바뀌려는 순간이었다. 그러나 백제가 누린 영광의 순간은 길지 않았다. 백제만큼이나 오랜 세월을 은인자중하며 때가 오기를 끈질기게 기다려온 또 한 나라, 바로 신라가 있었기 때문이다. 그들은 그야말로 역사를 확실하게 바꿀 대담한 음모를 벌써 오래전부터 기획하고 있었다.

신라는 함께 고구려를 공격하자는 백제의 제안이 그렇게도 기다리던 바로 그 기회라고 판단했다. 하지만 그들은 은밀하고 신중하게 일을 진행했다. 우선 신라는 한성을 향해 진격하는 백제군을 측면에서 지원하기 위해 내륙 중앙부의 고구려 영토를 공격하는 역할을 자임했다. 그들은 사전에 수립해 놓은 치밀한 계획에 따라 북서부 국경지대에 구축해 놓은 여러 요새에 병력을 집결시킨 채 백제가 공격을 시작하기를 기다렸다. 그리고 마침내 백제군이 서부 지역에서 작전에 들어가자 이에 호응하여 곧바로 공격을 시작해 고구려에 빼앗겼던 경북 북서부 지역 여러 군을 탈환한 뒤 곧바로 중원통로 공략에 나섰다.

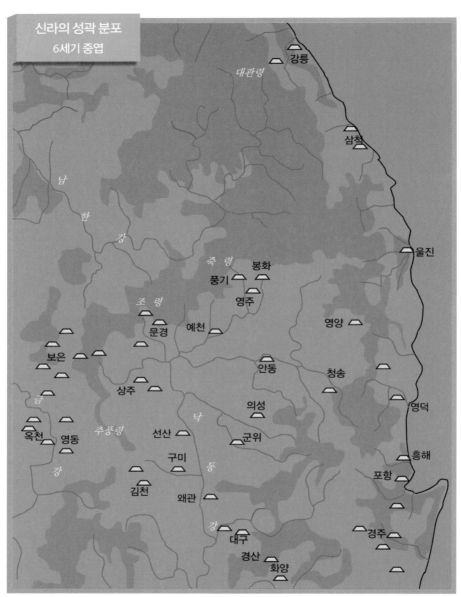

신라의 성곽 분포
6세기 중엽

6세기 중엽 신라의 주요 산성들. 거칠부가 조령과 죽령을 넘어 고구려 10개 군을 탈취하기 직전의 상황이다. 수도인 금성 주변과 국경 지역에 수많은 산성을 축조하여 고구려와 백제, 그리고 왜의 침입 경로를 차단했다. 멀지 않은 장래에 이 산성들은 영토 확장을 위한 교두보이자 전진기지로 활용된다.

적성
충북 단양군 단성면 하방리에
있는 산성. 성내에 적성비가
있음.

금현성
충남 연기군 전의면에 있는 금
이성(金伊城)으로 추정.

이사부(?~?)
지증왕~진흥왕 시기의 군인,
정치가. 신라 내물마립간의 4
대손. 태종(苔宗)이라고도 함.

거칠부(502~579)
신라 진흥왕 시기의 군인, 정
치가. 신라 내물마립간의 5대
손. 황종(荒宗)이라고도 함.

그들은 순식간에 죽령을 넘어 고구려의 *적성赤城 지역으로 돌입했다.

예기치 못한 신라의 기습적인 군사행동은 고구려를 궁지로 몰아넣기에 충분했다. 2개 방면에서 공격당한 고구려군은 어느 쪽에서도 변변한 저항을 하지 못했다. 백제는 물론 점증하는 신라의 위협에도 대비해야 했던 고구려는 두 나라와의 길고 복잡한 국경선을 따라 병력이 분산되어 있어 선택된 공격방향에 병력을 집중시킨 두 나라의 전격적인 기습에 효과적으로 대처할 수 없었던 것이다. 어쨌든 그것으로 신라는 긴 세월 동안 잃어버렸던 중원통로를 회복하며 마침내 남한강 물줄기에 도달하는 데 성공했다. 1세기에 걸친 인내의 결실을 거두어들이는 순간이었다. 그러나 바야흐로 인내의 족쇄를 풀고 행동에 나선 신라는 그것으로 만족하지 않았다.

그 해 음력 3월, 전열을 정비한 고구려는 백제에 대한 보복공격으로 *금현성金峴城을 공격해 함락시켰다. 금현성은 백제가 금강 북쪽에 구축한 전략거점으로 도살성과도 멀지 않은 곳이다. 그런데 고구려군과 백제군이 피로에 지친 틈을 타 신라의 장군 *이사부異斯夫는 두 나라 군대를 동시에 공격해 도살성과 금현성을 모두 점령하고 성벽을 보완하여 정예 병력을 주둔시킨다. 멀쩡한 동맹국을 배신한, 어처구니없는 일이었다. 그러나 분명 이사부의 행위는 어쩌다 보니 그렇게 된 게 아니라 사전에 치밀하게 계획된 군사행동이었다. 신라가 마침내 숨겨온 의도를 드러내며 이제는 홀로 설 것임을 만천하에 공표한 것이다. [551년, 진흥왕이 이전까지 신라가 점유한 적이 없던 낭성(娘城), 즉 현재의 청주 지역을 순행하는 것으로 보아 이사부의 군대는 이때 금현성과 도살성 뿐 아니라 그 중간에 있는 낭성 일대를 비롯한 충청북도 중부 지역 대부분을 점령한 것으로 추정된다. 해당지역은 신라가 추풍령이나 삼년산성 방면에서 경기 남부 지역으로 직진하려면 반드시 거쳐야 하는 주된 교통로 상에 위치한다.]

한번 불붙은 신라의 독주는 계속되었다. 551년에는 *거칠부居柒夫가

◆ 관산성의 혈투 ◆

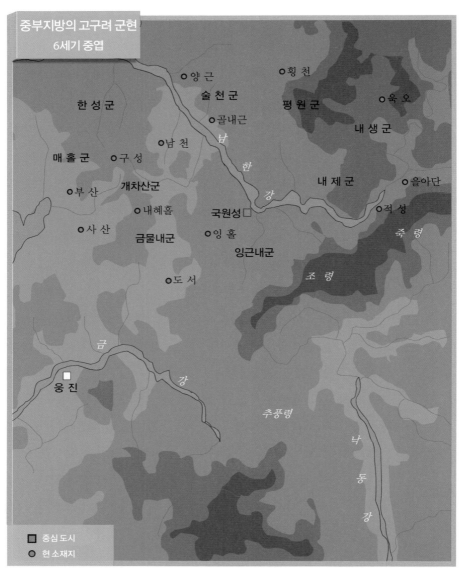

중부지방의 고구려 군현
6세기 중엽

ㅇ양근   ㅇ횡천
술천군   ㅇ욱오
한성군   평원군
            내생군
ㅇ골내근

남천
매홀군 ㅇ구성
            내제군   ㅇ을아단
ㅇ부산 개차산군
       ㅇ내혜홀   국원성□   ㅇ적성
ㅇ사산   ㅇ잉홀   죽령
  금물내군   잉근내군

       ㅇ도서   조령

              추풍령

□ 중심도시
ㅇ 현소재지

551년, 신라는 전격적으로 죽령을 넘어 고구려의 10개 군을 점령했다. 당시 신라가 획득한 10개 군의 상세는 알 수 없지만 대체로 현재의 충북 단양군과 제천시 일대, 괴산군, 충주시의 일부, 그리고 강원도 남부 내륙의 영월, 정선, 원주 등지일 것으로 추정한다. 지도는 고구려가 중부 지역에 설치했던 주요 군현의 명칭을 표기한 것이다.

다시 고구려를 공격해 죽령 이북의 10개 군을 빼앗았고, 553년에는 백제가 고구려로부터 탈환한 현재의 서울 및 경기 남부 지역을 점령한 뒤 그곳에 '신주新州'를 설치했다. 특히 553년의 사건은 한강 물길을 장악함으로써 서해로 향하는 통로를 확보하려는 긴 노력의 결실로 치밀하고도 계획적인 군사행동이었다. 이미 고구려와의 전투에서 막대한 전력을 소모한 백제는 이 저돌적인 공격을 당해내지 못하고 겨우 되찾은 한강 하류 지역을 포기해야 했다. 백제에게는 동맹의 의리를 배신한 야비한 행동이었다. 하지만 신라에게 그런 기회는 다시없을 일이었고 힘이 지배하는 철혈의 시대에 도덕 따위는 중요하지 않았다.

그 사건으로 이사부의 금현성 점령 이후 아슬아슬하게 유지되던 백제·신라 동맹은 완전한 파국을 맞았다. 그러나 그것은 이미 오래전에 계획된 일이며 마침내 고구려와 백제의 그늘에서 벗어나 그들과 대등하게 경쟁할 수 있는 기반을 확보하게 된 신라가 아쉬워할 일은 아니었다. 서방에 대한 독자적 교류의 발판을 얻게 된 신라에게 외교적 중개자, 그리고 문화의 전달자로서 백제는 더 이상 필요가 없기 때문이었다. 물론 백제 역시 역사적 경험으로 보아 결코 신뢰할 수 없는 존재인 신라와의 동맹을 영원히 지속시킬 생각은 없었을 것이다. 그 어울리지 않는 동맹은 백제에게 있어 고구려를 막기 위한 한시적 책략에 불과했다. 다만 고구려라는 당면과제에만 집착한 나머지 과도한 노력을 그쪽에 집중 투입함으로써 동맹파기의 시점을 스스로 선택하지 못하고 신라에게 기선을 제압당한 것이 문제였다. 그러나 노련한 모략가인 성왕은 그 와중에도 침착하게 사태를 수습하는 한편, 상황을 반전시킬 장기계획을 수립하고 그것을 실천해 나갔다. 그는 우선 공주를 —성왕의 친딸이라기보다는 신분을 위장한 궁녀이거나 평민이었을 가능성이 높다— 진흥왕의 후궁으로 보내는 눈물겨운 결단력을 발휘하여 더 이상의 확전을 방지함으로써 소모된 국력을 회복할 시간을 벌었다. 그리고 동맹을 배신하고 비열한 방법으로 백제의 영토를 가로챈 신라를 응징한다는 명분을 통해, 도무지 끝이 보이지 않는 전쟁에 지쳐버린 귀족들의 반대를 무마하고 다시 전국적인 인력과 물자의 동원에 나서는 한편 가야와 왜국의 군대를 불러 모아 신라를 응징할 준비에 들어간다. 동맹국의 배신과 귀족들의 비난, 그 암울한 상황 속에서도 불처럼 뜨거운 정열과 얼음처럼 차가운 냉정함으로 자신의 책무를 충실하게 수행한 성왕이야말로 《삼국사기》에 등장하는 어느 누구보다 무서운 인물이었다.

554년 여름, 1만이 넘는 대가야 군대와 왜군 1천 명을 동반한 백제의 대군이 신라에 대해 성왕 이상으로 적대감을 품고 있던 태자 부여창夫餘昌의 지휘하에 신라의 최전방 군사거점인 °관산성菅山城을 공격했다. 그것이 바로 저 유명한 관산성전투로 그 주된 전장은 지금의 충북 옥천군 옥천읍과 그 서쪽, 대전광역시와 맞닿은 군북면, 군서면 일대에 비정된다.

관산성전투는 이후 1세기에 걸친 신라와 백제의 운명을 결정지은 매우 중요한 사건이지만 사서에 나타난 기록만으로는 그 전모를 파악하기가 어렵다. 관산성전투를 비교적 비중 있게 다루고 있는 《삼국사기》나 《일본서기》에도 전투의 상세한 경과가 언급되어 있지 않기 때문이다. 게다가 두 사서에는 당시 백제군의 병력규모조차 상이하게 기록되어 있다. 따라서 이 전투의 진행과정을 재구성하기 위해서는 사서의 기록들과 더불어, 현지에 산재하는 전쟁 관련 유적 및 지명, 지형적 특징 등을 토대로 전투가 진행된 순서를 맞추어 보아야 하며 그래도 납득이 가지 않는 부분이 있을 경우에는 상식을 동원하여 풀어나가는 수밖에 없다. 이제부터 시작되는 이야기는 바로 그러한 과정을 거쳐 구성된 것이다.

관산성전투는 천신만고 끝에 탈환한 한강 하류 지역을 동맹관계에 있던 신라가 탈취한 사건으로 비롯된 백제의 복수전으로 알려져

관산성
충북 옥천군 군서면에 있는 삼성산성에 비정.

남수북진
남쪽은 지키고 북쪽으로 진출함.

왔다. 그러나 두 나라의 동맹이 공동의 적인 고구려를 한강 이북으로 축출할 때까지만 유효한 한시적 동맹이었다는 것은 고구려가 남진하기 이전의 두 나라 관계를 보면 굳이 설명할 필요도 없는 일이다. 따라서 554년에 백제가 신라를 공격한 이 사건은 한강 하류 지역을 다시 상실함으로써 5세기 이후 잠정적으로 유지해 온 **남수북진**南守北進 전략의 대폭적 수정이 불가피해진 백제가 새롭게 채택한 군사전략에 따른 행동이라고 할 수 있다.

관산성은 성왕의 전략적 식견을 보여주는 탁월한 선택이었다. 추풍령을 배후에 두고 금강 수로와 닿아 있는 관산성 일대는 중원통로에서 남해안까지 연결되는 신라 서부 국경의 핵심적 요충지였다. 그리고 수도 사비가 얼마 멀지 않은 백제에게는 턱밑에 놓인 칼날이나 다름없었다. 하지만 거꾸로 백제가 관산성을 점령하게 되면 상황은 크게 달라질 수 있었다. 신라의 수도 금성으로 통하는 가장 빠른 통로인 추풍령을 확보하게 되는 동시에 소백산맥 남쪽 지역에 구축된 신라의 북부 요새선을 취약한 배후에서 공략하며 중원통로로 진출하는 것이 가능해지기 때문이다. 중원통로가 봉쇄되면 한강유역의 신라군은 고립될 수밖에 없다. 즉 성왕의 목적은 신주라고 이름 붙인 한강 하류 지역에 대규모 병력을 주둔시킨 탓에 상대적으로 취약해진 신라의 서남부 지역을 파고들어 신라의 군사력을 남북으로 양분하면서 주력이라고 할 수 있는 신주 군대를 고립시키는 한편, 금성을 직접적으로 압박하여 정치적 선택을 강요함으로써 신라의 팽창을 궁극적으로 저지하는 데 있었던 것이다.

그러나 전쟁을 벌이기 전에 백제에게는 해결해야 할 문제가 하나 있었다. 553년의 사건이 백제에게 안겨 준 가장 큰 문제인 내부적 갈등, 즉 귀족들과 국왕 사이의 이견을 해소하는 일이었다. 동성왕 이래 계속된 전쟁은 전비 대부분을 부담하고 병사들까지 제공해야 했던 귀족들에게 큰 부담이 되었던 것이다. 더구나 550년의 대對고구려 전쟁이 막대한 전비와 인명의 희생에도 불구하고 결국 실패로 돌아가자 귀족들은 물론 국가 전체가 파탄이 날 지경에 이르렀다. 그런 마당에 다시 전쟁을 벌이겠다니 그것은 말도 안 되는 이야기였다. 고위 관료를 겸하고 있던 귀족들은 국왕 및 태자와 마주한 자리에서 그 계획의 철회를 강력히 요구했다. 그동안 왕권과 타협하며 자신들의 권리를 지키는 데 만족했던 귀족들이 노골적으로 국왕에게 도전한 것이다. 물론 귀족들의 의견에도 일리가 있었으며 국왕 자신도 국가파탄의 위기를 모르는 바 아니었다. 하지만 그것은 어차피 합의점을 찾을 수 없는 일이었다. 본질적으로 개인의 권리에 집착할 수밖에 없는 귀족들과 달리 백제의 대군주인 그에게는 선왕들의 유지를 계승하고 국가의 권리를 되찾아야 할 의무가 있었기 때문이다. 포기란 생각조차 할 수 없는 일이었다. 만약 포기한다면 그것은 개로왕의 죽음 이후 계속된 전쟁과 그로 인해 발생한 엄청난 희생이 그 의미를 잃어버리게 될 터였다. 하지만 귀족들도 포기하지 않았고 결국 성왕과 그의 젊고 용맹한 태자는 그 극렬한 반발에 명분으로 맞서면서 신라의 끊임없는 압박에 시달리던 대가야를 끌어들이는 한편, 정상적인 국가의 형성을 위해서는 백제의 도움이 절실한 상황이었던 왜국에도 추가 파병을 요구하면서 약 1년에 걸친, 길고도 고통스러운 준비기간을 보내야 했다. 귀족들과의 갈등은 끝내 해소되지 않았다. 하지만 어쨌든 신라에게 한강 하류 지역을 빼앗기고 한 해가 지난 554년 음력 7월, 태자와 좌평들이 이끄는 백제군 1만여 명이 탄현을 넘어 신라 영내로 돌입하면서 관산성전투는 그 서막을 열었다.

탄현을 넘은 태자는 우선 《일본서기》에 언급된 이른바 '구타모라久陀牟羅' 요새를 축조했다. 하지만 성을 새로 쌓기에는 시간이 부족하므로 아마도 이미 존재하던 성곽을 보수한 뒤 전방사령부를 설치했

고리산성
충북 옥천군 군북면 환산(環山)에 있는 환산성으로 추정. 고리산은 환산의 옛 이름.

을 것이다. 구타모라로 비정하기에 가장 유력한 장소는 관산성에서 서북쪽으로 7㎞ 떨어진 *고리산성이다. 고리산성이 위치한 지역을 당시 신라군이 점령하고 있었는지, 아니면 백제군이 이미 점유하고 있었던 것인지는 확실히 알 수 없으나, 고리산성이 위치한 환산은 대전과 옥천의 중간지점으로 대전 지역 최대의 백제 산성인 계족산성에서도 9㎞밖에 떨어져 있지 않다. 구타모라는 'クダムラKudamura'라는 일본어를 한자의 음을 빌어 표기한 것으로 그 의미는 그대로 관산菅山이 되기 때문에 구타모라가 곧 관산성이라는 견해도 있지만 태자가 옥천에 진입한 뒤 새로 성곽을 쌓을 만한 시간적 여유가 없었고, 백제군의 목표가 관산성을 고수하는 데 있지 않았기 때문에 그것은 다소 무리가 있는 설정이다. 또한, 《삼국사기》에는 신라 문무왕이 김유신 가문의 내력을 회고하던 중 다음과 같이 말하는 장면이 등장한다.

> 옛날 백제 명농왕이 고리산에 있으면서 우리나라를 침범하려 할 때…….
> 昔者百濟明襛王在古利山 謨侵我國…….
>
> 삼국사기 열전 제3 김유신 下

여기서 '在古利山 謨侵我國…….'이라고 한 것은 고리산성이 백제의 전진기지, 또는 사령부가 설치되었던 장소임을 시사해 주는데 관산성지로 비정되는 옥천읍 내의 '삼성산三聖山'이 아닌, 현재 고리산성이 위치한 '환산環山'의 원래 이름이 '고리산'이므로 구타모라를 고리산성으로 보는 것에는 무리가 없다고 할 것이다.

태자가 고리산성에 머무는 동안 대가야와 왜국의 군대로 구성된 동맹군도 관산성을 향한 행군에 돌입했다. 그들은 백제군과는 별개의 방향, 즉 대가야의 서쪽 경계인 덕유산 방면에서 출발하여 충남 금산·추부를 거친 뒤 옥천으로 흐르는 구천狗川, 즉 현재의 서화천을 따라 관산성의 남서쪽으로 이동했을 것이다. 풍부한 전쟁경험을 지닌 백제가 막대한 희생을 무릅쓰고 모든 병력을, 그것도 전통과 전술이 상이하여 일사불란한 작전수행에 지장을 초래할 수도 있는 별개의 군대들을 집결시켜 정면공격을 감행했을 리는 없기 때문이다. 미리 수립된 계획에 따라 태자의 군대가 신라군의 정면을 공격하는 동안 신라군의 측면을 견제하고 퇴로를 차단하는 것이 그들의 임무였을 것이다.

그런데 그동안 백제군 최고 지휘관인 성왕은 무엇을 하고 있었을까? 이때 그는 대전과 옥천 사이에 있는 어느 산성에 최고사령부를 설치하고 작전의 진행 상황을 지켜보고 있었던 것으로 짐작된다. 554년은 성왕이 재위한 지 32년째 되는 해로 그가 최전방에서 직접 군대를 지휘할 만큼 젊지 않았다는 사실은 충분히 수긍이 가는 일이다. 더구나 그에게는 경험이 풍부한 좌평들의 보좌를 받는 용맹한 태자가 있었다. 따라서 전투는 태자에게 맡겨두고 자신은 혹시 발생할지도 모를 사태에 대비하여 전선 근처에 머물고 있었던 것이다. 물론 그가 태자에게 지휘권을 일임하고도 전선 가까이 머물렀다는 사실은 아직 태자의 능력을 믿을 수 없다는 의미로도 해석될 수 있다.

어쨌든 작전은 계획대로 진행되어 갔다. 백제군과 동맹군 사이에는 명령의 하달과 보고를 위해 끊임없이 전령이 오갔을 것이며 동맹군이 관산성 남쪽으로 접근했다는 통보를 받자 마침내 태자는 고리산성을 나와 옥천읍 방면으로 이동하기 시작했을 것이다. 그런데 고리산성을 내려온 백제군의 앞을 일단의 신라군이 막아섰다. 관산성 방어를 책임지고 있었던 것으로 보이는 신라의 *각간 우덕于德과 이찬 탐지耽知가 이끄는 군대였다. 대규모 백제군이 탄현을 넘었다는 급보를 입수한 신라는 이미 동원명령을 내리고 우선 관산성에 주둔 중이

각간(角干)
신라 17관등 중 제1등급. 이벌찬, 서불한 등 다른 명칭이 많음.

전쟁의 시대

해자(垓子)
성 밖을 둘러 땅을 파고 물을 채워 못으로 만든 곳. 적의 접근을 차단하는 역할을 함.

던 군대로 백제군의 진격을 지연시키도록 했던 것이다. 신주 군대의 참전 시점을 보면 신라가 이때 벌써 비상 상황에 돌입해 그들에게 남하 명령을 하달하였던 것은 분명하다. 아마도 《일본서기》에 기록된 대로 신라는 나라 안의 모든 군대에 동원령을 내렸을 것이다. 관산성은 신라가 자랑하던 산성방어선의 북쪽과 남쪽을 연결하는 중심축이었다. 관산성이 뚫리면 신라는 붕괴된다. 금성에서는 우덕과 탐지가 증원이 이루어지기 전까지 어떻게든 버텨주기를 기대했을 것이다.

그러나 백제의 태자도 이해할 수 없었을 신라군의 성급한 행동으로 야기된 이 최초 접전의 결과는 신라군의 참패로 끝났다. 후일 관산성전투가 완전히 종료된 뒤에도 우덕과 탐지에 대한 논공행상의 기록이 없는 것으로 보아 그들이 시도한 반격은 신라 쪽에서도 그 타당성을 인정받지 못한 것으로 보인다. 실제로 이미 동원령이 하달된 시점에서 우덕과 탐지의 정면도전은 분명 섣부른 행동이었다. 먼저 그들은 평지에서의 전투를 포기하고 농성전을 펼칠 것인지, 아니면 모든 병력을 집결시켜 백제군의 도하를 저지할 것인지 둘 중 하나를 선택했어야 했다. 물론 가장 좋은 방법은 포기할 것은 포기하고 산성으로 들어가 시간을 끌면서 백제군의 소모를 강요하는 것이지만, 굳이 평지에서 전투를 벌이고 싶었다면 그 시점은 백제군이 관산성을 둘러싸고 흐르며 천연 *해자 역할을 하는 구천을 건너는 순간이어야 했다. 게다가 장마가 끝나고 얼마 되지 않아 수량이 많은 시기이기 때문에 백제군이 하천을 건너기에는 상당한 어려움이 있었을 것이다. 하지만 어찌된 일인지 그들은 이러한 이점을 활용하지 않고 이해할 수 없는 졸렬한 전술을 전개함으로써 백제군의 커다란 소모를 이끌어냈어야만 했던 초기대응작전을 완전히 망쳐 버리면서 자멸했다. 물론 그들에게는 백제군에 맞설 만한 병력이나 적군의 규모, 또는 계획에 대한 정보가 거의 없었을 것이다. 오랜 준비기간 끝에 실행된 전쟁이지만 신라가 백제군의 전쟁의지를 확인한 때는 이미 전쟁이 시작된 시점이었다. 따라서 미리 알고 있었다고는 해도 관산성의 신라군은 기습을 당한 것이나 마찬가지였다. 하지만 그들이 공세적 방어를 선택한 것은 도저히 이해할 수 없는 일이다. 그 중요도와는 상관없이 산성방어선의 한 구성요소를 담당하고 있을 뿐인 그들의 임무는 충분한 증원이 완료될 때까지 수세를 유지하며 시간을 버는 것일 뿐 절대적으로 우세한 적군에 맞서 장렬히 산화하는 것은 아니었다. 이 전투에서 우덕과 탐지가 전사했는지는 알 수 없으나 그들의 어설픈 행동은 오히려 백제군의 사기만 높여 주었다. 더구나 패전의 주인공인 탐지는 이사부와 함께 죽령을 넘어 고구려 10개 군을 점령한 바 있는, 당시 신라의 대표적 무장 중 한 사람이었다. 당시 전투가 벌어졌던 장소는 고리산성 아래에 있는 '승지勝地골'로 추정된다. 그 이름이 백제 태자가 신라군을 상대로 큰 승리를 거둔 것에서 유래한다고 전해질 뿐 아니라 지형적으로도 충분히 전투를 벌일 만한 곳이기 때문이다.

　신라군의 반격을 물리친 백제군이 옥천읍 지역으로 이동하는 동안 더 이상의 장애물은 없었다. 관산성이 눈앞에 보이는 옥천읍 입구에 도달한 백제군은 *서산성西山城 아래에 있는 '진터벌'에 진영을 설치하고 신라의 최전방 요새인 서산성을 공격했다. 서산성을 점령하면 관산성은 포위된 것이나 다름없다. 하지만 서산성은 이미 비워져 있었을 가능성이 높다. 반격이 좌절되어 주력 대부분을 상실한 신라군이 하천으로 격리된 탓에 고립된 상태나 마찬가지인 서산성에 병력을 남겨 놓지는 않았을 것이기 때문이다. 손쉽게 서산성을 점령한 태자는 신주 군대가 이미 남하하고 있다는 사실을 몰랐지만 눈앞의 신라군이 직면한 딜레마는 잘 알고 있었다. 때문에 그는 머뭇거리지 않고 신라군을 견제할 궁수들을 충분히 배치한 뒤, 정예병으로 구성된 선발대로 하여금 구천을 건너도록 했을 것이다. 적의 눈 아래에서 일시

서산성
충북 옥천군 옥천읍 서정리에 있는 산성.

전쟁의 시대

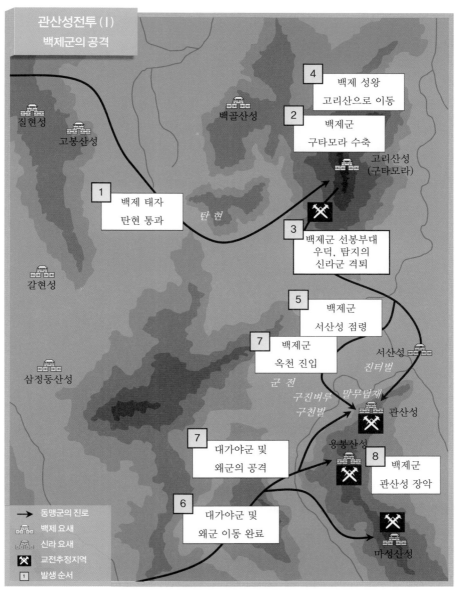

관산성전투 (1)
백제군의 공격

4 백제 성왕
고리산으로 이동

백골산성

2 백제군
구타모라 수축

질현성

고봉산성

1 백제 태자
탄현 통과

탄현

고리산성
(구타모라)

3 백제군 선봉부대
우덕, 탐지의
신라군 격퇴

갈현성

5 백제군
서산성 점령

7 백제군
옥천 진입

서산성

진터벌

삼정동산성

군전

구진벼루
구천벌

말무덤재

관산성

7 대가야군 및
왜군의 공격

용봉산성

8 백제군
관산성 장악

6 대가야군 및
왜군 이동 완료

→ 동맹군의 진로
백제 요새
신라 요새
교전추정지역
1 발생 순서

마성산성

관산성의 혈투

전투의 전반전이라고 할 수 있는 백제군의 관산성 점령 과정. 징병과 동맹군의 동원을 위한 외교활동 등에 많은 시간이 필요한 점을 고려하면 백제의 관산성 진공은 신라가 한강 하류를 강점한 직후부터 기획된 것으로 보인다. 그러나 백제군이 동원한 병력 규모와 전투 초기단계에서 보여준 치밀함은 이것이 보복을 목적으로 한 즉흥적인 작전이 아니었음을 알게 한다. 관산성 공략전 은 백제의 수정된 전략을 실천하기 위한 첫걸음이었을 뿐, 그들의 궁극적인 지향점은 보다 높고 먼 곳에 있었다.

적인 무방비 상태를 감수하며 하천을 건너는 일은 모험임이 분명하지만 이미 비어 있던 서산성을 점령하면서 신라군이 동원할 수 있는 자원이 그리 많지 않다는 사실을 간파했을 것이기 때문이다. 결국 도하는 강행되었으며 태자의 예상대로 신라군은 저지하지 못했고 마침내 백제군은 구천 동쪽의 관산성 전역을 장악하면서 본격적인 관산성 공략에 나섰다.

관산성전투를 이야기할 때 가장 논란거리가 되는 것은 백제군의 관산성 점령 여부에 관한 문제이다. 하지만 이 문제는 논쟁의 대상이 될 수 없는 것 같다. 백제군 총사령관이며 백제군의 관산성 공략전이 마무리될 때까지 분명 전장에 있지 않았던 성왕의 죽음에 대한 기록이 백제군의 관산성 점령 사실을 입증하고 있기 때문이다. 《삼국사기》와 《일본서기》의 기록을 분석하면 성왕은 태자를 위문하기 위해 50명의 기병과 함께 전선으로 이동하다 신라군의 기습을 받고 사망했다. 그가 전투 중에 죽었건, 아니면 포로가 된 뒤 참수되었건 그것은 관산성의 점령여부를 이해하는 데 있어 주목할 사항이 아니다. 중요한 것은 그가 이끌고 가던 기병의 숫자이다. 후방에 머물러 있었다고는 하지만 국왕인 그는 전선에 투입된 병력의 30퍼센트 정도인, 최소 1만 이상의 예비 병력을 거느리고 있었을 것이다. 그런 그가 불과 수십 명의 기병을 거느리고 전투 지역으로 이동했다는 것은 이미 관산성이 백제군의 손아귀에 들어가고 위험이 사라졌다는 전제가 없으면 있을 수 없는 일이다. 만약 태자의 공세가 지지부진해 그를 지원하러 가는 길이었다면 성왕은 적어도 수천의 병력을 인솔하고 있어야 했다. 그가 직접 나서야 할 정도라면 이미 백제군의 병력 손실이 상당했을 것이기 때문이다. 따라서 우덕과 탐지가 시도한 평지전투의 참패로 소규모 병력만이 남아 있던 관산성은 태자가 이끄는 백제군과 동맹군에게 점령당했다고 보아야 한다.

3중 성벽으로 이루어진 관산성 공략은 신중을 기해야 하는 일이다. 또한, 관산성이 위치한 삼성산은 동쪽을 제외하고는 맨몸으로 오르기도 힘겨운 급경사로 이루어져 있다. 하지만 관산성 내에 성벽 전체를 방어할 만한 병력이 없다는 사실을 알고 있던 태자는 과감하게 동맹군을 포함한 모든 병력을 동원하여 여러 방향에서 동시에 공격을 감행했다. 서전의 승리로 전투에 대한 자신감은 넘쳐나고 있었지만 이미 신라군 증원 병력이 관산성으로 이동하기 시작했을 것이기 때문에 시간을 끌어서 이로울 일은 없었다. 빨리 전투를 마무리 짓고 국왕의 예비 병력이 전방으로 이동해 올 수 있도록 하여 점령지를 인계한 뒤 추풍령 방면으로의 진격을 실시해야 하기 때문이다. 어쨌든 관산성은 쉽게 함락되었다. 사서에는 관산성에서 벌어진 전투에 대한 내용은 없다. 특별히 기록할 만한 일이 없었거나, 작은 요새에 불과한 관산성의 함락 자체가 중요한 일은 아니었던 모양이다. 실제로 그것은 중요한 일이 아니었다. 진짜 전투는 백제군이 관산성을 점령하고 난 뒤에 벌어졌다.

드문 일이지만 역사도 때로는 아무도 생각지 못했던 우연에 의해 그 향방이 결정된다. 한창 승기를 잡아가던 전투 중에 지휘관이 조준하지도 않은 화살에 맞아 사망함으로써 전세가 역전되었을 때, 우리는 우연이라는 단어를 떠올린다. 그러나 관산성전투에서 백제군의 참패를 불러온 성왕의 죽음은 우연한 사건이 아니었다. 그것은 군사지휘관이라기보다는 국가의 상징이자 다양한 이해관계를 가진 귀족들로 구성된 군대의 유일한 구심점이었던 국왕의 부주의한 행동에서 비롯된 필연이라고 할 수 있다.

사건의 전말을 살펴볼 때 태자의 군대가 관산성을 점령한 시점에 성왕은 후방에 있던 지휘소를 고리산성으로 옮겨 놓았던 것으로 추정된다. 고리산성은 이미 요새화되어 안전한 데다 전선과 가까워 전투의 상황이 부정적인 방향으로 흐를 경우 즉시 예비 병력을 투입할 수 있고, 혹시라도 태자가 부상이라도 입을 경우 성왕 자신이 지휘권을 인수받기에도 용이한 위치이기 때문이다. 물론 전선에서 속속 전해 오는 보고는 낙관적이었으며 국왕이 전선에 나설 일이 생길 것 같지는 않았다. 그런데 관산성을 점령했다는 보고와 함께 그에게 전해진 또 다른 소식은 현명하기만 했던 국왕의 냉정을 잃게 했다. 《일본서기》의 기록이다.

> 여창은 길고도 힘든 전장생활 때문에 수면과 식사도 제대로 취하지 못했다. (성왕은) 아버지의 보살핌이 부족하면 아들의 효심도 바라기 어려운 것이라 하고 직접 위로하기로 하였다.
> 餘昌長苦行陣久廢眠食 父慈多闕 子孝希成 乃自迎慰勞
>
> 일본서기 권19 흠명 15년

아들의 고통을 그냥 두고 볼 수 없었던 아버지의 애틋한 부정을 알 수 있는 기록이다. 그러나 성왕이 서둘러 전선으로 향한 이유는 그것뿐만이 아닐 것이다. 태자는 전쟁에 부정적인 입장을 표명했던 인물들을 포함한 각 귀족집단을 대표하는 좌평들과, 그들이 거느린 각 부의 군대를 통제하기 위한 왕의 대리인이다. 그런 태자가 아직 전투 중임에도 지휘권을 행사하지 못할 상황에 처했을지도 모른다. 만약 태자의 상태가 심각하다면 군대의 통솔은 누가 대신해야 할 것인가? 그것은 국왕 자신뿐이었다. 물론 몇몇 장군들과 기병 50명만을 대동하고 전선으로 향한 그의 행동은 변명의 여지가 없는 경솔한 행동이었다. 하지만 관산성을 점령한 마당에 그 짧은 이동시간 동안 무슨 일이 있을 줄 알았겠는가? 또, 고리산성을 비워두고 예비 병력을 이끌고 나섰다가 만에 하나 신라군의 매복에라도 걸리게 되면 백제의 심장부로

삼성산 아래에서 바라본 관산성. 관산성은 삼성산 8부 능선쯤에 자리하고 있는데 거의 붕괴된 상태라 성벽의 모습을 알아보기조차 어렵다. 산을 넘어가면 곧바로 '말무덤재'이며 그곳에서 더 내려가 서화천을 건너면 성왕이 전사한 곳으로 여겨지는 '구천(구진벼루)'에 도달한다.

삼년산군(三年山郡)
충북 보은군 일대에 설치되었던 신라의 행정구역.

통하는 길목인 탄현을 지킬 병력이 없다. 결국 성왕이 그렇게 죽음을 향한 길을 가게된 것은 그러한 상황에서는 어쩔 수 없는 필연이었다.

그다음에 벌어진 일은 익히 알려진 사실이다. 성왕은 옥천읍에 거의 도달한 지점에서 신라군의 기습을 받고 호위병들과 함께 최후를 맞았다. 그가 사망한 곳은 관산성 북서쪽을 굽이치는 서화천가의 작은 절벽인 '구진벼루'라고 전해진다. 《일본서기》에는 그가 포로가 된 뒤 신라의 노비 출신 장수 고도苦都에게 참수당했으며 신라는 그 목을 수도 금성의 관청 계단 밑에 묻었다고 기록되어 있지만, 〈신라본기〉나 〈백제본기〉에는 그저 전투 중 사망한 것으로 적혀 있다. 어느 것이 옳은 기록인지 정확한 진실을 알 수는 없다. 하지만 《일본서기》가 유독 신라에 대해서는 멸시와 혐오로 일관하고 있으며, 왕을 죽인 장본인의 이름과 출신이 왜곡되어 있고, 그 급박한 전투 상황에서 백제왕을 포로로 잡아 자못 비장한 의식을 치른 뒤 처형했다는 것은 이치에 맞지 않기 때문에 성왕은 전사한 것으로 보는 게 옳을 것이다.

어쨌든 성왕의 죽음은 백제군에게는 경악 그 자체였다. 그리고 그 놀라움은 곧 두려움으로 바뀌었다. 모두 소탕된 줄 알았던 신라군이 후방에 있었다. 그들은 누구일까? 백제군은 곧 그들의 정체를 알게 되었다. 성왕을 공격해 죽음에 이르게 한 신라군의 정체는 신주의 군대를 이끌고 신속하게 남하해 온 군주 김무력의 명령을 받고 옥천읍에서 고리산성으로 통하는 길목에 매복 중이던 *삼년산군의 고간 도

관산성의 혈투

도都刀의 군대였다. 급히 이동하느라 기병만으로 구성된 부대를 이끌고 올 수밖에 없었던 김무력은 남하하던 도중 삼년산성을 비롯한 여러 요새에 주둔 중이던 병력을 합류시켰을 것이며, 그의 휘하에 편입되어 *비장에 임명된 도도 역시 그중 한 부대를 이끌고 있었던 것으로 생각된다. 역시 기병부대였을 도도의 군대는 북쪽에서 내려오는 백제군을 견제하는 임무를 수행하던 중 뜻밖의 성과를 올리게 된 것이다. [성왕을 전사시킨 삼년산군의 고간(高干) 도도를 '말먹이는 노비(飼馬奴)'로 비하한 것은 《일본서기》의 명백한 왜곡이다. 뒷날의 일이지만 문무왕 14년(674년)에 6부에 거주하던 진골귀족들을 지방으로 분산시키면서 외관의 등급을 10등으로 정리한 바, 고간은 그중 3등으로 수도의 17관등에 적용하자면 9등인 급찬(級飡)에 준할 정도로 높은 등급에 해당되었다. 따라서 삼년산군의 고간이라면 이미 상당한 비중이 있던 인물이며 아무나 고간이 될 수도 없었다는 이야기이다.]

　백제군은 극도의 혼란에 빠져들었다. 정신적 지주였던 국왕을 잃은 데다 퇴로마저 차단당했다는 두려움이 모든 장병의 마음을 지배했기 때문이다. 더구나 사령관인 태자는 건강이 악화되어 지휘권을 행사하기 어려운 데다 아직 전투로 흐트러진 대열을 수습하지도 못한 상황이었다. 태자를 보좌하던 좌평들이 사태를 파악하려고 애를 써보았을 것이나 이미 백제군의 퇴로를 차단하고 모든 준비를 마친 신라군은 기회를 놓치지 않고 공격을 시작했다. 공격은 빠르고 거셌다. 김무력은 스스로 주력을 이끌고 옥천읍 동쪽 방향에서 하천을 건넌 뒤 관산성 아래에서 우왕좌왕하던 백제군 *후위부대를 공격하는 동시에, 도도의 부대를 비롯한 일부 병력으로 하여금 성왕이 사망한 장소인 구진벼루 부근에서 구천을 건너 서쪽의 동맹군을 공격하게 했을 것이다. 당시 김무력의 휘하에 있던 군대는 관산성 지역에 있던 백제군의 병력과 수적으로는 크게 차이가 나지 않았을 것으로 추정된다. 그러나 태자조차도 험한 행군으로 병이 날 정도라면 그때 백제

비장(裨將)
사령관을 보좌하는 장교.

후위부대(Rear Guard)
전진 중인 부대의 후방에 위치하면서 그 부대에 대한 지원과 방호, 경계 등의 임무를 수행하는 부대.

군 병사들의 형편이 어떠했는지는 상상할 만하다. 게다가 그들은 방금 격렬한 공성전을 끝낸 상태였다. 백제군은 속수무책으로 무너졌다. 다시 《일본서기》의 기록이다.

여창은 마침내 포위당하여 도저히 빠져나올 수 없었다. 사졸들도 당황하여 어쩔 줄을 모르고 있었다.

餘昌遂見圍繞 欲出不得 士卒遑駭不知所圖

일본서기 권19 흠명 15년

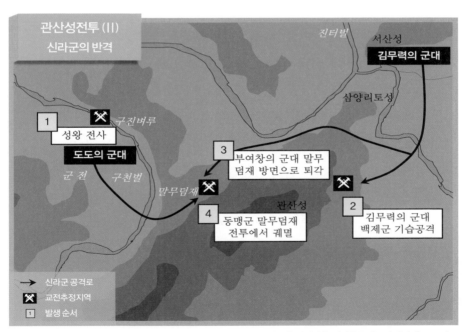

백제군 지휘부의 상상을 초월하는 기동력을 발휘하며 신속히 남하한 신라군은 관산성을 점령한 동맹군이 채 숨을 고르기도 전에 관산성의 동서 양 방면에 병력을 분산배치한 뒤 기습적인 포위공격을 전개했다. 더구나 누구도 예기치 못한 성왕의 전사로 인해 혼란에 빠진 동맹군은 김무력의 신주군대와 삼년산군의 정예병으로 구성된 신라군의 기습공격 앞에 처참하게 궤멸되어 갔다. 현재 공동묘지로 사용 중인 관산성 북서쪽의 말무덤재는 당시 가장 큰 규모의 전투가 벌어졌을 것으로 추정되는 지역이다.

상황은 명백해졌다. 신라군에게 *역포위逆包圍를 당한 것이다. 이제는 어떻게 맞서 싸우느냐가 문제가 아니었다. 스스로의 힘으로 빠져나갈 수밖에 없다. 고리산성의 예비대가 상황을 파악했는지는 모르지만 그곳에는 이미 목숨을 아끼지 않고 달려와 줄 국왕이 없으며, 더 큰 피해를 막기 위해서라도 그곳의 병력은 절대 움직여서는 안 된다. 태자는 아픈 몸과 마음을 이끌고 다시 지휘에 나섰다. 그러나 그 좁은 공간에 수만의 인마가 얽혀 혼전을 벌이고 있는 상황에서 이미 붕괴되고 있는 병력을 수습하여 효과적인 대응을 하기는 불가능했다. 결국 위기의 순간에서 궁수들의 도움을 받아 겨우 현장을 벗어난 태자와 소수 병력을 제외하고는, 좌평 네 명을 포함한 백제군과 동맹군 3만 명은 전장에서 빠져나올 수 없었다. 〈신라본기〉에는 백제 측 전사자가 좌평 4인과 사졸 29,600명이며 한 필의 말도 살아 돌아가지 못했다고 기록되어 있다. 일반적으로 병력의 80퍼센트를 잃으면 전멸이라고 표현한다. 신라 측의 과장이 있을지라도 이때 전사하거나 부상, 또는 포로가 된 동맹군의 숫자는 그 이상이었을 것이다. 전투 초기의 승리는 한낱 물거품이었을 뿐 백제와 신라 모두에게 국운을 건 결전이었던 관산성전투의 결과는 국왕과 네 명의 좌평, 그리고 3만에 가까운 자국 및 동맹국 병사들을 상실한 백제 측의 명백한 패배였다. 한 가지 다행이라면 신라군이 태자를 추격하여 백제 영내로 진입한다거나, 더 이상의 *전과확대에 나서지 않았다는 사실 뿐이었다.

신라는 승리했지만 반격할 수 없었다. 가까스로 옥천읍과 구천 주변의 평원에 주둔 중이던 백제군을 기습하여 붕괴시키는 데 성공했지만 관산성과 서산성 등 주변 산성을 탈환하는 것은 시간이 필요한 일이었다. 뿐만 아니라 신라군 역시 우덕과 탐지의 군대를 포함하여 많은 사상자가 발생한 데다 장거리 행군과 격렬한 전투로 지친 상태에서 다시 백제 영내로 진입하여 전투를 계속한다는 것은 또 한 번의

역포위(Counter Envelopment)
포위공격을 시도하던 군대가 거꾸로 포위당함.

전과확대(Exploitation)
전투에서 달성된 부분적인 성공을 확대하기 위한 공격작전. 적의 조직적인 철수나 재편성을 방해하고 방어능력을 파괴하려는 목적을 가짐.

위덕왕(525~598)
백제 제27대 왕. 이름은 창. 재위 554~598.

진성
충남 금산군 진산면(珍山面) 일대로 추정.

반전을 야기할지도 모를 위험한 행위였다. 고리산성의 백제군 예비대는 여전히 건재했고, 국왕의 죽음에 격분한 후방 지역의 백제군 부대들이 전면적인 공격을 감행해 올지도 모를 일이었다. 결국 신라는 관산성 지역을 평정하고 백제군의 재침에 대비하는 정도로 전투를 마무리 지었다.

다행히 전투에서 승리했지만 승승장구하며 거침없이 뻗어 나가던 신라는 관산성전투를 통해 큰 교훈을 얻게 되었다. 수백 개의 산성으로 구성된 치밀한 방어선도 그것을 지킬 병력이 없을 경우 무용지물이나 다름없다는 사실은 명백해졌다. 국력의 한계를 초과하는 무리한 팽창이 국가의 멸망을 불러올 수도 있다는 이야기이다. 그러나 신라가 그 교훈을 얼마나 절실하게 받아들였는지는 의문이다. 승리에 도취했던 때문인지 그들은 관산성전투 이후에도 계속 뻗어 나갔으며 주변의 모든 국가들에게 원한을 품게 했다. 그리고 불과 수십 년이 지나지 않아 신라는, 다시 일어선 백제와 고구려의 협공으로 멸망 직전의 위기에 빠져들고 만다.

한편, 패배한 백제는 전쟁에 반대했던 귀족들에 의해 전쟁의 선두에 섰던 태자, 즉 *위덕왕의 권력이 크게 제한되는 정치적 격변을 겪게 되지만 그것이 군사적인 좌절로 연결되지는 않았다. 오히려 백제는 관산성전투에서 얻은 교훈을 곧바로 실전에 반영하는 영리함을 보여 주었다. 《삼국유사》에는 관산성전투가 있은 지 불과 2개월 뒤인 554년 9월에 있었던 일을 다음과 같이 기록해 놓았다.

승성 3년(554년) 9월, 백제군이 *진성에 침입하여 남녀 3만 9,000명과 말 8,000필을 빼앗아 갔다.

承成三年九月 百濟兵來侵於珍城 掠取人男女三萬口千 馬八千匹而去

3만의 군대를 상실하며 참패한 백제가 그 손실을 능가하는 전과를 올리며 대승을 거둔 것이다. 이때 백제는 적군의 동원속도를 고려하지 않고 목표를 너무 광범위하게 설정했다가 반격의 빌미를 제공했던 관산성전투의 교훈을 살려 신라군의 증원이 이루어지기 전에 재빨리 치고 빠지는 기습전을 구사했던 것으로 생각되는데, 관산성 초기 전투 때처럼 신라는 거주민이 4만 명에 달하는 인구밀집 지역을 지켜내지 못했다. 더 이상 위덕왕이 신라 국경을 침범하는 일은 없었지만 진성전투야말로 수십 년 뒤에 등극할 백제 무왕과 의자왕에 의해 일상적으로 벌어질 상황에 대한 예고편이라고 할 수 있었다. 결국 관산성전투는 한강 하류를 둘러싸고 벌어진 두 나라의 갈등이 서로를 멸망시키기 위한 최후의 전쟁으로 비화되는 상황을 수십 년 유보시켰을 뿐 어느 한쪽의 정치적, 군사적 욕망을 좌절시키지는 못한 채 미완의 전쟁으로 막을 내린 셈이다.

그런데 관산성전투의 결과를 두고 이러한 의문을 가지는 사람이 많다. 성왕이 그렇게 죽지 않았다면 백제가 승리했을지도 모른다는 생각이다. 물론 이미 벌어진 일에 가정은 무의미하지만 그에 대한 대답은 성왕의 죽음이 없었더라도 백제는 결코 승리할 수 없었다는 것이다. 설명한 대로 이미 그 시점에 신라군은 관산성 주변을 포위하고 있었다. 백제군이 전혀 예상 못한 대규모 병력이, 전혀 예상 못한 속도로 이동하여, 모든 준비를 마친 채 전투에 지친 침공군을 공격할 기회만을 엿보고 있었던 것이다. 성왕의 드라마틱한 죽음은 그 시기를 앞당겼을 뿐 백제군의 패배는 필연이었다. 또한 백제군은 신라군이 공들여 구축한 방어체제의 무서움을 알지 못했다. 신라군은 관산성이 아닌 다른 어떤 지역에서 문제가 발생하더라도 이를 해결할 수 있는 굳건한 시스템을 구축해 놓고 있었다. 전략과 전술이란 결국 시간과 공간을 지배하는 기술이며 전쟁의 승패도 그것으로 결정된다. 사방이 적으로 둘러싸여 한 방면에 군대를 집중시킬 수 없었던 신라는 밀집된 요새들이 서로 연계하여 침략군의 공격을 저지하고 주력군이 전장으로 이동하는 데 필요한 시간을 확보할 수 있도록 했다. 즉 삼년산성의 군대가 관산성전투에 동원되었던 것처럼, 만약 백제가 삼년산성을 침공했다면 자동적으로 인접한 관산성에서 병력을 파견하거나 대전 방면으로 진격해 백제군의 전열을 분산시킴으로써 신주에서 남하하는 군대가 장거리를 이동하여 역습을 가할 시간을 벌어주도록 하는 유기적인 시스템인 것이다. 자비마립간 이후 1백 년 가까운 세월 동안 신라는 그 시스템의 기초이자 시스템 자체가 될 산성들을 부지런히 건설해 진흥왕 때에는 마침내 거대한 방어선을 완성했다.

특히 관산성과는 지근거리에 위치하며, 중원통로 방어의 핵심기지로서 전방에 대한 연락과 보급기지 역할을 병행하여야 하는 삼년산성은 그 수많은 요새 중에서도 가장 강력한 존재였다. 삼년산성에는 보급품도 풍부하게 저장되어 있는 데다 교체와 증원을 위해 후방에서 한강유역으로 이동하는 부대의 중간 체류지인 탓에 잘 훈련된 대규모 병력이 그 주변을 빈번히 오고 갔을 것이다. 결국 그 사실을 간과하고 기습의 효과에만 의존하여 구태의연한 전술로 도전해 온 백제군의 패배는 성왕이 관산성을 공격하기로 마음먹었을 때 이미 예정된 일이었다. 단기간의 전투에 군사력을 집중하여 우선 중요하다고 판단되는 하나의 목표를 점령한 뒤 그것을 발판으로 전과를 확대해 나가려던 백제군의 계획은 적군이 하나의 공간에 집중된 짧은 시간을 활용해 병력을 집중시키고 전술적인 우위를 확보할 때까지 기다렸다가 결정적인 반격으로 승리를 얻는다는 신라의 전략 앞에 무력할 수밖에 없었기 때문이다.

신라의 새로운 전략은 전통적으로 속전속결을 중시했던 백제로서는 이해하기 곤란한 문제였는지도 모를 일이다. 하지만 백제도 이 싸

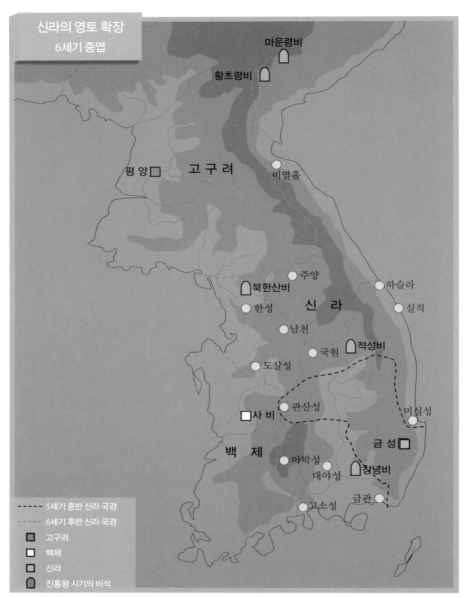

신라의 영토 확장
6세기 중엽

마운령비

황초령비

평양 □ 고 구 려

비열홀

주양

북한산비 하슬라

한성 신 라 실직

남천

국원 □적성비

도살성

관산성

□사 비 미실성

백 제 금 성 □

아막성

대야성 □창녕비

금관

고소성

----- 5세기 중반 신라 국경
----- 6세기 후반 신라 국경
□ 고구려
□ 백제
□ 신라
□ 진흥왕 시기의 비석

관산성전투 이후 신라의 앞길을 막을 나라는 없었다. 고구려의 남하로 국경선이 한껏 위축되었던 자비마립간의 시대에서 불과 1
백여 년이 지났을 뿐이지만 신라의 영토는 비교가 불가능할 정도로 확대되었다. 그러나 신라 최고의 정복군주인 진흥왕이 이루
어낸 이 급격한 팽창은 곧 양날의 칼이 되어 신라를 곤경에 빠뜨리게 된다.

전
쟁
의
시
대

움을 통해 얻은 것이 있었다. 그들은 값비싼 대가를 지불하며 얻게 된 교훈을 잊지 않았고, 관산성전투의 주인공들이 모두 사라진 먼 훗날, 신라군 요새방어시스템의 허점을 찌르는 혁신적인 전략을 채택해 도저히 화해할 수 없는 나라가 된 신라를 멸망의 위기로까지 몰아넣게 된다. 한편 금관가야를 병합하면서 낙동강 서쪽 지역에 적극적으로 군사적 압력을 가해 오던 신라를 물리치기 위해 1만 명이 넘는 대규모 군대를 파견했던 가야연맹의 마지막 보루 대가야는 끝내 국력을 회복하지 못하고 562년, 이사부와 *사다함斯多含이 인솔하는 신라군의 기습적인 침공을 받아 멸망했다. 그리고 대가야의 멸망으로 인한 남부 국경 완충지대의 상실은 1백 년 뒤 신라·당 연합군의 공격을 받게 되는 백제에게 치명적인 약점으로 작용한다.

적성

충청북도 단양군 단성면 하방리 성재산에 있는 석축산성으로 1979년에 사적 제265호로 지정되었다. 이 성은 원래의 이름을 잃고 한동안 성산성(城山城)으로 불렸는데, 신증동국여지승람에는 둘레가 1,768척이며 성내에 큰 우물이 있는 고성(古城)으로 기록되어 있다. 단성 지역은 고구려 적성현이 있던 곳으로 신라가 점령한 이후에도 상당 기간 적성현이라고 불렸으며, 단양이라는 이름 역시 적성에서 유래되었다. 성이 위치한 단성 지역은 북쪽에서 내려온 남한강이 서쪽으로 흘러가고, 남쪽으로는 고대로부터 남북을 연결하는 중부내륙의 핵심 교통로 죽령이 자리하고 있는 탓에 백제와 신라, 고구려 모두에게 군사적 요충지였으며, 남한강 상류와 하류를 연결하는 도로 및 서남쪽의 벌령(伐嶺), 남쪽의 죽령을 오가는 길이 교차하는 교통의 요지이다.

적성은 매우 절묘한 위치에 축조된 성이다. 이 산성이 위치한 성재산 북쪽으로는 남한강이 흐르고 양옆에는 남한강과 합류하는 단양천과 죽령천을 끼고 있어 삼면이 자연 해자로 둘러싸인 천혜의 조건을 가지고 있을 뿐 아니라, 사방 모두 경사가 급해 성벽으로 쉽게 접근하기가 힘들다. 해발 323.7m인 산 정상부에서 북서쪽으로 능선을 따라 뻗어 있는 성벽의 길이는 922m이며 남아 있는 성벽의 최고 높이는 내벽 3.3m, 외벽 4.3m이다. 성벽의 구조는 내외협축 방식이며 돌과 진흙으로 기초를 다진 뒤 거의 가공되지 않은 자연석을 안팎으로 엇물리게

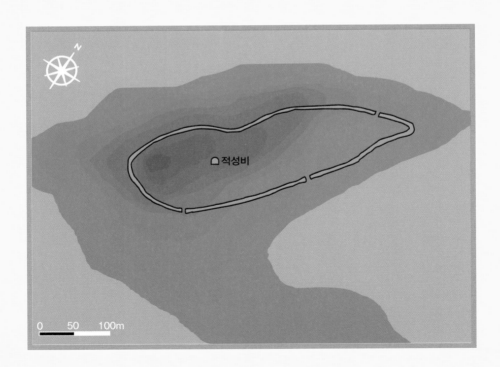

쌓아 붕괴를 방지했지만 현재 동벽을 제외하고는 대부분 무너져 내린 상태이다. 주재료는 단양 지역에 풍부한 석회암과 화강암이다. 문이 몇 개였는지는 확실하지 않다. 하지만 성벽 절개부의 위치로 미루어 볼 때 동, 남, 남서 방향에 각 한 개씩 모두 세 개의 문이 존재했던 것으로 보인다. 북쪽으로 남한강을 접하고 있지만 경사가 심해 북벽에서 강변으로 직접 내려가기는 어렵기 때문에 문을 내지는 않았을 것이다. 서벽 끝 쪽에 곡성의 흔적이 보이며, 산 정상부에서 북동쪽으로 적성비가 위치한 평지에서 기와조각과 토기들이 대량 출토되어 그 자리에 건물이 존재했었다는 사실을 확인할 수 있다. 지형상 수구는 남쪽에 있었던 것으로 보이나 아직 발견되지는 않았다.

적성을 일반적으로 신라가 축성한 것으로 생각하기 쉽지만 결론이 내려진 상태는 아니다. 남한강과 접한 북쪽의 경사가 급하고 남쪽 죽령 방면으로 쉽게 접근할 수 있

국보 제198호 단양 적성비(赤城碑). 1978년에 발견되었으며 높이 93cm에 최대 너비는 107cm로 그리 크지는 않지만 신라 진흥왕이 죽령을 넘어 고구려의 적성현(赤城縣)을 포함한 10개 군을 탈취한 업적을 기념해 세운 역사적인 비석이다. 비문에는 이사부, 거칠부, 김무력, 비차부 등 신라의 전성기를 이끈 인물들의 이름이 등장하며 현지인으로 고구려를 물리치는 데 공을 세운 야이차(也爾次)를 치하하는 내용도 기록되어 있다.

적성 북문지에서 바라본 남한강. 충주댐 건설로 수위가 상승했음을 감안하면 당시의 강물은 이보다 훨씬 아래에 있었을 것이다. 이 광경만으로도 6세기 중엽, 마침내 죽령을 넘은 신라가 왜 하필 이 장소에 성을 쌓고 기념비를 세웠는지 그 이유를 짐작게 한다. 남한강 물길을 따라 한강 하류 지역으로 진출하려던 그들에게 적성 지역의 확보는 수세기에 걸친 북진 전략이 마무리 단계에 접어들었음을 의미하는, 크게 기뻐할 만한 일이었기 때문이다.

는 것을 보면 북쪽을 방어하기 위한 배치임을 쉽게 알 수 있어 고구려가 최초 축성 주체는 아닌 것으로 생각되나, 성 정상부에 흙으로 쌓은 보루 형태의 내성을 백제가 북방을 방어하기 위해 쌓은 토성으로 보고, 석성은 신라가 쌓은 것이라 해도 그 자리에 처음 자리 잡고 요새를 건설한 세력은 백제였던 것으로 보는 견해가 있기 때문이다. 출토유물도 백제계와 신라계가 혼재되어 있어 그러한 견해를 뒷받침하고 있지만 역시 더욱 정밀한 조사가 이루어져야만 최

적성 동벽 전경. 산 밑에서 성벽 아래로 접근하기조차 힘겨울 정도로 가파른 지형에 위치하고 있다.

최근 복원된 적성 북문. 왼쪽이 내부이며, 멀리 중앙고속도로 죽령휴게소의 건물이 보인다.

초 축성 주체와 시기, 그리고 축성의 이유에 대한 수수께끼가 풀릴 것으로 보인다. 적성은 적어도 고려 말까지는 사용되었던 것으로 보이는데 고려의 유물인 청자기와 조각이 출토되는 까닭이다.

이 산성이 널리 알려진 이유는 바로 성내에 있던 '적성비' 때문이다. 1978년 1월, 단국대학교 학술조사단이 발견한 적성비는 죽령을 넘어 고구려의 영토인 적성 지역을 점령한 신라가 세운 기념비로 확인되었으며 덕분에 성산 위에서 외롭게 무너져 내리던 적성 역시 그 이름을 되찾게 되었다. 연도를 기록해 놓은 부분이 사라져 논란은 존재하나 적성비는 대체로 신라 진흥왕 시기인 545~550년 사이에 건립되었을 것으로 추정한다. 높이는 0.93m, 윗 너비 1.07m, 아랫너비 0.53m, 두께 20㎝로 윗부분이 떨어져 나가기는 했지만 흙 속에 묻혀 있던 탓에 비면은 깨끗해 남아 있는 288자 중 대부분이 판독되었다.

이두문과 한문이 혼용된 비문에는 왕이 중앙 고관들에게 명을 내려 적성 지역 확보에 공을 세우고 죽은 현지인 '야이차'를 포상하도록 하고 그 공훈을 칭송하면서 앞으로도 국가에 충성하는 자에게는 보상이 있을 것이라는 내용이 담겨 있는데, 앞머리에 군 최고사령관이었던 '이사부'와 '거칠부', 그리고 김유신의 조부로 뛰어난 군인이었던 '김무력', 적성 지역 공략전에 참전했던 군 지휘관 '비차부(比次夫)' 등 신라의 전성기를 이끈 인물들의 이름이 그 직책 및 직급과 함께 등장하여 비문의 건립연대와 당시의 관등체계를 알 수 있게 한다. 특히 비문에 '적성'이라는 지명이 세 번이나 등장하여 비가 세워진 곳이 바로 적성임을 확인하는 증거가 되었다. 이처럼 어느 날 갑자기 나타나 우리에게 잃어버렸던 고대의 비밀 한 자락을 알려준 적성비는 그 중요성을 인정받아 1979년 5월에 국보 제198호로 지정되었으며, 현재 적성에 있는 비석은 복제품이 아니라 신라인들이 세운 바로 그 비석이다.

<< 6세기 무렵 백제군 고급 지휘관

온몸에 찰갑을 착용한 이 장군은 목과 뒷머리를 보호할 수 있는 목가리개와 팔뚝보호대를 갖추고 바닥에 날카로운 못이 박힌 금속제 덧신까지 착용한 완벽한 모습이다. 허리에 찬 환두대도는 실전용이라기보다는 예술품에 가깝고 안장장식, 말의 앞가리개 등 말갖춤 또한 화려하게 치장되어 그의 높은 신분을 말해주고 있다. 이런 복장은 고급 지휘관, 또는 중장기병에게나 필요한 것으로 근접전을 수행하는 일반 보병이나 경기병이 이렇게 무거운 복장을 착용하게 되면 전투에 많은 제약이 따르게 된다. 투구는 5세기 후반~6세기 초의 유물로 추정되는데 가죽 내피에 다각형 철판을 붙여 만들었고 꼭대기에는 새 날개 모양 장식을 달았다. 이 투구는 대가야의 영역이었던 경남 합천 반계제 고분에서 출토된 것이지만 충남 부여 지역에서도 동일한 투구가 출토되었다고 한다. 출토 유물과 오랜 세월에 걸친 밀착관계 등으로 보아 대체적으로 관산성전투에 참가한 대가야와 백제, 그리고 왜군의 복장은 유사했을 것으로 생각된다.

<< 백제 중앙군의 보병지휘관과 창병

철제 원형방패로 몸을 가리며 밀집전투대형을 취하고 있는 백제 중앙군의 보병지휘관과 창병. 그림에 묘사된 소찰주와 판갑이
같은 장소에서 출토된 예는 없지만 찰갑과 판갑이 혼용되던 6세기에는 이와 같은 조합도 충분히 가능했을 것이다. 아 병사들은
금동제 장식 대신 국왕의 군대를 상징하는 황색 깃털로 치장된 소찰주를 쓰고 있는데, 우덕과 탐지의 신라군을 가볍게 물러치
고 관산성을 간단히 점령한 것으로 보아 당시 태자가 거느린 군대는 귀족들에게 징발한 지방군이 아닌 국왕 직속 정예부대였을
가능성이 높다. 하지만 이들은 김무력 군대에게 기습을 당해 나름대로는 정예 병력이었을 대가야 및 왜 연합군과 함께 한순간에
궤멸되는 비운을 맞게 된다.

<< 백제군 궁수

몰려오는 적군을 겨냥해 시위를 당기고 있는 백제군 궁수들. 활을 쏠 때 거추장스럽지 않도록 투구만 착용한 가벼운 차림이다. 뒤에 있는 병사는 화살집을 등에 지고 있지만 이동 중 사격과 근접전투 등 특별한 상황이 아니라면 허리에 차는 것이 일반적이 다. 활은 석기시대부터 사용된 유서 깊은 병기로 개량을 거듭하면서 철갑옷까지 관통할 수 있는 강력한 위력을 지니게 되었다. 유사한 것으로 쇠뇌를 들 수 있지만 연사 속도나 명중률에 있어서는 비교가 되지 않는다. 그러나 활은 쇠뇌와 달리 능숙한 사격 이 가능하기까지 장기간에 걸친 훈련과 꾸준한 연습이 필요한, 결코 쉽게 다룰 수 있는 무기가 아니기 때문에 고대의 군대에서 궁수는 특화된 병과로 상비군에 포함되어 있었을 것이다. 관산성전투 말미에 백제 태자는 명궁 '축자국조(筑紫國造)'의 도움을 받아 신라군의 포위망을 벗어날 수 있었는데, 《일본서기》에는 축자국조가 쏜 화살이 얼마나 강하고 정확했던지 쇄도해 오는 신 라 기병의 안장 앞부분을 관통한 뒤 갑옷을 맞추어 말에서 떨어뜨렸다고 기록되어 있다.

<< 백제군 보병

한여름의 뙤약볕 아래 관산성을 향해 행군 중인 백제군 보병들. 식량 자루와 화살 묶음, 짚신 등 갖가지 보급품을 등에 지고 쇠테를 두른 나무 방패를 휴대하고 있다. 지방에서 생업에 종사하던 중 징집된 이 병사들은 잘 무장된 정예병들이 접전하는 동안 2선에 대기하다가 전세가 유리해지면 적을 추격, 섬멸하거나 역습에 대비한 방어선을 구축하는 것이 임무이기 때문에 공격적인 전투에 투입될 가능성이 낮아 갑옷을 지급받지 못했다. 투구는 장식이 전혀 없는, 매우 단순한 차양주로 국내에서 출토된 형식은 아니나 하급 병사들에게 일반적으로 지급되었을 개연성은 충분하다. 개인무기로는 당시 가장 흔한 병기이던 철제 투겁창과 작업 및 전투에 사용할 수 있는 도끼를 가지고 있다.

<< 완전한 무장을 갖춘 6세기 무렵 대가야의 무사

입고 있는 갑옷은 활동하기 편하도록 작은 철판을 가죽끈으로 꼼꼼하게 이어 만든 것으로 가야 갑옷제작 기술의 극치를 보여 준다. 목 부분에는 철판을 휘어 만든 경갑에 보호대를 덧대어 가장 중요한 부분에 대한 방어력을 극대화했다. 무장 역시 고급품 일색으로 금동으로 장식된 환두대도를 뽑아들고, 길이가 짧은 복합궁과 화살을 함께 수납할 수 있는 사슴가죽 화살집을 메고 있다. 이러한 형식의 갑옷은 흔히 접할 수 있는 전국시대 일본 무사의 차림새를 연상케 하는데 실제로 일본의 갑주는 가야에 근원을 두고 있으며 중세의 화려한 갑주들은 그 발전된 형태에 지나지 않는다. 대가야가 아직 가야의 전통을 잇고 있던 6세기까지만 해도 가야와 왜의 갑옷은 큰 차이가 없었다.

<< 5~6세기 왜군의 모습

근세에 이르기까지 일본열도에서 널리 사용된 목제 장궁(長弓)을 든 상급무사는 정면에서 보았을 때 폭이 좁고 중앙부분이 위로부터 아래로 완만하게 돌출된 이른바 '충각부주(衝角附冑)'를 쓰고, 넓은 철판 여러 장을 가로로 연결한 횡장판갑을 착용하고 있다. 원래 이러한 형태는 5세기경에 등장한 것이지만 후기고분시대가 종막을 고하던 7세기경까지도 사용되었을 것이다. 6세기에는 이미 왜 지역에서도 찰갑이 등장했지만 장식품에 가까운 존재였기 때문에 관산성전투는 물론, 1세기 뒤에 벌어진 백제부흥전쟁에 동원되었던 왜군 중에도 이러한 갑주를 착용한 사례가 많았을 것이다. 한편, 작고 강한 복합궁의 존재를 알고 있었을 일본인들이 휴대하기 불편하고, 성능 또한 그리 뛰어나지 않은 장궁을 고집한 이유는 동물 뼈와 나무를 접착제로 결합하는 복합궁이 일본열도의 습한 날씨에 적합하지 않았던 때문인 것으로 보는 견해가 많다. 뒤에 있는 병사는 다른 부속장비 없이 삼각판갑만 착용하고 있다. 가야 지역에서도 출토되는 소용돌이 모양 동기(銅器)로 장식된 그의 목제 방패는 인체 중요 부분을 거의 모두 가릴 수 있을 만큼 긴데, 일본에는 실물이나 무덤장식용 흙 인형인 '하니와(埴輪)' 등 고대 방패에 관한 자료가 비교적 풍부하게 존재하여 같은 양식의 갑주를 사용한 가야의 방패를 연구하는 데 참조되기도 한다.

<< 신라군 경기병

허리 아래까지 내려오는 찰갑을 입고 활과 철검, 그리고 예리한 창으로 완전무장한 채 이동 중인 6세기의 신라군 경기병. 관산성전투 당시 신주의 중심지인 현재의 경기도 남부 지역에서 급거 남하한 신라군 대부분은 이처럼 신속한 이동이 가능한 경기병이 주력을 이루고 있었을 것이다. 가야전쟁을 겪으면서 광개토대왕과 장수왕의 군대를 경험한 신라도 중장기병의 보유를 고려했겠지만 5~6세기의 전쟁기록을 검토해 보면 그들은 보다 낮은 비용으로 매우 폭넓게 운용할 수 있는 경기병의 양성과 장창, 쇠뇌 등 특화된 무기들을 보유하는 보병의 정예화를 통해 다른 나라들과의 군사적 균형을 이루려 했던 것으로 보인다. 사실 값비싼 중장기병대를 보유하기에는 자원이 한정되어 있는 데다, 평야지대를 전장으로 선택할 수 있었던 고구려와는 달리 굴곡이 많은 지형을 이동하며 공성전 위주의 전투를 벌여야 했던 신라에게 중장기병은 그다지 쓸모 있는 병과가 아니었을 것이다.

<< 6세기 초 신라군의 보병

최전방 부대에 소속된 이 노련한 창병들은, 폭이 좁고 긴 철판 여러 장을 연결하여 만든 투구와 신라 갑옷의 전통적인.형식인 종장판 갑을 착용하고 있다. 단, 이 갑옷은 각 철판이 겹치는 부분을 가죽끈으로 연결하는 초기 판갑과 달리 리벳을 사용하여 조립하였다. 이 때는 신라에서 판갑이 보편적으로 사용되던 마지막 시기였을 것으로 추정된다. 이 시기에 사용된 신라 판갑이 출토된 예는 없지만 찰 갑에 비해 생산이 용이한 판갑은 늘어나는 갑옷의 수요를 감당하기 위해 여전히 징집된 보병들의 기본적인 장비로 지급되고 있었을 것이다. 보병의 필수품이던 방패는 직사각형이며 밀집대형을 형성한 상태에서 전방을 관찰할 수 있도록 오른쪽 모서리를 잘라 놓았 다. 신라의 방패에 대한 자료는 거의 없지만 일반적으로 고대의 보병용 방패는 나무로 만들어졌으며, 그 위에 가죽을 덧대고 모서리 에 철판을 두르는 방법으로 내구성을 높였다. 병사들의 신발은 식물성 기름에 절인 가죽으로 제작되어 방수기능이 있으며, 바닥에 는 둥근 징을 여러 개 박아 마모와 미끄럼을 방지했다.

<< 방패 뒤에서 사격 중인 신라의 노궁수(弩弓手)

사격에 방해가,되지 않도록 갑옷은 입지 않았다. 장전된 화살에는 인원살상을 위한 버들잎 모양 화살촉이 장착되어 있는데, 상대가 갑옷을 입은 기병이라면 보다 길고 날카로운 화살촉을 선택했을 것이다. 쇠뇌는 비록 사격 속도는 느리지만 장기간에 걸친 훈련이 필요한 활에 비해 간단한 연습만으로 사격기술을 습득할 수 있으며 살상력에 있어서도 활에 뒤지지 않기 때문에 화약병기 등장 이전까지 현대의 소총처럼 보편적으로 사용되었다. 《삼국사기》를 보면 성능 좋은 쇠뇌를 생산했던 신라는 노궁수로 편성된 부대를 성곽의 방어와 기병집단에 대한 대항 전력으로 대량 운용했음을 알 수 있다.

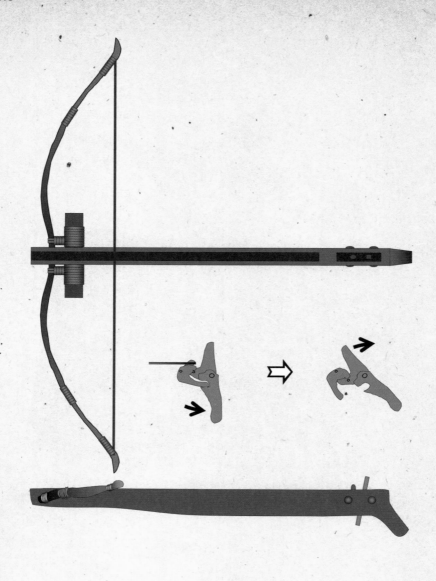

<< 동양과 서양을 막론하고 고대로부터 사용된 유서 깊은 발사병기 쇠뇌

장전하기가 힘들어 발사속도는 느리지만 활보다 더 긴 사거리와 철제갑옷을 관통하는 위력을 가진 쇠뇌를 집중 운용하면 돌격해 오는 기병과 보병의 예봉을 꺾고 대오를 분산시켜 적군의 전열에 일대 혼란을 야기할 수 있다. 《삼국사기》에는 신라군이 발석차와 같은 투사병기를 사용했다는 기록은 없지만 쇠뇌를 사용하여 적을 물리친 사례는 여러 번 나타나고 있다. 그림은 휴대용 쇠뇌와 방아틀뭉치의 작동원리를 나타낸 것으로 시위를 걸기 위해서는 앉거나 선 자세에서 발을 활의 안쪽에 대고 밀어내는 동시에 두 손으로는 힘껏 줄을 당겨야 한다. 이렇게 복잡한 발사절차 때문에 숙달된 병사라 해도 1분에 발사할 수 있는 화살의 숫자는 최대 두세 발 정도에 불과했을 것으로 추정된다. 그러나 쇠뇌는 활과 달리 많은 훈련이 필요 없어 짧은 기간에도 대량 보유가 가능하기 때문에 활과는 또 다른 장점을 가진 무기이다.

온달의 원정

신라는 경악했다. 을아단에 나타난 고구려 군대는 눈앞에 닥친 재앙이었다. 주요 전
장인 임진강 지역에서 수백 리나 떨어진 을아단까지 상상을 초월하는 대우회기동을
실시한 고구려의 의도는 명백했다. 그것은 죽령과 계립령을 위시한 중원통로의 장악
이며, 그에 의한 신라군의 분할 및 각개격파였다.

신라는 관산성전투 이후 반세기 동안 전에 없던 전성기를 구가했다. 불과 1백 년 전에만 해도 경상도 일부 지역에 국한되었던 신라의 영토는 관산성전투를 승리로 이끈 진흥왕의 치세에 북서쪽으로는 남한강 유역의 일부와 한강 하류 지역, 북쪽으로는 함경남도 북부 해안에 이르고 남서쪽으로는 낙동강 서안의 경상남도 전역을 아우르는 경이적인 팽창을 이루었다. 진흥왕은 새로 확보한 영토를 돌아보고 국경을 확정하는 한편, 곳곳에 °척경비拓境碑를 세우고 중요한 전기가 생길 때마다 연호를 개정함으로써 과거 종주국이었던 고구려 중심의 세계관을 정면으로 부정하고 스스로 세계의 중심임을 선언했다. 이미 백제를 제압하고 대가야를 정복한 데다 왜의 침입마저 물리친 신라에게는 북방의 강국 고구려조차 더 이상 공포의 대상이 아니었던 것이다.

그러나 진흥왕은 안주하지 않고 부지런히 힘을 길러 나갔다. 그는 눈앞의 성공이 장기적으로는 국가의 생존에 큰 부담이 될 것임을 알았다. 영토를 확장하는 동안 신라는 고구려와 백제를 영원한 적으로 돌려놓았고 그들은 반드시 반격해 올 것이기 때문이었다. 더욱이 두 나라가 동맹을 맺는다면 그보다 위험한 일은 없었다. 그때가 오기 전에 신라는 강국이 되어야 했다. 진흥왕은 서둘렀다. 그는 한강을 통해 서해로 진출하여 서방의 국가들에 접근함으로써 고구려와 백제에 맞설 외교력을 확보하고, 필요한 기술과 물자를 수입하여 낙후된 분야를 열심히 발전시켜 나갔다. 내부적으로는 국론의 결집과 왕권 강화를 위해 불교를 대대적으로 보급하는 한편, '국사國史'를 편찬하여 왕권의 정통성과 국가적 자긍심을 고취하고, 화랑 집단을 국가에서 통제함으로써 확대된 군사력의 기초로 활용되도록 재편했다. 또한 정예 병력으로 여러 개의 군단을 편성한 뒤 전방 각 주에 전개시키고, 더욱 강력해진 °포노砲弩를 개발해 성곽에 배치하는 등 관산성전투로

척경비
특정 지역이 영토에 편입된 것을 기념하여 세운 비석.

포노
큰 화살이나 돌을 발사할 수 있는 대형 쇠뇌.

진지왕(?~579)
신라 제25대 왕. 이름은 금륜
(金輪). 재위 576~579.

이찬
신라 17관등 중 제2등급. 이척
찬(伊尺湌), 이간(伊干)이라고
도 함.

입증된 요새방어체제의 효율성을 향상시켰다. 결국 그 길지 않은 시간을 잘 활용한 신라는 진흥왕 재위 기간 동안 군사적인 능력뿐만 아니라 외교와 문화적인 측면에서도 고구려, 백제와 대등한 수준에 도달하게 되었다. 그리고 신라의 급성장으로 이젠 누구도 절대 우세를 장담할 수 없게 된 세 나라 간의 생존 경쟁은 서로를 말살하려는 무자비한 양상으로 변화하며 그 마지막 장을 향해 치닫게 된다.

신라 진흥왕이 사망하고 그 아들 °진지왕이 즉위한 지 얼마 되지 않은 577년, 백제는 신라 서쪽 국경 깊숙이 침공했다가 선산 북쪽에서 °이찬 세종世宗이 이끄는 신라군에게 패배해 3,700명의 전사자를 내고 후퇴한다. 비록 실패했지만 성왕의 아들 위덕왕이 20여 년 만에 다시 시도한 대규모 침공에 신라는 놀라지 않을 수 없었다. 561년에도 백제가 신라를 공격한 적이 있지만 관산성전투의 후유증 때문인지 그리 큰 규모는 아니었다. 하지만 이번에는 대규모 병력을 동원한 데다 신라가 가장 강력한 요새라고 자부하던 삼년산성과 관산성의 배후를 기습했다. 그것은 백제가 전력을 회복해 가고 있다는 증거였다. 그러나 무엇보다도 충격적인 사실은 그토록 믿었던 요새방어선이 한 번의 공격으로 돌파당한 일이었다.

놀라운 일은 계속 일어났다. 〈신라본기〉의 579년 기록이다.

백제가 웅현성과 송술성을 쌓아 산산성, 마지현성, 내리서성의 길을 막았다.
百濟築熊峴城宋述城 以梗蒜山城麻知峴城內利西城之路

그것은 분명히 신라군의 이동을 견제하고 산성들 사이의 연락을 차단하여 요새방어시스템을 무력화시킬 의도로 진행된 일이었다. 백제는 관산성전투의 패배로 얻은 교훈을 통해 신라의 약점을 알아냈고 신라의 최전방인 동시에 최후방어선인 요새방어선을 돌파하게 되면 영토회복의 차원을 넘어 신라 자체를 멸망시킬 수 있을 것으로 확신하게 된 것이다. 577년의 공격은 그것을 확인해 보기 위한 시험이었는지도 모를 일이다. 아니면 그 패배로 더욱 강한 확신을 가지게 된 것일까? 어쨌든 위덕왕은 군사행동을 자제한 채 결코 서두르지 않고 꾸준히 축성작업을 추진했다. 신라 자비마립간이 그랬던 것처럼 백제 위덕왕도 끓어오르는 분노를 삭이며 끈질기게 원수의 나라 신라를 멸망시킬 계책을 차근차근 실천해 나갔던 것이다.

한편, 고구려에서는 °평원왕을 이어 왕위에 오른 °영양왕이 깊은 고민에 빠져 있었다. 그는 남북조를 통일한 °수나라와의 전쟁을 피할 수 없는 것으로 보고 수·백제, 또는 수·신라의 동맹구도에 의한 양면전쟁을 예방하는 동시에 신라의 북상으로 종심이 얕아진 수도 평양의 안전을 확보하기 위해 한강선 이남으로 완충 지역을 확대할 필요성을 느끼고 있었다. 그러나 고구려가 처한 딜레마는 섣부른 군사행동을 허락하지 않았다. 통일전쟁의 후유증과 건국 초기의 혼란을 극복하면서 북방의 강적인 돌궐의 동태를 주시하고 있던 °수 문제文帝가 당장 고구려를 침략할 조짐은 없었으나 전쟁은 그 시점이 문제일 뿐 기정사실이었다. 때문에 고구려는 북서부 지역에 군대를 집결시킬 수밖에 없었고 남부 지역 방어를 위해 배치된 병력만으로 굳건한 신라의 한강 교두보를 돌파하기란 불가능했다.

그런데 영양왕이 즉위한 뒤 얼마 되지 않아 평원왕의 사위로 °북주北周와의 전쟁에서 명성을 떨친 평민출신 장군 °온달溫達이 고구려가 직면한 문제들에 대한 군사적 해결책을 들고 왕을 찾았다. 고구려의 딜레마를 영양왕만큼이나 잘 알고 있던 온달이 심사숙고 끝에 수립한 계획은 모험적인 요소가 다분했다. 하지만 단순하고 경제적이며 성공할 가능성도 높았다. 그는 소수의 원정군을 파견해 신라에 탈

평원왕(?~590)
고구려 제25대 왕. 이름은 양성(陽成). 평강상호왕(平岡上好王)이라고도 함. 재위 559~590.

영양왕(?~618)
고구려 제26대 왕. 이름은 원(元). 평양왕(平陽王)이라고도 함. 재위 590~618.

수나라(581~618)
북주 귀족 양견이 세운 왕조. 589년에 남조의 진(陳)을 멸망시키고 중국을 통일.

수 문제(541~604)
수나라 제1대 황제. 이름은 견. 재위 581~604.

북주(557~581)
서위(西魏)의 실권자 우문호(宇文護)가 왕권을 찬탈하고 세운 선비족 왕조.

온달(?~?)
고구려 평원왕~영양왕 시기의 군인. 북주와의 전쟁에서 무공을 세웠으며 최종 관등은 대형(大兄).

대우회기동(大迂廻機動)
적의 강력한 정면을 피해 그 측면이나 후방의 취약한 지역으로 병력을 장거리 이동시키는 전략적 행위.

취당한 죽령 및 계립령 서쪽 지역, 즉 현재의 충주 지역을 기습적으로 탈환하여 한강 하류 지역에 주둔한 신라군 주력의 보급을 차단함으로써 그 군사적 기반을 붕괴시켜 버릴 수 있다고 역설했다. 그리고 그 과감한 계획의 성공 가능성을 높이기 위한 침공루트로 백두대간의 험로를 이용하는 장거리기동을 실시할 것을 주장했다. 동서남북을 종횡으로 연결하는 도로망의 집결지이자 당시 고구려의 강력한 군사 거점이 구축되어 있던 현재의 철원 지역에서 동남쪽으로 이동하여 소양강을 건넌 뒤 백두대간 서쪽 사면의 산악지대로 진입한 다음, 평창과 영월 방면으로 남하하여 1차 목적지인 죽령으로 접근하는 °대우회기동을 계획한 것이다. 당시 북한강 이남의 강원도 내륙 지역은 신라의 영역이었지만 신라군은 한강 하류 지역과 동해안의 접근로를 차단하고 백제를 경계하는 데 우선적으로 전력을 투입할 수밖에 없었던 터라 춘천과 원주 등 일부 지역을 제외하고는 배치된 병력의 밀도가 극히 희박한 형편이었다. 한마디로 마음만 먹으면 쉽게 돌파할 수 있는 상황이었던 것이다.

영양왕은 온달이 제시한 계획과 원정군을 이끌고 싶다는 온달의 요청을 받아들이고 작전의 실행을 지시했다. 비록 그 침공루트가 백두대간의 험난한 산악으로 이루어져 있지만 스스로 탁월한 전사였던 영양왕은 그러한 자연적 장애물을 극복하여 목표에 접근하는 방법이 인간이라는 장애물을 극복하는 것, 즉 직접적인 군사적 충돌에 의한 돌파를 시도하는 것보다 안전하며 기습의 효과를 통해 성공의 가능성을 극대화할 수 있음을 이해했다.

왕의 승낙을 얻은 온달은 즉시 원정을 위한 준비에 착수했다. 장거리 원정의 가장 큰 문제점인 보급의 곤란을 최소화하고 기습의 효과와 가능성을 더욱 높이기 위해 원정군의 숫자는 수천 명에 불과했을 것이다. 당시 여건상 대규모 병력을 동원할 형편도 못 되었지만 병력을 최소화하는 것은 사전에 적에게 이쪽의 의도를 간파당할 확률을 줄이고 행군 속도를 높일 수 있다는 점에서 당연한 선택이었다.

온달은 치밀하면서도 신속하게 준비를 마무리했다. 그리고 다음과 같은 말로 자신의 결심을 다시 한 번 확인했다.

> 계립현과 죽령 서쪽을 되찾지 못한다면 나 역시 되돌아오지 않는다.
> 雞立峴竹嶺己西不歸於我則不返
>
> 삼국사기 열전 제5 온달

그것은 유언이나 다름없는 말이었다. 하지만 그 한 마디에는 원정에 임하는 그의 각오와 고구려의 염원이 고스란히 담겨 있었다.

주사위는 던져졌고 온달의 군대는 남쪽을 향해 이동했다. 조용히 평양을 떠난 그들은 당시 접경 지역이던 철원평야에서 행군을 멈추고 신라 영내로 진입할 기회를 노렸을 것이다. 지형적 특성상 고구려군이 목표지점까지 가기 위해서는 철원평야가 그 출발점이 될 수밖에 없다. 당시 고구려와의 국경 지역에는 신라군 첩자가 득실대고 있었지만 이때 신라는 원정군의 움직임을 전혀 눈치채지 못했던 것 같다. 알았다고 해도 미개척지나 다름없어 전략적 중요성이 높지 않고 경제적가치도 별로 없는 지역으로 가뜩이나 부족한 병력을 빼내는 것은 신중히 생각해야 할 일이었다.

어쨌든 철원평야를 떠나 행군을 재개한 온달의 군대는 신라군이 주둔 중인 춘천과 멀리 떨어진 소양강을 도하하여 동쪽 산악 지역으로 진입했을 것으로 추정된다. 홍천에서 남진하여 치악산 동쪽 사면을 통과한 뒤 제천 방면에서 남한강을 건너는 지름길이 있었지만 그 도로를 이용하는 것은 자살행위나 마찬가지였다. 그 길은 신라에게 강원 영서 지역에 하나뿐인 행정도로이면서 가장 중요한 군사도로였

역참(驛站)
중앙과 지방 사이의 공문서 전달, 관리·외국사신 등의 교통을 위해 육상에 설치된 기관. 보통 일정한 간격을 두고 설치되며 공무에 사용할 말을 구비함. 우역(郵驛)이라고도 함.

봉수대(烽燧臺)
높은 산 정상에 설치하여 밤에는 불, 낮에는 연기를 피워 변경의 위급한 상황을 중앙에 전달하는 군사용 통신망.

국원성
현재의 충북 충주시 일대에 건설된 고구려의 도시. 뒤에 신라의 중원경이 됨.

기 때문이다. 당연히 그 길에는 °역참과 °봉수대, 각급 행정기관, 그리고 신라군의 초소들이 밀집되어 있었다.

강원도 영서 지역은 과거 고구려가 장기간 점유했던 곳으로 지형에 대한 정보가 충분하여, 비록 험난한 산중일지라도 길을 찾는 일이 어렵지는 않았을 것이다. 그러나 높이가 1천 m를 넘는 높은 산들이 끝없이 이어지고, 좁고 깊은 계곡 이외에는 마땅한 통로가 없는 백두대간 서쪽 사면은 인간을 몹시 고달프게 하는 곳이다. 지금도 그 지역은 도로망이 매우 빈약한 곳으로 당시의 상황은 더욱 열악했을 것이다. 게다가, 행군 도중 신라군의 감시초소라도 만난다면 그것을 피해 더욱 험난한 지형으로 파고들어야 한다. 그들을 제압하는 것은 쉬운 일이지만 그것으로 모든 노력은 물거품이 되어 버릴 것이기 때문이다. 하지만 그 어떤 어려움도 온달의 확신과 의지를 침해하지 못했다. 그는 계속 나아갔고 목적지는 조금씩 가까워졌다.

그 무렵 신라도 고구려가 강원도 지역에서 모종의 군사적 행동을 진행 중이라는 사실을 알았을 것이다. 그러나 백두대간의 그늘 속으로 숨어 버린 고구려 군대의 행방과 그들의 정확한 행선지는 오리무중이었다. 당연히 대책을 세울 수도 없었다. 신라군이 온달의 의도를 정확히 파악하게 된 시점은 사라졌던 고구려 군대가 백두대간의 경사지를 타고 내려와 평창 지역에 출현한 순간이었을 것이다. 하지만 너무 늦었다. 그 소식이 중원통로의 신라군 병력집결지인 °국원성과 적성에 통보되기도 전에 이미 온달은 평창과 영월 지역의 빈약한 신라군을 격파하고 마침내 남한강 상류로 진입하는 데 성공했을 것이기 때문이다.

그렇게 첫 번째 목적지에 도달한 온달은, 〈광개토대왕릉비〉에 등장하는 '나단성'이자 고구려 행정구역 명칭으로 을아단현縣이었던 단양군 영춘면 일대에 군영을 설치했다. 그리고 그곳으로 통하는 모든

◆ 온달의 원정 ◆

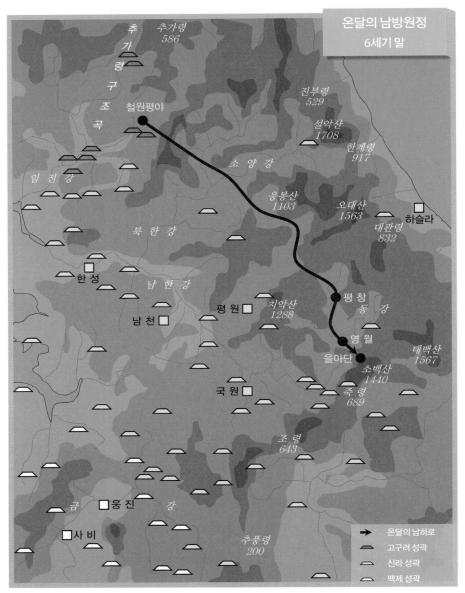

계립령과 죽령의 서쪽 땅, 정확히는 옛 국원 지역의 탈환을 위해 원정길에 오른 온달은 신라군과의 접촉을 피해 강원도 내륙의 험로로 남하하여 마침내 남한강 상류에 도달했다. 현재의 강원도 영서 지방은 6세기 말에 신라의 강역에 속하게 되었지만 춘천과 원주 등 일부 지역을 제외하면, 원시적인 농경으로 연명하는 소수의 예인(濊人)들이 흩어져 살던 곳으로 그 경제적, 전략적 가치가 미미한, 사실상 버려진 땅이었다. 때문에 적진 깊숙이 침투한 고구려 원정군이 극복해야 할 유일한 대상은 높은 산과 깊은 계곡이 끊임없이 이어지며 사람을 지치게 하는 험악한 자연환경뿐이었다.

각개격파(Defeat in Detail)
한 곳에 집중되지 않고 여러 집단으로 분산된 적을 하나씩 격파해 나가는 전술 행동.

교통로에 감시초소를 설치하고, 지금은 온달산성으로 불리는 (을)아단성을 포위, 고립시켰다.

신라는 경악했다. 을아단에 나타난 고구려 군대는 눈앞에 닥친 재앙이었다. 주요 전장인 임진강 지역에서 수백 리나 떨어진 을아단까지 상상을 초월하는 대우회기동을 실시한 고구려의 의도는 명백했다. 그것은 죽령과 계립령을 위시한 중원통로의 장악이며, 그에 의한 신라군의 분할 및 *각개격파였다. 신라 쪽에서는 서둘러 주변에 있던 모든 병력을 적성 방면으로 집결하도록 했을 것이 분명하다. 그러나 당시 고구려와의 국경에서 멀리 떨어져 있던 단양 지역에서 신라군이 긁어모을 수 있는 병력은 얼마 되지 않았다. 더구나 죽령 아래에 있는 적성으로부터 을아단으로 통하는 가장 빠른 길은 강변을 따라가는 좁은 오솔길뿐이며, 그곳에도 이미 고구려의 척후가 배치되어 있었기 때문에 그마저도 안전하지 않은 상황이었다. 결국 적성에 주둔 중이던 신라군은 아단성에서 벌어진 전투에는 참가하지도 못했을 것이다.

축성주체가 불분명한 온달산성은 남한강 상류와 중류 사이에 자리 잡고 있으며, 높은 산 정상에 위치한 데다 성벽 길이가 682m에 불과하여 그냥 보아서는 눈에 띄지도 않을 만큼 작은 요새이다. 그러나 이 산성은 산 아래를 흐르는 남한강 수로와 강변에 발달한 육로를 감시하고, 또한 그 수로와 도로를 사용하려는 적군을 공격하기에 아주 좋은 지점에 위치하고 있다. 때문에 을아단을 교두보 삼아 죽령 주변의 신라군을 공략하려던 온달에게는 반드시 점령해야 하는 최우선 목표물이었다. 그러나 온달은 그 성이 결코 쉽게 함락되지 않을 천혜의 요새임을 첫눈에 알아보았을 것이다. 강물 속에서 솟아난 것 같은 독립된 산괴의 깎아지른 절벽 위에 지어진 온달산성은 성 위에서 쏟아지는 화살과 돌덩이를 무릅쓰고 오르기에는 너무 험난한 곳이다. 온달이 마침내 고난의 여정을 끝냈다고 생각한 순간에 마주친 그 난

온달의 원정

공불락의 장벽 앞에서 무슨 생각을 했는지는 알 수 없다. 그 성을 배후에 두고 가던 길을 갈 수는 없는 노릇이었다. 계획의 마지막 단계로 돌입하기 위해서는 반드시 그것을 극복해야 했다. 긴 시간을 필요로 하는 포위전도 불가능했다. 고구려군은 그 성을, 신라군의 증원이 있기 전에 빠르게 점령해야 했다. 그렇지 않으면 관산성에서 궤멸된 백제군의 전철을 밟게 될 것이 분명했다. 고민은 길지 않았다. 그에게는 선택의 여지가 없었다. 온달은 아단성에 대한 전면 공격을 실행하기로 마음먹었다.

그 전투에서도 고구려군의 용맹함은 유감없이 발휘되었을 것이다. 하지만 신라군도 충분히 준비하고 있었다. 지리적 이점을 안고 있던 그들은 성을 나와 산 중턱에 자리 잡고, 몰려오는 고구려군을 향해 화살을 퍼부어 댔을 것이다. 높은 곳에서 내려쏘는 화살은 더욱 강력한 에너지를 가지기 때문에 갑옷의 얇은 철판을 쉽게 관통할 수 있다. 고구려군의 머리 위로 화살과 돌덩이가 비처럼 쏟아졌다. 고구려군은 아단성 아래에 펼쳐진 강변의 개활지에서 신라군의 화살에 고스란히 노출된 채 희생만 늘어가는 상황에 직면했을 것이다. 살아남으려면 화살의 사정거리 밖으로 물러나야 했다.

그러나 온달은 퇴각명령을 내리는 대신 앞으로 나아가 병사들을 독려했다. 위험한 행동이었지만 그는 뒤로 물러서서 입으로만 떠들어 대는 그런 군인이 아니었다. 그는 *배산拜山의 들판에서 홀로 북주의 대군에게 돌입하여 적군 수십 명을 베어버릴 때처럼 자신이 공격의 선봉에 서서 기필코 아단성을 함락시키리라 결심했을 것이다. 그것은 옳은 결정이 아니었다. 용맹함은 군인의 미덕이지만 작전의 열쇠를 쥐고 있는 사령관이 나서지 말아야 할 때 나서는 것은 결코 현명한 행동이 아니기 때문이다. 비난받지 않으면서 퇴각할 여지도 있었다. 공격이 여의치 않으면 다시 강을 건너 영월 방면으로 퇴각한 뒤 그곳에

배산(拜山)
요동의 지명. 위치 미상.

◆
전
쟁
의
시
대
◆

거점을 구축하고 증원을 기다려도 좋은 상황이었다. 온달 혼자서 험난한 산악 지역으로 아슬아슬하게 연결된 교통로를 유지하고, 죽령과 계립령 서쪽의 잃어버린 땅을 회복하는 것은 실현 불가능한 일이었기 때문이다. 아마도 그 시점에는 고구려의 후속부대가 온달이 개척한 길을 따라 남하하고 있었을 것이다. 하지만 그것은 후퇴를 모르는 군인인 온달이 선택할 길이 아니었다.

전투는 계속되었다. 그러나 이번에는 온달의 분투만으로 상황을 반전시킬 수는 없었다. 어떠한 군사적 천재에게도 그것은 불가능한 일이었다. 결국 그 격렬한 돌격전은 온달의 죽음과 고구려군의 패배로 종결되었다. 이미 목숨 따위는 고구려 땅에 버리고 온 온달은 아단성의 신라군이 쏜 화살에 맞아 전사함으로써 유언을 실현했다. 그리고 누구도 대신할 수 없는 리더를 잃은 고구려 군대는 아단성 공략을 포기하고 온달의 시신을 거두어 퇴각했다. 고구려 부활의 거대한 목표를 담을 만큼 넓은 가슴과 인간적인 성실함을 겸비했던, 어리석었지만 위대했던 영웅의 허망한 최후였다. 그러나 그 허망한 죽음에도 불구하고 온달이 해낸 일은 이후 수십 년에 걸쳐 고구려에게 몰락의 구렁텅이에서 부활할 수 있는 전략적 유연성을 선사하면서, 반대로 궁지에 몰린 신라를 멸망의 벼랑 끝으로 몰아붙인, 역사적으로 매우 중요한 사건이었다. 고구려는 온달의 계획을 끈질기게 추진하여 얼마 뒤에는 마침내 을아단을 점령하게 되었고, 죽령과 계립령의 북단 지역을 확보하여 신라의 남북 지역을 분할하는 동시에 지속적인 남진을 통해 다시 한 번 금강 가까이로 진출하는 데 성공했다. 온달의 원정이 있고 10여 년 뒤인 607년에 고구려가 백제 북부 변경의 두 성을 공격하고 백제인 3천 명을 잡아간 것과, 629년에 금강 본류와 인접한 낭비성에서 신라와 고구려가 대규모 전투를 벌인 사실이 그 증거이다. 또한 신라가 백제의 파상적인 공세에 제대로 대처하지 못하고 수와 당에 끊임없이 도움을 요청한 사실과 낭비성전투에서 승리한 이후에야 비로소 백제에 대한 효과적인 대응이 가능했던 점은 신라가 상당 기간 국가의 대동맥과도 같은 중원통로를 제대로 사용하지 못했음을 입증한다. 비록 스스로 마무리 짓지는 못했지만 온달의 시작은 옳았던 것이다.

온달산성

남한강 상류인 충북 단양군 영춘면 하리에 있는 석축산성으로 1979년에 사적 제264호로 지정되었다. 안팎이 모두 돌로 축조된 성벽의 길이는 682m로 비교적 작은 규모이나 급류가 굽이치는 강물을 앞에 두고 깎아 놓은 듯 우뚝 선 해발 427m의 '성산(城山)' 정상에 위치하여 가히 난공불락의 요새라고 부를 만하다. 성돌의 재질은 단양 지역에 흔한 점판암으로 성을 쌓기 위해 가공한 흔적을 확인할 수 있다. 성벽 위에 올라서면 북쪽 영월 지역에서 한 마리의 푸른 용처럼 굽이쳐 내려오는 남한강의 흐름과 그 주변 지역이 관측되며 서쪽으로도 성 아래를 흘러 충주 지역으로 내려가는 강물이 보이지만 나머지 방향의 시계는 높은 산들에 막혀 있다. 가장 높은 성벽의 높이는 10m, 두께는 3~4m에 이르는 온달산성의 전체적인 형태는 반달 모양을 이루고 있으며 가파른 경사면을 따라 조성되어 있어 축성 시 엄청난 곤란을 겪었을 것임을 쉽게 알 수 있다. 동서남북 방향으로 네 개의 문이 존재하는데 북문을 제외하면 모두 경사가 급한 지점에 위치하므로 일상적으로 사용되던 문은 아닌 것으로 보인다. 북문지에는 치성이 있어 상대적으로 접근이 쉬운 북문의 방어력을 보완하고 있다. 북문의 접근성은 그것이 다른 문들에 비해 상대적으로 쉽다는 얘기일 뿐 평지에서 온달산성 북문 앞에 도달하려면 거의 수직에 가까운 산길을 40분 이상 기어올라야 하므로 결코 쉬운 일은 아니다. 물론 온달산성이 그 험한 곳에 있게 된 까닭은 바로 그러한 지형상의 이점 때문일 것이다. 성내에는 매몰된 우물이 존재한다고 하며 북문지에는 형체가 뚜렷한 수구가 남아 있다.

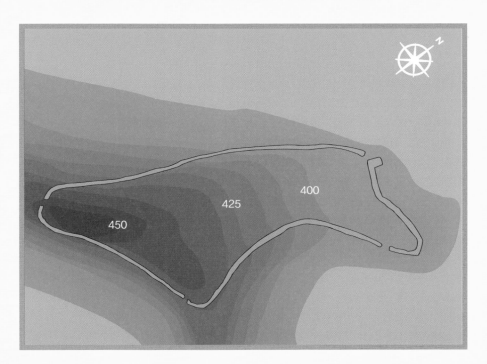

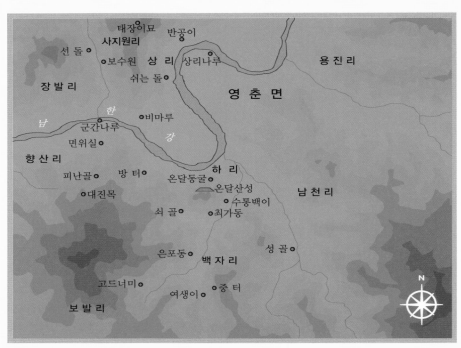

온달산성 주변의 전쟁 및 군사관련 지명과 유적. 특히 온달 및 온달산성의 축성과 연관된 지명들이 많다. 온달의 무덤으로도 전해지는 사지원리의 태장이묘는 마치 고구려의 적석총을 연상케 하지만 조사결과 무덤이라는 확증은 얻지 못했다고 한다.

신라양식과 고구려양식이 혼합된 것으로 보이는 온달산성에 대한 본격적인 조사는 실시되지 않았지만 지표조사 도중 삼국시대 유물이 출토된 것으로 보아 7세기 이전에 축조된 것은 분명해 보인다. 예전에는 성내에서 화살촉 등을 흔하게 수집할 수 있었다고 하는데 현재는 지표상에서 특별한 유물을 확인할 수 없다. 성의 최초 축성주체에 대한 구체적인 기록은 없으며 성벽의 양식 또한 딱히 누구의 것이라고 단정하기 힘들다. 다만 영춘 지역에는 6세기 말 고구려의 온달장군이 쌓았다는 이야기가 구전되어 오는데 그때는 이미 신라가 고구려의 축성기술을 많은 부분 도입한 이후라서 성벽의 특징만으로 온달산성의 축성 주체를 유추하기는 힘들다. 인터넷에는 2006년 여름에 수집했다는 고구려 계통 호문(弧文)토기조각의 사진이 올라 있는데 그것이 사실이라면 6세기 말경에 있었던 것으로 추정되는 온달의 남방원정에 대한 수수께끼를 푸는 데 결정적인 단서가 될 것이나, 그 또한 온달산성에 고구려 군대가 주둔했던 사실만을 입증할 뿐 조사가 제대로 이루어지지 않은 상태로 지표에서 수집된 유물만 가지고 축성주체를 단정할 수는 없는 일이다. 축성 주체에 대한 의문 말고도 온달산성은 역사적으로 매우 중요한 수수께끼를 품고 있다. 바로 고구려 장군 온달의 남방원정과 관련된 것이다. 《삼국사기》에는 온달이 영양왕 시기에 계립현과 죽령 서쪽의 옛 땅을 회복하기 위해 출정

남한강변에서 바라본 온달산성. 왼쪽에 보이는 산 정상의 벌목된 부분이 바로 온달산성이다. 죽령 서쪽 지역을 탈환하기 위해 강원도 내륙지역으로 남하해 온 온달이 험악하기 그지없이 이 산성 아래에서 전사함으로써 고구려의 고토회복계획은 일단 좌절되었다. 하지만 이후 계속된 원정으로 고구려는 중원통로의 북단을 포함하는 옛 영토의 일부를 탈환하며 신라를 궁지에 빠트렸다. 그 때문에 군대가 분할된 신라는 고구려의 남부군이 완전히 소멸되는 629년까지 백제의 맹공을 제대로 막아낼 수 없었을 뿐 아니라 진흥왕 때 점령했던 북방 영역 대부분을 다시 고구려에게 빼앗기게 된다.

온달산성에서 내려다본 남한강. 좌측 하류 쪽이 고구려의 남부 수도 역할을 했던 국원성 방면이며, 우측으로 거슬러 올라가면 남한강 최상류인 영월 동강이 나온다. 오른쪽 다리 건너로 보이는 마을은 영춘면 소재지로 온달의 군대가 신라군과 전투를 벌인 장소로 추정되는 곳이다.

했다가 아단성 아래에서 화살을 맞아 전사한 것으로 기록되어 있는데 아단성을 고구려 을아단 지역이던 영춘면의 온달산성으로 보는 주장과 서울시 광진구의 아차산성이라고 보는 주장이 팽팽히 맞서고 있어 그렇지 않아도 불명확한 점이 많은 고대사 연구에 난해한 과제가 되고 있다. 두 주장의 요지를 간단히 설명하면 우선 온달산성으로 보는 학자들의 경우 을아단이라는 지명 외에 영춘면 지역에 온달과 관련된 지명 및 전설이 구체적인 줄거리와 함께 전해 내려오며, 또한 온달이 죽령과 계립령 서쪽 지역을 목표로 삼았던 사실과 신라가 한강하류 지역에 대규모 병력을 배치하고 있던 당시 상황으로 볼 때 고구려군은 신라군의 보급 및 통신선을 차단하기 위한 우회기동으로 강원도 내륙을 통해 단양 지역으로 접근하여 조령과 죽령을 차단하려 했을 것이기 때문에 당연히 온달의 전사지는 온달산성이라고 주장한다. 반면 아차산성을 아단성으로 보는 학자들은 아단성을 아차성의 오기로 보고 두 성을 같은 성이라고 주장하는 한편, 당시 고구려와 신라의 전투가 한강 하류를 중심으로 전개되고 있었으며 아차산성에서 한강을 건너 남양주-이천-충주 방면으로 내려가면 곧바로 조령에 닿기 때문에 굳이 강원도 지역으로 우회할 이유가 없어 온달은 현재의 서울 북동부 지역으로 남하하다가 광진구 아차산성 아래에서 전사한 게 틀림없다고 주장한다. 두 주장 모두 나름대로 설득력을 가지고 있으며 구체적인 근거까지 제시하고 있는 탓에 어느 쪽이 옳은 것인지를 판단하기 힘들다. 최근에는 명칭에 대한 절충안이 등장하고 있는데 두 성이 모두 아단성으로 불린 것은 맞지만 온달산성, 즉 을아단성의 경우 '을'이 '위'를 의미하므로 '윗아단'으로 해석되며 이것은 곧 '한강 상류에 위치한 아단성'이고 아차산성은 원래의 아단성이자 '한강 하류에 위치한 아단성'이라는 것이다. 하지만 명칭에 대한 절충안을 주장하는 학자들은 온달산성을 온달이 전사한 바로 그 아단성으로 보며 필자 역시 단양 온달산성을 온달의 전사지로 보는 주장과 그 근거들을 지지한다. 특히 온달의 군대가 강원도 내륙으로 우회하여 단양 쪽으로 남하했다는 주장의 경우 당시 고구려가 지향했던 목적과 목표, 그리고 전통적으로 우회기동에 의한 차단 및 포위작전을 즐겨 사용했던 고구려 군대의 특성을 감안해 보건대 거의 사실에 근접한 주장으로 생각된다. 이미 수많은 전쟁을 겪었을 온달이 성공가능성이 희박한 한강 하류로의 정면공격을 감행하였을 것 같지는 않기 때문이다. 물론 온달의 남방원정은 지휘관인 온달 자신이 사망함으로써 실패했다. 하지만 그 원정으로 고구려가 다시 강원도 내륙지방을 장악하였고 이후 계속된 공격을 통해 죽령과 조령 지역을 차단하여 신라를 위기에 몰아넣었음을 암시하는 증거들은 사서 곳곳에 나타나 있다. 그러나 주장은 주장이며 추측은 추측일 뿐 진실은 아직 멀리 있다. 온달산성을 둘러싼 수수께끼는 본격적인 발굴조사가 진행되어 다수의 유물이 출토되더라도 여전히 논란이 있을 것이다. 온달산성 주변 지역에는 면위실(免危室), 장군목, 대진목, 방터, 성재고개, 말등, 군간 등 단기전이 아닌, 장기간에 걸친 전쟁이 있었음을 암시하는 지명들이 집중되어 있고, 온달산성에서 멀지 않은 사지원리에는 온달의 무덤으로 전해 오는, 고구려 적석총을 빼닮은 '태장이묘'가 존재하고 있어 의문의 해답은 온달의 전사지를 밝혀내는 것만으로 구해질 일이 아니다. 그가 어디를 거쳐 언제 그곳에 도달하였으며, 언제까지 있었고, 그의 죽음 이후에는 무슨 일이 일어났는지를 파악해야만 <삼국사기 온달전>에 적혀 있는 몇 줄의 수수께끼 같은 기록에 대한 의문이 비로소 풀리게 될 것이기 때문이다.

적성에서 온달산성까지 도달하는 가장 빠른 방법은 역시 남한강을 거슬러 오르는 것이다. 그러나 온달이 신라군의 그러한 행위를 예상 못했을 리는 없다. 사진 오른쪽에 보이는 다리는 '군간교(軍看橋)'라고 하는데 당시 온달이 남한강 수로를 감시하기 위해 초병을 배치한 데서 그 지명이 유래되었다는 이야기가 전해져 온다. 다리가 생기기 전, 원래 저 자리에는 나루터가 있었다고 한다.

오랜 세월에 걸친 자연의 침식에도 불구하고 여전히 버티고 서서 그 견고함을 자랑하고 있는 온달산성의 동벽. 온달산성은 지형의 굴곡에 관계없이 수평을 유지하며 쌓았는데, 이러한 공법은 매우 난이도 높은 기술로 당시의 토목기술이 오늘날에 비해 손색이 없음을 알려 준다.

온달산성의 수구(水口). 성내에 내린 빗물을 한군데로 모아 밖으로 배출하는 수구는 모든 산성에 필수적인 설비였다. 만약 수구가 없다면 성벽 아래에 모인 빗물이 기초를 침식하여 성이 붕괴할 수 있기 때문이다. 점판암을 가공하여 층층이 쌓아올린 성벽의 형태가 자세히 보인다.

백제의 역습

무왕은 그해 음력 10월에 대규모 군대를 동원해 충북 괴산 지역에 있는 가잠성(椵岑城)을 공격했다. 전투는 치열했지만 일방적이었고 백제군은 순식간에 가잠성을 포위했다. 놀란 신라의 지도부는 즉시 상주(上州), 하주(下州), 신주의 군대로 백제군을 공격하도록 했지만 그들 역시 백제군의 기세에 눌려 변변히 싸워보지도 못하고 물러났다.

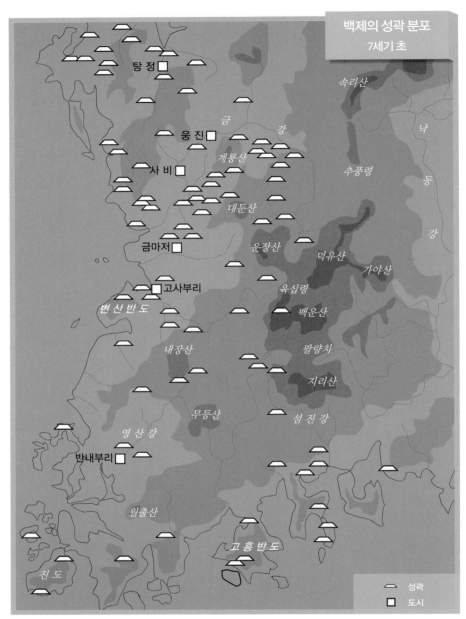

백제의 성곽 분포
7세기 초

탕정

속리산

낙

금   강

웅진

계룡산

사비

추풍령

동

대둔산

강

금마저

운장산

덕유산

가야산

고사부리

육십령

변산반도

백운산

내장산

팔량치

지리산

무등산

섬진강

영산강

반내부리

월출산

고흥반도

진도

⌒ 성곽
□ 도시

무왕 통치 시기의 백제 성곽들. 그 대부분이 수도인 사비 주변과 백제 영내로 통하는 육상 교통로 및 하천 유역을 따라 밀집되어 있다. 무왕은 관산성전투 이후 신라에게 빼앗긴 주도권을 회복하기 위해 신라 국경 지역을 빈번하게 침공하면서도 성곽의 축조와 정비에 노력을 집중하여 숙적 신라가 감히 넘볼 수 없는 굳건한 방어벽을 구축했다.

혜왕(?~599)
백제 제28대 왕. 이름은 계
(季). 재위 598~599.

법왕(?~600)
백제 제29대 왕. 이름은 선
(宣). 재위 599~600.

무왕(?~641)
백제 제30대 왕. 이름은 장
(璋). 재위 600~641.

　*혜왕과 *법왕 시기의 정치적 혼란을 수습하고 왕위에 오른 백제의 *무왕은 20년 동안 추진된 야심에 찬 계획의 성과를 바탕으로 마침내 본격적인 신라 공략에 나섰다. 무왕은 생각이 깊고 신중한 인물이었다. 그는 공격전에서는 적이 사전에 이쪽의 의도를 간파할 가능성이 큰 대대적인 정면공격보다는 짧은 준비기간을 통해 전격적으로 치고 빠지는 기습전을, 그리고 방어에서는 상대의 의표를 찌르는 역습을 선호했다. 602년, 무왕은 우선 아막성阿莫城을 공격했다. 아막성은 지리산 서쪽에 위치한 지금의 전라북도 운봉 지역으로 신라는 이를 모산성母山城이라고도 불렀다. 원래 대가야의 요새였던 아막성은, 금강 이북에서 영산강 이남까지 길게 늘어진 백제의 육상교통로를 견제하는 위협적인 존재일 뿐 아니라, 거대한 자연 장애물인 지리산 일대를 장악하여 신라가 쉽게 돌파할 수 없는 완충지대를 확보하려면 반드시 점령해야 할 전략적 목표물이기도 했다. 하지만 아막성 전투는 싱겁게 끝이 났다. 사서에는 백제군의 기습에 맞서 신라 진평왕이 정예기병 수천 명을 보내 이를 물리쳤다고 기록되어 있는데, 사상자에 대한 기록이 없는 것으로 보아 백제군은 스스로 후퇴한 것 같다. 신라의 대응 속도를 알아보려는 탐색전이었을지도 모른다. 그러나 신라 쪽에서는 그것을 본격적인 공격의 징후로 판단하면서 적극적으로 대응했다. 그해가 가기 전에 신라는 소타小陀, 외석畏石, 천산泉山, 옹잠甕岑 등 4성을 쌓았다. 40년 전 신라에 흡수된 대가야의 요새를 개축했을 것으로 생각되는 그 성곽들은 아막성으로 통하는 안정적인 교통로 확보를 위해 낙동강 방면으로부터 지리산에 이르는 통로를 따라 배치되었을 것으로 추정된다. 그것은 물론 신라 역시 언제든 백제를 침공할만한 힘이 있음을 보여줌으로써 지리산을 넘어 옛 가야 지역으로 진출하려는 무왕의 의도를 사전에 좌절시키기 위한 무력시위였다. 하지만 전투는 없고 계략만 있었던 이 두 사건은 서로를 자극해 관산

◆ 백제의 역습 ◆

성 이후 최대규모의 전투로 비화되는 계기가 되고 만다.

신라의 행위를 자신에 대한 시험이자 백제에 대한 협박으로 받아들인 무왕은 망설이지 않고 좌평 해수解讎에게 4만 명이나 되는 대군을 주어 신라가 새로 건설한 요새들을 무력화하도록 했다. 동원된 병력의 규모로 보아 무왕은, 관산성전투 당시와는 비교할 수 없을 만큼 퇴락한 신라군의 요새방어선을 뚫을 수 있다는 확신을 가지고 있었던 것이 분명하다. 4만 명이면 과거 성왕이 관산성을 공격할 때 동원한 순수 백제군 병력의 두 배를 넘는 규모로 당시 죽령 이남의 신라 지역에는 그에 대응할 만큼의 병력이 없었다.

구름에 잠긴 지리산. 대가야를 멸망시킨 신라가 현재의 남원 지역인 아막성에 교두보를 구축하고 남쪽에서 백제의 중심지를 위협하게 됨으로써 지리산은 두 나라의 새로운 전장으로 등장하게 된다. 비록 아막성 공격은 실패로 돌아갔지만 무왕은 지리산 서쪽에 여러 개의 요새를 건설하여 신라의 접근을 막는 동시에 과감하고도 직접적인 공격을 병행하여 장래에 있을 거대한 전쟁을 예비했다. 무왕의 착실한 준비 덕분에 백제는 의자왕 때에 이르러 마침내 지리산을 돌파하는 데 성공하면서 신라의 중심부로 접근하는 또 하나의 통로를 확보한다.

섬진강은 지리산과 함께 백제와 신라의 남부 국경을 이루는 자연장애물이다. 남도 특유의 아름다운 풍광을 자랑하는 이 강은 마한과 대가야, 백제에게 차례로 영위되며 대외 교역 및 군사 목적으로 사용된, 전략적으로 그 중요도가 매우 높은 교통로이다. 대가야의 멸망 이후 혼란스럽던 섬진강 하류 지역은 7세기 초 덕유산-지리산-섬진강을 잇는 양국 국경선의 일부가 되었다.

공세 초기의 상황은 병력의 우세와 기습의 효과를 등에 업은 백제의 의도대로 전개되었던 것 같다. 그렇게 생각되는 이유는 이 전쟁에서 가장 큰 전투가 벌어진 천산성의 위치가 당시로써는 신라의 후방 깊숙한 지역인 현재의 경남 창녕군에 있는 화왕산성으로 추정되기 때문이다. 《삼국사기》에는 물론 지금까지도 천산성은 위치미상의 지명으로 남아 있다. 그러나 다음 몇 가지 이유로 천산성은 화왕산성에 비정할 수 있다. 천산을 글자 그대로 해석하면 샘이 있는 산을 의미하는데, 화왕산은 낙동강으로 흘러드는 3개 하천의 발원지로 '샘이 있는 산', 즉 천산으로 불렸을 개연성이 충분하다. 화왕산 자락에 옥천사지玉泉寺址와 옥천리玉泉里 등 샘을 의미하는 지명들이 있는 이유도 그와 무관하지 않을 것이다. 또한, 가야시대에 축조되었을 것으로 추정하는 화왕산성은 산 정상부

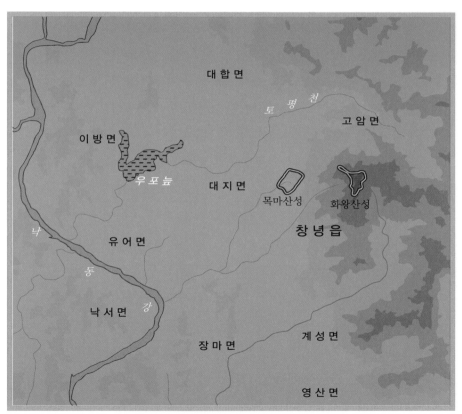

경남 창녕의 화왕산성과 주변 지도. 백악기 말의 화산활동으로 생성된 화왕산 고위평탄면 상에 유서 깊은 화왕산성이 있고 그 서쪽에 거대한 우포늪이 보인다. 천산성전투의 상황에 어울리는 배치이며, 특히 화왕산(756.6m)과 화왕산성은 천산, 그리고 천산성이라는 이름에 부합할 만한 지형적 특징을 가지고 있다. 원래 가야의 영역이었던 창녕은 신라의 전성기를 이룩한 진흥왕이 다녀가면서 창녕비를 세울 만큼 신라에게는 큰 의미를 지닌 지역이었다. 가파른 화왕산 정상에 위치한 화왕산성은 성벽 길이가 2.6㎞, 성내 면적은 18만 5,724㎡인 중간급 산성이지만 내부가 평탄하고 수자원이 풍부하기 때문에 많은 병력이 장기간 주둔하는 데 무리가 없는, 매우 훌륭한 입지조건을 가지고 있다.

◆ 백제의 역습 ◆

에 자리하고 있음에도 성내에 아홉 개의 샘과 세 곳의 연못이 있던, 수자원이 매우 풍부한 곳이다. 산성 자체가 천산성으로 불릴 만한 입지조건을 가지고 있는 것이다. 하지만 무엇보다도 화왕산성을 천산성으로 비정할 수 있게 하는 요인은 화왕산 서쪽에 위치한 "우포牛浦 늪' 의 존재이다. 《삼국사기》에는 천산성전투의 최종단계에 해수가 '군대를 이끌고 퇴각하여 천산 서쪽의 대택에 매복하고 신라군을 기다렸다引軍退於泉山西大澤中伏兵以待之'라고 기록되어 있다. 《신증동국여지승람》에 '누구택樓仇澤'으로 표기되어 있는 우포늪은 바로 화왕산성의 서쪽에 위치하며, 당시에는 지금보다도 더 거대한 모습으로 존재하고 있었다. 《삼국사기》의 '대택大澤' 역시 호수나 연못이 아닌 '큰 늪지대'를 의미하는 말로 해석된다. 천산성전투에서 패배하고 퇴각하는 백제군을 추격하던 신라기병들이 매복공격을 받고 늪지대로 몰린 채 포위되어 전멸 직전까지 갔던 상황이 〈삼국사기 귀산전〉에 분명히 기록되어 있기 때문이다. 또한, 당시 백제가 동원한 4만 병력이 아막성과 같은 작은 요새를 공격하기에 너무 많은 숫자라는 점도 천산성전투가 벌어진 장소를 창녕 지역으로 지목하는 데 하나의 실마리를 제공한다. 백제는 이전에도 이후에도, 국경을 넘어 적진 깊숙이 침투하여야 하는 대규모 침공전이 아니라면 결코 그처럼 많은 병력을 동원한 적이 없었다. 당시 백제가 신라의 깊숙한 곳, 낙동강 건너편에 위치한 화왕산성을 공격했다 하더라도 전혀 이상할 게 없는 이유이다.

본론으로 돌아가자. 당시 백제군의 목적이 천산성의 점령 및 계속적인 점유가 아니었음은 명백하다. 교통선 확보와 측후방의 안전을 위해 많은 병력이 필요한 데다, 보급선의 유지에 치명적인 장애물인 낙동강을 건너 신라 영내 깊숙한 곳에서 장기간 전투를 수행하기란 불가능하기 때문이다. 따라서 무왕의 의도는 〈백제본기〉의 기록대로 신라의 요새들을 무력화하여 적의 의도를 좌절시키는 한편, 아막성

우포늪
경남 창녕군 대합면 주매리, 이방면 안리, 유어면 대대리 및 세진리에 걸쳐있는 국내 최대의 내륙습지. 우포, 목포, 사지포, 쪽지벌 등 4개 늪으로 구분되며 1998년 3월 '람사협약 보존습지'로 지정.

전쟁의 시대

회랑지대(Corridor)
국경선이나 자연지형 등의 영향으로 인해 좁고 길게 형성된 교통로.

배수의 진
배수진(背水陣). 하천을 등 뒤에 두고 설치한 진영. 결사적인 각오로 전투에 임할 때 사용됨.

과 그 주변에 주둔한 신라 병력에게 지리산 동쪽으로 이동하도록 압력을 가함으로써 앞으로 있을 백제군의 본격적인 남부 지역 공략에 장해가 될 만한 요소들을 사전에 제거하는 데 한정되었을 것이다. 더구나 당시 백제군이 천산성으로 향할 수 있는 루트는 극히 제한적이고 위험했다. 지리산 통로는 아막성에 차단당한 상태이며, 거창과 합천 등지에 신라군의 강력한 요새들이 밀집되어 있는 탓에 덕유산 방면에서 남하하는 것도 불가능했다. 백제군이 비교적 안전하게 신라 영내로 진입할 수 있는 방법은 지리산 서남쪽에서 출발하여 섬진강 하류를 도하한 뒤, 신라군의 방비가 상대적으로 허술한 데다 평탄한 지형을 가진 남강 남안의 *회랑지대를 통해 북동쪽으로 완만하게 우회하는 것뿐이었다. 물론 당시 신라와 백제 간의 경계선 역할을 했을 것으로 추정되는 섬진강을 건넌 이후에는 *배수의 진을 친 것과 마찬가지여서 만일 첫 번째 목표에 도달하기도 전에 신라군에게 발각될 경우 즉시 회군한다는 지침도 세워져 있었을 것이다. 어쨌든 그 원정은 애초부터 4만이나 되는 백제 병사들의 목숨을 담보로 한, 거의 도박이라고 보아야 할 계획이었다. 하지만 앞서 말한 바와 같이 그 도박은 매우 성공적으로 진행되었다. 백제군은 전진로 상에 있던 몇 개의 불운한 신라군 요새를 점령하면서도 전투력을 거의 온전하게 유지한 채 천산성에 도달했던 것으로 보이기 때문이다. 만약 그렇지 않았다면 백제군은 감히 낙동강을 건널 수 없었을 것이다. 그러나 도박이란 성공할 확률보다는 실패할 확률이 더 높은 법이다. 도박판의 속담처럼 초반에 거둔 백제군의 성공은 더 큰 실패를 위한 운명의 속임수일 뿐이었다.

　기습의 효과를 등에 업은 데다 사기도 드높고 병력도 우세했던 백제군에게 결핍된 단 하나의 요소는 시간이었다. 낙동강을 건넌 다음부터 시간은 백제군에게 매우 한정된 자원이 되었다. 그들은 수도 금성에서 동원된 신라군 증원 병력이 도달하기 전에 천산성 공략을 마무리 지어야 했다. 천산성을 장기간 점령할 수는 없을지라도 일단 그 안에 있는 병력을 무력화시키고 신라인들에게 공포심을 심어주는 일은 중요했기 때문이다. 그러나 험난한 화왕산 정상의 *고위평탄면에 위치한 천산성을 공략하는 것은 쉽지 않은 일이었다. 신라군의 저항은 거셌고 백제군의 시간은 빠르게 흘러갔다. 그리고 시간이 갈수록 승리는 점점 멀어지고 패배의 검은 그림자가 그들의 등 뒤로 빠르게 엄습해 왔다.

고위평탄면
해발고도가 높은 곳에 평탄한 지면이 넓게 펼쳐진 지형.

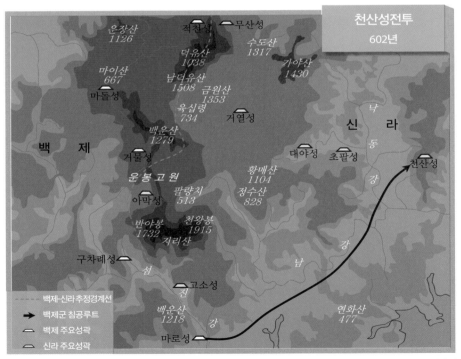

천산성전투 당시 백제군의 추정 이동로. 천산성을 화왕산성으로 비정할 경우, 당시 백제군이 선택할 수 있는 루트는 섬진강 하류에 위치한 최전방 요새인 마로성 방면에서 섬진강을 도하한 뒤 평탄한 지형이 계속되는 남강 남안의 회랑지대를 지나 북동진하는 길뿐이었다. 이 통로를 이용하면 낙동강까지 자연장애물이 거의 없어 신속한 행군이 가능할 뿐 아니라, 지리산-덕유산 라인에서 낙동강까지 이어지는 험난한 지형과 그것에 의지한 신라군의 요새들을 우회할 수 있다.

파진찬
신라 17관등 중 제4등급. 해간(海干), 파미간(破彌干)이라고도 함.

원광법사(542~640)
신라 진흥왕~선덕여왕 시기에 활동한 불교 승려. 중국에서 유학하고 돌아와 신라에 대승불교를 전파함.

세속오계
원광법사가 설파한 화랑의 기본 실천덕목. 유교와 불교의 기본사상이 융합되어 충·효·신의·용맹·자비를 강조하는 내용으로 구성됨.

전세는 순식간에 반전되었다. 한창 전투가 진행되고 있을 때 °파진찬 건품乾品과 이찬 무은武殷이 인솔하는 신라군이 도착했던 것이다. 결국 해수의 군대는 신라군에게 안팎으로 역포위되는 진퇴양난의 궁지에 몰리고 말았다. 하지만 무왕이 총애하는 좌평 해수는 훌륭한 지휘관이었다. 그는 기적적으로 포위망을 뚫고 평지로 내려오는 데 성공했을 뿐 아니라 우포늪 주변의 복잡한 지형 속에 병력을 매복시켜 다시금 반전할 기회를 노리는 침착함을 발휘했다. 그리고 급한 마음에 주력부대보다 너무 앞서서 백제군을 추격하던 무은의 기병대 1천 명을 기습해 궁지에 빠뜨리는 데 성공한다. 그것은 일대 학살이었다. 〈백제본기〉와 〈귀산전〉 등에 언급된 대로 늪지대에 갇혀 버린 신라 기병들은 처참하게 궤멸되어 갔다. 치열한 백병전이 벌어지는 사이 지휘관인 무은마저 백제군의 갈고리에 걸려 말에서 떨어질 정도였다. 하지만 신라군은 포기하지 않았고 시간은 끝내 백제군의 편이 아니었다. 당대의 대표적인 화랑으로 °원광법사에게 °세속오계를 직접 전해 받았던 귀산貴山과 추항箒項은 백제군의 칼을 맞아 온몸이 만신창이가 되었어도 끝까지 저항하며 주력부대가 도착할 때까지 백제군을 붙잡아 두었다. 결국 이찬 무은의 아들이기도 한 귀산과 그의 친구 추항은 전사하고 말았지만 신라군 주력이 전투에 합류하자 장시간의 공방전에 지친 백제군은 더 이상 버틸 수 없었다. 서쪽으로 밀려난 백제군은 궤멸적인 타격을 입은 채 낙동강을 건너 퇴각했다. 그리고 모든 게 끝났다. 백제와 신라 쌍방에서 수만의 군대가 동원되고, 천산성에서 낙동강에 이르는 광활한 평원을 양쪽 병사들의 피로 붉게 물들인 거대한 전투는 신라군의 승리로 종결되었다. 하지만 기뻐할 일이 아니었다. 전투의 결과, 네 개의 요새를 발판으로 백제의 남부 지역을 공략하여 서남해로 진출하려던 신라의 의도는 영원히 좌절되었다. 그 요새들을 축조하는 데 들어간 노력이 모두 물거품이 되어버린 것은 물론이다. 또한 신라는 아막성전투 이후 지리산 서쪽에 계속 주둔하고 있던 병력 중 대부분을, 순식간에 유린당한 후방 지역의 안전을 위해 낙동강 가까이로 이동시킬 수밖에 없었다. 천산성전투에서 발생한 막대한 피해로 예비 병력마저 고갈된 신라는 무서운 현실이 되어 나타난 백제의 위협 앞에서 아무 것도 할 수 없는 상황에 처하게 된 것이다.

그러나 백제에게도 그것은, 비록 신라인들을 공포로 몰아넣고 신라군을 소모시키는 것에는 성공했지만 분명 관산성의 패전 못지않은 비극이었다. 《삼국사기》의 '좌평 해수가 홀로 돌아왔다.'는 기록은 지나친 과장일 것이다. 하지만 백제는, 자신들이 그 전투를 통해 얻은 이익에 비해 터무니없이 많은 희생을 치렀다는 사실을 부정할 수 없었다. 그것은 분명한 실패였다. 하지만 그 실패는 다시 강국이 되어가던 백제에 큰 교훈을 주었다. 무왕은 아직 때가 아님을 깨달았다. 그는 자신의 조급함을 나무라고 패배의 원인을 면밀히 분석하는 한편, 605년 °각산성角山城을 쌓는 것을 시작으로 축성작업을 재개했다. 또한 서방을 통일한 수隋에 접근하여 북방의 적 고구려를 압박하도록 유도해 본격적인 신라 공략을 위한 환경을 조성해 나갔다. 반면 신라는 이듬해부터 재개된 고구려의 공격을 막아내느라 백제를 견제할 수 없었다. 더구나 고구려가 온달의 원정 이후 남한강 상류 지역을 회복하여 중원통로를 위협하게 되자 아직 방어체제를 확립하지 못한 한강 하류 지역의 신라군은 고립될 위험에 처하게 되었다. 견디다 못한 신라는 수나라에 °걸사표乞師表를 올려 고구려를 공격할 것을 요청했다. 그러나 이를 알게 된 고구려는 대대적인 침공을 감행해 포로 8천 명을 잡아가고 조령 이남 지역에 있었던 것으로 추정되는 °우명산성牛鳴山城을 점령해 버렸다. 수나라가 611년에 고구려를 침공하기 위해 군대를 동원하기 시작했어도 신라는 안심할 수 없었다. 만약 전쟁이 고구려

각산성
위치 미상. 전북 임실군 관촌면에 있는 성미산성(城媚山城)으로 추정하기도 함.

걸사표
군대의 출동을 애걸하는 서신.

우명산성
위치 미상.

전쟁의 시대

적암성
위치 미상.

가잠성
충북 괴산군 칠성면에 있던 성으로 추정.

상주(上州)
신라의 광역행정구역. 현재의 상주시를 중심으로 경북 서북부 지역에 설치됨.

하주(下州)
신라의 광역행정구역. 경남 대부분과 경북 일부 지역을 관할함. 원래는 창녕 지역에 그 통치중심이 설치되었으나 565년에 현재의 경남 합천으로, 642년에는 다시 경북 경산으로 이동함.

의 승리로 돌아간다면 수나라를 부추긴 신라에게 반드시 보복할 것이기 때문이었다. 어쩔 수 없이 신라는 이곳저곳에서 병력을 빼내 북부 국경에 집중 배치하고 수나라가 고구려를 꺾어주기만을 기다렸다.

하지만 신라군 주력이 한강유역에 묶이게 된 일은 백제에게 더 바랄 게 없는 절호의 기회를 제공했다. 더구나 백제는 바로 그 해에 °적암성赤嵓城을 쌓는 것을 마지막으로 신라를 공격하기 위한 준비를 마무리 지었다. 이후 무왕이 죽을 때까지 백제가 성을 쌓았다는 기록은 찾아볼 수 없다. 어쨌든 무왕은 그해 음력 10월에 대규모 군대를 동원해 충북 괴산 지역에 있는 °가잠성椵岑城을 공격했다. 전투는 치열했지만 일방적이었고 백제군은 순식간에 가잠성을 포위했다. 놀란 신라의 지도부는 즉시 °상주上州, °하주下州, 신주의 군대로 백제군을 공격하도록 했지만 그들 역시 백제군의 기세에 눌려 변변히 싸워보지도 못하고 물러났다. 북부 국경의 주력을 빼낼 수 없는 탓에 3주의 군대를 동원했다는 것은 허세일 뿐, 최소한의 병력을 동원한 수동적인 행동에 불과했기 때문이었다. 심지어 이때 3주의 군사를 지휘한 장군의 이름조차 언급되지 않은 것으로 보아 신라의 명장들은 모두 한강 하류 지역에 있었던 것이 분명하다. 그런 와중에도 가잠성 현령 찬덕讚德은 100일을 넘게 버텼다. 하지만 해가 바뀌도록 구원군은 오지 않았다. 조령 및 남한강과 인접한 가잠성은 반드시 지켜내야 할 전략거점이었지만 고구려에 대한 신라의 두려움이 북부 국경의 주력을 빼내지 못하게 했다. 결국 식량과 물이 떨어지고 병사들의 체력마저 고갈되자 찬덕은 백제군을 향해 돌격하다 전사하고 만다. 이 돌격을 마지막으로 신라 병사들은 투항하고 성은 함락되었다. 완벽한 패배였다. 이 전투의 결과로 신주 군대의 고립은 더욱 심화되었지만 신라는 그 이후에도 가잠성을 회복하려는 시도를 하지 못했다.

사상 최대의 전쟁

결심을 굳힌 양제는 고구려 원정이 국가의 운명을 건 모험이며 도박이라는 사실 따위
는 무시했다. 지상의 모든 것 위에 군림하는 지배자인 자신이 마음만 먹으면 고구려
는 이미 멸망한 것이나 다름없다고 생각했다. 그는 자신의 손아귀에 들어온 거대국가
수나라의 힘을 믿었다. 땅은 바다만큼 넓고 물자와 사람은 얼마든지 있었다.

진(557~589)
양나라 장군 진패선(陳覇先)이 건국한 남조의 마지막 왕조.

토욕혼(283~663)
전연 왕족 모용토욕혼(慕容吐谷渾)(?~317)이 세운 나라. 현재의 중국 청해성과 감숙성 남부를 장악하고 티베트고원에서 큰 세력으로 성장하였지만 신흥강국 토번에게 멸망함.

돌궐
투르크(Turk). 원래는 알타이산맥에서 유목에 종사하던 종족이었지만, 6세기 중엽 이리가한(伊利可汗) 통치기에 유목제국 유연을 멸망시키고 중앙아시아에서 몽골고원에 이르는 광범위한 지역을 장악하여 거대제국을 형성함.

수륙군
수군과 육군.

동방에서 삼국이 생존을 위한 각축전에 여념이 없는 사이 서방에서는 장차 거대한 폭풍으로 발전하여 동아시아를 뒤흔들 회오리바람이 일고 있었다. 581년, 북주 황실의 외척이자 상급귀족인 양견楊堅은 사위인 정제靜帝로부터 정권을 찬탈한 뒤, 589년에는 남조의 °진陳을 멸망시킴으로써 동진의 남천 이후 317년을 이어온 기나긴 분열 상태에 종지부를 찍고 마침내 화남과 화북을 아우르는 통일 정권 수나라를 수립한 것이다. 수는 비록 과도적이고 단명한 국가였지만 그동안 남북조의 혼란 속에서 안주하던 주변국가에 미친 영향은 가히 충격적이었다.

개국 초기, 문제는 우선 통일전쟁의 혼란을 수습하기 위해 내치에 힘을 쏟는 한편 주변 국가들에 대해서도 방어적인 자세를 취했다. 그는 긴축재정을 통해 경제를 안정시키고 장성을 개축하여 돌궐의 침입에 대비하면서 수에 대한 조공을 거부한 고구려에 대해서도 조심스러운 자세를 취했다. 그러나 수의 대외정책은 어느 정도 내치가 안정되고 국가의 틀이 갖추어지자 공세적으로 돌변했다.

수 문제는 우선 서쪽의 강력한 전사국가 °토욕혼吐谷渾과 북방 초원의 패자로 등장한 °돌궐突厥을 공격하여 당분간 재기할 수 없을 정도로 타격을 가한 뒤, 사대를 거부하고 자신을 무시한 고구려를 멸망시킬 준비에 착수했다. 하지만 견고한 국가체제와 정연하고도 강력한 군사력을 보유한 고구려는 돌궐이나 토욕혼과는 다른 차원의 강적이었고 그 사실을 잘 알고 있던 문제는 신중하지 않을 수 없었다. 그는 한왕漢王 양량楊諒과 왕세적王世績에게 원정을 위한 °수륙군 30만을 편성토록 지시하는 한편, 이런저런 구실로 고구려에 수차례 사신을 파견하며 요동의 지리와 동정을 살피는 등 매우 조심스럽게 행동했다. 그러나 그 요란스럽고 수상한 상황은 곧 고구려의 정보망에 포착되었고, 위협을 느낀 고구려는 598년, 말갈병 1만으로 요서를 공격함으로써 수나라에 확실한 경고의 메시지를 전했다. 자신의 의도를 간파당하고 선제공격까지 당한 문제는 분노를 참지 못하고 그해 여름에 미처 준비도 되지 않은 군대에게 동쪽으로 진군할 것을 명령했다. 고구려에 대한 수나라의 1차 침입이다.

그러나 수륙 양면으로 30만이라는 대군이 동원된 이 598년의 침공은 어이없게도 고구려 땅을 밟아보지도 못한 채 끝나고 말았다. 여름철에 만연한 전염병과 준비부족으로 인한 기아, 그리고 전에 없던 악천후로 인해 공격군 대부분이 행군 도중 주저앉고 만 것이다. 결국 이 불가항력적인 사건 때문에 애꿎은 지휘관들이 곤욕을 치르는 것으로 수의 1차 침공은 싱겁게 종료되었고 전투도 없이 원정군이 전멸당했다는 비보를 접하면서 넋이 나가버린 문제는 '전쟁에서 승리한' 고구려의 화친제의를 수락할 수밖에 없었다. 그리고 현명하게도 죽을 때까지 다시는 고구려를 공격하지 않았다. 하지만 신흥강국 수나라의 무시할 수 없는 능력을 실감한 고구려 영양왕은 혹시 있을지 모를 양면전쟁의 위험을 예방하기 위해 수나라를 부추긴 백제를 공격해 응징하는 한편, 603년에 장군 고승에게 북한산성을 공격하도록 하여 신라에게 백제와 같은 생각을 가지지 말도록 경고했다. 그렇게 한숨 돌린 고구려가 긴장을 늦추지 않는 가운데 요동에는 짧은 평화가 이어졌지만 전쟁의 거대한 먹구름은 다시 동방의 하늘로 몰려오고 있었다.

604년, 수나라 문제가 의문의 죽음을 맞이하면서 새로운 황제로 등극한 °양제煬帝 양광楊廣은 어린 시절까지는 금욕적이고 총명했지만 황제가 되기 위해 형제를 살해할 만큼 잔인한 성격에 독단적이고 권력지향적인 인물이었다. 그는 권력이 안정되기 무섭게 만리장성을 개축하고, 북부의 °탁군涿郡과 남부의 °항주杭州를 잇는 연장 1,800㎞의 대운하 공사를 재개하였으며, °낙양에 또 하나의 수도 동경을 건설하

양제(569~618)
수나라 제2대 황제. 이름은 광. 재위 604~618.

탁군
현재의 중국 북경시 부근.

항주
현재의 중국 절강성 항주시.

낙양(洛陽)
현재의 중국 하남성 낙양시. 과거 동주(東周)·동한·위·서진 등의 수도.

는 등 엄청난 인력과 재력을 필요로 하는 토목공사에 몰입했다. 그 공사들은 나름 양제의 장기적인 국가 발전 전략 아래 실행된 것이다. 특히 대운하는 양자강과 황하를 연결시켜 긴 세월 동안 분열되었던 남북을 융합하고 하나의 경제권을 구성하는 데 큰 기여를 한 기념비적인 역사였다. 하지만 그 일련의 계획은 너무 성급하게 추진되었고, 대부분 백성의 노역과 세금을 쥐어짜내는 방식으로 진행되었기 때문에 내부의 반발이 고조되었다. 그러나 민중은 물론 상류층의 불만이 폭발 일보 직전으로 치닫고 있음에도 불구하고 양제는 또 하나의 무리한 계획을 실천에 옮기기 시작했다. 바로 고구려 원정이었다.

원정의 필요성은 고구려가 주변에서 유일하게 조공을 거부하여 자칭 황제국의 자존심을 긁어 놓은 것에만 있지는 않았다. 우선 건국 과정에서 군사적으로 탁월한 능력을 보여주었던 양제에게는 아버지 문제가 무너뜨리지 못한 고구려를 정복하는 일이야말로 수가 진정한 제국으로 우뚝 서기 위한 통과의례로 여겨졌다. 수 황실의 권위를 크게 실추시켰던 598년의 원정에서 받은 상처는 아물지 않고 수나라 사람들의 뇌리 속에 유령처럼 부유하고 있었다. 귀족들은 고구려가 마치 존재하지도 않는 듯 그 이름을 입에 올리기조차 꺼려했고, 그러한 두려움은 백성들 역시 마찬가지였다. 그것은 패배주의이며 용납할 수 없는 일이었다. 더구나 고구려는 5백여 년을 존속하면서 위기를 느끼면 언제라도 서방을 선제공격할 수 있음을 보여준, 겁도 없고 오만하며 위험한 국가였다. 하지만 양광을 부추긴 무엇보다 큰 이유는 고구려와 돌궐 사이에 조성되어가는 동맹의 움직임 때문이었다. 비록 초원으로 쫓아냈지만 돌궐은 여전히 위험한 존재였고, 그들이 고구려와 손을 잡는다면 수의 존재는 바람 앞의 등불이 될 수 있었다.

결심을 굳힌 양제는 고구려 원정이 국가의 운명을 건 모험이며 도박이라는 사실 따위는 무시했다. 지상의 모든 것 위에 군림하는 지배자인 자신이 마음만 먹으면 고구려는 이미 멸망한 것이나 다름없다고 생각했다. 그는 자신의 손아귀에 들어온 거대국가 수나라의 힘을 믿었다. 땅은 바다만큼 넓고 물자와 사람은 얼마든지 있었다. 611년 2월, 마침내 양제는 고구려 원정에 대한 조서를 내려 그 무한한 힘을 향해 대대적인 동원을 명령했다. 그리고 두 달이 지난 611년 4월, 각지에 흩어져 있던 제국의 정예 부대들과 새로 징집된 병사들이 현재의 북경 부근인 탁군에 집결하여 그 거대한 실체를 드러냈다. 사서의 기록에 의하면 이때 집결한 병력은 1,133,800명, 보급에 동원된 *치중병의 수는 그 곱절이라고 되어 있다. 당시까지 세계의 어떤 전쟁에서도 찾아볼 수 없던 이 엄청난 숫자는 당연히 고구려도 이전에는 경험해 보지 못한 대규모 병력이었다.

하지만 원정은 곧바로 실행되지 않았다. 그들에겐 훈련과 계획을 위한 시간이 필요했기 때문이다. 병력을 집결시켰으면서도 곧바로 진군하지 않는 것이 이상해 보일지 모르나 그것은 당시뿐 아니라 그 이전과 이후에 있었던 서방 국가들의 대규모 원정전쟁에서는 반드시 거쳐야 할 절차였다. 비록 말로는 수나라의 군대라고 하지만, 그 넓은 땅덩어리 구석구석까지 분산되어 있던 군대는 각 지방의 특색에 따라 편제와 무장, 그리고 전술마저도 제각각이었기 때문에 장기간의 훈련과 연습을 통해 통일된 운용에 적합한 전략 및 전술을 연마해야 했던 탓이다. 그리고 고구려가 바보가 아닌 바에야 벌써 수의 움직임을 눈치챘을 것이고, 그렇다면 기습이 아닌 전면전을 각오해야 하므로 그것에 타당한 계획도 수립해야 했다. 결국 탁군에 집결한 군대는 양제가 직접 주관하는 가운데 원정의 세부계획을 수립하고 훈련에 열중하며 그해를 보내야 했다. 그러는 동안 원하지 않는 전쟁에 동원되어 고향을 떠난 병사들은 지쳐가고 천문학적인 수량의 보급물자가 소모되었으며, 고구려는 남방에 있던 군대를 이동시키고 성벽을 수리하는

치중병
식량 등 보급품의 수송을 담당하는 병사.

등 만반의 준비를 갖춘 상태에서 수의 군대를 기다릴 수 있게 되었다. 그러나 일찍이 그 누구도 거느릴 수 없었던 대군을 눈앞에 둔 양제의 자신감은 날이 갈수록 커져만 갔다.

대부분의 수나라 병사들에게는 고국의 마지막 추억이 된, 탁군의 겨울을 보낸 원정군은 추위가 한풀 꺾이고 새싹이 움트기 시작하던 612년 봄 2월, 마침내 출발을 명령하는 황제의 조서를 접수했다. 고구려에 대한 갖가지 악의적인 욕설과 황제의 자만심이 뒤섞인 조서는 다음과 같은 말로 마무리되고 있었다.

우레와 같은 진군소리가 발해를 뒤덮게 하고, 부여를 지나 번개같이 휩쓸 것이다.

掩渤海而雷震 歷扶餘以電掃

명령을 받은 군대는 즉시 출발했다. 사서에는 당시 수나라 군대가 출진하던 모습이 다음과 같이 묘사되어 있다.

하루에 1군씩 보내 서로 40리를 떨어지게 하고 진영을 이어 점차로 나아가니 40일 만에 발진이 모두 끝났다. 앞뒤가 이어지고, 북과 나팔소리가 어울리고, 그 깃발은 960리에 뻗쳤다. 어영 안에는 12위, 3대, 5성, 9시를 나누어 소속시키고, 내-외-전-후-좌-우 6군을 그 뒤에 출발시켜 또 80리를 뻗쳤으니, 근고에 출사의 성대함이 이와 같은 것이 없었다.

日遣一軍 相去四十里 連營漸進 終四十日發 乃盡 首尾相繼 鼓角相聞 旌旗亙九百六十里 御營內 合十二衛三臺五省九寺分隷 內外前後左右 六軍 次後發 又亙八十里 近古出師之盛 未之有也

분명히 장엄하고 화려하기는 했을 것이다. 그러나 수나라 군대는 번개처럼 나아가지는 못했다. 말 그대로 병력이 발해를 뒤덮을 만큼 많았기 때문이다.

어쨌든 탁군을 떠난 원정군은 계속 진군하여 3월에는 고구려와의 경계인 *요수遼水에 이르렀다. 하지만 그곳에서도 번개와 같이 전진할 수는 없었다. 다리도 없는 강 건너편에 고구려 군대가 기다리고 있었기 때문이다. 양제는 강변에서 *부교 3조를 만들도록 하여 그것을 강물 위에 전개시켰다. 그런데 막상 펼쳐놓고 보니 길이가 조금 짧아 처음 도하를 시도한 부대는 병력 대부분을 잃고 후퇴하지 않을 수 없었다. 원정군은 부교를 회수하여 연장한 뒤에야 비로소 도하에 성공할

요수
요하의 다른 이름.

부교
일정한 간격으로 배나 뗏목 등을 띄워 놓고 그 위에 나무판을 깔아 만든 다리.

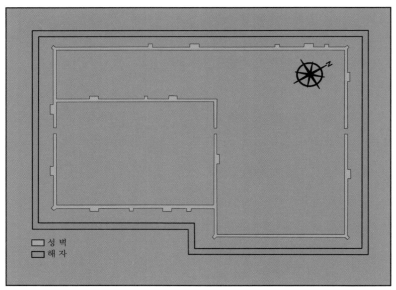

성 벽
해 자

평안남도 순천에 있는 '요동성총(遼東城塚)' 벽화 및 현지 지형을 참고하여 구성한 요동성 평면도. 평지성답게 성벽의 모양이 굴곡 없는 직선들로 이루어져 있다. 정확한 도면이라고 할 수는 없으나 성곽을 둘러싼 해자, 외성과 내성의 2중 구조, 바깥 벽면에 설치된 여러 개의 크고 작은 치와 각 모서리에 돌출한 각루(角樓) 등을 볼 수 있다. 현재의 중국 요령성 요양시에 비정되는 요동성은 전한시기부터 양평(襄平)으로 불리며 요동군의 치소 역할을 담당하다가, 4세기 초 미천왕 시기에 고구려의 손에 넘어가 오열홀(烏烈忽)로 그 이름이 바뀌면서 고구려 서부 국경지대의 중심도시가 되었다.

수 있었지만 이미 이틀이라는 귀한 시간을 소모해 버린 뒤였다. 수나라 군대의 의도를 파악한 고구려가 대책을 세우기에 충분한 시간이었다.

고구려는 요수 방어선을 돌파당했지만 그것은 의도된 전략 일부분일 뿐이었다. 수나라 군대가 고구려의 강과 골짜기, 그리고 요동 지역의 크고 작은 요새를 하나씩 돌파할 때마다 모든 수단과 방법을 사용하며 시간을 끌어 원정군의 최대 약점인 보급의 결핍을 유도하고, 마침내 적이 약해졌거나 철군하는 순간에 기습적인 반격으로 궤멸시키는 것, 그게 바로 고구려가 수립한 대응 전략의 핵심이었다. 하지만 여전히 자신감에 차 있던 양제는 그런 것에 신경 쓰지 않았다.

요수를 건넌 양제는 몇 개의 성을 점령한 뒤, 자못 자비스럽게도 전국에 사면령을 내리고, 점령지 백성에게 조세를 면제하며, 해당 지역에 군현을 설치토록 하는 등 벌써 원정이 끝난 것처럼 여유만만하게 시간을 보냈다. 물론 이때까지 수나라 백만 대군 중 그 누구도 고구려에 승리할 것을 의심하지는 않았을 것이다.

양제가 전쟁의 성패를 결정하는 가장 중요한 자원 중 하나인 시간을 쓸데없이 낭비하며 여유를 보이는 사이, 요동 곳곳의 산성에 배치된 고구려군은 요새를 나와 기습적인 공격을 실시하고 다시 들어가기를 반복하며 수나라 군대를 조금씩 소모시켰다. 모두 지연과 반격을 위한 전략의 일부분으로 진행된 계획적인 행동이었다. 하지만 그것을 간파하지 못한 양제와 그의 장군들은 수많은 산성들로 구성된 고구려 요동방어선의 핵심인 요동성만 점령하면 곧바로 평양까지 진군할 수 있을 것으로 판단했다. 원정군은 5월, 요동성에 대부분의 부대를 집결시켜 포위공격에 들어갔다.

요동성이 천혜의 요새이며 그곳을 지키는 병력이 정예라고는 해도 수십만의 병력이 펼치는 계획적인 포위공격을 당해낼 수는 없었다.

더구나 수나라 군대는 남조의 진과 벌인 통일전쟁에서 수많은 공성전을 승리로 이끈 바 있었으며 발석차, 팔륜누차, 운제 등 다양한 공성장비를 동반하고 있었다. 몇 차례의 전투 끝에 요동성은 함락의 위기에 빠졌다. 그러나 요동성은 기사회생할 수 있었고 그것은 전적으로 양제의 실책 때문이었다.

예나 지금이나 시시각각 변하는 전장의 상황에 대한 통제권은 일선 지휘관에게 부여하는 것이 상식이다. 그러나 양제의 독단적인 성격은 그것을 허용하지 않았다. 그는 지휘관들에게 전장에서 일어나는 모든 상황을 보고하고 모든 전술행동은 자신의 허락을 받은 뒤에 실행하도록 했다. 때문에 요동성을 공격하던 장군들은, 궁지에 몰려 항복의사를 보인 고구려군을 어떻게 해야 좋을지 양제에게 문의하였고 황제의 명령이 하달되기를 기다리는 동안 공격을 중지함으로써 고구려 수비군에게 재정비할 시간을 주고 말았다. 더욱 어이없는 일은 그러한 상황이 두세 차례나 반복되었다는 것이다. 덜떨어진 장군에 고집스러운 황제가 빚어낸 정말이지 어처구니없는 상황이었다. 하기야 수나라 장군들의 뇌리에는 1차 침공 당시, 천재지변에 의해 고구려 원정에 실패했음에도 불구하고 수많은 지휘관이 억울하게 처형된 사례를 떠올리지 않을 수 없었을 것이다. 그러나 지휘관들의 보신주의야말로 수나라가 패배한 최대의 원인이었던 것으로 생각될 만큼 그들은 무책임하고 비겁했다. 하지만 양제는 그러한 모순적인 체제를 고수했다. 오히려 양제는 요동성 아래에서 지휘관들을 크게 꾸짖고는 자신이 전투를 직접 지휘할 생각으로 근처에 임시거처인 *육합성六合城을 짓게 하고 지휘소를 차렸다.

한편, 평양 부근의 남부전선에서는 더욱 기막힌 상황이 펼쳐지고 있었다. 최초의 상황은 고무적이었다. 수나라 좌익위대장군 내호아來護兒가 대규모 수군水軍을 거느리고 패수로 진입하여 상륙한 뒤, 평양

육합성
나무판을 조립하여 만든 황제의 야전용 임시 거처.

성 밖 60리 지점에서 고구려군을 격파한 것이다. 하지만 그것뿐이었다. 손쉬운 승리에 도취된 내호아는 황제의 군대를 기다리자는 부총관 주법상周法尙의 만류에도 불구하고 피곤한 병사들을 독려하여 고구려의 수도 평양으로 쳐들어갔다. 치명적인 실수였다. 내호아의 정예부대들은 단 한 명의 고구려 병사와 조우하지도 않고, 단 한 번의 전투도 없이 평양 °외성에 진입하는 데 성공했지만 매복 중이던 고구려군에게 기습당해 일방적인 학살을 당함으로써 우둔한 장군을 만난 대가를 톡톡히 치렀다. 내호아는 불과 수천 명의 생존자들과 함께 배로 돌아가 해변으로 퇴각한 뒤 다시는 공세에 나서지 않았다.

내호아의 군대를 쫓아버린 고구려군은 북방에 집중할 수 있게 되었다. 영양왕은 군대를 을지문덕乙支文德에게 맡겨 북상하도록 했다. 하지만 을지문덕의 군대는 북상하던 도중 살수薩水, 즉 현재의 청천강에 이르러 수나라의 대군과 마주치게 된다. 양제가 자랑하는 명장 우문술宇文述과 우중문于仲文이 이끄는 원정군 좌익과 우익의 연합세력 30만이었다. 그들은 요동에 진입한 직후 양제의 중앙군과 분리되어 큰 전투 없이 °압록수에 집결한 뒤 평양을 막는 마지막 천연 장애물인 살수로 육박하려던 참이었다. 그 부대들은 고구려군이 미처 고려하지 못했던 존재였을 지도 모른다. 그러나 을지문덕은 그들이 기나긴 행군 끝에 지치고 굶주려 있을 것으로 생각했다. 실제로 수의 좌익과 우익은 참전부대 중 가장 긴 거리를 이동하도록 계획되어 있었고, 행군로도 험난하여 이미 이동 중에 많은 병력이 낙오한 상황이었다. 게다가 치중대를 동반하지 못해 무거운 식량자루와 의복, 천막 등을 개인에게 지급했지만 너무 힘든 나머지 병사들이 몰래 유기한 탓에 장기전을 수행할 형편도 못 되었다. 그런 군대를 상대로 한다면 을지문덕은 승리를 자신해도 좋았다. 그러나 을지문덕은 신중했다. 아무리 지쳤다고 하지만 그들은 30만 대군이다. 마음먹고 덤빈다면 낭패를 당할 수도 있는 일이었다. 그는 고구려군의 전통에 따라 원정군을 유인하고 더 지치게 만들어 확실하게 승리할 방법을 생각해 냈다.

을지문덕은 궁극적인 승리를 위해 모험과 자기희생이 필요하다고 생각했다. 그는 투항의사를 내비치며 압록수를 건너 우중문의 진영을 찾아갔다. 그리고 수나라 장군들의 환대 속에 적진을 마음껏 염탐하고 유유히 복귀했다. 예상대로 원정군의 상태는 참담했다. 그들에겐 무기와 식량 모든 것이 부족했고, 무엇보다 수백 ㎞를 행군해 온 병사들은 사기도 엉망인 데다 몹시 지쳐 있었다. 을지문덕은 그들을 원하는 곳으로 유인하여 섬멸하기 위해 면밀한 계획을 세우기 시작했다.

적어도 압록수에 집결한 수나라 군대에게는 한 번의 기회가 있었다. 보급품이 고갈된 마당에 그런 상황을 적장에게 들켜버렸으니 이미 전쟁에서 이기기는 글렀다고 판단한 우문술이 우중문에게 퇴각을 제안한 것이다. 그러나 저돌적인 우중문은 우문술을 비난하며 공격에 나설 것을 주장했고 결국 우문술은 발걸음을 옮기기도 힘겨운 병사들을 이끌고, 어찌 된 일인지 진영을 버리고 달아나버린 을지문덕의 군대를 추격하기 시작했다.

우문술은 도망치는 고구려군을 상대로 하루에 일곱 번을 싸워 모두 승리했다. 그러나 신중하고 경험 많은 우문술은 적극적일 수 없었다. 어느덧 살수를 건너 평양성이 불과 30리 밖에 떨어지지 않은 산중에 진영을 설치하고서도 선뜻 평양성을 공격하러 나서지 않았다. 지친 군대를 이끌고 험난한 평양성을 공격한다는 것이 자살행위임을 잘 알고 있었기 때문이다. 하지만 그렇다고 돌아설 수도 없었다. 이미 사이가 틀어진 라이벌 우중문이 그 사실을 양제에게 보고하는 날에는 그걸로 끝이었다.

진퇴양난에 빠진 우문술을 구원해 준 사람은 다름 아닌 을지문덕이었다. 그는 수의 진영에 사람을 보내 수나라 군대가 철수하면 조공하겠다는 조건으로 다시금 투항 의사를 밝힘으로써 우문술에게 명분을 제공해 주었다. 물론 우문술은 그것을 기꺼이 받아들였다. 결국 평양성을 목전에 두었던 원정군은 발길을 돌려 철수하기 시작했다. 그래도 의심스러웠는지 우문술은 자신의 군대로 하여금 방진을 유지하며 움직이도록 했다. 하지만 이미 지쳐 기강이 해이해진 군대는 긴장이 풀어지자 더 이상 통제가 불가능했고 바로 그 순간을 고구려 군대는 놓치지 않았다. 을지문덕의 반격이 시작된 것이다.

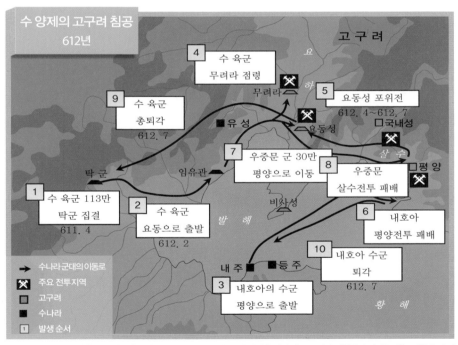

수 양제의 고구려 침공
612년

고구려

요 하

4 수 육군
무려라 점령

무려라

5 요동성 포위전
612. 4~612. 7

□ 국내성

9 수 육군
총퇴각
612. 7

유 성

요동성

살 수

□ 평양

7 우중문 군 30만
평양으로 이동

8 우중문
살수전투 패배

탁 군

임유관

1 수 육군 113만
탁군 집결
611. 4

2 수 육군
요동으로 출발
612. 2

비사성

발 해

6 내호아
평양전투 패배

10 내호아 수군
퇴각
612. 7

내 주 ■ ■ 등 주

3 내호아의 수군
평양으로 출발

황 해

→ 수나라군대의이동로
✖ 주요 전투지역
□ 고구려
■ 수나라
1 발생 순서

612년, 수의 황제 양광은 백만 대군을 동원해 고구려를 공격했다. 이 전쟁은 이전에 고구려가 경험했던 전쟁들과는 차원을 달리하는 것으로 오랜 세월 동안 분열되어 있던 대륙의 통일은 곧 고구려의 위기를 의미했다. 수차례의 고구려 원정에 실패한 수의 멸망은 당연한 일이었으나 승리한 고구려의 국력도 급격히 소모되어 갔다.

사 상 최 대 의 전 쟁

공세로 전환한 고구려 군대의 지능적인 포위공격으로 원정군의 대열은 걷잡을 수 없이 무너지기 시작했다. 그들은 더 이상 제대로 된 군대가 아니었다. 우문술과 우중문을 비롯한 수나라 아홉 개 군의 명장들과 병사들은 왔던 길을 따라 무작정 살수로 뛰어들었다. 그리고 그들이 강을 반쯤 건넜을 때 마침내 을지문덕은 결정타를 날렸다. 모든 병력을 동원한 그 거센 공격으로 아직 강에 들어가지 못한 수나라의 후군은 지휘관 신세웅辛世雄과 함께 궤멸되었고, 살아남은 장병들은 하룻낮 하룻밤에 걸쳐 무려 450리를 행군하는 믿지 못할 신기록을 세우며 천신만고 끝에 드디어 압록수에 도달했지만 수나라 군대의 형편은 전멸이라고 해도 크게 틀리지 않을 만큼 참담했다. 온전한 부대는 위문승衛文昇이 이끄는 1개 군밖에 없고, 모든 부대가 궤멸당해 총 9개 군의 총병력 30만 5천 명 중 황제의 본진이 있는 요동성 앞까지 도달한 병력은 2,700명뿐이었다.

이미 여름이 깊어가는 7월이었다. 그때까지도 요동성의 굳건한 성벽을 넘지 못하고 있던 양제는 분노했지만 승리는 이미 물 건너갔다는 사실을 인정하지 않을 수 없었다. 게다가 고구려 군대의 반격을 받으면 최악의 상황에 빠질 수도 있었다. 그는 어찌 보면 억울한 우문술과 여러 장군들을 쇠사슬로 묶어 끌고 요수를 건너 수나라로 돌아갔다. °패강 언저리에서 공포의 나날을 보내고 있던 내호아의 수군도 회군했음은 물론이다. 수십만의 장병과 막대한 전쟁자금을 날려버리고 그가 얻은 것이란 무려라武勵邏라고 하는 요서의 작은 고구려 정찰기지와 수나라 백성들의 원망, 그리고 더욱 깊어진 고구려의 적개심뿐이었다.

패강
패수, 곧 현재의 대동강을 지칭함.

이때 병사와 무기의 모습

<< 수나라 말~당나라 초기의 중장보병

커다란 방패로 가려지는 하체를 제외한 모든 부분에 제대로 된 철제 갑주를 착용한 이 병사는 일반적인 보병은 아니며 황제를 호위하는 금군(禁軍), 또는 중앙군에 소속된 정예부대의 일원이다. 그의 갑옷은 남북조시대의 전통을 계승한 것으로 찰갑과 판갑을 혼용한 형태인데, 이러한 형식은 당 시기를 거치면서 더욱 복잡하고 화려하게 변화하며 송나라 시대에 이르러서는 기병과 보병 모두가 착용하는 보편적인 갑주가 된다. 여러 학자들이 이러한 갑주를 웅진도독부 소속 백제군이나 신라군, 심지어 고구려군도 사용했을 것이라고 추정하는데, 가능성은 있지만 예나 지금이나 군대는 보수적인 집단으로 무기체계 또한 하루아침에 바뀔 수 있는 것이 아니다. 그리고 당시 삼국의 갑주 제작 기술이 수-당의 그것에 결코 뒤지지 않았음은 문헌으로 입증되고 있다. 따라서 7세기 삼국의 갑주 양식은 전통적인 형태를 유지하면서 수-당 갑주의 장점을 조심스럽게 받아들이던 과도기로 보아야 할 것이다.

<< 긴 창과 대도로 무장한 수나라 기병

남북조를 통일했다고는 하지만 북방 유목민족인 선비족의 전통이 살아있던 수나라는 대규모 기병집단을 운용하면서 돌궐과 거란 등 변방 기마민족들을 제압해 나갔다. 그러나 초원 지역에서 전개되는 기동전에 익숙했던 수의 기병들에게 평야가 적은 고구려의 지형은 매우 낯선 환경이었을 것이며, 게다가 전쟁이 전반적으로 공성전 위주였기 때문에 이들이 능력을 발휘할 기회는 별로 없었을 것이다.

<< 요동으로 향하는 수나라 노무자들

난폭한 황제의 야망을 실현하기 위해 동원된 수나라 민중의 고통은 이루 말할 수 없을 정도로 참담했다. 탁군의 보급기지를 떠나 요동으로 향하고 있는 이 노무자들 역시 자신들의 의지와는 상관없는 전쟁에 소박한 행복과 목숨을 내맡겼다. 고구려 원정에 동원된 백만 대군의 전투력을 유지하기 위해서는 막대한 보급품이 필요하기 때문에 탁군에서 요동에 이르는 빈약한 도로 위에는 전쟁기간 내내 전투 병력의 몇 배나 되는 수나라 치중병의 행렬이 이어졌을 것이다. 그러나 치중대는 가장 중요한 공격목표로 습격당할 확률이 매우 높으며 실제로도 고구려군은 감당하기 힘들 정도로 연장된 수의 보급로를 차단하는 데 전력을 기울였다. 결국 침략군은 전투병 개인에게 식량과 의복을 비롯한 다량의 보급품을 소지하도록 할 수밖에 없었는데, 그 무게에 질린 병사들 대부분이 행군 도중 보급품을 유기하는 바람에 평양성 가까이 진군했던 우중문 별동대의 경우 일찌감치 식량이 고갈되어 막상 고구려 군대를 만났을 때에는 이미 제대로 된 전투를 치를 수 없는 상황에 놓여 있었다. 예나 지금이나 원정전쟁의 성공 여부는 치밀한 보급전략의 수립과 실천에 달려 있다.

<< 운제

'운제(雲梯)'는 수나라가 고구려를 공격할 당시 사용한 것으로 유명하지만 이러한 형식의 공성장비는 동서양 모두에서 기원전부
터 존재해 왔다. 구름사다리라는 이름에 걸맞게 그 길이가 40m에 이르는 대형 운제도 있었다고 하는데 그 긴 사다리를 오르는
동안 병사들은 적군의 화살 등 각종 투사병기의 공격에 그대로 노출되기 때문에 대량 희생이 불가피하다. 또한 장비의 무게 때문
에 이동시 바퀴의 사용이 필수적이므로 평지성이 아닌 산성을 공격할 경우에는 적합하지 않은 장비이다.

<< 당차

성문을 부술 때 사용하는 '당차'의 메커니즘. 앞쪽 머리 부분에는 철갑을 씌워 놓았으며 뒷부분에 걸린 밧줄을 당겼다가 놓는 힘
으로 성문을 타격하여 파괴한다. 동서양을 막론하고 성문을 공격하는 데는 가장 유용한 무기였으나 상당히 무거운 장비라서 경
사로를 이동하기가 불편해 산성을 공격할 경우에는 별로 소용이 닿지 않았다. 지붕을 설치하고 그 위에 젖은 소가죽 등을 덮어
화공에 대비하기도 했다.

<< 공성탑

'공성탑(攻城塔)'도 성곽을 공략하는 데 널리 사용된 장비이다. 그림은 수양제가 고구려를 공격할 때 사용했다는 팔륜누차(八輪樓車)를 재현한 것으로 여덟 개의 바퀴가 달린 차체에 탑을 설치하고 그 위에 누각을 지어 각종 발사병기를 사용해 성내를 공격하는 방식이다. 누각에는 물에 적신 소가죽을 둘러 화공에 대비했다. 언뜻 효과적인 장비로 생각되나 공격이 가능한 지점까지 이동하려면 인력에 의존해야 하므로 상대방이 성능 좋은 발사병기를 가지고 있을 경우 많은 희생을 감수해야 하며 운용효율도 급격히 저하된다. 또한 성벽의 높이가 높을수록 공성탑의 규모도 커져야 하고 그만큼 운용에 필요한 병력도 증가하므로 비용 대비 효과 면에서 결코 우수한 장비라고 할 수는 없다. 물론 병력자원이 풍부했던 수나라처럼 운제 등 다른 공성장비들과 함께 공성탑을 대량으로 집중 운용할 능력이 있다면 방어자 입장에서는 좀처럼 막아내기 힘든 위험이 된다.

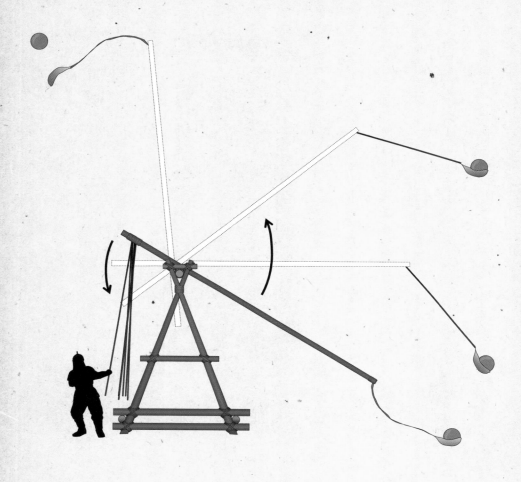

전쟁의 시대

<< 투석기

투석기의 한 종류인 '발석차'도 주로 공성전에 사용되었던 무기이다. 상단에 걸린 수많은 밧줄을 인력으로 잡아당겨 반대편 바구니에 담긴 돌을 원심력으로 날려 보낸다. 석포로 불리기도 하며 화약병기가 출현하기 전까지는 최고의 위력을 가진 병기였다. 사정거리 이내에 설치된다면 웬만한 성벽은 파괴할 수 있는 무서운 무기이지만 역시 운반이 가장 큰 문제였다. 잡아당기는 밧줄의 숫자는 40개에서 250개까지 다양하며 그것에 의해 사정거리와 발사할 수 있는 돌의 무게가 결정된다. 하지만 이러한 형식의 투석기는 아무리 많은 병력이 매달려도 그 사거리는 600m 정도가 한계였다고 한다. 동아시아 지역에서는 이미 화포를 사용하고 있던 11세기 이후에도 중동 및 유럽 지역에서는 '트레뷰셰(Trebuchet)' 등 기술적으로 진보된 다양한 투석기를 사용했다.

낭비성전투

화살이 낭비성 골짜기의 좁은 하늘을 뒤덮고 신라군을 야유하는 고구려 병사들의 외
침이 쓰러져가는 신라 병사들의 귓전을 울렸으리라. 그러나 전세는 극적으로 반전되
었다. 신라군에게는 당시 30대 초반으로 혈기왕성했던 김유신이 있었기 때문이다.

612년에 벌어진 수 양제의 1차 침공이 고구려의 대승으로 막을 내리고, 이어진 613년과 614년의 침공도 수나라 내에서 일어난 반란으로 흐지부지 끝나버리자 어부지리를 얻으려던 신라는 결국 주력군을 한강 하류 지역에서 한 발짝도 빼내지 못했다. 더구나 신라군은 고구려가 수나라와 전쟁하는 사이, 과거 온달이 회복했던 남한강 상류의 조령과 죽령 이북 지역을 탈환하느라 가뜩이나 모자란 병력이 더 넓은 공간으로 분산된 상태였다. 618년에야 북한산주의 군대를 빼내 찬덕의 아들 해론奚論을 잃는 아픔을 겪은 끝에 가잠성을 되찾았지만 그것으로는 이미 불붙은 백제의 기세를 꺾을 수 없었다.

무왕은 파상적으로 신라를 몰아쳤다. 616년에는 군사 8천 명으로 모산성을 다시 침공했고, 623년에는 *늑로현勒弩縣을 공격하였으며, 624년에는 지리산 동쪽으로 진입하여 속함, 앵잠, 기잠, 봉잠, 기현, 용책 등 여섯 개 성을 빼앗았다. 그리고 626년 8월에는 고령 지역에 있었던 것으로 추정되는 왕재성王在城을 공격하여 성주 동소東所를 살해했다. 그야말로 일방적인 공격에 의한 일방적인 결과였다. 특히 624년에는 신라 측에서 상주와 하주, 그리고 *귀당貴幢, 법당法幢, 서당誓幢의 군대를 동원했지만 백제군의 기세에 눌려 싸움도 못해 보고 퇴각했다. 그것은 그때까지도 신라군 주력이 한강유역에 묶여 있었던 탓이 컸지만, 정예 병력이 동원되었더라도 백제군을 당해내기는 힘들었을 것이다. 신라는 이미 요새들에 의지하는 *선線방어시스템의 많은 부분을 백제에게 파괴당한 상태였기 때문이다.

627년, 장군 사걸沙乞이 신라 서쪽 국경을 공격하여 두 개의 성을 점령하고 포로 300명을 잡아오자 무왕은 신라의 그 막강했던 방어체제가 완전히 붕괴되었음을 확신했다. 본격적인 침공을 감행할 때가 왔다고 생각한 그는 직접 군대를 이끌고 나아가 웅진에 주둔하며 대대적인 침공의 기회를 엿보았다.

늑로현
위치 미상.

귀당·법당·서당
모두 신라군의 부대 명칭. 신라에서는 당을 기본단위로 삼고 필요시 여러 개의 당을 묶어 군단을 편성. 당의 지휘관을 당주(幢主)라고 함.

선방어(Linear Defense)
적과의 경계를 따라 긴 선 모양으로 방어선을 구축하는 방법.

진평왕(?~632)
신라 제26대 왕. 이름은 백정(白淨). 재위 579~632.

당(618~907)
수나라 귀족 이연(李淵)(566~635)이 세운 나라.

당 태종(599~649)
당 제2대 황제. 이름은 세민. 정변을 일으켜 태자를 살해하고 아버지인 고조(高祖) 이연의 양위를 받아 황제가 됨. 재위 626~649.

복신(?~663)
백제의 왕족, 외교관. 무왕의 조카이며 백제 멸망 후 부흥 운동의 지도자가 됨.

신라는 당황했다. 한강 하류를 포기하고 그곳에 주둔 중인 군대를 불러들이지 않는 한 서부 국경으로 쇄도할 백제군을 막는 것은 불가능했다. 하지만 그것도 쉬운 일은 아니었다. 배치를 풀고 이동하는 데는 많은 시간이 소요될 뿐 아니라, 등을 보인 신라군을 고구려 군대가 그냥 둘 리도 없을 것이기 때문이다. 절망적인 상황이었다. 그러나 앉아서 멸망을 기다릴 수도 없는 노릇이었다. °진평왕은 한강유역에 진출함으로써 얻게 된 '외교적 융통성'을 활용하기로 했다. 그는 수나라 멸망 후의 혼란을 수습하고 다시 서방을 통일한 °당唐에 사신을 보내 백제가 조공로를 차단하고 신라를 핍박한다며 도움을 요청했다. 하지만 수나라의 고구려 원정 실패로 파산지경에 이르렀던 경제력을 아직 회복하지 못한 데다, 주변 국가들과 치열한 전쟁을 벌이며 새로운 국가의 기초를 확립하기에 여념이 없던 당은 백제를 강경하게 대할 수 없는 처지였다. 때문에 °당 태종은 사신으로 파견된 무왕의 조카 °복신福信을 통해 화해를 권유하는 형식적인 행동으로 체면치레만 하고 말 수밖에 없었다. 하지만 당 태종의 권유는 나름대로 효과가 있었다. 그것을 무시하고 신라를 공격한다면 무서운 잠재력을 가진 당을 적으로 돌리게 될 것임을 무왕은 잘 알고 있었기 때문이다. 만약 당나라가 신라와 연합한다면 백제로서는 감당하기 힘든 사태가 발생할 수도 있었다. 무왕은 몇 달 뒤 가잠성을 공격해 자신의 의지를 보여 주는 것에 만족하고 더 좋은 기회가 올 때까지 신라를 공격하지 않았다.

당의 중재 덕분에 신라는 겨우 궁지에서 벗어났다. 그러나 문제가 해결된 것은 아니었다. 어찌 보면 비겁하기까지 한 당의 태도는 세상에 믿을 존재가 없음을 깨닫게 해 주었다. 신라는 서둘러 대책을 수립하기 시작했고 우선 병력운용상의 융통성을 회복하는 것이 가장 시급한 일이라고 결론지었다. 이에 따라 이찬 임영리任永里를 총사령관으로

하여, 김춘추의 아버지인 대장군 김용춘金龍春, 그리고 관산성전투의 영웅 김무력의 아들이자 역시 대장군인 김서현金舒玄 등 당대의 명장들이 이끄는 신라 주력군은 629년, 고구려의 낭비성娘臂城을 공격했다. 낭비성은 현재의 청주 지역, 즉 예전에 백제 영토였던 상당현과 낭자곡

전쟁의 시대

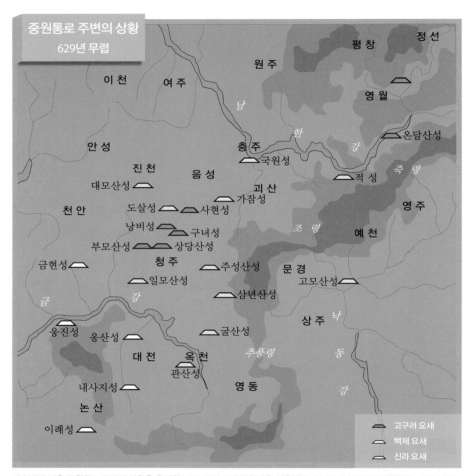

중원통로 주변의 상황
629년 무렵

평창 · 정선 · 원주 · 영월 · 이천 · 여주 · 온달산성 · 충주 · 국원성 · 안성 · 진천 · 음성 · 괴산 · 적성 · 죽령 · 대모산성 · 가잠성 · 영주 · 도살성 · 사현성 · 낭비성 · 구녀성 · 예천 · 천안 · 부모산성 · 상당산성 · 문경 · 금현성 · 청주 · 주성산성 · 고모산성 · 일모산성 · 삼년산성 · 굴산성 · 상주 · 웅진성 · 옹산성 · 추풍령 · 대전 · 옥천 · 관산성 · 영동 · 내사지성 · 논산 · 이례성

	고구려 요새
	백제 요새
	신라 요새

여수전쟁 직후 중원통로 주변의 상황을 추정한 지도. 당시 신라의 형편은 암울했다. 수나라와 고구려가 전쟁하는 사이 신라는 중부 지역에서 공세를 감행해 폐쇄되었던 조령루트를 다시 열고 약간의 영토를 획득하며 고립에서 벗어나는 듯했다. 그러나 기대와는 달리 전쟁이 고구려의 승리로 끝나버리자 중원통로는 다시 불안정한 상황에 빠져 신라 본토에서 한강 하류로 통하는 조령과 죽령은 고구려의 위협 앞에 다시 그 기능을 상실했던 것으로 보인다. 또한, 남과 북에서 고구려와 백제의 공격이 날로 거세지면서 신라인들은 멸망이라는 단어를 떠올릴 만큼 절박한 처지에 놓인다.

성 부근으로 중원통로와는 매우 가까운 거리에 있는 작은 산성이다.

이때 중원통로는 고구려와 신라의 경계선이 되어 확실하게 누구의 손에 장악되어 있다고 할 수 없는 불안정한 상태였을 것으로 여겨진다. 《삼국사기》를 분석해 보면 당시 고구려는 장수왕 때 확보했던 낭성 일대를 신라 진흥왕에게 빼앗겼다가 영양왕 시기에 탈환한 뒤, 그곳에 강력한 군사거점을 구축하고 인접 지역까지 영향력을 확대하면서 남방에 대한 공략을 재개하는 데 중요한 전략거점으로 삼고 있었다는 추정이 가능하기 때문이다. 그리고 607년, 그곳에 주둔한 병력으로 백제의 송산성松山城과 석두성石頭城을 공격하는 한편, 608년에는 우명산성을 점령하는 등 신라의 생명선인 중원통로를 양 측면에서 위협하며 국원소경이 설치된 충주 지역 탈환을 노리고 있었을 것이다. 따라서 낭비성은 온달의 원정 이후 중원통로의 주도권을 상실하게 됨으로써 막강한 군사력을 보유하고도 이를 효과적으로 운용할 수 없게 된 신라에게는 고구려와 백제의 격화된 공세에 맞서기 위해 반드시 확보해야 할 중요한 장소였다.

낭비성 공격의 실전지휘관 중 한 명으로 김서현이 선택된 이유는, 그가 한때 낭비성과 인접한 만노군萬弩郡의 태수였기 때문일 것이다. 만노군은 고구려가 점유하던 시기의 금물노군今勿奴郡으로 현재의 충북 진천군 일대와 충남 천안의 동남부 지역이며, 그곳에서 남동쪽으로 조금 내려가 다시 산 하나만 넘으면 곧바로 낭비성이 있는 증평분지에 도달하게 된다. 따라서 김서현은 그 지역의 지리와 환경에 대해 누구보다 상세히 파악하고 있었을 것이다. 또한 진천은 김서현의 아들로 낭비성에서 화려한 전과를 올린 김유신의 출생지이기도 하다.

신라군이 진천을 떠나 낭비성에 도달하기까지 큰 어려움은 없었을 것이다. 진천에서 증평 지역으로 이동하는 루트는 그리 험난하지 않으며, 천천히 움직인다 해도 한나절 정도면 주파할 수 있는 거리이기 때문이다. 또한 두타산성頭陀山城과 이성산성尼城山城 등 전진로상의 신라군 요새에서 고구려군의 움직임을 쉽게 관측할 수 있기 때문에 고구려군의 매복에 기습당할 가능성도 별로 없다. [증평분지의 북쪽 끝에 위치한 이성산성을 신라군의 소유로 추정하는 이유는 그 성이 이동 중인 신라군의 왼쪽 측면에 위치한 관계로 그곳을 확보하지 않고는 낭비성으로의 이동 자체가 불가능하기 때문이다. 남북 두 개의 성으로 구성된 이성산성은 진천과 증평 사이를 가로지르는 두타산(598m)의 동남쪽 끝자락에 있으며 550년에 백제가 탈취한 고구려 도살성에 비정된다. 한편 두타산성은 607년에 고구려가 송산성과 함께 공략한 바 있는 백제의 석두성이 아닐까 하는데 그와 관련하여 두타산 아래에 있던 송치(松峙)라는 지명이 눈길을 끈다. 그렇다면 또한, 608년에 고구려가 점령한 우명산성을 청주의 우암산(牛巖山)토성으로 볼 수도 있는 것이 아닐까? 연구가 필요한 문제라 하겠다.]

증평분지로의 이동을 완료한 김서현의 군대는 그곳에서 이성산성의 군대와 합류한 뒤 곧바로 낭비성을 향해 진군했을 것이다. 그리고 그때까지 신라군은 손쉽게 낭비성을 점령할 수 있으리라 판단했을 것이다. 당시 고구려군의 본진이 설치되어 있었을 청주 상당산성에서 신라군의 이동을 직접 관측할 수는 있지만 행군 대열이 두타산 모퉁이를 돌아 나오기 전에는 그 의도가 무엇인지 파악할 수 없는 데다, 일단 그들이 출현한 뒤에는 인접한 *구녀성九女城=句麗城과 상당산성의 병력을 낭비성 방면으로 이동시키기가 시간상 불가능하기 때문이다. 그러나 신라군이 낭비성 아래에 펼쳐진 구릉 지역에 도달할 무렵, 고구려군은 이미 낭비성에 집결하여 신라군을 기다리고 있었다. 낭비성전투의 초기 상황에 대한 《삼국사기》의 기록을 살펴보자.

고구려 낭비성을 공격했는데 고구려인이 나와 역습하는 바람에 우리 군대가 불리해져 많은 전사자가 발생했다.
攻高句麗娘臂城 麗人出兵逆擊之 吾人失利 死者衆多

삼국사기 열전 제1 김유신 上

구녀성
충북 청원군 미원면 구녀산에 있는 산성. 구라산성(謳羅山城)이라고도 함. 구려사(句麗寺)라는 사찰이 있었음을 중시하여 6세기 고구려가 쌓은 성으로 보는 견해가 있음.

조기경보체계
(Early Warning System)
적의 움직임을 사전에 감지하여 아군에 통보하기 위한 시스템. 고대의 주된 조기경보수단인 정찰, 관측, 전령, 봉수, 파발 등이 모두 이 시스템에 포함됨.

이 기록에는 고구려군이 성안에 머물다가 성 밖으로 나와 신라군을 역습해 초전에 승리를 거둔 사실이 확실하게 기록되어 있다. 아마도 김서현에게는 예상 밖의 일이었을 것이다. 《삼국사기》 기록으로 추정 가능한 당시 고구려군의 규모는 대략 8천 명이며, 적게 잡아도 6천 명에 이른다. 하지만 낭비성은 그 정도 병력이 주둔하기에는 규모가 너무 작다. 또한 그나마 고구려 군대에게는 가장 안전한 퇴각로였을 조령방면으로 이동하기가 곤란한 상황에서 진천이나 충주 방면에서 돌입해 올 신라군을 막아내기 위한 장소로도 적절하지 않다. 때문에 김서현은 신라군은 낭비성이 상당산성을 지키기 위한 고구려군 *조기경보체계의 일부분으로, 성에 주둔하는 병력은 그 임무를 다했다고 판단될 경우 성을 비우고 주력군에 합류할 것으로 예상했을 것이다. 상식적으로도 고구려군이 신라군의 공격을 막아내며 증원이 이루어질 때까지 버틸 계획이었다면 대규모 병력이 장기 농성전을 벌일 만한 공간적 여유가 있고 지형적으로도 공격하기가 훨씬 어려운 상당산성을 결전 장소로 선택했어야 마땅하다. 때문에 상당산성을 이때의 낭비성으로 보는 견해도 생겨난 것이다. 그런데 마치 신라군의 의도를 미리 알고 있었던 것처럼 고구려군 주력이 낭비성에 집결해 있었으니 당황하지 않을 수 없었으리라.

그러나 고구려군의 입장에서 보면 낭비성은 그 이상의 의미가 있었다. 낭비성은 신라군이 점유하고 있던 서쪽의 두타산과 고구려군이 웅거하던 동쪽 좌구산座龜山 657m 사이에 펼쳐진 평야지대에 있어 유일한 군사요새였다. 때문에 낭비성을 잃으면 신라군은 곧바로 현재의 초정리 지역에 있는 구녀성이나, 사령부가 위치한 청주의 상당산성으로 접근하는 데 어떠한 방해도 받지 않게 되므로 낭비성을 고수하는 일이야말로 고구려군에게는 시급한 과제이며 가장 안전한 선택이었던 것이다. 전략적으로도 낭비성과 그 주변 지역의 중요성은 아주 컸다. 국원성을 비롯한 고구려의 옛 점령지에는 아직도 많은 고구려인이 남아 있었는데, 그것이야말로 고구려가 끈질기게 남방공략을 추진하는 가장 큰 이유였다. 하지만 낭비성을 상실하게 되면 중원통로 서쪽에 주둔한 고구려군의 고립과 함께 국원성은 더욱 멀어지고 남방의 주도권 확보라는 꿈도 포기할 수밖에 없다.

어쨌든 적을 눈앞에 둔 상황이라 퇴각할 수도 없게 된 신라군은 공격할 수밖에 없었다. 그러나 배수진을 친 것과 다름없던 고구려군은 거침없는 반격으로 이에 응수했다. 그들은 많은 병력을 효율적으로 활용할 수도 없는 데다 방어기재마저 취약한 낭비성 안에서 농성전을 벌이느니 밖으로 나가 신라군을 격파하기로 결정한 듯, 저지低地에 진을 치고 있던 신라군을 향해 맹렬한 돌격전을 감행했다. 행군으로 지친 데다 갑작스럽게 나타난 고구려군의 기세에 눌린 신라군은 무너질 수밖에 없었다. 결국 신라군의 첫 번째 공격은 앞서 언급된 바와 같이 수많은 전사자가 발생한 커다란 실패로 종료되었다.

패배의 충격으로 신라군은 사기가 꺾여 다시 싸울 마음이 없었다. 하지만 낭비성은 결코 포기할 수 없는 목표였다. 신라의 운명이 그곳에 달려 있었기 때문이다. 그들은 다시, 같은 방법으로 공격에 나섰다. 그러나 적의 움직임을 먼저 보고 대응책을 세울 수 있는 방어자의 이점과 함께 높은 지형과 성곽이라는 지리적 우세마저 점유하고 있던 고구려군은 이번에도 성을 나와 응수했다. 같은 방식으로 진행된 전투가 어떻게 전개되었을지는 뻔하다. 아마도 화살이 낭비성 골짜기의 좁은 하늘을 뒤덮고 신라군을 야유하는 고구려 병사들의 외침이 쓰러져가는 신라 병사들의 귓전을 울렸으리라. 그러나 전세는 극적으로 반전되었다. 신라군에게는 당시 30대 초반으로 혈기왕성했던 *김유신이 있었기 때문이다. 그가 어떻게 전세를 반전시키는 데 성공했는지는 역시 《삼국사기》에 잘 나타나 있다.

김유신(金庚信)(595~673)
신라 진평왕~문무왕 시기에 활약한 군인, 정치가. 금관가야 마지막 왕인 구형왕(仇衡王)의 증손이며 조부는 관산성전투의 영웅 김무력, 부친은 낭비성전투에서 활약한 김서현. 835년 흥덕왕에 의해 흥무대왕(興武大王)으로 추존됨.

…… 이에 (김유신이) 말에 올라 검을 빼어 들고 적진에 여러 번 돌입하여 (고구려의) 장군을 베고 그 머리를 들고 왔다. 이를 본 아군이 승기를 타고 거침없이 진격하여 5천여 명을 죽이고 1천 명을 포로로 잡았다. 성 안의 병력이 크게 두려워하며 감히 맞서지 못하고 항복했다.

…… 迺跨馬拔劍 跳坑出入敵陣 斬將軍 提其首而來 我軍見之 乘勝奮擊 斬殺五千餘級 生擒一千人 城中兇懼無敢抗

삼국사기 열전 제1 김유신 上

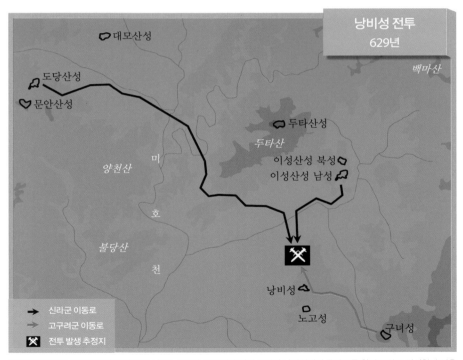

백제의 맹공으로 멸망의 벼랑 끝에 몰린 신라는 629년, 고구려가 점령 중이던 낭비성에서 돌파구를 찾기로 하고 김서현과 김용춘 등 당대의 명장들을 동원하여 도박에 가까운 공격을 감행했다. 고구려군은 주변의 모든 군대를 집결하여 공세적인 반격을 감행했지만 청년 김유신의 활약으로 낭비성을 함락하면서 그 배후에 있던 남부 지역 군사거점 전부를 상실하게 된다. 곧 고구려의 공격이 북부 국경에서 재개되었지만 이 전투의 승리로 신라는 잠시 한숨을 돌릴 수 있었다.

이후 김유신이 지휘한 수많은 전투에서도 나타나듯 항상 전투의 승패를 결정하는 핵심을 파악하고 그것을 공략하는 데 집중하는 방법을 알았던 그가, 적의 본진을 치고 들어가 고구려 지휘관을 살해함으로써 의지 하나로 버티던 고구려군의 사기를 꺾고 신라군의 공격정신을 부추기는 데 성공한 것이다. 그러나 김유신의 활약이 아니었더라도 고구려군은 결국 패배할 수밖에 없었다. 일단 성벽이라는 강력한 방어수단이 없는 상태에서 수적으로 우세하고 전투력에서도 결코 뒤지지 않는 신라군을 맞아 오랜 시간을 버티기란 곤란했을 것이기 때문이다. 게다가 이미 포위되어 있는 상황이라서 더 나은 장소로 이동하기도 불가능했다. 또한 당대의 명장들에게 인솔된 신라군 정예부대가 그 지역까지 이동해 왔다는 것은 한강 상류에서 고구려군의 활동이 이미 위축되었음을 증명한다. 따라서 중원통로를 통한 중부 내륙지역으로의 증원과 보급 역시 용이한 상황이 아니었을 것이므로 고구려군은 한정된 병력이 소모되어 버리면 그것으로 저항을 종식해야만 하는 상황이었다. 조금이라도 더 버티며 방법을 모색하려면 고구려군은 당연히 상당산성을 선택해야 했지만 그들은 그렇게 하지 않았다. 하지만 비록 김유신이라는 돌발변수의 등장으로 승리의 기회를 놓치기는 했지만 고구려군의 행동은 선택의 여지가 없는 당시 상황에서는 가장 적절했다고 할 수 있다. 어쨌든 낭비성전투의 결과로 신라는 중원통로를 확실하게 장악하며 고립을 풀고 멸망의 위기에서 잠시 벗어나게 되었고, 신라를 말살하려는 백제의 야망도 일단 유보될 수밖에 없었다. 그리고 낭비성전투에서 패배한 고구려는 이후 다시는 중원통로에 접근하지 못하고 당과 신라의 협공에 시달리다 멸망의 비운을 맞게 된다.

우리 고대사에는 유명한 전투가 수도 없이 많지만, 잘 알려지지 않은 낭비성전투를 그중에서도 가장 역사적인 전투 중 하나로 꼽는 이유는 바로 그 전투의 결과가 험악했던 7세기 중엽 생존과 멸망의 기로에 서 있었던 삼국의 운명에 미친 결정적인 영향 때문이다. 이제까지는 고구려의 낭비성을 경기도 지역으로 보기도 하며, 심지어는 〈삼국사기 고구려본기〉의 영류왕 12년 기록에 '신라가 동쪽 변경을 침입하고, 낭비성을 깨뜨렸다.'라는 기록 중 '동변東邊'에 주목하여 낭비성이 함경도 어느 지역에 있었을 것으로 추정하기도 했다. 하지만 의자왕의 공격으로 국가의 존망 자체가 위태롭던 시절에 한강 하류에 주둔 중이던 김서현 등이 고립을 풀기 위한 수단으로 실시한 전투가 중원통로에서 한참이나 떨어진 장소에서 벌어졌을 리는 없으며, 김유신의 탄생지가 낭비성과는 지척인 데다 상당산성에서도 관측이 가능한 충북 진천이라는 점을 보아도 청원 낭비성이 바로 그 낭비성이라는 견해가 더 설득력이 있다. 더구나 당시는 진흥왕 때 함경도 지역에 일시 진출했던 신라가 다시 하슬라, 즉 현재의 강릉 지역까지 밀려나 있던 상황이었는데도 함경도 지역에 낭비성을 비정한다는 것은 모순이다. 또한 《삼국사기》의 기록을 분석해 보아도 신라군은 낭비성을 점령하여 남북의 군대가 합류한 이후에야 백제의 공격에 적극적으로 대응하게 되었음을 알 수 있는데, 경기도나 함경도 지역에서 전투가 벌어졌다면 그것은 〈삼국사기 신라본기〉나 〈김유신 전〉에 그토록 상세하게 기록될 가치는 없는 사건이다. 때문에 기록에 나타난 '동쪽 변경'의 문제는 보다 정확한 연구가 필요한 일이지만 고구려가 〈중원고구려비〉에 나타나는 것처럼 신라를 '동이東夷'로 인식했기 때문이거나 아니면 낭비성전투와는 별개의 사건을 언급한 것으로 생각된다.

어쨌든 낭비성을 잃게 되어 남방의 교두보를 상실했지만 고구려는 반격할 수 없었고 다시는 남방으로의 진출을 꿈꾸지 못했다. 돌궐을 제압한 희대의 야심가 당 태종 이세민이 동쪽으로 눈을 돌려 고구려에 대한 침략의지를 노골적으로 드러내기 시작한 때문이었다. 고구려

낭비성전투

에게는 한강유역의 지루하고 소모적인 공방전보다는 그쪽을 막는 것이 더 급하고 중요한 일이었다. 신라가 다시 한 번 기사회생하는 순간이었다.

그러나 당과 고구려의 관계가 악화된 상황을 기뻐한 것은 신라만이 아니었다. 잠시 상황을 지켜만 보던 백제는 그것이 타의에 의해 멈추어진 신라에 대한 공격을 다시 시작할 기회라고 생각했다. 무왕은 632년의 가벼운 탐색전을 시작으로 633년에 °서곡성西谷城을 공격했고, 636년에는 독산성을 기습해 우선 신라군의 능력을 시험해 보았다. 하지만 일은 예전처럼 쉽게 진행되지 않았다. 서곡성을 점령하는데 13일이 걸렸고, 500명의 정예 병력으로 기습을 실시한 독산성전투는 신라 장군 °알천閼川의 매복에 걸려 지휘관 우소于召를 포함한 전원이 전사하는 비극으로 끝났다. 5년 간의 공백기를 이용해 신라가 다시 저항능력을 회복한 것이다. 무왕은 실망했다. 신라는 고구려군이 북방으로 이동한 틈을 타 주력군의 일부를 남하시킨 게 분명했다. 그렇다면 신라에 대한 전면 침공은 다시 생각해 볼 일이었다. 더구나 당과 고구려는 탐색전만 거듭하고 있을 뿐 좀처럼 맞붙을 기미가 보이지 않았다. 결국 기회를 잃었다고 판단한 무왕은 공격을 유보하고 당과의 관계를 돈독히 하며 불교를 통한 왕권의 강화에 힘써 훗날 태자인 의자義慈가 왕이 되어 신라를 일방적으로 두드릴 수 있게 하는 환경을 조성해 놓고 일생을 마감했다.

서곡성
위치 미상.

알천(?~?)
신라 선덕왕~진덕왕 시기의 장군, 재상. 647년 상대등에 올라 7년간 재임하였으며 화백회의 의장을 역임. 진덕왕 사후 화백회의에서 섭정왕으로 추대되었으나 노령을 이유로 김춘추에게 양보함.

전쟁의 시대

낭비성

낭비성은 충북 청원군 북이면 부연리와 광암리에 걸쳐 있는 석축 산성이다. 해발 255.6m의 작은 산에 위치한 낭비성은 둘레가 약 733m이며 경사가 가파른 곳은 지형을 그대로 살려두고, 비교적 완만한 곳은 일정한 각도가 나올 때까지 흙을 깎거나 돋운 뒤 바깥 면에 돌을 입히는 방법으로 축성했다. 2005년에 출간된 '중원문화재연구원'의 지표조사보고서에 따르면 골짜기와 접한 동, 남, 북 3개소의 성문이 있었던 것으로 추정되며, 남문지 근처에 수원지였을 것으로 생각되는 작은 웅덩이가 있다. 성벽은 대부분 무너져 남아 있는 부분은 별로 없지만 현존하는 부분과 지형으로 미루어 볼 때 몇 개의 치성, 또는 곡성이 존재했을 것이다.

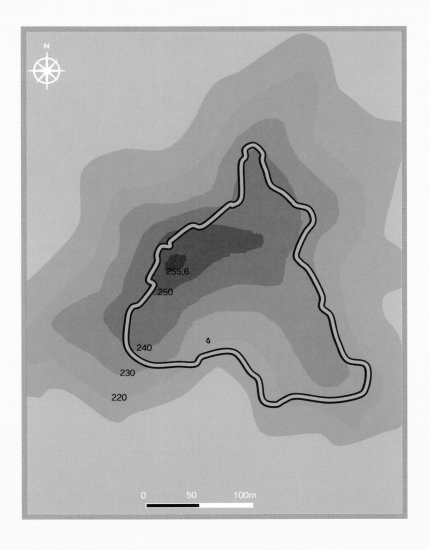

성벽 내부에는 건물이 들어설 만한 평지가 여러 군데 있고, 지표에는 부엽토를 조금만 걷어내도 형식을 달리하는 기와와 토기 조각이 무수히 널려 있다. 특히 성안에서 '장수묘(將帥墓)'라 불리는 고분이 도굴된 상태로 발견되었는데, 그 주변에 흩어져 있던 토기조각이 백제계 토기의 초기 형식을 보인다고 하므로 최초 축성은 신라보다 이른 시기에 해당 지역을 점유한 백제에 의해 이루어졌을 것으로 보인다.

주민들이 '냄비성'으로 부르는 이 산성은 629년에 신라와 고구려 간의 대규모 전투가 있었던 바로 그 낭비성으로 비정되는 유적이며, 부족하기는 하지만 그동안의 조사 성과와 지리적 위치를 볼 때 일단 근거가 있는 주장으로 판단된다. 우선 낭비성의 위치를 보면 남쪽으로는 바로 맞은편 봉우리에 낭비성의 보조 성곽 역할을 했을 것으로 보이는 '노고성'이 있고, 더 남쪽으로는 초정의 '구녀산성'이 있으며, 최종적으로 청주의 '상당산성'과 연결된다. 그리고 북쪽으로는 증평군 도안면의 '이성산성'과 인접하는데, 두 개의 독립된 성곽으로 구성된 이성산성은 6세기 중엽 고구려와 백제, 신라가 각축을 벌였던 도살성으로 비정되기도 한다. 이성산성에서 북서진하면 낭비성전투에서 전공을 세운 김유신의 탄생지

남문지에서 바라본 낭비성 남벽 전경. 중앙에 긴 띠 모양을 이루고 있는 암석들은 상단에서 굴러 내려온 성돌 무더기이다. 보는 바와 같이 낭비성 성벽은 극히 일부를 제외하고는 완전히 붕괴되어 원래의 모습을 확인할 수 없다.

낭비성 북쪽 끝에 있는 돌출부. 그래도 이곳에서는 성벽의 형식을 일부나마 확인할 수 있다. 하지만 북쪽으로 불과 수십 m 떨어진 곳에 골재를 채취하는 석산이 있어 이런 모습이 언제까지 유지될 수 있을지는 의문이다. 이곳은 낭비성에서 조망이 가장 좋은 지점으로 정상에 올라서면 산 아래 구릉지와 증평분지의 평탄한 대지가 한눈에 들어온다.

이자 6세기 말에는 확고한 신라의 영토였던 진천 지역으로 통한다. 따라서 남쪽으로 연결된 산성들은 당시 고구려의 소유로 죽령과 계립령 방면의 중원통로로 향하는 일련의 교통로를 구성하고 있던 것으로 볼 수 있다. 그렇다면, 이성산성은 진천 지역의 신라군과 대립하는 고구려의 최전방 요새였거나, 아니면 고구려군의 서진을 견제하던 신라 소유의 전방기지였을 것으로 추정할 수 있다. 지형적인 특징을 보아도 낭비성 주변 지역은 낮고 비교적 경사가 완만한 구릉과 깊지 않은 골짜기로 구성되어 있어 대규모 병력이 주둔하거나 전투를 벌일 만한 훌륭한 조건을 갖추고 있다. 특히, 북서쪽으로 1~2㎞ 떨어진 증평과의 접경지대는 시야가 트인 개활지여서 기병 간의 전투도 충분히 가능한 지역이다. 《삼국사기》의 기록을 분석해 보면 당시 낭비성전투에 동원된 두 나라 군대의 숫자는 각각 1만 명 이상이었을 것으로

남쪽에서 바라본 낭비성. 멀리 보이는 산 정상부의 숲 속에 낭비성이 있다. 이처럼 낭비성은 산이라기보다 언덕에 가까운 고지에 건설되었으나 주변이 모두 낮은 구릉과 평지로 이루어져 있기 때문에 전투가 벌어질 경우 높이의 이점을 충분히 발휘할 수 있다.

추정된다. 따라서 성 주변에 그 정도 규모의 병력이 전투할 만한 공간이 존재하는지 여부는 낭비성의 위치를 밝히는 데 상당히 중요한 문제이다.

다음으로 출토된 토기의 연대를 보면 이곳에서 출토된 신라계통 토기는 6세기 중반에서 후반에 사용되었던 토기의 특징을 보이는데, 그것은 이 산성이 백제에 의해 축성된 뒤 6세기 어느 시점에 신라에게 탈취당했음을 말해 준다. 하지만 훨씬 남쪽에 있는 청원군 부용면의 '남성골산성'에서 고구려 유물이 출토된 것으로 보아 낭비성 역시 그 이전인 고구려 장수왕 시기에 고구려의 영역에 포함되었을 것이며, 6세기 말 고구려 장군 온달이 죽령과 계립령 서쪽 지역 탈환을 위해 출정한 이후 어느 시점에 단양 영춘의 온달산성, 청주 상당산성, 청원 구녀산성 등과 함께 낭비성도 다시 고구려가 탈환한 것으로 볼 수 있다. 따라서 백제의 저돌적인 공세를 막아내기 위해 한강 하류에 발이 묶인 주력군을 어떻게든 남하시켜야 했던 신라가 국운을 걸고 일대 도박을 감행한 낭비성전투의 현장이 바로 부연리의 낭비성일 개연성은 충분하다. 하지만, 어찌된 일인지 낭비성이라는 분명한 이름을 가지고 있음에도 이 작고 알려지지 않은 산성보다는 인접한 대형 산성인 상당산성을 낭비성으로 비정하는 경우가 많다. 다음과 같은 이유 때문이다. 우선 실제로 산성에 가 보면 이 산성은 사방 어디서든 공격하기가 용이한 지형적 특징과 구조를 지니고 있다. 물론 구조물 대부분이 붕괴된 탓도 있지만 낭비성은 3면, 또는 4면이 급경사를 이루고 있는 상당산성이나 구녀산성과는 비교가 되지 않을 만큼 접근하기 쉬운 지형에 위치하고 있다. 또한, 정상에 올라서면 시야가 트여 있기는 하나 주변에 비슷한 높이를 가진 봉우리들이 여럿 있어서 쉽게 포위될 수 있는 취약한 지점에 자리 잡고 있음이 확인된다. 농성전에 일가견이 있던 고구려가 지형적인 이점을 제공할 수 있는 다른 산성들을 마다하고 굳이 낭비성을 고수하려 했을지 의문이다. 그리고 출토된 토기가 초기 백제계에서 6세기 무렵 신라계로, 그리고 그것에서 남북국 시기의 신라계통 토기로 바로 넘어가는 점 역시 이 산성이 고구려군에게 그리 오래 점유되지 않았거나, 아니면 전혀 점유된 일이 없었던 곳으로 보게 하는 근거가 될 수 있다. 아직 초보적인 단계의 조사만 이루어진 상태라서 확신할 수는 없지만, 고구려군이 이 지역을 탈환했을 것으로 생각되는 7세기 초에서 낭비성전투가 있기까지 20년 이상을 이 성에 주둔하였다면 지표조사에서 고구려적 특징을 보이는 유물이 소량이나마 발견되었어야 마땅하기 때문이다. 하지만 《삼국사기》의 기록을 상세히 분석해 보면 상당산성을 낭비성에 대입시키기에는 무리가 많다는 사실을 발견할 수 있다. 우선 고구려군이 고도의 지형적 이점을 안고 있는 요새에서 농성하지 않고 성 밖에서 전투를 벌인 사실이다. 조선 후기에 상당산성을 지키는 병사의 정원은 5,880명이었다. 물론 정원이 상주한 적은 없지만 그 정도 병력이면 충분히 산성을 방어할 수 있기 때문에 책정된 인원일 것이다. 그런데 낭비성전투에서 성 밖으로 나와 전투를 벌인 고구려 병력만도 6천 명을 초과하며 그때 성 안에는 신라군의 역습에 대비하기 위해 전투가 가능한 병력이 적어도 2천 명 정도는 잔류해 있었을 것이다. 성 안에 식량이 부족하여 정면승부로 신라군을 몰아내려 했을 수도 있겠지만, 그토록 중요한 곳에 보급품이 부족할 리는 없고, 수자원 또한 풍부하므로 그럴 가능성은 희박하다. 또한 주변에 전투가 벌어질 만한 장소는 정문인 공남문 앞에서 미원 방면으로 나가는 도로를 따라 형성된 골짜기나 가파른 절벽을 내려가 한참을 행군해야 도달할 수

낭비성 아래에는 낮은 구릉 사이로 골짜기를 이루는 2~3백 m 폭의 S자형 평지가 북쪽을 향해 약 1㎞ 길이로 뻗어 있다. 고구려 군대가 성 밖으로 나왔다는 기록으로 보아 전투는 이 지역에서 벌어졌을 것으로 판단된다. 멀리 보이는 산줄기는 두타산이다. 여러 개의 봉우리가 몇 ㎞나 이어지는 이 거대한 산괴는 당시 김서현 군대의 주둔지였던 신라의 만노군, 즉 현재의 충북 진천읍 지역과 낭비성 사이에 위치하고 있다. 산 정상에는 두타산성이 있는데, 이 산을 거치지 않고는 신라군이 낭비성 방면으로 기동할 수 없기 때문에 당시 두타산성은 물론 그 동북쪽 말단에 위치한 이성산성까지 신라군이 장악하고 있었을 것이다.

있는 북쪽의 초정리 방면 정도인데 북쪽, 또는 북서쪽에서 접근해 온 대규모 병력이 공남문 방면을 공격했다는 것은 상상하기 힘들며 북쪽의 경사면은 오르는 것만큼이나 내려가기도 힘든 곳이다. 따라서 농성만으로도 신라군을 막아낼 수 있었던 상당산성의 고구려군이 굳이 성 밖으로 나가 전투를 벌일 까닭이 없는 것이다. 따라서 629년에 전투가 벌어진 낭비성은 현재로서는 부연리의 낭비성으로 보는 것이 가장 타당하다. 물론 그 역시 고고학적 조사를 통해 고구려가 일시적으로나마 이 성을 운용했었다는 사실이 입증되어야만 인정받을 수 있는 추측일 뿐이다. 발굴은커녕 지표조사조차 제대로 이루어지지 않은 지금 단언할 수 있는 사항은 아무 것도 없기 때문이다. 하지만 천 년 이상을 버텨오는 동안 자연의 침습으로 잃어버린 모습보다도 더 많은 부분이 근래 들어 급격히 훼손되어 가고 있음에도, 이곳이 옛 성터임을 알리는 표지판 하나도 세워져 있지 않은 현실은 절망적이라 아니할 수 없다. 낭비성은 아직도 많은 비밀을 간직하고 있는 역사적인 장소이다. 얼마 남아있지 않은 원형이나마 보존되어야 할 우리 민족의 문화유산인 것이다. 버려지고 보잘 것 없는 산성을 설명하면서 이토록 많은 지면을 할애한 이유도 바로 우리가 잃어버려서는 안 될 것들이 그 이름도 남기지 못한 채 사라져가는 데 대한 안타까움 때문이다.

요동의 전운(戰雲)

당군은 사거리 4백 m가 넘는 대형 포차로 성벽을 무너뜨리고, 공성탑 위에 충거(衝
車)를 설치하여 성벽 위의 시설물들을 파괴했다. 고구려군은 무너진 벽에 그물을 치
고 성벽 위에 누각을 만들며 저항했지만, 때마침 불어온 남풍을 이용해 서남루를 불
태우며 성내로 돌입한 당군에게 성을 내주고 말았다.

신라가 낭비성을 점령함으로써, 수십 년 동안 공을 들여 구축한 중원통로 남쪽의 교두보를 상실했음에도 고구려가 신라에 대한 적극적인 보복을 실행할 수 없었던 이유는 수나라와의 전쟁 이후 한동안 조용했던 서쪽 국경으로 전쟁의 먹구름이 몰려오기 시작한 때문이었다. 그것은 신라와의 국지전과는 비교할 수 없는, 국가의 운명이 걸린 거대한 전쟁이었다.

요동 지역을 관할하던 °연개소문이 당에 대한 굴욕적인 외교정책에 반대하며 °영류왕을 살해하고 고구려의 실권을 장악한 지 1년이 지난 643년 6월, 당 태종 이세민은 참모들에게 그 패륜을 응징하겠다는 명분을 내세우며 고구려를 선제공격할 뜻을 밝힌다. 수나라의 몰락을 의식하여 본국에 피해가 가지 않도록 거란과 말갈 등 번병들을 동원한다는 조건에서였다. 그러나 이세민의 일급참모인 °장손무기長孫無忌는 연개소문의 집권으로 국경의 수비가 강화되었음을 지적하며 계획을 보류할 것을 권유했다. 이세민의 처남이기도 한 장손무기는, 629년 '현무문의 변玄武門之變'으로 일컬어지는 쿠데타를 일으켜 황태자인 형과 동생을 살해하고 아버지 이연을 강제 퇴위시킨 뒤 스스로 당의 두 번째 황제가 된 이세민의 끝없는 야망과 수나라의 수십만 군대를 몰살시킨 고구려에 대한 적개심을 잘 알고 있었다. 하지만 수나라의 경우에서 보듯 고구려와의 전쟁은 거대국가 당의 모든 힘을 결집해도 결코 승리를 장담할 수 없는, 모험적이며 비이성적인 일이었다. 물론 이세민은 사방의 적으로부터 위협받는 불안한 신생국에 불과했던 당을, 불과 십여 년 만에 정치와 경제, 문화, 군사 등 모든 면에서 주변국을 압도하는 강국으로 성장시킨 걸출한 통치자이자 실패를 모르는 탁월한 군사 지도자이기도 했다. 하지만 그것만으로는 부족했다. 고구려가 이미 요하 동쪽에 강력한 고정방어선을 구축한 마당에 섣불리 침공을 감행하다가는 수나라의 전철을 밟을 것이 분명했

연개소문(淵蓋蘇文)(?~665)
고구려 영류왕~보장왕 시기의 정치가. 연(淵)은 성이며 이름은 개금(蓋金)이라고도 함. 증조부 광(廣), 조부 자유(子遊), 부친 태조(太祚)가 모두 막리지를 지낸 귀족가문 출신으로, 영류왕의 굴욕적 대당외교에 반발하여 642년에 쿠데타를 통해 정권을 잡고 스스로 대막리지가 됨. 여러 차례 전투에서 큰 승리를 거둔 뛰어난 군인이기도 함.

영류왕(?~642)
고구려 제27대 왕. 이름은 건무(建武). 재위 618~642.

장손무기(594~659)
당 초기의 명재상. 하남성 낙양 출신으로 장손은 성, 자는 기보(機輔). 당 태종의 황후가 그의 여동생임.

전쟁의 시대

보장왕(?~682)
고구려 제28대 왕이자 마지막 왕. 이름은 장(臧). 재위 642~668.

기 때문이다. 전쟁을 일으킬 명분도 부족했다. 연개소문을 응징하겠다는 이세민 역시 패륜을 저지른 반란자이기는 마찬가지였기 때문이다. 아마 이세민 자신도 그것이 터무니없는 말장난에 불과하며, 그런 명분으로는 국가적인 지지를 받을 수 없다는 사실을 잘 알고 있었을 것이다.

결국 이세민은 고구려의 수비가 느슨해질 때까지 기다리자는 장손무기의 말에 따르기로 하고, 기만책의 일환으로 연개소문이 세운 *보장왕을 고구려의 새로운 왕으로 인정하는 조서를 보내기까지 한다. 장손무기를 비롯한, 고구려와의 전쟁을 반대하는 대다수 참모들이 즐거워할 일이었다. 연개소문이 옹립한 고구려의 왕을 인정했다면 더 이상 연개소문을 응징할 아무런 이유가 없기 때문이었다. 그러나 그 해 9월, 백제와 고구려가 연합하여 당에 대한 조공을 막으려 한다는 신라 사신의 애걸은 명분을 찾던 당 태종의 욕망에 불을 붙여 놓고 말았다. 이제 누구도 반대할 수 없었다. 그것은 대당제국과 황제에 대한 모욕이었다.

644년 1월, 마침내 당 태종은 상리현장相里玄獎을 고구려로 보내 연개소문에게 신라를 더 이상 공격하지 말 것, 만약 신라를 다시 공격한다면 당이 가만히 있지 않을 것이라는 내용의 조서를 전달하도록 한다. 하지만 상리현장이 도착한 시점에도 연개소문은 신라를 공격하고 있었다. 그리고 이세민의 강렬한 어투로 작성된 조서에 대해, 신라가 죽령 이북의 옛 고구려 영토를 반환하지 않는 한 평화는 없다고 대답함으로써 '천하 사방을 관할하는 위대한 황제'가 보낸 사실상의 최후통첩을 묵살해 버리고 만다. 상리현장은 그에 맞서 '요동이 원래 중국의 군현이었는데도 당이 문제를 삼지 않는데, 고구려는 어째서 지난 일을 문제 삼느냐.'며 나무랐다고 하는데, 사실 그런 말을 했다면 그는 결코 살아 돌아가지 못했을 것이다. 연개소문 역시 전쟁을 피하고 싶은 생각 따위는 없었기 때문이다. 얼마 후, 당 태종의 특사 장엄蔣儼이 비슷한 조서를 들고 입국하자 연개소문은 그를 굴속에 감금해 버렸다.

644년 7월, 굴욕은 그것으로 충분하다고 생각한 이세민은 이듬해 봄에 고구려를 침공하기로 결정하고 홍주洪州, 요주饒州, 강주江州에서 수송선 4백 척을 건조하는 것을 시작으로 전쟁준비에 돌입하는 동시에, 영주도독 장검張儉으로 하여금 유주와 영주의 군대 및 거란, °해奚

해(奚)
6세기 말~12세기 초 내몽골 동부로부터 중앙아시아에 이르는 지역에 퍼져 살았던 종족. 수나라 때부터 주로 내몽골 동부 지역에 거주.

◆ 전쟁의 시대 ◆

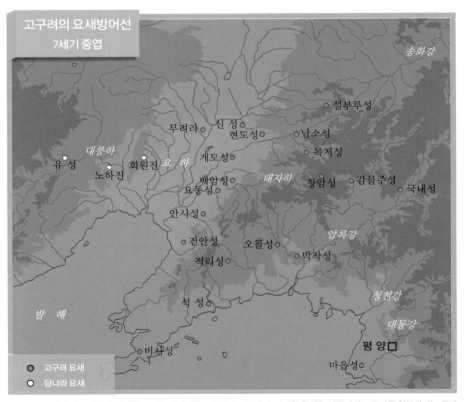

고구려의 요새방어선 7세기 중엽

송화강

설부루성

무려라 신 성
현도성 남소성
목저성

유 성 대릉하 회원진 요 하 개모성
노하진 백암성 태자하 장암성 감물주성 국내성
요동성

안시성

압록강

건안성 오골성
적리성 박작성

석 성 청천강

발 해 대동강

비사성 평 양
마읍성

◯ 고구려 요새
◯ 당나라 요새

거미줄처럼 얽혀 있는 하천과 강력한 요새들이 밀집한 고구려의 서북변경. 이러한 환경은 서쪽에서 고구려를 침공하려는 군대에게는 병력운용 및 보급선 확보 측면에서 커다란 장애요소가 되었다. 그러나 연개소문 집권 이후 고구려는 정치적 분열이라는 심각한 문제를 안게 되었고 그것은 곧바로 요동 지역의 군사적 불안으로 이어져 당 태종 이세민이 고구려 침공을 결행하게 되는 큰 빌미로 작용하였다.

영주(營州)
현재의 중국 요령성 조양(朝陽).

내주
현재의 중국 산동성 봉래(蓬萊).

의 기병을 동원해 요동 지역을 선제공격하도록 했다. 고구려의 피로를 유도하고 방어태세를 점검해 보기 위한 탐색전이었다.

장검의 공격이 어느 방면에서 어떻게 전개되었는지는 알 수 없다. 하지만 본격적인 침공을 개시하기 9개월 전부터 지속된 산발적인 공격이 고구려군의 경계태세를 이완시켰음은 틀림없을 것이다. 그렇게 이세민은 양광과는 다른, 매우 세밀하고 냉정한 기획능력을 지니고 있었다. 그러나 전쟁을 준비하는 과정을 보면 두 사람의 행동은 크게 다를 것도 없었다. 주변 민족을 근간으로 하여 고구려를 침공하겠다는 애초의 약속은 슬그머니 꼬리를 감추고 수나라 때와 마찬가지로 대대적인 징발과 징병이 시작되었기 때문이다. 곡창지대인 하남과 하북에서 대운하를 따라 수송된 막대한 곡물들이 요하와 가까운 °영주에 저장되고, 전국에서 징집된 병사들과 수도의 정예군, 그리고 북방과 서역에서 온 이민족 기병들이 유주로 모여들었으며, 5백 척의 전함이 집결한 °내주의 해변은 수 양제 이후 수십 년 만에 무장한 병사들과 수병들로 북적였다. 그것을 바라보는 백성들은 수 양제의 고구려 침공 때가 떠올랐을 것이다.

하지만 당 태종이 추구하는 전략은 수 양제의 그것과는 사뭇 달랐다. 양광의 실패 이유를 면밀히 분석한 이세민은 그 거대한 병력과 앞선 전쟁기술에도 불구하고 수십만의 전사자를 내며 패배할 수밖에 없었던 이유를 목표의 혼동과 분산으로 보았다. 즉 압도적인 병력과 충분한 보급에도 그 주력으로 평양을 직공하지 않고, 대부분의 병력은 요동성에 발이 묶인 상태에서 병력을 나누어 치중대도 없이 평양을 공격하도록 한 것이 가장 큰 실패 요인이라고 파악했던 것이다. 게다가 양제는 평양이 비어 있기를 바랐으면서도 막상 고구려 주력을 유인해내는 데는 실패했다.

양제의 실패를 교훈 삼아 이세민이 수립한 전략은 일견 탁월했다.

그는 장검의 교란작전으로 요하 동쪽의 성곽들에 대부분의 병력이 고착됨으로써 주특기인 °기동방어가 불가능해진 고구려군의 딜레마를 최대한 이용하기로 했다. 그는 총 병력규모가 30만 명 정도였을 것으로 추정되는 당 원정군을 3개 집단으로 나누어 그중 10만을 평양도행군대총관 °장량張亮과 요동도행군대총관 °이적李勣 휘하에 편입한 뒤, 각각 수로와 육로를 이용해 먼저 고구려를 공격하도록 했다. 그러한 분산은 각개격파의 위험을 감수해야 하지만 이미 몇 달 동안 지속된 당군의 산발적인 공격으로 주공의 방향을 알 수 없게 된 고구려군이 병력을 집중하여 반격에 나설 수는 없을 것이라고 이세민은 판단했다. 그렇게 고구려 영내로 진입한 모든 병력이 요하 동쪽에 집결한 뒤, 이미 스스로 고립의 길을 선택한 고구려의 성곽들을 하나씩 격파해 나가는 것은 매우 쉬운 일이었다. 이것이 당 태종의 고구려 원정에서 가장 두드러진 특징이라고 할 수 있는 이른바 °분진합격分進合擊이었다. 그것은 이론상으로 완벽한 작전이었다. 하지만 전쟁에는 상대가 있는 법이다. 당 태종은 알 수 없었지만 그 시점에는 고구려 역시 대대적인 전쟁준비에 돌입한 상태였다. 두 나라 군대는 바야흐로 시간과의 싸움을 시작한 것이다.

645년 3월, 6만에 달하는 이적의 군대가 유성柳城의 숙영지를 떠나면서 전쟁이 시작되었다. 요동도행군 소속 병력은 전체가 기병으로 구성되었으며 장사귀張士貴, 장검, 집실사력執失思力, 설필하력契苾何力, 아사나미사阿史那彌射, 강덕본姜德本, 곡지성曲智盛, 오흑달吳黑闥 등 전투경험이 풍부한 일급 지휘관들이 통솔하는 몇 개 제대로 나누어졌다. 그들 중 설필하력은 °철륵鐵勒, 집실사력과 아사나미사는 돌궐 출신으로 기동전에 매우 능한 장군들이었다. 출발은 매우 좋았다. 이적은 명령받은 대로 회원진 방면에서 도하할 것처럼 고구려군을 기만한 뒤 한동안 사라졌다가, 4월이 되어서야 그보다 북쪽인 통정진通定鎭 방면에서

기동방어(Mobile Defense)
최소한의 병력만 전방에 배치하고 따로 기동성이 뛰어난 예비부대를 후방에 대기시켰다가, 이를 적의 공격 방향과 규모에 따라 적절한 곳으로 이동시키며 방어해 나가는 방법.

장량(?~646)
당 초기의 장군, 정치가. 태종의 각별한 신임을 받아 공부상서, 형부상서를 역임 한 뒤 재상에 오름. 고구려 원정 시 수군 총사령관으로 참전.

이적(594~669)
당 초기의 장군. 본명은 서세적(徐世勣)이지만 당 고조에게 이씨 성을 받고 이세적으로 개명하였다가 다시 태종 이세민의 이름자를 피해 이적이라고 함. 돌궐, 설연타(薛延陀) 정벌에서 큰 공을 세움.

분진합격
여러 방향에서 전진하여 적을 포위·격멸하는 것.

철륵
수·당 시기 중국인이 돌궐을 제외한 투르크 계통의 여러 부족을 일컫던 말.

도종(600~653)
당 초기의 군인, 정치가. 자는 승범(承范). 당 고조 이연의 사촌인 동평왕 이소(李韶)의 아들. 어린 나이에 이세민을 따라 전장에 나섰으며 돌궐, 고구려와의 전쟁에서 활약함. 당 고종 5년에 무고를 받아 유배지로 가던 도중 사망함.

개모성(蓋牟城)
중국 요령성 심양시(瀋陽市) 소가둔구(蘇家屯區) 탑산산성(塔山山城)에 비정. 해발 125m인 탑산에 있으며 성벽의 길이는 1.3~2.0km로 추정.

비사성
중국 요령성 금주시(金州市) 우의향(友誼鄕) 동쪽 대흑산산성(大黑山山城)에 비정. 해발 663.1m인 대흑산에 있으며 개발로 인해 고구려 시기의 성벽은 거의 훼손됨.

요택(遼澤)
요하 하구에 형성된 거대 습지. 당시 그 폭이 200여 리에 달했다고 함.

요하를 건너더니 마침내 고구려의 현도성 앞에 나타났다. 하지만 그는 반격을 포기하고 방어태세에 들어간 현도성을 무시한 채, 신성 방면에 집결한 부대총관 강하왕 °도종道宗의 군대와 합류, °개모성을 공격하여 점령했다. 현도성과 신성을 공격하지 않고 개모성을 공격한 것은 당군이 이미 고구려의 여러 성들에 대한 정보를 확보하고 있었기 때문이다. 개모성은 현도성과 신성의 후방에 위치하면서, 그 두 성에 대한 보급과 지원을 담당하고 있었다. 당시 개모성에는 양곡이 10만 석이나 저장되어 있었는데 그 모두를 당군에게 탈취당함으로써 신성과 현도성은 무력화되고 말았던 것이다. 그리고 그 무렵, 5백 척의 전함과 4백 척의 수송선을 이끌고 내주를 떠난 평양도행군대총관 장량의 부장 정명진程名振은 요동반도 끝단에 위치한 고구려의 요새 °비사성卑沙城을 공격하여 격전 끝에 점령해냈다. 비사성은 발해 쪽에서 황해로 나가는 모든 선박들을 감시할 수 있는 곳으로 그곳에서 관측된 상황에 대한 첩보는 관측당한 배들보다 먼저 평양에 도착한다. 평양으로 향하던 수나라의 수군들이 크게 낭패를 본 이유도 바로 비사성의 존재 때문이었다. 하지만 장량은 연개소문이 기다리고 있을 평양으로 가지 않았다. 상호 연계되지 않는 두 개의 전선을 형성함으로써 집중의 효과를 스스로 포기한 수나라 군대의 실수를 되풀이 하고 싶지 않았던 당 태종의 명령 때문이었다. 전투병 4만과 치중병들로 구성된 장량의 군대는 요동공략의 전략예비부대로 병력과 보급품을 보존한 채 비사성에 머물며 황제의 다음 명령을 기다렸다.

한편 당 태종은 요하 하구의 드넓은 늪지대를 통과하느라 애를 먹고 있었다. 이때 그와 동반하고 있던 군대야말로 실질적인 주력이었다. 그것은 보다 도하가 쉬운 상류 방면으로 우회하지 않고 굳이 °요택을 통해 요동성으로 직진한 사실로도 알 수 있다. 연개소문이 당의 의도를 간파하기 전에 속전속결로 전쟁을 마무리할 계획이던 당 태종에게 요택은, 비록 통과에 어려움은 있지만 고구려군을 기만하고 행군시간을 단축할 수 있는 최적의 행군로였던 것이다. 그러나 당의 사서와 그것을 그대로 옮긴 《삼국사기》에는 요택을 통과한 병력의 정확한 규모가 누락되어 있다. 다만 이적과 장량에게 주어진 병력의 숫자가 10만 정도였음을 감안하면 철갑기병 1만을 포함한 근위대, 이적 군대의 소모를 충원하기 위한 보충 병력과 치중대, 그대로는 통과가 불가능한 요택에 흙을 깔고 다리를 놓아 길을 내기 위한 공병부대, 도하지점을 지키기 위한 경비병력, 공성장비를 운반하는 병사들, 전초부대, 후방부대 등으로 구성된 황제의 군대는 적어도 10만 이상이었을 것으로 짐작된다. 고생은 많았지만 마침내 요택을 건넌 당 태종의 군대는 요동성으로 진군했다. 그곳에서 이적의 군대와 합류하기로 되어 있기 때문이었다. 그런데 이때 당 태종은 요택 위에 놓인 다리를 철거하도록 한다. 병사들에게, 승리하지 못하면 돌아가지도 못한다는 생각을 심어주기 위한 비장한 행동이었다. 하지만 나중에 이세민과 그의 군대는 그 비장함 때문에 큰 곤란에 빠진다.

요동성은 평양으로 향하려면 반드시 점령해야 할 고구려 요동방어의 핵심이었다. 그리고 30년 전에 수 양제의 야망이 꺾인 곳이기도 했다. 그 성 아래에서 수많은 수나라 병사들이 죽었다. 그들의 아들이나 친척들인 당나라 병사들에게는 복수하기 적합한 장소인 셈이었다. 하지만 복수는 쉽지 않았다. 개모성에서 남하 중이던 요동도행군 대총관 이적은 먼저 부대총관 도종으로 하여금 4천의 기병을 이끌고 요동성의 상황을 정찰하도록 했다. 그런데 요동성 근처에 도달한 도종의 기병대에게 예기치 않은 일이 일어났다. 신성과 국내성에서 요동성을 지원하기 위해 온 4만의 고구려 군대가 눈앞에 나타났던 것이다. 당 고조의 조카이자 이세민이 가장 아끼는 장군 중 한 사람으로 청소년기부터 숱한 전장을 누비고 다녔던 도종은 그에 정면으로 맞섰

백암성(白巖城)
중국 요령성 등탑현(燈塔縣)에 있는 연주성(燕州城)에 비정. 둘레 2.2km.

지만 행군총관 장군예張君乂가 도주하는 바람에 도종의 기병대는 궤멸될 위기에 처해버렸다. 마침 이적의 군대가 도착했기에 망정이지 도종은 그때 죽음을 맞을 뻔했다. 이적의 군대에 이어 당 태종의 군대가 나타나자 고구려군은 전투를 포기하고 퇴각했다. 이세민은 요동성 서쪽의 마수산馬首山에 본영을 설치하고 장군예를 처형했다.

요동성 앞에 집결한 당군의 규모는 황제의 본대와 이적의 군대를 합쳐 거의 20만에 이르는 대병력이었다. 긴 행군으로 피로했지만 그들은 곧바로 요동성 공략에 나섰다. 이미 4만의 병력이 어딘가로 사라진 마당에 고구려의 증원이 언제 이루어질지 알 수 없었기 때문이다. 상황을 쉽게 풀어가려면 서둘러야 했다. 당 태종은 노련한 군인답게, 호를 메우고 있는 병사들과 더불어 흙을 나르며 공격을 독려했다. 사서에는 이때 요동성이 수백 겹으로 포위되었으며 공격은 밤낮없이 12일 동안이나 계속되었다고 기록되어 있다. 당군은 사거리 4백 m가 넘는 대형 포차로 성벽을 무너뜨리고, 공성탑 위에 충거衝車를 설치하여 성벽 위의 시설물들을 파괴했다. 고구려군은 무너진 벽에 그물을 치고 성벽 위에 누각을 만들며 저항했지만, 때마침 불어온 남풍을 이용해 서남루를 불태우며 성내로 돌입한 당군에게 성을 내주고 말았다. 요동성의 함락으로 고구려가 입은 피해는 전사 1만, 포로 1만, 억류된 민간인 4만, 양곡 50만 석으로 기록되어 있다.

수 양제가 몇 달을 걸려서도 점령하지 못했던 요동성을 단 12일 만에 접수하였지만 이세민은 지체하지 않았다. 여전히 고구려 증원군의 행방을 알 수 없었기 때문이었다. 그는 병력을 다시 북쪽으로 돌려 *백암성 공략에 나섰다. 당군은 백암성을 향해 돌과 화살을 비처럼 퍼부어댔다. 산으로 둘러싸여 사면의 지형이 험악한 탓에 성벽에 접근이 불가능했던 때문이다. 당 태종은 또 한 번 험난한 공성전을 전개할 각오를 하지 않을 수 없었다. 하지만 뜻밖에 백암성주 손대음孫代音은 항복할 의사를 전달해 왔다. 저항을 주장하는 사람들이 있었지만 그는 결국 1만의 주민과 함께 투항했다. 그가 무슨 생각을 했는지는 알 수 없다. 하지만 그 항복은 매우 이상한 항복이었다. 당 태종이 백암성에 주둔 중이던 병사 중 다른 지역에서 온 인원들에게는 식량에 무기까지 소지하고 그들 마음대로 가도록 하였기 때문이다. 더구나 손대음은 백암성 °자사刺史로 임명되어 계속 최고책임자의 위치를 유지하게 된다. 비슷한 일은 개모성을 점령했을 때도 있었다. 당군은 그곳에서도 가시성加尸城에서 온 병사 7백 명을 보내주었다. 게다가 개모성 함락 당시 고구려의 피해 중에 전사자가 없다는 것은 더욱 이상한 일이 아닐 수 없다. 확신할 수는 없으나 개모성과 백암성의 항복은 단지 주민의 안전과 무저항을 조건으로 한 휴전 선언에 지나지 않았던 것일 지도 모른다.

　그렇게, 가장 어려운 목표라고 생각했던 요동성과 백암성을 큰 손실 없이 점령하는 데 성공한 당 태종은 지휘관들을 소집하여 향후 전략 방향을 논의하는 회의를 개최했다. 물론 요동성–백암성–안시성–오골성의 순서로 공격방향을 정한 당군 주력의 다음 목표는 당연히 안시성이었다. 하지만 이세민은 요동도행군대총관 이적에게, 비교적 수비가 허술한 °건안성을 먼저 공격하여 점령하면 안시성의 고립상태를 더욱 심화시켜 항복을 유도할 수 있을 것이라는 이유로 공격방향을 전환할 것을 제안했다. 평지에 위치한 요동성과는 달리 안시성은 험고한 지형을 의지하고 있으므로 많은 손실이 불가피한 직접 공격을 회피하자는 이야기였다. 그러나 이적은 남쪽에 있는 건안성으로 주력이 이동할 경우 안시성의 병력에 의해 요동성과 연결된 보급선이 차단당할 위험이 있다고 주장하며 건안성 공격을 강력히 반대했다. 그것은 옳은 말이었다. 결국 이세민은 당면 목표를 안시성 점령으로 결정했다. 하지만 이세민이 건안성 공격에 따르는 위험을 몰랐을 리

자사(刺史)
원래는 한(漢)의 광역행정구역인 주(州)에 배치되어 관할 군(郡)·국(國)을 순시하던 검찰관이었으나 점차 급이 높아지면서 각 주의 군사·민정을 담당하는 행정장관으로 격상, 난세에는 반독립적인 군벌로 발전하기도 함.

건안성(建安城)
중국 요령성 개주시(蓋州市)에 있는 고려성자산성(高麗城子山城)에 비정. 둘레 약 5km.

오골성
중국 요령성 봉성진(鳳城鎭) 고성리(古城里) 봉황산성(鳳凰山城)에 비정. 자연절벽과 7.5km의 인공석축이 혼합된 성벽의 총 길이는 15.9km. 고구려 최대의 군사요새.

없다. 게다가 건안성은 비사성에 있는 장량의 군대가 충분히 견제할 수 있었다. 그럼에도 그러한 발언을 한 것은 많은 희생자가 발생할 수도 있을 안시성전투를 앞두고 장병들의 정신을 재무장시키려는 의도 때문인 듯하다. 그게 아니라면 평생을 전쟁터에서 보낸 군인의 직감으로 안시성에서 어떤 불길한 기운을 느꼈던 것인지도 모르겠다. 그러나 안시성은 고구려 정복을 꿈꾸는 당 원정군에게는 피해갈 수 없는 운명의 장벽이었다. 누구라도 고구려를 정복하려면 안시성을 반드시 극복해야만 했다.

현재의 중국 요령성 해성시 영성자산성英城子山城에 비정되는 안시성은 요하 동안의 광활한 저지대가 끝나고 압록강 북안을 따라 형성된 험난한 산악지형이 시작되는 경계지점에 위치하고 있다. 영성자산성은 토벽과 석벽이 혼합된 형태이며 둘레가 약 2.5km에 불과한 중간급 산성이지만, 고구려 야전군 사령부가 있는 압록강 북안의 °오골성烏骨城과 직접 연계되는 산악 도로의 입구에 위치하고 있기 때문에 고구려에게는 매우 중요한 군사거점이었다. 그리고 같은 이유로 안시성은 장차 고구려 영내 깊숙한 곳으로 진군해야 할 당군이 반드시 확보해야 할 목표이기도 했다. 그들에게 안시성과 오골성을 연결하는 도로는 평양 진공을 위한 가장 빠른 루트일 뿐 아니라, 연락과 증원, 그리고 보급을 위해 반드시 필요한 생명선과도 같았기 때문이다. 반면, 안시성을 손에 넣지 못하면 그곳은 고구려군에게 같은 용도로 사용될 것이 분명했다.

백암성과 개모성, 요동성을 장악한 당군은 요동성전투에서 위력을 발휘한 포차와 공성탑 등 중장비를 동반하고 이세민의 직접 지휘하에 안시성을 향해 행군했다. 초여름의 햇볕이 따가웠지만 요동성의 승리로 고무된 병사들의 마음은 전의에 불타고 있었다. 안시성 공략에 동원된 당군의 병력 규모는 전투손실과 이미 점령한 지역에 잔류한 인원을 제외하더라도 약 20만을 초과하였을 것으로 추정된다. 숫자에서는 수 양제의 군대와 비교가 되지 않지만 그 20만 군대는 전투경험이 풍부한 본토의 정예병과 만리장성 북방의 용맹한 기병들로 구성되어 있었기 때문에 전투력은 오히려 얼떨결에 징집된 병사들로 숫자만 부풀린 수나라의 백만 대군을 능가했다. 또한 이세민은 양광과 달리 지휘관과 참모들의 의견을 경청하고 존중할 줄 아는 인물이었다. 더구나 안시성은 험한 지형에 의지하지도 않고, 대규모 병력을 수용할 수도 없는 작은 토성에 불과했다. 절대적으로 우세한 병력과 장병들의 넘치는 자신감, 산전수전 다 겪은 노련한 지휘관들, 훌륭한 전략과 전술. 누가 보아도 안시성은 당 태종의 손안에 든 물건이나 다름없었다. 그러나 당군은 안시성을 지척에 두고 행군을 멈출 수밖에 없었다. 요동 진입 이후 내내 이세민을 불안하게 했던 한 가지 가능성이 현실이 되어 나타난 때문이었다.

요동의 전운(戰雲)

<< 당 초기 황제 근위대의 장군

용맹을 상징하는 표범 가죽을 목에 두르고 완전한 찰갑과 긴 장화를 착용한 모습은 당나라가 한화된 유목민족이 지배계급으로 군림하던 북조의 전통을 계승하고 있음을 잘 보여 준다. 최고의 정예병들과 가장 충성스러운 장군으로 구성된 근위대는 주 임무가 황제를 경호하는 일로, 당 태종이 직접 나선 고구려 침공전쟁에 그들도 참전하였을 것은 의심할 여지가 없는데, 요하를 건너기 전부터 주필산전투에 이르기까지 이세민과 동행하고 있던 기병 4천은 아마도 이들 근위대의 일부였을 것으로 추정된다.

전쟁의 시대 ◆

<< 당나라 군대의 일원으로 고구려 침공에 동원된 돌궐 기병

알타이 산맥에서 발원한 유목민족 '철륵(鐵勒)'의 하위부족이던 돌궐은 552년, '유연'을 격파하고 중앙아시아에서 요하 유역에 이르는 광대한 초원지대를 장악하며 일대 제국을 형성한 강인한 민족이었다. 그러나 6세기 후반, 동서로 분리되어 서로 전쟁까지 벌이는 분열상을 연출하다가 630년, 자연재해로 인한 유목기반의 붕괴와 당의 공격으로 동돌궐은 당나라의 반종속국이 되고 만다. 이후 동돌궐 군대는 당이 벌이는 전쟁에 수시로 동원되었는데 특히, 고구려 침공 시에는 '아사나미사', '집실사력', '아사나두이' 등 최상급 귀족들과 함께 대규모 병력이 투입되어 전장의 주역으로 활약하였다.

주필산전투

그 이전에도, 그 이후에도 쌍방을 합쳐 30만에 가까운 병력이 그렇게 협소한 전장에 서, 그렇게 짧은 시간에 승부를 결정지은 예는 없었다. 또한 고구려가 겪은 숱한 전쟁 중에 그렇게 극적인 역전의 사례도 없었다.

안시성 주변의 상황을 정찰하고 있던 당군 기병대는 그날, 북쪽에서 접근 중인 고구려군 대집단을 목격했다. 끝이 보이지 않는 기병과 보병의 행렬은 이미 안시성과 겨우 40리밖에 떨어지지 않은 지점까지 도달해 있었다. 그들은 고구려의 *대대로 고정의高正義가 통솔하는 15만 대군으로, 평양을 방어하기 위한 병력을 제외한 모든 *전략예비부대와 요동성전투에 참가했던 국내성 및 신성의 군대, 그리고 다수의 말갈 기병으로 구성되어 있었다.

길이가 무려 40리에 달하는 고구려군의 행군대열을 마주한 당 태종은 두려운 기색을 감출 수 없었다. 요동성에서의 경험을 바탕으로 그가 상상한 고구려 전략예비의 규모는 기껏해야 5만 미만이었기 때문이었다. 그 정도면 별 문제는 아닐 터였다. 그러나 15만은 너무 많은 숫자였다. 정면으로 부딪쳐 승리한다 하더라도 전투 중 발생할 손실을 보충할 길이 없기 때문에 전쟁은 그것으로 끝이었다.

이세민은 사령관들을 소집하여 대책을 물었다. 그러나 고구려군의 출현이 너무나 돌발적이어서 최고의 참모인 장손무기조차 뚜렷한 대책을 제시하지 못했다. 후방이 비어 있을 것이라고 생각한 강하왕 도종은 자신이 지휘하는 기병집단으로 평양을 공격하겠다고 나섰다. 아마도 당 태종에게 전투를 회피하고 고구려군을 묶어두기만 하도록 건의했던 것으로 보인다. 하지만 이세민은 도종의 제안을 일축했다. 물론 당 원정군의 궁극적인 목적은 평양으로 진공하여 고구려의 항복을 받는 것이었다. 하지만 적 주력과 대치하는 상황에서 병력을 나누었다가는 도종의 군대는 물론 비사성의 장량과, 어쩌면 당 태종 자신까지도 각개격파당할 위험성이 너무나 컸다. 그것은 과거 수나라 군대가 실패한 원인이었다. 그는 전투를 결심했다. 어차피 평양을 공격하기 전에 고구려군 주력과의 격돌을 피할 수 없으며 그것은 애초부터 각오한 일이기도 했다.

대대로
고구려의 최고 관등. 귀족회의에서 선출하며 국정을 총괄함.

전략예비(Strategic Reserve)
전쟁을 승리로 이끌기 위해 결정적인 시기와 장소에 투입할 수 있도록 준비한 대규모 증원부대.

욕살
고구려의 지방관리. 광역행정
구역인 대성(大城)의 5부마다
각 1명씩 둠.

당군에게 다행스러운 일이라면 15만에 달하는 고구려 군대가 분
리되어 있다는 점이었다. 전후 상황을 자세히 살펴보면, 이때 당군에
게 접근하고 있던 남부*욕살 고혜진高惠眞과 북부욕살 고연수高延壽의
군대는 국내성과 신성의 정예병, 즉 요동성전투에 등장했던 4만 병력
과 백암성 등 점령당한 지역에서 탈출한 병력, 그리고 수천의 말갈 기

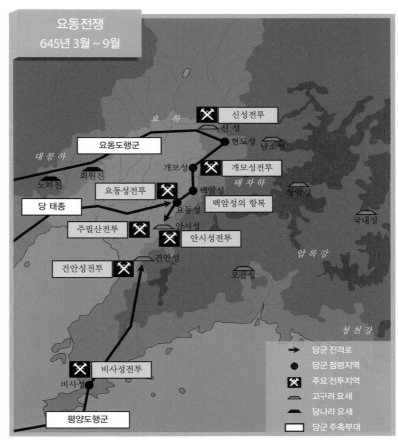

645년 4월에 최초로 요하를 건넌 당 원정군은 요동성을 비롯한 고구려의 핵심 요새들을 점령하는 데 성공하
는 한편, 고구려 주력을 주필산전투에서 격파함으로써 요동 지역의 완전한 장악을 목전에 두게 되었다. 당군
이 안시성을 돌파하여 압록강에 이르게 되면 북부 지역의 요새들은 고립을 면할 수 없기 때문이다. 그래서 안
시성은 당과 고구려 모두에게 결전의 장소로 선택될 수밖에 없는 운명이었다.

병으로 구성된 6~7만 명 정도에 불과했을 것으로 추정된다. 나머지 약 8~9만의 병력은 고정의가 직접 지휘하는 오골성의 군대로, 장거리를 행군해 온 탓에 *전군前軍과는 상당한 거리를 두고 있었을 것이 분명하다. 고정의가 고연수와 고혜진에게 적과의 직접적인 충돌을 회피하고 시간을 끌도록 명령한 이유도 그 때문이었을 것이다. 당 태종은 그러한 기회를 놓치지 않았다.

그는 구체적인 작전계획을 수립하기 전에 우선 아사나두이阿史那杜爾에게 돌궐기병 1천 명을 이끌고 고연수를 자극하도록 했다. 고구려 *중군中軍과 전군의 거리를 더욱 벌려놓아 상황을 보다 확실하게 하기 위한 행동이었다. 매우 공격적인 지휘관으로 고정의의 전투회피 명령에 불만을 품고 있던 고연수는 손쉽게 유인되었다. 달아나기에 급급한 돌궐 기병을 15㎞ 정도 추격한 고연수는 날이 저물자 안시성에서 동남쪽으로 약 3㎞ 떨어진 지점에 진을 치고 운명의 아침을 기다렸다.

하루 종일 행군하느라 지친 고연수의 군대가 깊은 잠에 빠져들고 있던 그때, 당군은 부지런히 움직이고 있었다. 당 태종은 고정의의 주력이 접근하기 전에 고연수의 군대를 유인하여 포위 섬멸할 계획이었다. 산에 의지하고 진을 친 고구려군을 평지로 유인할 임무는 이적에게 주어졌다. 그는 장창병을 포함한 보기병 1만 5천을 거느리고 고구려군의 눈에 띄기 쉬운 서쪽 능선에 진을 쳤다. 장손무기가 지휘하는 우진달牛進達 이하 1만 1천 병력은 북쪽의 협곡으로 이동했다. 그들은 그곳에 매복해 있다가 고구려군이 이적의 군대를 공격하기 위해 산을 내려오면 그 후방으로 돌입하여 포위할 예정이었다. 이세민 자신은 황제호위대로 추정되는 기병 4천 명과 함께, 나중에 '황제가 머물렀던 산'이라고 해서 주필산駐蹕山으로 명명된 북쪽 고지로 올라가 진을 쳤다. 하지만 무슨 이유에서인지 사서에는 나머지 10여 만 병력이 전투에 참가했다는 기록이 없다. 사관이 고의적인 누락을 통해 당 태

전군
군대의 앞쪽에 배치된 부대.

중군
군대의 중앙에 배치되며 보통 이곳에 사령부가 위치함.

전쟁의 시대

종의 위광을 높이려 했던 것인지, 아니면 굳이 기록할 필요가 없다고 생각했던 때문인지는 알 수 없다. 그러나 황제가 전장의 중심에 머무르며 직접 병력을 지휘하는 마당에 고구려군의 절반도 되지 않는 병력만이 전투에 참가했을 리는 없다. 아마도 주필산은 원정군의 1급 장군들이 지휘하는 10만 이상의 당병으로 겹겹이 에워싸여 있었을 것이다.

어쨌든 운명의 날은 밝았고 상황은 이세민의 의도대로 전개되었다. 날이 새자 서쪽 능선에 포진하고 있던 이적은 휘하의 기병을 고연수의 진영으로 접근시켰다. 아마도 경무장한 대신 빠른 기동력을 보유한 돌궐, 또는 거란의 기병이었을 것이다. 전투를 기다리고 있던 고연수는 즉각적으로 반응했다. 그는 우선 경기병을 출동시켜 당군 기병을 맞게 한 뒤, 검은 깃발을 든 이적의 1만 5천 군대를 압도할 만한 병력으로 그 뒤를 따르게 했다. 당 기병은 계획대로 황급히 말머리를 돌려 퇴각했다. 그들이 향하고 있는 곳에는 장창으로 무장한 보병들이 방패 뒤에 몸을 가린 채 당시의 대기병 전술에 따른 방진을 짜고 고구려 기병이 돌입해 오기를 기다리고 있었다. 서쪽으로 유인된 고구려 기병의 위기는 당 태종이 구상한 포위섬멸전의 시작이었다. 그들이 당의 창병들에게 포위되면 고연수는 그곳에 집중하지 않을 수 없을 것이다. 그때 장손무기의 군대가 후방으로부터 돌입하고, 동시에 황제의 주력이 북쪽에서 공격을 가하여 포위망을 완성한 뒤 일제히 공격하면 아직 상황을 모르고 있을 고정의가 도착하기 전에 고연수의 군대를 격파할 수 있을 것이라는 게 이세민의 계산이었다. 그러나 계산은 그 첫 단계부터 빗나갔다. 금방이라도 당군이 겨눈 장창에 꿰여버릴 듯 맹렬히 돌진하던 고구려 기병이 속도를 늦추어 후속부대와 합류하더니 그만 이적군을 포위해버리고 만 것이다. 《삼국사기》에 인용된 바 있는, 8세기 당의 문신 유공권柳公權의 《소설小說》에는 이때, "'척후가 말하기를 영공(이적)이 지휘하는 흑기黑旗가 포위되었다고 하니 황제가 크게 두려워하였다候者告 英公之麾黑旗被圍 帝大恐'는 기록이 있었다고 한다. 《신·구당서》와 《자치통감》 등 정사에서는 볼 수 없지만 당시 이세민의 심정은 분명히 그러했을 것이다. 그것은 경악할 일이었고, 한편 어이없는 일이기도 했다. 그러나 놀라고 있을 수만은 없었다. 만약 고구려군이 이적의 군대를 격파하게 된다면 당군 주력의 측면이 폭로됨은 물론 산이라는 고립된 지형에 포진한 이세민 자신도 큰 위기에 직면하게 될 것이기 때문이었다. 그는 서둘러 기수로 하여금 장손무기의 행동을 요구하는 신호를 보내도록 했다.

협곡에 숨어 있던 탓에 상황을 볼 수 없었던 장손무기는 이적이 성공했음을 확신하며 명령에 따라 고구려군의 후미를 향해 돌격했다. 그러나 고구려군은 거기 없었다. 그들은 이미 당군의 본진, 즉 주필산을 향해 돌격하고 있었기 때문이다. 고구려군이 혼란에 빠지기를 느긋하게 기다리고 있던 당 주력부대들은 쇄도해 오는 고구려군을 목격하고는 크게 당황하여 제대로 대응할 수 없었다. 그 맹렬한 속도에 압도된 주필산 전면의 당군 진영에 구멍이 뚫렸고 그 틈으로 수천 명의 용맹한 말갈 기병이 돌입하여 주필산을 향해 직진했다. 이세민에게는 끔찍한 시간이었을 것이다. 그러나 장손무기의 1만 군대가 후방으로 접근하는 것을 눈치챈 고연수가 진격을 멈추면서 상황은 반전되었다. 그는 장손무기의 군대를 무시해도 좋았지만 이미 주필산으로 돌입한 말갈 기병은 그대로 둔 채 공격의 방향을 바꾸었다. 치명적인 실책이었다. 집중과 속도의 이점이 사라지자 고구려군은 세 방향에서 붕괴되기 시작했다. 충격력을 유지해 줄 후위부대가 퇴각하면서 에너지가 고갈된 주필산의 말갈 기병들은 그대로 포로가 되었고, 고연수의 본진은 대혼란에 빠져 수많은 사상자를 내면서 동남쪽의 숙영지를 향해 퇴각하기 시작하였으며, 서쪽에서 이적과 대치하던 군대는

척후(斥候)
적에 관한 정보를 수집하기 위해 정찰 임무를 수행하는 병사, 또는 그 부대.

퇴로가 차단당할 위험을 피해 전장을 이탈해 버릴 수밖에 없었다. 그리고 방금 전까지 불과 7만 병력으로 두 배가 넘는 적군을 압도하며 거대제국 당나라의 황제와 그의 오른팔 이적을 위기에 빠뜨렸던 고구려군은 순식간에 병력의 40퍼센트 이상을 상실하고 동남쪽 야산의 최초 출발지까지 밀려 그곳에서 포위되었다.

이른바 '주필산전투'로 불리는 고구려와 당의 대회전은 두 나라 간의 전쟁사에 있어, 성곽이 아닌 개활지에서 벌어진 희귀한 사례 중 하나이다. 그 이전에도, 그 이후에도 쌍방을 합쳐 30만에 가까운 병력이 그렇게 협소한 전장에서, 그렇게 짧은 시간에 승부를 결정지은 예는 없었다. 또한 고구려가 겪은 숱한 전쟁 중에 그렇게 극적인 역전의 사례도 없었다. 그런데 아예 기록되지 않았거나, 혹은 누락되었거나, 시말이 전도되어 혼란스럽기 그지없는 사서의 기록을 편집하여 재구성한 이상의 설명을 받아들인다면 그것은 충분히 이해할 수 있는 상황이다.

하지만 그다음에 벌어진 일은 도저히 이해되지 않는다. 상식적으로 생각하면 진퇴양난에 빠진 고연수의 군대는 그곳에서 전멸당했어야 옳았다. 항복한 개모성이나 백암성과는 달리 끝까지 저항한 요동성과 비사성에서 당군이 자행한 학살극과, 주필산에 돌입했다가 포로가 된 말갈 기병 3천3백 명을 생매장한 것을 보면 그랬어야 옳다. 그런데 그렇지 않았다.

연수와 혜진이 그 무리 3만 6천8백 명을 거느리고 항복을 빌며 군문에 들어가 엎드린 채 명을 청하였다. 당주(이세민)는 욕살 이하 3천5백 명을 내지(당나라)로 옮기고 나머지는 모두 풀어주어 평양으로 돌아가게 하였다.

延壽惠眞 帥其衆三萬六千八百人 請降 入軍門拜伏 請命 帝簡褥薩己

下官長三千五百人 遷之內地 餘皆縱之 使還平壤

삼국사기 고구려본기 보장왕 上 4년

《삼국사기》의 이 기록은 《구당서》와 《신당서》의 내용을 그대로 옮긴 것이다. 이렇게 당 태종은 손대음이 백암성에서 항복했을 때와 똑같은 조치를 취했다. 전쟁이 끝나지도 않았는데 3만이나 되는 고구려군 포로를 그대로 풀어준 이 사건은 흔히 당 태종이 천하를 주관하는 위대한 황제로서 마땅히 갖추어야 할 포용력을 발휘한 사례라거나, 혹은 앞으로 있을 전투에 대비해 고구려군의 저항의지와 적개심을 불식시키기 위한 전략적 행동의 하나로 이해된다. 물론 그랬을 수도 있다. 그러나 정말 그랬다면 그것은 허영이며, 만용이자, 고구려군의 의지를 과소평가한 어리석은 행위로 비판받아 마땅한 일이다. 하지만 이세민은 그런 상황에서 허세를 부릴 만큼 바보가 아니었다. 그는 냉정한 군인이었고 당시 상황이 어쩌면 자신의 군대를 파멸시킬 수도 있을 것이라는 사실을 깨닫고 있을 만큼 현명했다. 고연수의 군대를 포위하고 있던 그때, 당 원정군의 형편은 그러한 여유를 보일 만큼 낙관적이지 못했다. 아직도 충분히 저항할 수 있는 능력을 가진 고연수의 군대는 산을 등진 유리한 위치를 점거하고 있었으며, 고구려군 주력인 고정의의 8만 군대는 시시각각 전장으로 접근하는 중이었다. 또한, 이세민 스스로 평가했듯 '성이 험하고 군사는 정예인 데다 재능과 용맹을 겸비한 성주가 지휘하고 있는' 안시성은, 전투가 재개될 경우 언제라도 측면을 위협할 수 있는 상황이었다. 이세민의 행위는 그러한 난국을 타개하기 위한 어쩔 수 없는 선택이었다. 즉, 상황이 더욱 악화되기 전에 전투를 종료하기 위해 고구려 지휘관 고연수와 타협을 할 수밖에 없었던 것이다.

그 타협은 고연수 역시 수습이 불가능한 위기에 몰려 있었기 때문에 가능했다. 그는 패배자였고, 3만이나 되는 병사를 잃었다. 더구나 그것은 사령관 고정의의 명령을 무시하고 독단적으로 행동하다 벌어진 일이었다. 고구려에서 명령불복종에 대한 처벌은 가혹했다. 목숨까지는 아닐지라도 귀족으로서의 지위와 재산은 보장받을 수 없을 터였다. 결국 그는 하급 군관을 포함한 모든 고구려군 지휘관들이 투항한다면, 황제의 진영을 침범한 말갈 기병을 제외한 나머지 병사들의 귀환을 보장하겠다는 당 태종의 제의를 수락했다. 그에게는 한 번

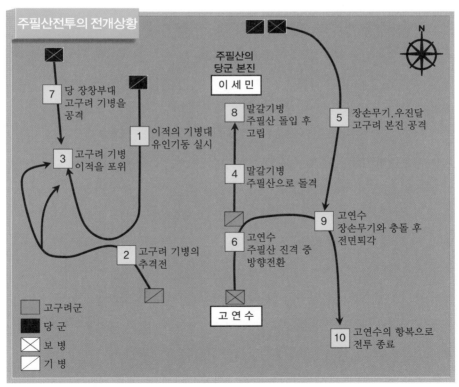

주필산전투의 전개 상황. 초반 고구려군에게 유리했던 상황이 어떻게 반전되었는지 알 수 있다. 이러한 전면적인 격돌은 역시 고구려에게 어울리는 전투방식은 아니었다. 이 전투는 모두 합쳐 20만 이상이나 되는 양군 주력이 개활지에서 충돌한 사실상의 결전이었지만 그 어정쩡한 결말로 인해 전쟁의 향방을 결정할 수는 없었다. 그러나 이 전투를 통해 당군의 전투력이 현저히 저하되고 총사령관 이세민의 심리적 불안을 초래함으로써 안시성의 고구려군은 한층 유리한 조건에서 전투에 임할 수 있게 되었다.

쯤 더 싸워볼만한 여력이 있었고, 안시성의 군대나 고정의의 본진은 전투에 참가하지도 않았지만 고연수는 포기했다. 어차피 불명예스럽게 죽어야 할 목숨, 비록 자신이 당의 포로가 되더라도 병사들이 무사히 고향으로 돌아갈 수 있다면 만족할만한 거래라고 생각했을 것이다. 하지만 항복 이후 고연수와 고혜진이 당 태종으로부터 경卿의 지위를 부여받고 그의 군영에 참모의 일원으로 종군한 사실을 보면, 그들의 항복은 어쩌면 연개소문의 집권 이후 심화된 고구려 상층부의 동요와 반감에서 비롯되었던 것인지도 모를 일이다. 어쨌든, 쌍방을 합쳐 약 40만이나 되는 대병력이 안시성 주변의 협소한 공간에서 정면으로 격돌한, 고구려 역사상 전례가 없던 평지에서의 대전투, 어쩌면 요동전쟁의 결말을 전혀 다른 방향으로 전개시킬 수도 있었을 주필산의 싸움은 그처럼 허망하게 종료되었다.

한편, 퇴각해 오는 병사들로부터 주필산전투의 전말을 듣게 된 고정의는 병력을 수습하여 오골성 방면으로 퇴각했다. 대규모 병력의 과시효과로 적의 활동을 견제하는 한편, 기병을 사용하여 그들의 연장된 보급선에 압박을 가함으로써 당 원정군의 자진 철퇴를 강요하려던 애초의 전략이 무산되었음을 알았기 때문이다. 이제, 병력의 절반을 잃고 사기마저 저하된 마당에 그가 취할 수 있는 전략이란 수성전을 통해 적의 전력과 보급을 소모시키는 소극적 방어뿐이었다. 그는 요동 지역의 모든 군대와 민간인들에게, 전략적으로 가치가 떨어지는 성곽과 마을을 버리고 몇 개의 지정된 요새로 들어가 방어에만 전념하도록 했다. 아마도 연개소문에 의해 채택되었을, 대규모 병력에 의한 결전주의를 버리고 옛날 방법으로 돌아가기로 한 것이다. 주필산전투 직후 '고구려가 크게 놀라고, 후황성과 은성이 항복하였으며, 수백 리에 연기가 끊어졌다高麗震駭 後黃銀二城自拔去 數百裡無捨煙'라는 사서의 기록은 당시 고구려가 얼마나 신속히 그 전략적 대전환을 실행에 옮겼는지를 암시한다. 수백 리에 걸쳐 인가에 연기가 오르지 않았다는 말은 당군이 보급품을 현지 조달할 수 있는 여지를 없애기 위해 모든 민간인들이 들을 비우고 요새로 들어가는, 이른바 청야입보淸野入堡의 결과였다. 그리고 정확한 위치를 알 수 없는 후황성과 은성은 아마도 그 전략적 가치가 미미하고 수비하기는 어려운 입지조건 때문에 고구려군 스스로 포기한 성곽들일 것이다. 어쨌든 그것은 타당한 선택이었고, 겉으로만 화려한 평원의 결전보다는 실속이 있었으며 또, 성공할 가능성도 매우 높았다. 하지만 그 갑작스러운 전략적 대전환으로 인해 외부로부터 지원을 기대할 수 없게 된 안시성은 20만이 넘는 당군의 공격을 혼자 힘으로 막아내야 하는 형편에 놓이고 말았다.

안시성전투

그는 고구려군이 그 격렬한 공격에도 지치지 않고 견딜 수 있었던 이유를 정확히 파악해냈다. 안시성은 성벽 대부분이 절벽 위에 축조되어 있어 공격할 수 있는 정면이 매우 협소하다. 따라서 당군에게 터무니없는 수적 열세에 놓여 있었음에도 고구려군은 병력을 교대시켜가며 그 협소한 정면을 방어할 수 있었던 것이다.

공격개시선(Line of Departure)
공격부대가 집결하여 계획된
시간에 공격을 시작하기 위하
여 설정한 선.

주필산전투가 완벽한 승리는 아니지만 당 원정군이 획득한 전략적 이득은 결정적인 것이었다. 고연수와의 타협에 성공함으로써 큰 손실 없이 두 가지 걱정을 털어버리고 바야흐로 하나의 목표에 집중할 수 있게 된 것이다.

전쟁이 시작된 지 5개월째로 접어들던 645년 음력 7월, 당 원정군은 안시성 주변에 둘레가 수십 km에 달하는 거대한 포위망을 형성하고 본격적인 공성전을 준비하기 시작했다. 요동성 공략에 사용되었던 공성장비들과, 20만 군대가 몇 달 동안 사용할 각종 병기, 피복, 식량 등 막대한 수량의 보급품들이 속속 전장에 투입되었다. 마구간, 야전취사장, 대장간, 병기고, 그리고 수만 채에 달하는 막사와 각 총관들을 상징하는 형형색색의 깃발들이 벌판을 가득 메웠다. 그리고 마침내 안시성전투가 시작되던 그날, 용맹한 돌궐 기병들이 흙먼지를 날리며 무력시위를 벌이는 가운데, 잘 닦여진 갑옷을 입은 보병들이 창검을 번뜩이며 *공격개시선에 도열한 모습은 장관이었을 것이다. 장량의 군대가 건안성을 공격하다가 오히려 고구려군에게 포위되어 호되게 당하고 있다는 보고가 있었지만 승승장구하는 대당제국 군대의 위용 앞에 당장이라도 무너질 것만 같은 안시성의 성벽을 바라보고 있던 그 순간은 어쩌면 이세민에게는 전쟁기간을 통틀어 가장 행복한 시간이었을지도 모른다. 하지만 바로 그날부터 그의 군대는 과거 수나라 군대가 요동성에서 경험했던 것과 비교될 만한 최악의 상황과 직면하게 된다.

공격 첫날부터 당군은 병력의 여유를 활용하여 무지막지한 파상공격을 실시했다. 물론 그것은 단순한 인해전술이 아니라 안시성에 주둔한, 얼마 되지 않는 고구려 수비병들의 체력을 소모시켜 항복을 이끌어낼 의도 아래 진행된 작전이었을 것이다. 그러나 험한 지형에 의지한 요새를 그런 식으로 공격하면 막대한 병력 손실을 각오해야 하며, 실제로 전투개시 이후 며칠 동안 당군은 스스로도 놀랄 만한 손실을 입었을 것이 분명하다. 오죽하면 이적이 '성을 점령하면 남자들을 모두 구덩이에 묻어 죽이겠다'고 하였을까? 이세민 역시 그 생각에 동감한 듯하다. 하지만 그것도 안시성을 점령해야만 가능한 일이었다. 하기야 병력을 증강한다고 해결될 일도 아니었다. 안시성을 점령하기 위해서는 전술의 획기적인 전환이 필요했다. 성공할 것 같지도 않은 소모적인 공격을 중지시킨 당 태종은 궁리 끝에 안시성에 적합한 한 가지 방법을 생각해 냈다.

그는 고구려군이 그 격렬한 공격에도 지치지 않고 견딜 수 있었던 이유를 정확히 파악해냈다. 안시성은 성벽 대부분이 절벽 위에 축조

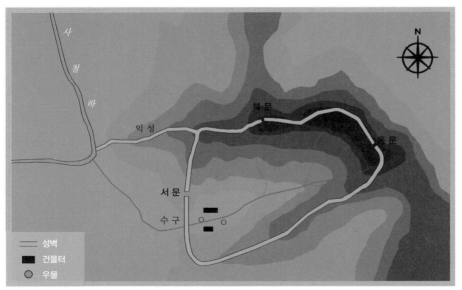

안시성으로 비정되는 영성자산성 평면도. 고지에 둘러싸인 골짜기를 아우르는, 이른바 포곡식 산성임을 한눈에 알 수 있다. 흙을 다져가면서 쌓은 성벽의 길이는 동벽 302m, 서벽 488m, 남벽 920m, 북벽 693m를 합쳐 총 2,472m이다. 산성으로서는 비교적 규모가 큰 편에 속한다고 하겠다. 북벽에서 뻗어 나와 서쪽의 사철하(沙鐵河)까지 이어진 익성은 북쪽에서 침투하는 적을 막기 위한 차단성의 역할을 했을 것으로 생각된다. 성벽의 높이는 일정하지 않으며 험난한 곳에는 자연지형을 그대로 활용한 경우도 있다고 하는데, 1994년에 정밀조사를 실시했던 중국 학자들은 적의 공격에 가장 취약한 수구 부근 평지의 경우 토벽의 높이가 약 15~20m에 달했을 것으로 추정하고 있다.

되어 있어 공격할 수 있는 정면이 매우 협소하다. 따라서 당군에게 터무니없는 수적 열세에 놓여 있었음에도 고구려군은 병력을 교대시켜 가며 그 협소한 정면을 방어할 수 있었던 것이다. 게다가 당군은 그 협소한 정면에서조차 공성탑이나 당차 등 힘들게 끌고 온 각종 공성 장비들을 전혀 사용할 수 없었다. 안시성은 평지성이 아니라 산성이기 때문이었다. 경사지고 굴곡이 심한 산 중턱까지 바퀴로 움직이는 장비를 끌고 올라갈 수는 없다. 그렇다면 방법은 하나뿐이었다. 그 자체의 높이는 얼마 되지 않지만 산 아래에서 보기에는 까마득한 안시성의 성벽 높이만큼 산을 쌓는 것이다. 그것은 단순하지만 아주 창의적이며 효과를 기대해도 좋을 생각이었다. 더구나 고구려군 주력이 멀리 물러나 있기 때문에 당군에게는 그러한 토목공사를 실시할 만한 시간과 인력의 여유가 있었다.

생각을 정리한 이세민은 강하왕 도종을 불러, 흙과 목재를 사용하여 안시성 동남쪽 성벽 앞에 거대한 보루를 건설하도록 지시했다. 그 보루의 높이는 성벽의 높이를 능가해야 했고, 너비는 다섯 개의 공격로를 수용할 만큼 넓어야 했으며, 그 기초는 수많은 병력이 올라가도 무너지지 않을 만큼 견고해야 했다. 누구라도 기피하고 싶었을, 상상하기 힘든 난공사였다. 그러나 군사적인 능력에서는 당시 최고의 전략가로 평가받던 °이정李靖이나 훌륭한 야전지휘관인 이적만큼 뛰어나지 못했어도 그 열정만큼은 최고였던 도종은 막대한 인력과 고도의 기술, 그리고 불굴의 투지가 요구되는 대토목공사를 짧은 시일 만에 완성해냈다.

보루의 완성을 확인한 당 태종은 이제 안시성이 무너지는 것은 시간문제일 뿐이라고 생각했을 것이다. 하지만 안시성의 고구려군은 아주 간단한 방법으로 황제의 책략과 도종의 수고를 물거품으로 만들어 버렸다. 당군이 보루를 축조하는 동안 고구려군 역시 성벽 위에 흙을 쌓아 보루의 높이만큼 성벽의 높이를 높여 놓았던 것이다. 괜한 헛고생만 한 셈이었다. 그러나 이왕 벌인 일을 포기할 수 없다고 생각했는지 이세민은 도종에게 보루를 더 높게 쌓도록 명령했다. 이번에는 고구려군이 대처하지 못하도록 안시성을 내려다볼 수 있을 정도의 엄청난 높이를 요구했다. 만약 가로 1백 m, 세로 50m, 그리고 높이가 50m 정도 되는 토산을 쌓는다면 단순계산으로도 무려 5십만 톤 이상의 흙이 필요하다. 실제 토산의 규모가 그에 미치지 못했다 치더라도 어쨌든 그것은 현대적인 장비를 가지지 못한 야전의 병사들에게는 상상을 초월하는 임무였을 것이다. 하지만 도종은 그 일을 해냈다. 장장 60일 동안 연인원 50만을 동원한 대토목공사였다. 고구려군은 더 이상 성벽을 높일 수 없었다. 그만한 인력이나 자원이 없었기 때문이다.

안시성 동남쪽 성벽에 대한 당군의 공격은 격렬하고 위력적이었다. 보루의 완만하고 평탄한 경사로를 사용해 공성장비를 끌어 올릴 수 있게 되자 토산 아래 성벽을 향해 당차를 굴리고 포차로 돌을 날려 성벽을 파괴하면서 하루에 여섯 번, 혹은 일곱 번에 달하는 *파상공격을 실시했다. 물론 고구려군의 집중을 막기 위해 다른 방면에 대한 공격도 함께 이루어졌을 것이다. 고구려군에게는 악몽과 같은 시간이었다. 예비 병력을 동남쪽 성벽에만 투입할 수도 없는 상황에서 지속적인 충격으로 성벽은 약해지기 시작했고, 이미 무너져버린 성벽을 목책으로 보강

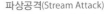

파상공격(Stream Attack)
하나의 목표에 대해 시간 간격을 거의 두지 않고 마치 파도가 치듯 계속 공격하는 것. 상대방에게 소모를 보충할 여유를 주지 않고 피로를 누적시켜 그 방어태세를 붕괴시키는 효과가 있음.

사진은 높이가 약 10m 정도인 온달산성 동벽이다. 지도를 보면 당군이 토산을 쌓았다는 안시성 동남쪽 역시 이처럼 높고 가파른 지형으로 파악되는데, 그렇다면 성내를 내려다 볼만큼 높았으며 다섯 갈래의 도로를 통해 병사들이 왕래하였다는 토산의 규모는 상상하기 힘들 만큼 거대했을 것이다. 하지만 고구려군의 견제를 받으며 그러한 대규모 공사를 무리 없이 수행하기란 애초부터 불가능했고, 결국 부실공사로 인한 토산의 붕괴는 당군 자신에게 결정타를 안겨주는 아이러니를 연출했다.

염입덕(?~656)

이름은 양(讓). 당 초기의 유명한 건축가이자 공예가, 화가로 장작소장, 장작대장, 공부상서를 역임. 장작대장은 원래 군사직이 아니라 능묘의 조성과 궁실의 건축 등 기술적인 분야를 담당하는 장작감의 장관 직임.

하려 했지만 당군의 보루가 성벽에서 불과 십여 m 거리에 있었기 때문에 그마저 쉬운 일이 아니었다. 밤낮없는 전투에 병사들은 지치고 소모되어 갔다. 연개소문이 수시로 첩자를 보내 전황을 파악하려 안간힘을 쓰고 있었지만 주력의 붕괴로 인해 안시성에 구원병을 보내는 일은 불가능했다. 외로운 안시성은 곧 함락될 것처럼 보였다. 그런데 기적 같은 일이 일어났다. 그 거대한 당군의 보루가 수천 명의 병사들과 공성장비의 압력을 이기지 못하고 한 순간에 무너져버리고 만 것이다.

물론 그것은 기적이 아니었다. 안시성의 성벽 높이를 능가하려면 당군의 보루는 높이가 적어도 30m 이상은 되어야 하며, 수천 명의 병력과 각종 공성장비, 그리고 고구려군의 포차 공격을 견뎌낼 수 있을 만큼 견고해야 했다. 비록 목재로 보강을 했다고는 하지만 그것은 그렇게 짧은 시간에 만들 수 있을 만큼 간단한 구조물이 아니었던 것이다. 안시성의 성벽이 그토록 거센 충격을 받고도 쉽게 무너지지 않았던 이유는 충분히 건조된 흙을 10~20㎝ 두께로 단단하게 다지는 작업을 원하는 높이가 될 때까지 반복하여 켜켜이 쌓아 올린 판축공법에 의거했기 때문이었다. 그렇게 축조된 토벽이 오랜 시간에 걸쳐 압력을 받으면 돌만큼 단단하면서도, 특유의 유연성에 의해 석벽보다 충격에 더 강한 성벽이 만들어진다. 물론 당군 역시 그것을 알고 있었을 것이다. 당시 원정군 내에는 수만 명의 공병을 지휘하여 요택에 길을 놓았던 장작대장將作大匠 °염입덕閻立德과 같은 훌륭한 기술자들이 있었기 때문이다. 그러나 고구려군의 화살이 빗발치는 가운데 나무판으로 그 엄청난 흙을 다지는 것은 토목공학과는 전혀 상관없는 일이었다. 결국 당군은 판축을 포기하고 토산 주위에 목재를 둘러 토사의 붕괴를 방지하는 방법을 선택할 수밖에 없었다. 토산은 안시성을 점령할 때까지만 버텨주면 되는 한시적인 구조물이었기 때문에 틀린 발상은 아니었다. 토산을 붕괴시킨 결정적인 힘은 자연으로부터 나왔다. 토산이 완성된 9월은 요동 지역이 본격적인 겨울에 접어들 무렵으로 일교차가 큰 시기였다. 물론 병사들에게는 아직 버틸만한 날씨였을 것이다. 그러나 건조되지 않은 흙으로 지어진 토산에는 그것이 치명적인 영향을 주었다. 아주 짧은 기간이지만 섭씨 15도 이상에 달하는 큰 일교차가 계속될 경우, 밤이면 돌처럼 얼어버렸던 흙이 낮이 되면 녹았다가 저녁 무렵부터 다시 얼기를 반복하게 된다. 결국 토산은, 수분을 머금고 있는 흙이 팽창과 수축을 반복하여 곳곳에 균열이 발생하자 전투 시 받는 하중이 내력의 한계치를 초과하면서 붕괴되고 말았던 것이다.

당군은 크게 당황했지만 토산의 붕괴로 피해를 입은 쪽은 당군만이 아니었다. 무서운 속도로 쏟아진 토사가 성벽을 덮쳐 안시성의 동남벽이 무너져버리고 만 것이다. 결국 토산의 붕괴는 양쪽 모두에게 위기와 기회를 함께 준 셈이었다. 하지만 유리한 쪽은 당 원정군이었다. 만약 그들이 그 혼란스러운 순간에 무너진 성벽을 통해 성내로 돌입했다면 안시성전투는 그것으로 종료되었을 것이기 때문이다. 그러나 그 결정적인 순간에 운명의 신은 당을 외면했다. 하필 그때, 토산의 지휘를 맡고 있던 *과의果毅 부복애傅伏愛가 자리를 이탈해 있었던 것이다. 지휘관이 없는 당군은 혼란을 수습하지 못했고 성안에서 쏟아져 나온 고구려군에게 토산을 빼앗기고 말았다. 60일간에 걸친 당군의 노력이 물거품이 되는 순간이었다. 고구려군은 토산을 탈취한 뒤 지형을 정비하여 그것을 성벽의 일부로 활용했다.

안시성전투는 그 사건을 마지막으로 종료되었다. 당 태종은 부복애를 참수하는 것으로 자신에게 돌아올 비난을 회피하려 했지만 모든 게 끝났다는 사실까지 부정할 수는 없었다. 그는 맨발로 죄를 청하는 도종을 용서하고 지휘관들을 소집하여, 사흘에 걸친 기만공격을 실시하면서 전군이 요하 서쪽으로 총퇴각할 것을 명령했다. 퇴군

과의
당나라의 무관직. 정식명칭은 과의도위이며 관등은 종5품 하~정6품 하에 해당. 징집된 병사들을 관리하는 절충도위를 보좌함.

박지원(1737~1805)
조선 후기의 문신, 학자. 호는 연암(燕巖). 《열하일기》, 〈양반전〉, 〈허생전〉 등 유명한 저작을 남김.

의 이유는 보급품이 고갈된 데다 겨울이 닥쳐와 전투를 수행하기 어렵게 된 때문이라고 했지만 그 명령은 패배를 인정한 것에 다름 아니었다.

3개월 가까이 계속된 안시성의 혈전은 그렇게 막을 내렸다. 그것은 고구려군의 깨끗한 승리였고 당군의 완벽한 패배였다. 당시 안시성 방어를 책임지고 있던 인물이 누구였는지는 정사에 기록되어 있지 않다. 박지원의 저작인 《열하일기熱河日記》 등 후대의 몇몇 서적에 의해 양만춘梁萬春=楊萬春이라는 이름이 겨우 전해지고 있을 뿐이다. 기록을 통해 알 수 있는 양만춘의 됨됨이는 당 태종이 말한 '재능과 용맹이 있다.'는 한 구절뿐이다. 하지만 당시 그가 처했던 상황, 즉 고립된 상태에서 적 병력의 10퍼센트에도 미치지 못했을 병력으로 작은 성을 방어해야 하는 그 절망적인 상황을 감안하면 양만춘의 능력은 그저 '재능과 용맹이 있다.'는 정도로 판단할 수준은 아니다. 특히 그보다 훨씬 조건이 좋았던 손대음과 고연수, 고혜진 등이 한 번 패배한 뒤 이세민에게 항복했던 것과 비교할 때 그가 보여준 불굴의 의지는 그야말로 모든 군인의 귀감이 아닐 수 없다. 연개소문의 쿠데타에 반발하여 끝까지 저항할 만큼 강직하고 순수했던 그는 정치적인 혼란과 귀족들의 분열로 조금씩 몰락의 수렁에 빠져들고 있던 고구려를 마지막으로 빛낸 외로운 영웅이었다.

양만춘은 퇴각하는 당군을 추격하지 않았다. 기나긴 전투로

고대의 수성전에 사용되었던 투석용 자갈들. 공성전을 수행하는 병사들에게는 성벽 위에서 날아오는 돌멩이 하나도 목숨을 위협받을 만큼 큰 부담이다. 보통 돌을 던지는 행위는 최후의 수단으로 인식하기 쉽지만 인력이나 기계의 힘을 이용하는 투석전은 고대 전쟁에서 일상적으로 사용되던 전투방법이었다. 장기간에 걸친 전투로 화살을 아껴야 했을 안시성의 고구려 병사들 역시 당연히 투석전을 중요한 공격수단의 하나로 활용했을 것이다. 사진의 돌무더기는 문경 고모산성에서 출토된 것인데, 당시에는 원칙적으로 성내에 대량의 투석전 자원을 비축하고 있었던 듯하다.

병력과 물자의 소모가 막대했을 뿐 아니라 그 퇴각이 어쩌면 고구려 군을 끌어내기 위한 기만전술일지도 모르기 때문이었다. 그런데 《신당서》에서는 그러한 행동을 '병력을 이끌고 성벽 아래에 이르니 성내의 고구려군이 숨어서 나오지 않았다.'고 기록하고 있다. 전쟁의 시작부터 끝까지 고구려의 능력을 폄하하는 것으로 일관하는 당나라 사서의 기록 중에서도 가장 위선적인 내용이다. 그런 상황에서 성 밖으로 나서는 것은 바보라도 하지 않을 짓이 아닌가? 《신당서》에는 또한, 당 태종이 퇴각하던 날 '추장(안시성주)이 성루에 올라 재배했고 황제는 비단 백 필을 하사하여 그 수고를 칭송하였다 酋長登城再拜 帝嘉其守 賜絹百匹'고 기록되어 있다. 참혹했던 전투를 멋지게 마무리하는 낭만적인 광경이다. 그러나 연개소문과도 타협하지 않았고, 악조건 속에 석 달 동안 저항하면서도 항복하지 않았던 양만춘이 숱한 고구려인을 죽인 침략군의 수뇌에게 무슨 좋은 감정이 있어 고개를 숙였다는 말인지 도대체 믿지 못할 기록이다. 수많은 공성장비를 불태우는 연기 사이로 지친 발걸음을 옮기는 당 원정군을 바라보던 양만춘의 눈빛은 냉정했을 것이다.

시련으로 얼룩진 안시성의 전투는 끝났지만 당군의 고난은 이제 시작일 뿐이었다. 전투 내내 안시성의 상황을 정찰하고 있던 연개소문이 공세로 전환하여 대대적인 추격전을 벌일 조짐을 보이자 당 태종은 이적과 도종의 4만 병력을 후미에 위치시키고, 시베리아에서 불어오는 매서운 겨울바람 속에서도 병사들의 발길을 재촉하며 퇴각을 서두르지 않을 수 없었다. 포로가 된 고구려인들은 이미 요하 서쪽으로 압송했지만 그동안 점령한 모든 성곽과 물자는 포기할 수밖에 없었다. 그들의 당면 목표는 살아서 돌아가는 것뿐이었다. 하지만 쉽지 않았다.

불과 몇 달 사이에, 복수심에 불타는 원정군에서 지치고 굶주린 패배자의 무리로 전락한 당군은 안시성에서 퇴각한 지 며칠 만에 요동성을 지나 억센 갈대로 뒤덮인 발착수勃錯水, 즉 요택에 도달했다. 그곳만 통과하면 살 수 있었다. 하지만 폭이 수십 ㎞에 달하는 거대한 진흙 수렁에 몇 달 전 요동으로 진입할 당시 만들어 놓았던 길과 교량은 없었다. 당시 이세민의 명령에 의해 모두 파괴되었기 때문이다. 모두들 그게 바보짓이었다는 사실을 깨달았겠지만 후회만 하고 있을 때가 아니었다. 진영을 펼칠 수도 없는 상황에서 당장이라도 고구려군이 나타나면 몰살을 면할 수 없을 것이기 때문이었다. 그들은 망설이지 않고, 이제는 필요 없게 된 수레와 각종 장비, 심지어는 땔감용 장작과 귀중한 말까지 요택의 수렁 속으로 던져 넣어 길을 만들기 시작했다. 황제까지 장작을 날라야 했을 정도로 삶을 향한 그들의 투쟁은 처절했다.

그 투쟁에서 이기지 못한 병사들의 숫자는 기록되어 있지 않지만 과거 수나라 군대가 그러했듯 아마도 엄청난 숫자가 요택을 빠져나가지 못했을 것이다. 수많은 병사와 말들이 늪 속에 갇혀 비명을 지르며 죽어가는 광경은 처참했을 것이다. 천신만고 끝에 발착수를 건넜어도 고난은 계속되었다. 추운 날씨 속에 비까지 내려 얼어 죽는 병사들이 속출했기 때문이다. 그때 당 태종은, 어떻게든 수나라의 전철을 밟지 않으려 했던 자신이 결국 수 양제와 같은 꼴이 되었다는 사실을 깨달았을 것이나 소용없는 일이었다.

지난 봄, 요하를 건널 때 그가 꿈꾸던 모든 것은 사라지고 이제 남은 것은 패배한 자의 눈물과 자책뿐이었다. 그가 형제를 죽이고 황제가 된 것은 그 이후의 치적으로 덮을 수 있었지만 그 처참한 패배의 기억은 사람들의 기억에서 결코 지워질 수 없었다. 동방과 서방의 군사강국이 총력을 동원해 다시 한 번 격돌한 거대한 전쟁, 하지만 쌍방 합쳐 수십만의 사상자만 발생하고 얻은 것이라고는 전혀 없는 무의미한 전쟁, 요동전쟁은 그렇게 막을 내렸다. 그리고 당 태종 이세민은 그 전쟁에서 얻은 병이 원인이 되어 몇 년 뒤, 고구려에 대한 군사행동을 모두 중지하라는 유언을 남기고 눈을 감는다.

백제의 멸망

황산전투는 두 나라 모두에게 결코 패배할 수 없는 결전이었다. 신라에게나 백제에게나 그 전투의 패배는 곧 국가의 멸망을 의미했다. 하지만 더 다급한 쪽은 신라였다. 김유신은, 부대를 셋으로 나누어 목책을 세우고 강력한 방어태세를 구축하고 있던 계백의 백제군을 향해, 역시 세 방면으로 군사를 나누어 네 번에 걸친 파상적인 공격을 실시했다.

의자왕(?~660)
백제의 제31대 왕이자 마지막 왕. 이름은 의자. 재위 641~660.

무왕의 아들 °의자왕은 태자일 때부터 해동증자海東曾子라고 불릴 만큼 탁월한 인격과 지식의 소유자였다. 하지만 아버지 무왕에게서 물려받은 신라 공략의 대임을 수행하는 데에서만은 이전의 그 누구도 비교될 수 없을 만큼 저돌적이고 냉혹했다. 그는 신라를 공격하는 데 도움이 된다면 누구와도 손을 잡았고, 누구와도 적이 되는 것을 마다하지 않았으며, 동원가능한 모든 자원과 계략과 의지를 아낌없이 쏟아 부었다. 그에게 신라는 숱한 선왕들을 죽음으로 몰고 간 불

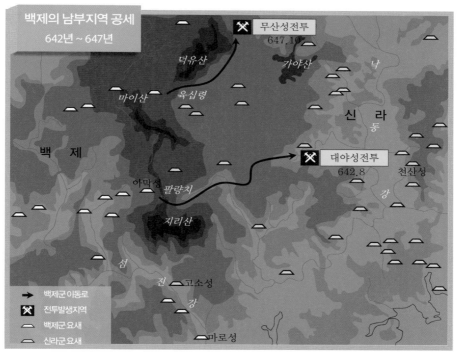

◆ 백제의 멸망 ◆

의자왕에게 신라를 멸망시키는 일은 선왕들과 국가에 대한 의무였다. 그는 아버지인 무왕이 조성해 놓은 토대를 딛고 파상적인 공세를 펼쳐 사면초가에 빠진 신라를 멸망 직전의 위기에 빠뜨렸다. 고구려와의 협공으로 북부 국경에서 우세를 확보한 백제는 남부 지역으로 공세의 방향을 전환하여 험난한 자연장벽인 지리산을 넘어 신라의 심장부로 접근해 들어갔다. 신라는 대가야를 정복한 뒤 지리산 통로에 여러 개의 방어 거점을 구축하고 있었지만 백제의 저돌적인 공격을 저지할 수 없었고 끝내는 낙동강 서쪽의 군사중심지였던 대야성을 빼앗기는 치명적인 타격을 입게 된다. 이때 신라는 중원통로 양편에 군사요새를 구축하고 한강 수로를 이용한 금성과 한성 사이의 물류를 차단하고 있던 고구려의 존재 때문에 반격에 나설 수도 없었다. 신라가 비로소 저항다운 저항을 시작한 시기는 김서현이 낭비성에서 고구려 군대를 격파하고 중원통로의 안전을 확보한 629년 이후였다.

구대천의 원수이며 신라를 멸망시키는 일은 그 왕들이 자신에게 부여한 의무였다. 뿐만 아니라 의자왕에게는 스스로 짊어진 그 무거운 의무를 훌륭하게 수행할 능력과 용기가 있었다.

642년 7월, 즉위한 지 불과 1년밖에 안 된 의자왕은 군대를 이끌고 신라 서부 국경을 전격적으로 침공하여 *미후성獼猴城을 비롯한 40여 개의 크고 작은 성을 점령하는 커다란 전과를 올렸다. 신라와의 마지막 전투에서 패배한 이후 전전긍긍하던 백제 장군들에게 직접 시범을 보인 것이다. 그리고 8월에는 장군 윤충允忠에게 1만 병력을 주어 신라 남서부 국경의 전략거점인 *대야성大耶城을 공격하도록 했다. 이 전투 역시 백제의 승리로 종결되었고 항복한 성주 *김품석金品釋과 그 아내를 포함한 일가족은 몰살을 당한다. 품석은 당시 *선덕왕의 총애를 받고 있던 귀족 *김춘추金春秋의 사위였다. 이 일은 뒤에 신라의 왕이 되는 김춘추에게 백제와 의자왕에 대한 깊은 원한을 심어 주었지만 의자왕에게는 성왕의 죽음에 대한 복수의 일부분일 뿐이었다.

대야성을 잃게 됨으로써 신라가 받은 충격은 엄청났다. 대야성의 상실은 신라 남서부 국경 방어선의 완전한 붕괴를 의미했기 때문이다. 백제가 낙동강만 돌파하면 수도 금성으로 향하는 길에 더 이상의 장애물은 없는 것이다. 얼마나 급했던지 선덕왕은 아직 적대관계가 해소되지 않은 고구려에 김춘추를 파견해 도움을 요청했다. 물론 고구려는 신라의 요청을 거절했다. 당시 고구려의 정권을 쥐고 있던 연개소문은 수나라와 전쟁하는 동안 신라가 점령한 죽령 이북의 땅을 돌려주면 파병하겠다는 조건을 내걸었지만, 김춘추에게 그것은 싸워보지도 못하고 멸망을 자초하는 일일 뿐 결코 받아들일 수 없는 조건이었다. 연개소문 역시 그것을 기대하지는 않았을 것이다. 고구려는 이미 백제와 비밀동맹을 수립하고 한강유역과 죽령 이북의 고토를 회복할 계획을 세우고 있었기 때문이었다.

미후성
위치 미상.

대야성
경남 합천군 합천읍에 있는 대야성에 비정. 642년 백제에 함락될 당시 이곳은 하주(下州)에서 이름을 바꾼 대야주(大耶州)의 행정중심지 역할을 함.

김품석(?~642)
신라의 귀족관료. 최종 관등은 제2등급인 이찬. 〈백제본기〉에는 성주(城主)라고 되어 있으나, 사실 그는 지방장관인 대야주 도독으로 신라의 최고위급 관료였음. 그의 아내인 고타소랑(古陀炤娘)은 김춘추의 딸이자 김유신의 조카로 그녀 역시 이때 백제군에게 살해당함.

선덕왕(?~647)
신라 제27대 왕. 신라 최초의 여왕으로 이름은 덕만(德曼). 재위 632~647.

김춘추(604~661)
신라 선덕왕~진덕왕 시기의 외교관·정치가. 진지왕의 손자이며 뒤에 신라 제29대 왕 태종무열왕(재위 654~661)이 됨.

이듬해인 643년, 신라가 상상하던 최악의 상황이 마침내 현실로 다가왔다. 백제가 고구려와 동맹을 맺고 서해안에 접한 °당항성党項城을 공격할 준비를 시작한 것이다. 당항성을 잃으면 신라는 마지막 희망인 당나라와의 연락마저 차단당하게 된다. 선덕왕은 부랴부랴 사신을 보내 당에 도움을 요청했고 이번에도 당 태종은 좋은 말로 백제를 달래 우선 공격을 멈추도록 했다. 고구려를 공격할 계획을 차근차근 진행 중인 시점에 백제를 자극했다가는 오히려 고구려 원정에 큰 부담이 될 뿐 아니라 충실한 동맹국 신라가 멸망당할지도 모른다는 염려 때문이었다.

어쨌든 당나라 덕분에 다시 한 번 발등의 불을 끈 신라는 공세로 전환하여 상황의 반전을 노렸다. 644년, 신라 장군 김유신은 백제를 공격하여 °가혜성加兮城 등 일곱 개의 성을 점령한다. 백제 역시 그 이름을 잘 알고 있던 김유신을 내세워 기선을 제압하려는 의도로 행해진 공격이었다. 그러나 의자왕은 지나치게 신중하여 신라에게 재기할 틈을 주었던 무왕과는 달랐다. 몇 달 뒤, 당나라가 15만 병력으로 고구려에 침공한 틈을 타 그는 신라를 공격해 °매리포성買利浦城을 비롯한 일곱 개의 성을 점령했다. 김유신이 반격하여 2천 명의 백제군 전사자가 발생했지만 의자왕은 크게 신경 쓰지 않았다. 647년, 장군 의직義直이 3천 명의 군사를 이끌고 신라를 공격했다가 김유신의 반격으로 전멸당했을 때에도 의자왕은 홀로 살아 돌아온 의직을 문책하지 않았다. 오히려 몇 달 뒤 다시 그에게 군대를 맡겨 중부 내륙 깊숙한 곳에 있는 요거성 등 10여 개 성을 점령하도록 해 고결한 인격을 가진 해동증자의 무섭도록 냉정한 결단력을 보여주었다. 한 달 뒤, °옥문곡玉門谷으로 진군하다 김유신의 대대적인 역습을 받아 4만 명의 병력을 잃으면서 도리어 21개나 되는 성을 빼앗기고, 649년에 은상殷相이 북부 국경의 °석토성石吐城을 비롯한 7성을 빼앗은 뒤 다시 김유신에게 패배했지만 의자왕은 결코 의지를 굽히지 않았다. 그에게 패배란 승리를 위한 디딤돌일 뿐이었다.

숨 돌릴 틈 없는 공격을 통해 백제의 힘과 의자왕의 의지를 확인한 신라는 국력의 한계를 절감했다. 더구나 이때 신라는 선덕왕 말년에 수도에서 발생한 대규모 내란의 후유증으로 혼란스러웠는데, 설상가상으로 은상의 침공이 있던 해에는 30만 명을 동원한 당의 제2차 고구려 원정이 실패로 끝나버리는 또 하나의 악재가 발생했다. 고구려가 전쟁에서 입은 손실을 복구하는 데 몇 년의 세월이 필요할는지 모르지만, 신라를 아예 말살시키려고 작정한 의자왕의 계획에 고구려가 가세하는 것은 시간문제일 뿐이었다. 그리고 그때가 되면 신라는 멸망할 수밖에 없었다. 더 늦기 전에 살아남을 길을 찾아야 했다.

650년 6월, 김춘추의 아들 *법민法敏은 *진덕왕이 직접 지은 태평송太平頌을 품에 안고 당으로 향했다. 여왕 자신의 솜씨로 비단에 수놓아진 그 유려한 오언시는 20대 청년인 데다, 즉위한 지 1년밖에 안 된 당나라 *고종에 대한 과장되고 낯 뜨거운 찬사로 도배되어 있었다. 하지만 그것은 백제와의 싸움에 당을 끌어들이기 위한 절규이자 온통 적들에게 둘러싸여 멸망의 위기에 처한 신라의 마지막 선택이었다. 홀로서기도 좋지만 우선 살아남고 볼 일이었다.

법민은 고종을 만나 태평송을 전하고 백제의 침공사실을 알림으로써 사신의 임무를 충실히 수행한 뒤 벼슬까지 받고 귀국한다. 그리고 당 태종의 비난에도 불구하고 독자적인 연호를 사용하던 신라는 법민이 귀국하자 당의 연호를 사용하기 시작한다. 649년에 당의 복식을 받아들인 것보다 더 파격적인 사대적 처신이었다. 하지만 사대의 대가로 신라는 숨 돌릴 틈을 얻는다. 651년에 당에 파견된 백제 사신에게 고종은, 빼앗은 성들을 돌려주고 앞으로는 신라를 침략하지 말도록 엄중 경고했기 때문이었다. 물론 점령한 성들을 돌려주지는 않

법민(?~681)
김춘추의 장남. 뒤에 신라 제30대 왕 문무왕(재위 661~681)이 됨.

진덕왕(?~654)
신라 제28대 왕. 신라의 두 번째 여왕으로 이름은 승만(勝曼). 재위 647~654.

고종(628~683)
당 제3대 황제. 이름은 치(治). 재위 649~683.

인문(629~694)
김춘추의 차남. 신라 태종무
열왕~문무왕 시기의 군인·외
교관. 주로 당나라에 주재하
며 외교관으로 활약하였고 백
제, 고구려와의 전쟁에도 참전
함. 당에서 고급 관직을 역임
하다 그곳에서 사망함.

소정방(592~667)
당 태종 시기의 군인. 정방은
자, 이름은 열(烈). 당 태종 시
기에 동돌궐 및 서돌궐 정복
전쟁에서 크게 활약함.

았지만 백제는 몇 년 간 신라에 대한 공격을 자제함으로써 성의를 보여줄 수밖에 없었다. 그리고 자신들의 선택이 옳았음을 확인한 신라는 적극적으로 당의 제도를 도입하고 김춘추의 둘째 아들 °인문仁問을 당에 머물게 하며 밀착관계를 더욱 증진해 나갔다.

하지만 당나라의 협박도 의자왕을 굴복시킬 수는 없었다. 오히려 당과 신라의 동맹에 자극받은 의자왕은 그 몇 년의 시간을 활용하여 신라를 포위하고 마지막 타격을 가할 준비를 진행해 나갔다. 그는 왜에 사신을 파견하여 우호관계를 강화하는 한편, 고구려와 군사동맹을 맺고 신라를 양면에서 공격할 구체적인 계획을 세웠다. 그리고 신라에서 진덕왕의 뒤를 이어 김춘추, 즉 태종무열왕이 즉위한 이듬해인 655년, 당나라 따위는 안중에도 없다는 듯 고구려와 함께 신라 북부 국경에 대규모 공세를 감행하여 무려 33개의 성을 점령한다. 신라로서는 정말 심각한 상황이 발생한 것이다. 머뭇거릴 틈이 없었다. 두 나라의 양면공격 앞에 속수무책으로 무너진 신라는 즉시 당나라에 구원을 요청했다. 또다시 발등에 떨어진 불을 끄기 위한 교과서적인 행동이었다. 그러나 이 일은 백제의 멸망을 초래하는 직접적인 원인이 된다.

백제에 무시당한 당 고종은 분노했다. 그러나 당시 고종은 아버지인 태종이 이루지 못한 고구려 정복을 실현하려 동부 지역에 병력을 집결시키던 중이어서 백제를 직접 응징할 수는 없었다. 그 대신 신라를 침공한 것을 구실로 정명진과 °소정방蘇定方으로 하여금 많지 않은 병력을 이끌고 고구려를 공격하도록 했다. 하지만 그것은 신라를 구하기 위한 행동이라기보다는 고구려를 침공하기에 앞서 실시한 탐색전이었다. 당은 이후 몇 년간 조금씩 규모를 늘려가며 꾸준한 탐색전을 벌였다. 그러나 고구려는 좀처럼 틈을 보이지 않았고, 당의 노련한 신하들 역시 수나라와 태종의 실패를 언급하며 고구려 침공에 비판적인 입장을 드러내기 시작했다. 고종은 고민에 **빠졌다**. 자신의 권위를 생각해서라도 이미 고구려를 겨냥해 **빼어든** 칼날을 도로 칼집에 넣을 수는 없는 노릇이었다. 그러나 고구려에 계속 집착하다가는 바로 그것 때문에 몰락한 수 양제 꼴이 될지도 모르는 일이었다. 고심 끝에 그는 결론을 내렸다. 신라 구원을 명분으로 먼저 백제를 치고 그 다음에 고구려를 정복하기로 한 것이다. 장군과 신하들도 반대하지 않았다. 명분 따위야 어떻든 지긋지긋한 고구려보다는 백제가 훨씬 수월한 상대로 보였기 때문이리라. 더구나 신라를 동원하여 °양면공격을 감행하면 일은 더 쉬워질 것이 분명했다. 어쨌든 고종은 백제를 공격하기 위한 준비에 착수했고 당에 주재 중이던 김인문을 신라로 보내 그 사실을 통보했다.

당의 백제침공 계획을 접수한 신라는 상황을 반전시킬 기회가 도래했음을 깨닫고 서둘러 전쟁준비를 시작했다. 하지만 무작정 좋아할 일도 아니었다. 일이 잘못되어 전쟁에 실패하고 그 틈을 이용해 고구려가 개입하게 된다면 신라는 빠져나갈 구멍도 없는 나락으로 떨어질 판이었다. 그런 일은 생각하기도 싫었지만 당연히 대비책은 있어야 했다. 태종무열왕은 우선 수도방위와 보급로 확보를 위해 김인문으로 하여금 경북 경산의 장산성을 대규모로 확대 개축하도록 하고, 고구려와 인접한 북부 국경의 하슬라 지역을 군사구역으로 재편하면서 실직에는 강력한 수비거점을 구축했다. 또한 옛 공신들의 자손에게 상을 내리고, °한산주에 전몰장병을 위로하는 사찰을 지어 군대의 사기를 높이는 한편, 김유신을 상대등에 임명하여 국가 전체를 전시체제로 전환했다. 당 역시 고구려의 존재가 두렵기는 마찬가지였다. 때문에 고종은 백제출병 기간 동안 고구려군을 북쪽 국경에 묶어두기 위해 °설인귀薛仁貴 등으로 하여금 고구려 국경에서 소규모 도발을 계속하도록 했다. 그리고 운명의 660년 3월, 소정방의 지휘를 받는 당군

양면공격(Double Frontal Attack)
병력을 두 개의 집단으로 나누어 서로 다른 방향에서 적을 공격하는 것.

한산주
현재의 서울·경기 일대에 설치되었던 신라의 광역행정구역. 중심지는 경기도 광주.

설인귀(613~683)
당 태종~고종 시기의 군인. 원래 이름은 예(禮). 태종에게 발탁된 이후 수많은 군공을 세웠으나 토번과의 전쟁에서 크게 패하여 평민으로 강등되기도 함.

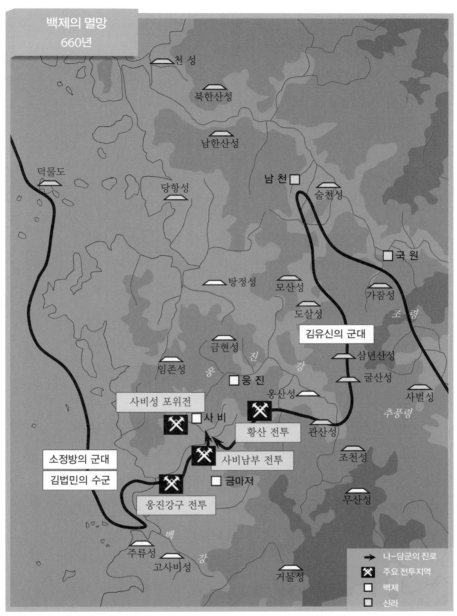

백제의 멸망
660년

천 성

북한산성

남한산성

덕물도

당항성

남 천

술천성

국 원

탕정성

모산성

가잠성

도살성

조 령

김유신의 군대

금현성

진

강

삼년산성

임존성

웅 진

굴산성

사벌성

사비성 포위전

웅산성

추풍령

황산 전투

사 비

관산성

소정방의 군대

사비남부 전투

조천성

김법민의 수군

금마저

웅진강구 전투

무산성

백

강

주류성

고사비성

거물성

→ 나-당군의 진로
✖ 주요 전투지역
□ 백제
□ 신라

백제와 고구려의 협공에 국력의 한계를 느낀 신라는 수를 이어 서방의 통일국가로 등장한 당을 끌어들여 마침내 백제를 멸망시켰다. 주변의 숱한 위협을 물리치며 7백 년을 이어온 백제는 두 나라의 기습적인 양면공격 앞에 그 역량을 제대로 발휘해 보지도 못하고 전투가 개시된 지 불과 열흘 만에 항복했다.

13만이 바다를 통해 백제 쪽으로 출발함으로써 백제와 신라, 그리고 당과 고구려의 운명이 걸린 전쟁이 마침내 시작되었다.

그런데 이 무렵, 백제는 극심한 정치적 혼란에 빠져 있었다. 막대한 희생과 비용을 요구하는 몇 번의 대규모 공세에도 결정적인 승리를 거두지 못한 데다, 신라와 연결된 당의 움직임도 심상치 않자, 의자왕의 독주에 숨죽이고 있던 귀족들이 노골적으로 불만을 드러내기 시작한 때문이었다. 귀족들 자신은 전쟁에 필요한 군대와 물자를 공급하느라 파산할 지경임에도 왕은 언제 끝날지도 모를 전쟁을 구실로 권력을 강화하며 희생만 강요하고 있었으니 불만을 품는 것은 당연했다. 그러나 의자왕의 생각은 달랐다. 그에게 신라를 제거하는 일은 귀족과 왕 자신을 포함한 국가 구성원 전체의 생존이 걸린 문제였다. 따라서 자신의 정책에 반대하는 세력은 그게 누구든 모두가 적일 뿐이었다. 심지어 그는 금강의 북쪽과 남쪽으로 군대가 분산되어 있어 수도가 공격받을 경우 심각한 병력부족 사태가 발생할 수도 있음을 경고한 *성충成忠과 흥수興首를 숙청하고 왕자들을 그 자리에 기용함으로써 군대에 대한 권리를 국왕에게 완전히 귀속시키는 한편, 659년에 신라의 동잠성과 독산성을 공격해 자신의 생각에는 어떠한 변화도 없음을 보여주었다. 하지만 그의 강경책은 귀족들의 불안감을 고조시켜 지배계층에 기회주의적 행태가 만연하면서 오히려 국론의 분열을 초래하는 심각한 결과를 낳았다. 심지어 임자任子와 같이 아예 신라에 기대려는 인물까지 생겨났을 정도였다. 물론 아직도 백제의 힘은 막강했다. 그러나 당과 신라의 양면공격을 경고한 성충이 처형당한 이후 더 이상 그 사실을 일깨워 줄 사람은 없었고, 신라에 못 박힌 의자왕의 눈에는 바로 자신의 등 뒤에 드리운 멸망의 검은 그림자가 보이지 않았다.

5월 26일에 김유신과 함께 금성을 출발한 태종무열왕은 22일 만

성충·흥수
두 사람은 장군 계백과 함께 백제 말기를 대표하는 충신으로 추앙. 충남 부여에 있는 삼충사(三忠詞)는 이들 3인을 기리기 위한 사당임.

전쟁의 시대

에 지금의 경기도 이천인 *남천정南川停에 도달했다. 목표로 하고 있는 사비 방면과는 전혀 다른 방향으로 실시된 이 신라군의 완만하고도 소란스러운 기동은 금강 이북의 백제군 주력을 유인하기 위한 기만전술로 이해된다. 한편, 소정방은 신라군이 남천정에 도달하고 사흘이 지난 6월 21일에 *덕물도德物島에 도착하여 병선 1백여 척을 이끌고 미리 나와 있던 신라태자 법민과 합류했다. 연합군 총사령관인 소정방은 세부계획을 전달하고, 법민에게 당군에 대한 보급과 백제 동쪽 국경에 대한 공격을 실시하도록 명령했다. 이때 그가 신라군이 사비성에 도착하기까지 제시한 시간은 불과 20일이었다. 신라군에게 유인된 백제군 주력이 상황을 파악하고 당군보다 먼저 사비 방면에 도착하는 것이 두려웠던 때문이었다. 이때 백제군의 병력규모와 전쟁수행능력은 소정방 군대의 그것을 초월하고 있었으며, 당과 신라의 군대는 분리되어 있었으므로 실제로 그랬다면 소정방은 결코 살아 돌아가지 못했을 것이다. 어쨌든 무열왕은 김유신과 태자에게 정예 병력 5만을 이끌고 백제 동북 방면으로 진출토록 하고, 자신은 도중에 *금돌성今突城으로 이동하여 백제군의 시선을 붙잡아 두었다.

왕이 백제군을 교란하고 있는 틈에 급속행군으로 남하한 김유신은 병력을 우선 삼년산성으로 이동시켰다. 소정방이 제시한 시한은 촉박했지만 옥천 방면으로 남하하여 백제 국경으로 진공하려면 안전한 장소에서의 재보급과 휴식이 필요한 데다, 당의 계획에 부응하면서도 신라군의 희생을 최소화할 정밀한 전략의 수립이 필요했기 때문이다. 삼년산성에 머물며 숙고하던 김유신은 옥천으로 이동하여 대전을 거쳐 *황산黃山으로 진입하는 행군계획을 수립했다. 그것은 무리가 많은 계획이었다. 옥천에서 대전으로 통하는 탄현은 그 자체가 천혜의 요새인 데다, 그 주변에도 옹산성을 비롯한 백제군의 1급 요새들이 밀집되어 있어 공격을 당할 위험성이 매우 높았기 때문이다.

그러나 그 길은 백제 수도로 접근하는 가장 가까운 길로, 예정된 날에 당군과 합류하려면 다른 방법이 없었다. 신라군은 당군에게 전달할 보급품까지 지니고 있어 예정일을 맞추는 일은 무엇보다 중요했다. 김유신은 탄현에서 막대한 희생을 치를 결심을 하고 삼년산성을 떠나 남쪽으로 향했다.

김유신의 군대가 다시 움직이기 시작한 그 시점에 백제는 비로소 당과 신라가 군사행동에 나선 사실을 알고 온 나라가 충격에 빠진 채 대책수립에 골몰하고 있었다. 하지만 금강 이북의 군대는 신라군을 따라 북쪽 멀리 이동한 상황이었고, 수도의 동쪽과 서쪽 중 어느 방면으로 중앙군의 주력을 이동시켜 결전할 것인지 결정하는 일도 쉽지 않았다. 이미 신라군과 당군의 접근로는 예상하고 있었지만 어느 쪽이든 뚫리기만 하면 사비가 위태로운 데다, 한정된 병력으로 양 방면을 모두 막을 수도 없기 때문이었다. 갑론을박 끝에 주력을 서쪽으로 이동시켜 당군을 막게 하고, 동쪽은 대전 지역의 군대를 동원하여 탄현을 고수하도록 하는 것으로 결론을 내렸지만 이미 때는 늦었다. 그 시점에 김유신의 군대는 거의 전투를 치르지 않고 탄현을 돌파하여 황산 방면으로 행군 중이었고, 당군 역시 °백강 하구의 진흙탕을 딛고 상륙을 끝낸 상태였다.

김유신은 대전 지역을 통과하여 7월 9일에는 지금의 충남 논산 부근인 황산 동쪽 평야지대에 도달했다. 수월한 행군이었다. 낮은 구릉과 평야로 이루어진 황산벌을 지나 조금만 가면 바로 백제의 수도 사비성이다. 그러나 탄현을 손쉽게 돌파하여 앞길을 낙관하던 신라군의 눈앞에 맹장 °계백階伯과 전의에 불타는 5천 명의 백제 최정예 병사들이 나타났다. 더구나 이때 좌평 충상忠常과 상영常永이 참전한 기록이 있는 것으로 보아 계백의 군대에 또 다른 백제군의 증원이 있었던 것으로 보인다. 사비성에서 농성전을 전개할 계획을 세우고, 기동이 가

백강(白江)
대개 현재의 금강으로 비정하나, 당시 금강은 웅진강(熊津江)으로 불렸기 때문에 여기서는 현재의 동진강(東進江)으로 봄.

계백(?~660)
백제 의자왕 시기의 군인. 관등은 제2위인 달솔에 이름.

반굴(?~660)
신라의 화랑. 김유신의 동생인
아버지 김흠순(金欽純)과 함께
황산전투에 참전. 사후에 급
찬을 추증.

관창(645~660)
신라의 화랑. 아버지인 장군 김
품일(金品日)과 함께 황산전투
에 참전. 사후에 급찬을 추증.

능한 병력 대부분을 황산으로 보내 신라군을 막게 한 것은, 이미 탄현과 백강을 돌파당한 의자왕의 모험적인 전략이었다. 계백이 며칠 동안 신라군을 묶어 두면 당군에 대한 보급을 차단하는 동시에, 신라군에 유인되어 북쪽으로 이동했던 주력군이 남하하여 반격에 나설 때까지 시간을 벌 수 있으리라고 계산했던 것이다.

그래서 황산전투는 두 나라 모두에게 결코 패배할 수 없는 결전이었다. 신라에게나 백제에게나 그 전투의 패배는 곧 국가의 멸망을 의미했다. 하지만 더 다급한 쪽은 신라였다. 김유신은, 부대를 셋으로 나누어 목책을 세우고 강력한 방어태세를 구축하고 있던 계백의 백제군을 향해, 역시 세 방면으로 군사를 나누어 네 번에 걸친 파상적인 공격을 실시했다. 그러나 병력의 우세는 백제군이 점유하고 있던 지리적 우세를 극복하지 못했다. 네 번의 공격에서 병력만 소모하고 아무런 이익도 얻지 못한 김유신은 진퇴양난에 빠졌다. 전술적인 퇴각도 생각할 수 없었다. 지친 상태에서 후퇴하면 오히려 역습을 받을 위험이 있는 데다, 보급을 받지 못한 13만의 당군은 백제군에게 포위되어 도륙당할 것이 분명했기 때문이다. 그러면 전쟁은 그것으로 끝이며 더 이상 당의 도움을 기대할 수도 없을 터였다. 김유신은 신라군의 전통이자 그 스스로도 낭비성전투에서 실현한 바 있는 최후의 수단을 동원해야 했다. 종군하던 어린 화랑들을 단기로 출전시켜 백제군의 손에 죽게 하고 그 광경을 신라군이 지켜보게 함으로써 전의를 자극하기로 한 것이다. 그것이 김유신에게는 어린 화랑들의 목숨보다 더 중요한 일이 있었기 때문에 어쩔 수 없는 선택이라고 할 수도 있다. 그러나 그것은 방책이 궁핍하여 채택한 심리전이라고 하기에는 너무나도 잔인한 작전이었다. 처음에 화랑 *반굴盤屈을 죽인 계백도 김유신의 의도를 파악하고는 다음에 온 *관창官昌은 산 채로 돌려보냈다. 그러나 관창이 다시 왔을 때는 그를 죽이지 않을 수 없었다. 신라군

못지않게 백제군의 심리도 중요하므로 그것 또한 어쩔 수 없는 선택
이었을 것이다. 하지만 잔인하기는 마찬가지였다.

　　그것이 계획적인 심리전임을 모른 채 바로 눈앞에서 벌어진 참극
을 목격한 신라군은 김유신의 희망대로 하늘을 찌를 듯 분개하며 백

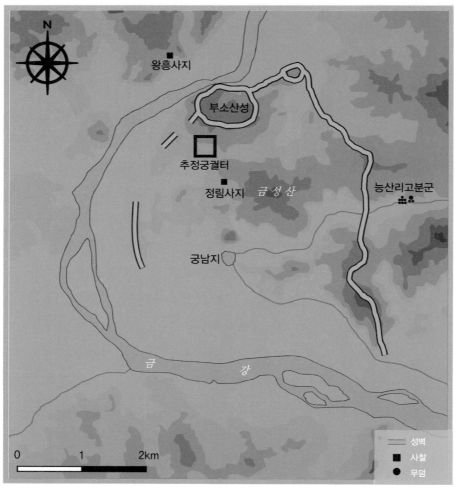

백제의 마지막 수도였던 사비도성은 길이가 약 8㎞에 이르는 외성 및 그것의 일부이자 피난성인 부소산성, 그리고 천연의 장애물인 금강으로 방어되고 있었다. 하지만 신라군의 기만적인 기동에 유인된 주력부대들이 금강 이북 지역에서 발이 묶이고, 수도에 주둔하던 중앙군은 황산과 웅진강구 양 방면으로 분산되어 각개격파당함으로써 사실상 이 도시는 무방비상태가 되어 버렸다.

기벌포(伎伐浦)
전북 군산시 해안 지역의 옛 이름으로 추정.

제군을 공격했다. 네 번에 걸친 전투로 역시 큰 손실을 입은 백제군은 지리적인 이점에도 불구하고 그런 격렬한 돌격전을 당해낼 수 없었다. 결국 계백은 전사하고 백제군은 패배했다. 항복하여 목숨을 연명한 몇 명을 제외하고는 5천 명의 백제 최정예군 모두가 궤멸당했다. 그리고 바로 그날, 백제 주력군이 °기벌포에서 당군에게 패배함으로써 백제의 모든 희망은 사라졌다.

　겨우 계백을 물리치고 황산을 돌파한 김유신은 소정방이 제시한 날보다 하루 늦은 7월 11일에 당군과 합류했다. 그러나 그에게 돌아온 것은 약속을 어긴 대가로 김유신의 부사령관인 김문영金文穎을 처형하겠다는 소정방의 협박이었다. 분노한 김유신은 도끼를 들고, 먼저 당군과 싸운 뒤 백제를 쳐부수겠다고 맞받았다. 주위의 만류로 소동은 끝났지만 이 일은 신라와 당이 상대방을 어떻게 생각하고 있었는지 알게 해 준다. 당에게 신라는 변방의 비천한 속국에 불과했던 반면, 건국 이래 수많은 국가들의 명멸을 목격한 신라에게 당은 불과 몇십 년의 역사를 가진 주제에 종주국 노릇을 하려는 건방진 존재였던 것이다. 특히 신라는 백제를 격파하기 위해 당나라에 고개를 숙이기는 했지만 실제적으로 당나라의 일부가 될 생각은 전혀 없었다. 신라의 목적은 누구의 간섭도 받지 않는 독립적인 존재로 살아남는 것뿐이었다. 만약 그렇지 않았다면 고구려나 백제와의 수백 년에 걸친 상쟁의 역사는 필요하지도 않았을 것이다.

　일단 갈등을 묻어둔 신라와 당은 마침내 사비성을 포위했다. 660년 음력 7월 12일의 일이다. 2백 년 전, 장수왕의 기습적인 공격으로 한성이 점령당하고 개로왕이 죽음을 당하는 위기를 겪었지만 20만에 가까운 대병력에게 수도를 포위당한 것은 백제에게 전대미문의 일이었다. 더욱이 탄현과 황산이 돌파당하고 금강수로마저 침공군이 장악한 상황은 백제군의 저항의지를 꺾어놓기에 충분했다. 그러나 숱한 전쟁을 겪은 의자왕은 그러한 위기 상황에서도 포기하지 않고 역전의 기회를 노렸다. 북부 국경에서 남하하고 있는 군대와 그때쯤 당연히 수도를 구하기 위해 북상 중이었을 남부 지역의 병력이 금강 가까이 접근할 때까지 시간을 벌 수만 있다면 사비 주변의 협소한 전장에 집결한 나·당연합군은 스스로 철퇴할 가능성이 높았다. 탄현과 황산을 잇는 좁은 루트에 한정된 그들의 보급선은 여전히 불안했고 유일한 퇴로인 금강 물길은 언제든 백제군에게 차단당할 수 있기 때문이었다.

역전의 가능성이 충분하다고 확신한 의자왕은 사비가 포위되기 직전 태자 효孝와 함께 웅진으로 본영을 옮겼다. 그가 보다 멀고 안전한 금강 북쪽으로 가지 않은 이유는 웅진이 워낙 천혜의 요새인 데다 기회를 잡기까지 그리 긴 시간이 필요치 않다고 생각했던 때문인 듯하다. 하지만 일은 뜻대로 되지 않았다. 사비를 떠나기 전, 의자왕은 왕자 태泰와 융隆에게 수도에 남아 저항하며 침공군을 붙잡아두도록 지시했다. 그러나 방어전의 주도권을 잡은 태에게 반발한 *부여융이 성을 나가 항복하자 사비의 백제군은 크게 동요했다. 결국 외롭게 성을 지키던 용맹한 왕자 부여태 역시 나·당연합군의 공격이 시작되자 성문을 열어 항복하고 말았다. 의자왕의 의지에 찬물을 끼얹은 허망한 패전이었다.

하지만 정작 기가 막힌 사건은 웅진성에서 벌어졌다. 7월 18일, 웅진성의 귀족이자 수비책임자인 *예식禰植이 의자왕과 그 일행을 체포하고 당에 항복한 것이다. 그것은 몇 번의 결정적인 위기에도 무려 7백 년 동안이나 존재하면서 우수한 군사적 능력과 고도로 발전된 문화를 바탕으로 강국의 명맥을 이어온 백제를, 불과 몇 달 전만 해도 승승장구하며 신라를 위기에 몰아넣었던 그 백제를 끝내 멸망으로 이르게 한 어처구니없는 사건이었다. 비록 수도를 함락당하며 또 한

부여융(615~682)
의자왕의 셋째 아들. 백제 멸망 후 당으로 압송되었다가 다시 돌아와 웅진 도독을 역임. 1920년 중국 낙양 북망산(北邙山)에서 그의 묘지명이 출토됨.

예식(615~672)
백제 의자왕 시기 웅진을 수비하던 장군.《구당서》에 언급된 그의 행적으로 보아 2006년 중국 낙양에서 발견된 〈예식진묘지명〉의 주인공 예식진(禰寔進)과 동일인물로 추정됨. 묘지명에 따르면 예식진은 조부와 부친이 모두 좌평을 지낸 귀족가문 출신으로 백제 멸망 후 당에서 좌위위대장군을 역임하였다고 함.

금강 북안에서 바라본 충남 공주시 소재 공산성(公山城)의 원경. 바로 이곳이 475년부터 538년까지, 5대 64년간 백제의 수도였던 웅진성(熊津城)으로 그 아래에 흐르는 강은 고대의 웅진강(熊津江), 즉 현재의 금강이다. 나당연합군의 공격으로 궁지에 몰린 의자왕은 이곳으로 도피하여 재기를 도모하였지만 웅진을 지키던 귀족들의 배신으로 소정방의 포로가 되고 말았다. 이후 웅진성은 당나라가 백제 땅을 장악하기 위해 설치한 웅진도독부의 중심지가 된다.

번의 위기를 맞기는 했어도 아직은 희망이 남아 있던 백제는 그 배신으로 결국 멸망의 비운을 맞게 되었다. 그로부터 며칠 뒤, 신라군에 유인되어 북부 국경 쪽으로 이동했던 백제군 주력이 남하하여 전열을 정비한 뒤, 그 후 몇 년간에 걸쳐 거의 모든 영토를 탈환하면서 백제의 복구를 기도하지만 660년의 이른 가을에 백제는 사실상 그 온전한 모습을 잃고 역사 속으로 사라졌다. 그리고 한 세대를 풍미하며 백제를 찬란한 동방의 태양으로 다시 떠오르게 하려던 꿈을 잃고 졸지에 망국의 군주가 된 의자왕은 당으로 압송된 뒤 얼마 되지 않아 그 파란 많던 일생을 마감했다. [예식 뿐 아니라 뒷날 웅진도독부의 고급무관으로 신라군에게 포로가 되는 예군(禰軍)의 경우에서 보듯, 버틸 만큼 버티다 항복한 흑치, 사타(沙吒) 가문과는 달리 예씨(禰氏) 일족은 일찌감치 당에 투항하여 웅진도독부의 중추로 활약하였다. 이처럼 극명하게 대비되는 귀족들의 행태는 의자왕 말기 백제 상층부의 분열상이 얼마나 격심했는지를 보여준다.]

위험한 동맹

문무왕은 전혀 적극적으로 행동하지 않았다. 백제와의 전쟁에 종군하면서 겪은 일들과 전후처리 문제로 이미 그의 마음속에 당은 우방이 아닌 적으로 자리 잡고 있었기 때문이다. 그러니 당이 일방적으로 결정한 전쟁에 적극적으로 참여하여 손실을 초래할 이유가 없었던 것이다.

　6백 년에 걸쳐 화해와 반목을 거듭하다 끝내 한 하늘을 이고 살 수 없는 원수지간이 되어 신라의 존재 자체를 위협하던 백제를 제거하는 데는 성공했지만 전쟁은 끝난 게 아니었다. 오히려 신라에게는 백제의 멸망이 또 하나의 숙제를 던져주었다. 당이 백제는 물론 신라까지도 자국 영토로 편입시킬 계획을 진행하기 시작한 때문이었다.

　의자왕이 항복한 뒤 소정방은 점령한 백제 땅을 당 고종의 이름으로 김유신 등 신라 장군들에게 분봉하겠다고 제의했다. 점령한 백제 영토를 당의 영역으로 편입할 의도를 노골적으로 드러낸 것이다. 김

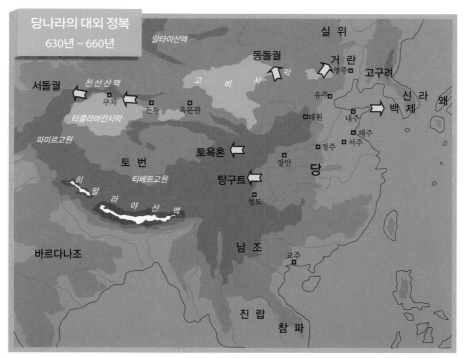

당은 가장 위협적인 존재였던 북방의 동돌궐을 밀어내고, 서쪽에 자리 잡고 있던 호전적인 민족 토욕혼을 복속시킨 뒤, 서돌궐마저 멀리 쫓아버리는 데 성공했다. 전에 없던 광대한 영역을 확보하게 된 당은 마지막 정복 대상인 동방으로 눈을 돌려, 축적된 국력과 2대에 걸친 끈질긴 집념, 그리고 삼국 간의 역학관계를 교묘하게 이용한 책략으로 백제를 멸망시켰다. 동방에서 당의 궁극적인 목적은, 국경을 맞대고 있는 강적 고구려는 물론, 백제와의 전쟁에서 심한 반목을 드러낸 동맹국 신라 역시 전쟁을 통해서라도 자국의 지배체제에 편입시키는 것이었다.

유신은 정중히 거절했다. 하지만 그 정중함 뒤에는 백제 땅을 당의 영토로 공인할 수 없다는 의지가 숨어 있었다. 신라의 속마음을 알아챈 소정방은 의자왕을 비롯한 왕족과 대신들, 그리고 1만 2천 명의 백제 백성을 거느리고 당으로 향하면서 유인원劉仁願에게 군사 1만을 맡겨 사비성에 주둔하도록 했다. 당 역시 백제 영토를 신라에게 넘겨줄 생각이 전혀 없었던 것이다. 심지어 당 고종은 소정방이 귀환했을 때 왜 신라를 공격하지 않았느냐고 다그쳤을 정도였다. 당 고종의 질책은 당의 의도가 무엇이었는지를 말해준다. 만약 그럴 형편이 되었다면 소정방이 신라마저 공격했을 것은 분명하다. 소정방은 신라의 단결력을 강조하며 적당히 둘러댔지만 신라에게 보급을 의지하고 있던 당군은 그때 신라군을 공격할 형편이 못되었다. 7월 11일 이후 김유신이 내내 옆에 붙어 있었던 데다 전쟁이 너무 일찍 끝난 탓에 독립적인 보급체계를 구축할 시간이 없었던 것이다.

군사적인 모략이 실패하자 당 고종은 다른 방법을 사용하기로 했다. 도독부를 설치하여 백제 땅이 자국 영토의 일부임을 공식화하고 나아가 고구려와 신라를 공격할 교두보를 구축하기로 한 것이다. 그는 좌위중랑장 *왕문도王文度를 웅진도독에 임명하고 무열왕에게 조서를 전달하도록 했다. 전승을 축하하기 위해 사비성에 행차했던 무열왕은 이때 삼년산성에 있었다. 당의 의도를 파악한 이상 유인원이 주둔 중인 사비성에 오래 머무를 이유도 없거니와 뒤늦게 떨쳐 일어선 백제군의 공격이 격화되기 시작한 때문이었다. 하지만 무열왕은 아직 전쟁이 끝나지 않은 것으로 보고 전시체제를 풀지 않았으며, 따라서 전선을 떠날 수도 없었기 때문에 내륙 깊숙이 위치한 삼년산성에 사령부를 설치한 것으로 생각된다.

어쨌든 먼 길을 온 왕문도는 어쩔 수 없이 삼년산성으로 가야 했다. 그리고 9월 28일, 그는 무열왕을 만나 고종의 조서를 읽고 예물을

왕문도(?~660)
당 초기의 군인. 645년 고구려 원정 당시 장량의 부하로 비사성 공략전에서 무공을 세워 부대총관으로 진급. 백제 멸망 후 초대 웅진도독에 임명되나 부임 직후 사망함.

이례성
충남 논산시 노성면에 있는 노
성산성(魯城山城)에 비정.

전하려다가 갑자기 쓰러져 사망하고 만다. 급한 대로 그의 수행원이 대신 행사를 끝내기는 했지만 참으로 어처구니없는 사건이었다. 왕문도의 사인은 밝혀진 바 없다. 먼 길을 오느라 지병이 악화되었거나, 아니면 무열왕 앞에서 오만을 떨다가 살해당했을지도 모른다는 추측만 난무할 뿐이다. 하지만 그를 삼년산성으로 오게 한 무열왕의 의도는 쉽게 짐작이 된다. 당 고종의 대리인이자 신라 침공에서 중요한 역할을 맡게 될 왕문도와 수행원들에게 그들이 반드시 넘어야 할 장애물인 삼년산성을 보게 함으로써 신라가 당의 생각처럼 그리 만만한 상대가 아님을 인식시키려 했던 것이다.

당에 대한 과시행동의 연장으로 무열왕은 왕문도 사건이 있은 직후 삼년산성에서 나와 백제부흥군에 대한 대대적인 공세를 펼친다. 이때 사비에 주둔 중이던 유인원의 당군은 백제군에게 포위되어 보급이 차단된 데다 아무런 대비도 없이 겨울이 닥쳐와 앉은 채로 궤멸될 처지에 놓여 있었다. 그러나 신라는 유인원의 구원요청에도 불구하고 한동안 당군의 위기를 방치했다. 그 또한 신라가 당에게 던지는 경고의 일각이었다. °이례성爾禮城공격으로 시작된 토벌전은 한겨울까지 계속되어 유인원의 당군을 구출하고 사비 일대에서 백제군을 축출하는 것으로 일단락되었다. 당군의 능력으로는 신라군은커녕 백제의 잔적조차도 당해낼 수 없다는 사실을 일깨워준 것이다. 그러나 당과의 갈등은 백제부흥군의 공세가 본격화되고 당 고종이 고구려 침공을 실행함으로써 이후 몇 년 동안 신라인의 가슴에 불씨로만 남아 있게 된다.

태종무열왕이 사망하고 태자 법민이 왕위에 오른 661년 6월, 당에 머물던 김인문이 신라로 온다. 아버지인 무열왕의 상을 치르려는 귀국이었지만 그가 전달한 당 고종의 명령은 신라에게 왕의 죽음을 애도할 시간마저 빼앗고 만다. 당이 이미 소정방을 사령관으로 삼아 수

위험한 동맹

군과 육군을 35도道로 나누어 고구려로 진군시키는 중이니 신라도 병력을 동원하여 함께 공격하라는 내용이었다. 시기가 좋지 않았지만 언젠가는 겪어야 할 전쟁이므로 문무왕은 그해 8월에 직접 군대를 이끌고 북쪽으로 향했다. 이때 동원된 군대의 위용은 대단했다. 대장군 김유신을 비롯해 김인문과 천존, 죽지, 품일, 군관, 문영 등 당대의 명장을 모두 동원하여 지휘부를 구성하고, 중앙의 정예군 및 각 주의 군대가 모두 동원되었다. 그러나 겉으로 드러난 면모와는 달리 문무왕은 전혀 적극적으로 행동하지 않았다. 백제와의 전쟁에 종군하면서 겪은 일들과 전후처리 문제로 이미 그의 마음속에 당은 우방이 아닌 적으로 자리 잡고 있었기 때문이다. 그러니 당이 일방적으로 결정한 전쟁에 적극적으로 참여하여 손실을 초래할 이유가 없었던 것이다. 더구나 당시에는 백제부흥군이 날로 세력을 확장 중이어서 후방을 비워둘 수도 없는 처지였다. 하지만 소극적인 태도를 당에게 변명하려면 핑곗거리는 있어야 했기에 문무왕은 엉뚱하게도 대전 방면으로 길을 잡아 백제부흥군이 점령 중이던 옹산성과 °우술성雨述城을 공격해 빼앗았다. 당에게는 진군 도중 백제군이 길을 막아 지체가 불가피했다고 통보하면 그만이었다. 그렇게 3개월 가까운 시간을 보내던 중, 당에서 조문사절이 오자 문무왕은 금성으로 돌아가고, 김유신은 일부 병력을 이끌고 삼년산성에 들어가 그곳에 머무르며 왕의 명령을 기다린다는 구실로 꼼짝도 하지 않았다.

신라의 행동은 당의 고구려 원정계획에 결정적인 차질을 초래했다. 당은 애초에 소정방의 공격시점에 맞추어 웅진도독부의 군대를 북진시켜 고구려를 양면에서 공격하려 했다. 하지만 유인원의 웅진도독부 군대가 백제부흥군에 발목이 잡혀버린 데다, 소정방 역시 연개소문의 지연전술에 말려 소모전만 거듭했다. 그리고 662년 1월, °사수蛇水전투에서 크게 패해 주력이 궤멸당하고, 평양을 포위 중이던 소

우술성
대전광역시 대덕구 읍내동에 있는 우술성에 비정.

사수
위치 미상. 대동강의 북쪽 지류인 보통강으로 보는 견해가 있음.

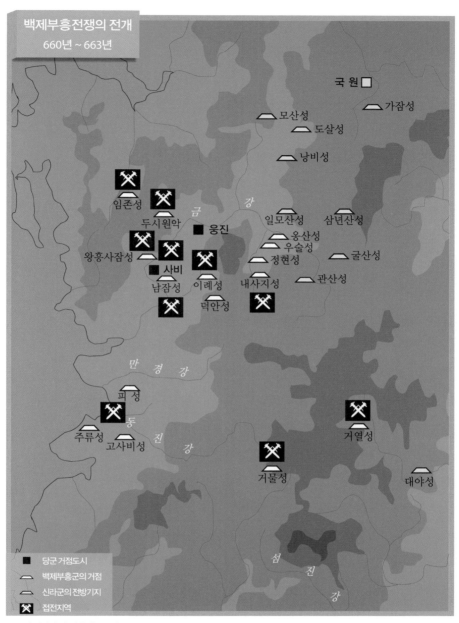

백제부흥전쟁의 전개
660년 ~ 663년

국원

가잠성

모산성

도살성

낭비성

금 강

임존성

두시원악

웅진

일모산성   삼년산성

왕흥사잠성

사비

웅산성
우술성
정현성   굴산성

남잠성   이례성   내사지성   관산성

덕안성

만 경 강

피성

주류성   고사비성

거열성

진 강

거물성

대야성

섬 진 강

■ 당군 거점도시
◠ 백제부흥군의 거점
◠ 신라군의 전방기지
✖ 접전지역

◆ 위험한 동맹 ◆

수도 사비와 유서 깊은 웅진성을 점령한 당은 백제의 멸망을 선언했지만 실제 상황은 그렇질 않았다. 임존성에 사령부를 두고 있던 금강 북안의 백제 주력은 물론, 의자왕의 권력독점에 부정적이던 지방 귀족들까지 당과 신라의 백제말살정책에 항거하여 대대적인 반격을 시작했기 때문이다. 지도에 표기된 백제군의 거점은 모두 《삼국사기》의 백제부흥전쟁 관련 내용에 등장하는 장소들인데, 이것을 보면 사실상 당이 점령한 지역은 사비와 웅진에 불과하며 신라와 연결되는 보급로 또한 철저하게 봉쇄되어 있었음을 알 수 있다.

정방의 군대마저 때늦은 대설과 보급품의 고갈로 전투는커녕 얼어 죽든가 굶어 죽을 처지에 놓여버리고 만다. 초조해진 당은 신라에 보급을 요청했지만 보급품을 실은 수레들은 얼어붙은 도로를 이동할 수 없었고, 신라군 역시 동사자가 발생한 데다 고구려군의 기습도 있어서 김유신이 소정방을 만난 때는 이미 당군의 철수가 결정된 뒤였다. 소정방은 보급품을 받기가 무섭게 당으로 돌아갔다. 그러나 보급품 운송에 그렇게도 뜸을 들였던 김유신은 추격하는 고구려군을 유인해 1만 명을 살해하고 수많은 병장기를 노획하는 대승을 거두었다. 사서에는 별 것 아닌 듯이 언급되어 있으나 당에 대한 신라의 속마음을 짐작게 하는 사건이다.

백제부흥군을 소탕하는 데에도 신라의 행동은 결코 적극적이라고 할 수 없었다. 표면적으로는 웅진도독부와 협력하는 척했지만 당군이 겪고 있던 곤란에 대한 신라의 태도는 방관에 가까웠다. 고종의 관심이 고구려에 쏠려 있는 동안 모든 것이 고갈되어 가던 웅진도독부의 당군은 큰 위기에 빠져들고 있었다. 왕문도 대신 웅진도독으로 부임한 °유인궤劉仁軌의 군대가 왜에서 돌아온 왕자 °부여풍扶餘豊을 왕으로 세워 지휘계통을 정비한 뒤 대대적인 공세로 나온 백제군에 밀려 수많은 성을 잃고 보급로마저 차단당하고 만 것이다. 더구나 국력을 모두 쏟아부은 끝에 마침내 병력 수송에 필요한 선박과 물자를 확보한 왜국의 증원부대가 백제군과 합류하기 위해 출발한 사실이 확인되고, 당을 물리친 고구려 역시 백제부흥전쟁에 개입할 조짐을 보이면서 웅진도독부의 당군은 그야말로 사면초가에 놓여버렸다.

유인궤(?~?)
당 고종 시기의 군인·정치가. 자는 정칙(正則). 백제부흥전쟁과 나당전쟁에 참전. 벼슬이 재상(宰相)에 이르렀고 문헌(文獻)이라는 시호를 받음.

부여풍(?~?)
백제 의자왕의 아들. 이름은 풍장(豊璋)이라고도 함. 백제 멸망 당시 왜국에 머물다 부흥운동에 참여하기 위해 귀국하여 왕으로 즉위함. 663년 백강구전투에서 패배한 뒤 고구려로 망명하였다가 고구려 멸망 이후 당으로 압송되어 유배당함.

백강구전투

유인궤는 손인사 및 유인원 등과 함께 주공의 방향을 두고 토론을 벌였다. 처음에는 가림성(加林城)을 공격하자는 의견이 대두되었으나 총사령관인 유인궤는 백제의 임시수도인 주류성을 공격하여 구심점을 없애버리면 나머지 성들은 저절로 붕괴될 것이라는 논리로 공격의 대상을 주류성으로 공표했다.

백강구白江口전투는 백제가 당과 신라에 패망한 뒤 복신 등에 의해 추진되던 백제부흥계획을 좌절시킨 마지막 결전이다. 663년 음력 8월에 벌어졌던 이 전투의 전개과정에 대해서《삼국사기》에는 간략하게 언급되어 있지만,《일본서기》와 °《구당서》에는 비교적 상세히 기록되어 있다. 하지만 왜가 약 3년에 걸친 준비기간을 통해 백제부흥전쟁에 참전하게 된 동기에 대해서는 한국과 일본에서 상반되는 해석을 제시하고 있으며, 전투의 무대가 된 지역에 대해서는 우리 학계에서조차 제대로 비정되지 못하고 있는 실정이다. 특히, 전투가 벌어졌던 백강구, 또는 백촌강白村江은 물론, 백제 최후의 수도 역할을 했던 주류성周留城, 또는 주유성州柔城의 위치에 대한 의견조차 분분하다. 하지만 사서의 기록을 토대로 삼고 지금까지 제시된 여러 가설들로부터 논리에 맞는 부분들을 골라내 참조해 보면, 백강의 위치비정과 아울러 백제의 최후를 장식한 그 거대한 전투의 전개와 결말을 재구성하는 것이 불가능한 일만은 아니다.

660년 10월, 의자왕이 신라·당 동맹과의 전쟁에서 패배하고 당나라로 압송된 직후, 남은 병력을 수습하여 백제를 다시 일으킬 것을 결의한 부흥군의 지도자이며 무왕의 조카이기도 한 좌평 복신은 좌평 귀지貴智를 보내, 왜국 여왕 °제명齊明에게 당군 포로 1백 명을 바치며 군사적 지원과 의자왕의 아들로 당시 일본에 체류 중이던 왕자 부여풍의 귀국을 요청한다. 그의 군대는 당의 주력이 빠져나간 백제 땅을 휘젓고 있었지만 병참의 문제와 귀족들의 기회주의적 처신으로 결정적인 공세를 취할 수 없었다. 때문에 왜와의 군사적 연계를 통해 보급을 확보하고, 부여풍을 왕으로 옹립하여 백제부흥의 구심점으로 삼을 생각이었던 것이다. 그에 대한 여왕의 반응은 다음과 같았다.

군대를 빌고 구원을 요청하는 것은 이미 들었다. (백제가) 위태로울 때

◆ 전쟁의 시대 ◆

구당서
945년에 후진(後晉)의 유구(劉昫) 등이 완성한 당나라 정사. 본기 20권, 지(志) 30권, 열전 1백50권 등 모두 2백 권으로 구성. 원래 명칭은 《당서(唐書)》였지만 《신당서》가 편찬되면서 《구당서》로 변경됨.

제명(Saimei)(594~661)
왜국 여왕. 남편 서명왕(舒明王)을 이어 황극(皇極)(재위 642~645)이라는 왕명으로 즉위하였다가 스스로 물러난 뒤, 효덕왕(孝德王)(재위 645~654) 사망 후 제명(재위 655~661)이라는 이름으로 다시 즉위함.

소가씨
6세기 말~7세기 초 왜국 최고의 호족 가문. 587년 소가노 우마코(蘇我馬子)가 최대의 정적 모노노베(物部) 가문을 격파한 뒤 왜국의 정치권력을 완전히 장악하였으나, 우마코의 손자 이루카(入鹿)가 왕위계승문제에 적극 개입하다가 왕자 나카노오에(中大兄) 일파에게 살해당하면서 순식간에 몰락함. 이루카 암살은 나카노오에의 어머니인 황극여왕의 눈앞에서 벌어진 일로 여왕은 이에 충격을 받아 왕위를 버리고 물러남.

아스카
현재의 일본 나라현(奈良縣) 다카이치군(高市郡) 아스카촌(明日香村) 부근에 있던 고대 일본의 수도. 일본 역사에서는 이곳을 수도로 하던 6세기 말~8세기 초에 걸친 시기를 아스카(飛鳥)시대라고 구분함.

나니와
현재의 일본 오사카(大阪) 중앙지역. 고분시대부터 일본의 국제무역항으로 번창하였고 645년 나니와궁(難波宮)이 조성되면서 정치적 위상도 격상됨.

준하국(Suruga no Kuni)
현재의 일본 시즈오카현(靜岡縣)에 있던 구니(國). 구니는 고대부터 근세까지 쓰인 일본의 행정구역 명칭.

세도내해(Seto Naikai)
일본 혼슈 서부와 큐슈·시코쿠에 둘러싸인 면적 약 9,500㎢의 내해(內海). 고대부터 현재까지 큐슈와 오사카지방을 잇는 중요한 항로 구실을 함.

돕고 그 끊어진 것을 다시 이어주는 것은 당연히 할 일이다. 백제가 곤궁하여 우리에게 온 이유는 그 나라가 난을 당해 의지하거나 호소할 곳이 없기 때문이다. (지금 백제는) 창을 베고 자면서 쓸개를 맛보는 중이다. 이 먼 곳까지 와서 반드시 구원해 주기를 요청하였으니 외면하기 어렵구나. 장군에게 명하여 여러 길로 나아가게 할 것이니 구름처럼 모이고 번개처럼 움직여서 원수들을 베고 고통을 덜어 주어라.

乞師請救聞之古昔 扶危繼絶 著自恒典 百濟國窮來歸我 以本邦喪亂 靡依靡告 枕戈嘗膽 必存救遠來表啓志有難奪可分 命將軍百道俱前 雲會雷動 俱集沙喙剪其鯨鯢 彼倒懸

일본서기 권26 제명 6년 10월

이웃에 대한 눈물겨운 염려와 숭고한 자기희생의 정신이 절절히 흐르는 감동적인 문장이다. 그러나 실상 그것은 경제, 외교, 문화, 기술 등 국가의 토대를 이루는 모든 분야에서 백제에게 절대적으로 의존하고 있던 왜인들의 거대한 공포를 표현한 것에 다름 아니었다. 게다가 백제의 영토가 당과 신라의 손에 장악되는 사태가 현실화된다면 신라와의 축적된 원한관계를 고려할 때 왜국에게는 파멸적인 결과를 초래할 게 분명했다. 전횡을 일삼던 외척 °소가蘇我씨를 제거한 645년 이래로 국왕 중심의 국가체제 확립에 여념이 없던 왜 왕실이 모든 것을 제쳐두고 백제의 부흥을 지원하는 데 매달리게 되는 것은 바로 그러한 두려움에 기인했을 것이다.

복신에게 도움을 약속한 제명여왕은 그해 12월 °아스카飛鳥를 떠나 °나니와難波에서 군비를 점검하고 °준하국駿河國에 병선 건조를 지시하는 등 파병을 위한 준비에 착수했다. 또한 직접 배를 타고 °세도내해瀬戸內海와 접한 소국들을 돌며 병력동원을 독촉했다. 661년 7월, 일흔을 바라보던 나이에 전쟁준비를 위해 동분서주하던 여왕이 *하카다博多의 아사쿠라朝倉궁에서 사망하지만 그녀의 뒤를 이은 *천지天智는 상복을 입은 상태임에도 더욱 적극적으로 일을 추진해 나갔다.

한편, 왜왕의 약속을 받아 낸 복신은 신라와 당이 고구려 공략에 관심을 집중한 사이 집요하게 웅진도독부를 괴롭히며 한때 사비성을 포위하는 등 기세를 올렸다. 하지만, 문무왕이 즉위한 661년부터 본격적인 토벌에 나선 신라군의 공세 앞에서는 고전을 면할 수 없었다. 김유신과 함께 대규모 병력을 이끌고 친정親征에 나선 문무왕은 신라군의 서진을 차단하고 있던 탄현 서쪽의 옹산성과 우술성을 점령하면서 전략적 융통성을 확보함과 아울러 보급로를 단축시키는 데 성공했다. 대규모 공세를 위한 기반을 조성한 셈이었다. 그러나 백제의 주력은 여전히 건재했고, 복신이 궁극적 목표로 설정한 웅진의 상황은 불안하기 그지없었다. 당시 웅진도독부는 백제군과 왜군, 그리고 신라의 정치가들에 의해 사방이 포위된 고립무원의 상황이었다. 백제 지역을 장악한 뒤 자기들마저 집어삼키려는 당의 의도를 일찍이 간파한 신라는 백제군이 길을 막고 있다는 이유로 웅진도독부에 대한 보급지원조차 제대로 시행하지 않았다. 금강 유역을 제외한 대부분의 백제영토를 장악해 가던 신라의 입장에서 보면 복잡한 정치적 상황이 정리되고 독자적인 군사작전의 실행이 가능해진다는 점에서 백제군에 의한 웅진도독부의 궤멸은 오히려 바라던 일이었기 때문이다. 설상가상으로 661년 9월, 왜군 5천명을 이끌고 귀국한 부여풍이 복신과 함께 웅진 방면을 집중 공격하여 당군을 빈사 직전의 상태로 몰아넣었다. 그들이 공세를 지속하는 데 왜국이 큰 역할을 하였던 사실은 쉽게 알 수 있다. 왕위에 오른 천지는 그의 어머니가 약속한대로 우선 병기와 의복, 식량을 비롯한 각종 군수물자를 제공하며 파병이 이루어질 때까지 백제군이 버텨낼 수 있도록 했다. 그리고 선박 건조

하카다
현재의 일본 후쿠오카현(福岡縣) 후쿠오카시 하카타만(博多灣) 일대. 한반도와 연결되는 주요 항구 역할을 함.

천지(Tenji)(626~672)
왜국의 왕. 제명여왕의 아들로 이름은 카즈라키(葛城). 소가씨를 멸족시킨 나카노오에가 바로 이 사람. 재위 668~671.

도침(?~661)
백제의 고승 묘련(妙蓮)의 수제자. 백제 멸망 직후 스스로 영군장군(領軍將軍)이라 하며 복신과 함께 백제부흥운동의 지도자가 됨.

가 어느 정도 진행되자 662년 5월에는 병선 170척으로 구성된 지원부대를 아츠미노 히라부阿曇比邏夫에게 인솔토록 하여 백제로 보냈다.

한편 돌궐과 백제 등 고구려를 도울 만한 세력들을 모두 제거하고 바야흐로 고구려에 대한 공세를 재개하려던 당에게 웅진도독부의 궤멸은 용납할 수 없는 일이었다. 백제 땅은 임박한 고구려와의 전쟁에 있어 반드시 필요한 양면공격의 교두보였다. 북방에서의 정면대결만으로 고구려를 꺾을 수 없다는 사실은 이미 여러 차례의 패전으로 증명되었다. 비협조적인 신라를 그냥 두고 보는 이유도 그들이 고구려 공격의 한 축이 되어야 하기 때문이었다. 하지만 생존을 위해 무슨 짓이라도 할 신라가 언제 변심할지는 아무도 모르는 일이었다. 그러므로 백제 지역은 반드시 평정되어야 했다. 다급해진 당은 유인궤를 대방주자사帶方州刺史에 임명하며 병력을 이끌고 웅진도독부로 가게 하는 한편, 신라에게도 병력지원을 요구했다.

증원군을 이끌고 백제 땅에 도착한 유인궤는 신라군과 합류한 뒤 웅진성으로 향하며 금강 양안에 있는 백제군의 요새들을 공격했다. 기습을 당한 백제군은 이때 금강 하구로부터 웅진에 이르는 지역에서 주도권을 상실한 것으로 보인다. 전진로를 확보한 당군은 파죽지세로 웅진성으로 육박했고, 자칫하다가는 거꾸로 포위될 위기에 처한 복신의 군대는 포위를 풀고 금강 북안의 임존성 방면으로 퇴각했다. 재빠른 퇴각으로 백제군의 병력피해는 그리 크지 않았던 것 같다. 하지만 문제는 그다음에 발생했다. 유인궤가 웅진에 도착해 유인원의 군대와 합류하여 다음 행동을 논의하고 있는 동안 백제군 지도부에 심각한 내분이 일어났기 때문이었다. 복신이, 역시 백제부흥군 결성 당시부터 지도자의 한 사람이었던 승려 *도침道琛을 살해한 것이다. 그 이유는 알 수 없지만 뒤에 이어지는 사건을 보면 아마도 도침이 복신을 배제하고, 겉돌던 국왕 부여풍을 실질적인 지도자로 옹립하려했기 때문이었던 것으로 추측된다.

어쨌든 복신은 도침의 군대를 자신의 휘하에 편입한 뒤 웅진성에 대한 공세를 재개하려 했다. 병력이 크게 불어난 복신의 군대는 °임존성을 떠나 웅진 방면으로 이동하기 시작했다. 그러나 웅진을 다시 포위하려는 복신의 의도를 간파한 유인궤는 662년 7월에 웅진의 동쪽

임존성
충남 예산군 대흥면에 있는 임존성에 비정. 둘레 2.45km.

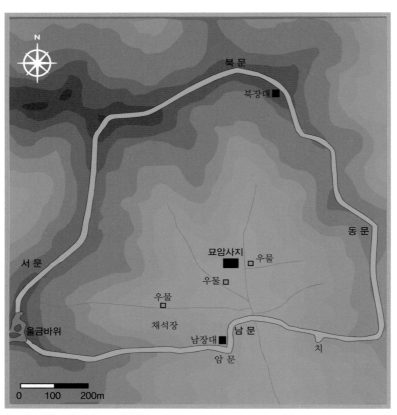

우금산성(禹金山城) 평면도. 골짜기를 안고 있는 포곡식 산성으로 그 형태가 삼년산성과 매우 유사하나 규모는 훨씬 커서 둘레가 3,960m에 이르며 면적이 198,875㎡나 되는 거대한 산성이다. 주변 대부분의 산성이 벌판과 구릉에 위치하여 포위공격에 취약한 반면, 우금산성은 변산반도의 험난한 산악에 자리 잡고 있는 데다 삼면이 바다로 둘러싸여 방어에 유리하다. 이 도면만으로도 부여풍이 현재의 김제 지역으로 추정되는 피성으로 근거지를 옮기고자 했을 때 왜장 '에치노 타쿠쓰'가 만류하며 '주류성은 산이 높고 험한 곳에 있어 방어하기는 쉽지만 공격하기는 매우 곤란한 곳이다.'라고 한 이유를 알 수 있다.

지라성
대전광역시 대덕구에 있던 성으로 추정. 주류성의 다른 이름이라는 주장도 있지만 당시 상황과 맞지 않음.

윤성
대전광역시 유성구에 있던 성으로 추정.

진현성
대전광역시 서구 봉곡동 흑석동산성(黑石洞山城)에 비정. 둘레 540m.

즉, 지금의 대전광역시에 속하는 유성과 대덕 방면을 선제공격했다. 그리고 이 기습적인 공격으로 백제군은 *지라성과 *윤성 등 두 개의 성과 두 개의 목책, 그리고 마지막 보루인 *진현성까지 함락당하며 신라와 웅진도독부 사이를 차단하고 있던 대전 지역의 근거지를 모두 잃게 된다. 당군에게는 보급로의 개통으로 마침내 숨통이 트이게 된 셈이지만 웅진도독부의 차단과 고립을 승리의 필요조건으로 상정하고 있던 복신으로서는 절망적인 상황이 아닐 수 없었다. 공세를 재개할 때가 아님을 깨달은 복신은 기회를 기다리기로 하고 웅진으로 향하던 군대를 돌려 당시 백제의 수도 역할을 하던 주류성으로 퇴각했다. 주류성의 위치에 대해서는 이견이 많아 여러 곳으로 비정되며 각각 나름대로의 타당성이 있다. 그러나 여기에서는 주류성을 전북 부안의 변산반도에 위치한 우금산성으로 비정하려 한다. 그 이유는 앞으로 설명될 백강구전투의 전개과정을 보면 자연스럽게 이해할 수 있을 것이다.

금강을 건넌 뒤 신라군과의 교전을 회피하며 성공적으로 퇴각했지만, 복신이 주류성으로 향한 것은 큰 실수였다. 당시 주류성에는 국왕 부여풍이, 귀국 시 동행한 왜군과 왕족들의 보좌를 받으며 나름대로의 통치를 행하고 있었기 때문이다. 전쟁수행의 주도권은 복신에게 있고 자신은 그저 상징적인 존재일 뿐이라는 사실이 걸렸겠지만, 어쨌든 풍은 왜에서 대규모 구원군이 오기를 기다리며 왜와의 외교관계와 왕이 행해야 할 갖가지 행사를 주관하는 등 할 일을 하고 있었다. 그런데 어느 날, 복신이 대규모 병력을 이끌고 주류성으로 왔다. 풍은 그 순간 무슨 생각이 들었을까? 아마도 살아 있는 전설과 다름 아닌 복신의 그 거대한 권위 앞에 쪼그라든, 이름뿐인 국왕의 초라한 모습을 보았을 것이다.

풍에게는 할아버지인 무왕의 조카로, 그 자신만만하고 당당한 왕족인 복신이 그에게 신하의 지위를 넘어 무례를 범했다는 증거는 없다. 하지만 풍의 입장에서 복신은 자신의 위광을 가리는 거대한 그늘이었을 것이다. 또한, 일찍이 왜왕의 자문을 담당할 정도로 지혜로운 부여풍이지만 군사적인 면에서 복신과는 상대가 될 수 없었다. 그리고 실제로도 군사적인 부분에서는 복신 역시 풍을 신뢰하지 않았을 것으로 보인다. 이 시기에 백제군과 당군 사이에 특별한 충돌은 없었지만 그러한 평화는 전쟁 이외의 것으로 사람의 관심을 끌고 가는 법이다. 결국 왕보다 더 권위 있는 신하와의 어색한 동거를 견딜 수 없던 부여풍은 보급이 용이하다는 이유로 지금의 김제 지역인 °피성避城으로의 천도를 공표하고, 그곳이 신라군 주둔지와 너무 가깝다는 왜장 에치노 다쿠쓰朴市田來津의 반대도 무시한 채 그해 12월에 주류성을 떠난다. 《일본서기》에는 이때 복신과 합의한 것으로 되어 있지만, 그 영리한 복신이 전쟁이 끝나지도 않았는데 신라 점령지로부터 하루거리에 불과한 데다, 주류성처럼 천혜의 방어력을 가진 곳도 아닌 피성으로의 천도에 동의했을 리 만무하다.

어쨌든 에치노 타쿠쓰의 생각대로 부여풍은 피성에 오래 머물 수 없었다. 663년 2월, 신라가 공세를 재개하여 금강 남쪽의 °거열성, °거물성, °사평성, °덕안성 등을 차례로 점령하면서 피성으로 육박하였기 때문이다. 결국 부여풍은 그해 3월에 주류성으로 복귀하였지만 그가 기획했던 피성 천도가 웃음거리로 전락하면서 가뜩이나 미약하던 권위는 땅에 떨어져 버리고 말았다. 그리고 상대적으로 복신의 권위는 더욱 높아졌다. 하지만 왕권주의자인 의자왕의 아들 부여풍은 그런 상황을 용납할 수 없었다. 설령 전쟁에서 이겨 백제를 복구한다 해도 그것이 모두 복신의 공이라면 부여풍은 영영 허수아비 신세를 면하지 못할 것이다. 더구나 풍이 보기에 복신은 이미 도침을 살해한 위험인물로 그 칼끝이 언제 자신을 향할지는 모르는 일이었다.

피성
백제 벽성현(辟城縣)이던 전북 김제시 일대. 《일본서기》의 피성(避城)은 벽성을 잘못 적은 것으로 보임.

거열성
경남 거창군 거창읍 건흥산(乾興山)에 있는 거열성에 비정. 둘레 약 2.1km.

거물성
전북 장수군 번암면에 있던 성으로 추정.

사평성
전남 구례군 지역에 있던 성으로 추정.

덕안성
충남 논산시 은진면에 있던 성으로 추정.

663년 3월, 때마침 왜는 선박의 건조를 끝내고 증원 병력의 편성도 마무리됨으로써 파병준비를 완료한 상태임을 통보해 왔다. 그것은 부여풍을 초조하게 만든 일이었다. 왜군이 합류하면 백제왕인 부여풍은 막강한 군사력을 손에 쥘 수 있지만, 복신이 건재하고 있을 경우 그 군사들 역시 자신이 아닌 복신의 군대가 될 것이 분명했기 때문이다. 왜군이 도착하기 전에 복신을 제거해야 했다. 부여풍은 측근인 달솔 덕집德執과 함께 복신을 제거할 계획을 모의했다. 그리고 역모를 획책했다는 이유로 복신을 체포한 뒤 처형해버리고 말았다. 663년 6월에 일어난 사건이다. 정적을 제거한 부여풍의 마음은 무척이나 홀가분했을 것이다. 그러나 탁월한 전략가이자 열정적인 군인으로 백제군의 구심점 역할을 하던 복신을 처형한 일은 부여풍 스스로 자신의 목을 베어 버린 것이나 다름없었다.

복신이 살해당하고 부여풍이 실권을 장악했다는 소식을 접한 신라군이 얼마나 기뻐했을지는 상상이 되고도 남는다. 복신은 백제 지역을 장악하려는 신라에게는 가장 큰 걸림돌이자 넘기 힘든 산이었다. 그런 복신이 죽고, 군사적으로는 일개 병졸만도 못한 능력을 가진 부여풍이 군대를 지휘하게 되었다. 신라는 즉시 대대적인 공세를 준비했다.

한편, 복신의 죽음은 왜의 계획에도 부정적인 변화를 초래했다. 태풍이 불기 전에 출병을 감행하려던 계획은 백제 땅의 정변으로 인해 연기되고 말았다. 상황이 불투명한 마당에 국가의 운명을 걸고 모험을 할 수는 없는 일이었다. 가정에 불과하지만 만약 이때 복신이 살아있는 상태에서 왜군이 파병을 감행했더라면 상황은 크게 달라졌을 것이다.

백제의 정변은 복신에게 막혀 전전긍긍하던 웅진도독부에게도 소강상태를 타개할 결정적인 기회였다. 이미 왜군의 출병준비에 대한 정보를 입수하고 본국에 대규모 병력증원과 수군의 파견을 요청해 놓은 유인궤는 복신의 죽음을 접하자 신라군과 함께 공세로 전환하기 위한 향후의 작전계획을 차근차근 세워나갔다. 부여풍은 궤멸될 위기에 놓여 있던 웅진도독부에게 시간과 전략적 융통성이라는 가장 귀중한 선물을 헌납한 것이다. 663년 5월, 당은 우위위장군 손인사孫仁師를 사령관으로 임명하여 산둥성과 강소성 일대의 군사 7천 명을 이끌고 백제 태자였던 부여융과 함께 서둘러 웅진으로 향하게 했다.

산둥반도를 떠난 손인사는 백제의 요청을 받은 고구려 수군의 공격을 받아 피해를 입기도 했지만 주력을 보존하며 6월 초순에는 중간 기지인 덕물도에 도착할 수 있었다. 그리고 7월 중에 손인사가 웅진에 도착하자 당군의 사기는 크게 높아졌다. 유인궤는 손인사 및 유인원 등과 함께 주공의 방향을 두고 토론을 벌였다. 처음에는 *가림성加林城을 공격하자는 의견이 대두되었으나 총사령관인 유인궤는 백제의 임시수도인 주류성을 공격하여 구심점을 없애버리면 나머지 성들은 저절로 붕괴될 것이라는 논리로 공격의 대상을 주류성으로 공표했다. 또한, 당의 육군과 수군은 신라 수군과 함께 웅진으로부터 금강을 통해 백강으로 이동하고, 육군의 주력을 이루는 신라군은 육로로 이동하여 주류성을 포위한다는 세부계획이 수립되었는데 이것은 여러모로 소정방이 백제를 멸망시킬 때 사용한, 수륙양면을 통한 전격작전을 연상케 한다.

유인궤의 계획은 즉시 신라군에게도 통보되었다. 문무왕은 그 계획에 동의하며 즉시 김유신에게 28명의 장군을 대동하고 당군의 작전에 호응토록 했다. 이미 신라군은 주류성 가까이에 있었으므로 복신이라면 신라군의 기동을 막을 대책을 수립해 놓았겠지만 부여풍은 그렇지 못했던 것 같다. 8월이 되자 신라군은 별 어려움 없이 주류성으로 이동을 시작했다.

가림성
501년에 완성된 백제의 수도 방어용 요새. 충남 부여군 임천면 군사리~장암리에 걸쳐 있음. 둘레 약 1.5km.

한편, 손인사의 증원군이 웅진에 도착했다는 소식을 접한 왜에서도 더 이상 출병을 미룰 상황이 아님을 깨달았다. 마침 태풍철도 끝난지라 왜왕 천지는 장군 이노하라노 키미오미廬原君臣에게 1만 병력을 이끌고 서둘러 백제 땅으로 갈 것을 명령했다. 그러나 왜군의 선박은 크기가 작아 많은 보급품을 실을 수 없었다. 때문에 그들은 곧바로 백강에 가지 못하고 중간에 보급을 받아야 했을 것이다. 아마도 그 보급기지들은 전남 남해안과 서해안 여러 섬들에 존재했을 것이며 뒤에 나오는 시메후키枕服岐, 무테牟르, 테레르禮 등지가 그에 해당할 것이다. 세 곳의 위치는 지금도 수수께끼로 남아 있어 그 정확한 소재를 확인할 수 없지만 《일본서기》에 기록된 왜군 패잔병의 퇴각로와 항해시간, 그리고 음운상의 유사점 등을 고려할 때 테레는 백제시대에 조조례助助禮로 불린 현재의 고흥반도 북단에 비정할 수도 있다. 어쨌든 상황이 매우 급박하게 전개되었기 때문에 왜군은 가장 안전하고 빠른 길을 택해 백강으로 갔을 것이다. 그리고 백강구전투에 참전한 왜군 병력이 2만 7천, 선박은 최대 1천 척에 이르렀다는 기록을 보면 이전에 백제에 와 있던 왜군 병력과 선박들 중 다수가 이 시점에 이노하라의 군대에 합류하여 함께 백강으로 향했던 것 같다.

신라군과 당군 역시 서두르고 있었다. 이노하라의 군대가 아직 남해 연안에도 닿지 못했던 8월 13일, 신속히 이동해 온 신라군은 °두량이성豆良伊城을 포함한 백강구 주변의 모든 요새를 점령하고 주류성으로 통하는 변산반도의 입구를 봉쇄했다. 보다 유리한 입장에서 결전하려면 왜군이 백강에 도달하기 전에 백제군이 점거하고 있는 요새들을 확보하여 지리적 우위를 차지할 필요가 있었기 때문이다. 유인원과 손인사의 당 육군도 속속 백강 입구에 도착해 신라군에 합류했다. 그처럼 백제군과 왜군이 전투준비를 갖추기도 전에 벌써 전투는 시작되고 있었다. 그런데 이때 부여풍이 취한 행동은 기회주의적이라고 보일 만큼 국왕답지 못했다. 그는 신라군이 주류성으로 육박하자 이노하라의 왜군을 영접한다는 이유를 대며 주류성을 빠져나와 백강구로 향했다. 주류성은 천혜의 요새로 왜군이 도착할 때까지 충분히 버텨볼 수 있었을 텐데 왜 그랬을까? 이유를 찾는 것은 그리 어렵지 않다. 정치적인 계산에 밝았던 부여풍은 그 위기 상황에서 아직도 주류성 내를 떠돌고 있을 복신의 망령이 두려웠던 것이다. 신라군에게 주류성이 포위당하면 부여풍의 군사적 능력을 익히 알고 있는 복신의 병사들이 동요할 것은 분명했다. 그리고 상황이 악화될 경우 병사들은 차라리 독재자가 되어버린 부여풍을 살해하고 신라군에 항복하는 길을 선택할 수도 있었다. 더구나 이때는 복신을 따르던 장군 *흑치상지黑齒常之와 *사타상여沙咤相如가 당군에 투항해 버린 상태였고, 절친한 동료인 흑치상지의 투항 권유를 거부하고 임존성을 고수하고 있는 *지수신遲受信 역시 부여풍에게는 결코 호의적이지 않았다. 결국 그는 자신의 안위를 위해 주류성이야 어찌되든 몇몇 측근 및 에치노 다쿠쓰를 비롯한 왜장들만 대동하고 백강구로 뛰쳐나갔던 것이다. 주류성에는 의자왕의 아들들인 부여충승夫餘忠勝과 충지忠志도 남아 있었다. 아마도 부여풍의 행태에 반발하여 끝까지 저항하려 했던 것으로 생각되지만, 국왕이라는 인물이 혈족마저 버리고 갔으니 주류성에 남은 백제군들의 사기가 어떠했을지는 상상하지 않아도 알 수 있다.

부여풍은 주류성 바로 아래에 있는 백강구로 향한 것도 아니었다. 그때는 왜군 함대가 아직 도착하지도 않은 상황이었다. 일행은 며칠 동안 바다 쪽을 바라보며 해안을 따라 남하하다 비로소 함대를 발견하고 신라군이 주류성을 포위한 사실을 알렸다. 상황이 바뀌었음을 알게 된 왜장들은 백강구로 진입하여 주류성의 백제군과 함께 신라와 당의 육군을 공격하기로 했다. 그렇게 하면 주류성의 포위를 풀고

흑치상지(630~689)
백제 의자왕 시기의 군인. 백제 서부출신으로 20세에 달솔이 되었으며 부흥군의 핵심 인물로 활약하다 유인궤에게 투항함. 이후 당에서 수많은 군공을 세워 우무위대장군까지 올랐으나 모함을 받아 처형됨.

사타상여(?~?)
백제 상급귀족인 사타(沙咤) 가문 출신의 군인. 흑치상지의 부장으로 활약하다 함께 당에 투항함.

지수신(?~?)
백제의 장군, 부흥운동 지도자. 복신의 측근으로 추정되나 상세한 행적은 알려진 바 없음. 백강구전투 패배 이후에도 임존성을 고수하였으나 당에 투항한 흑치상지·사타상여 등의 공격을 받자 고구려로 망명함.

그 여세를 몰아 금강 이남 지역을 탈환할 수 있을 것으로 판단했기 때문일 것이다. 하지만 그들은 그 무렵에 벌써 유인궤와 그의 부장 두상杜爽, 그리고 부여융이 이끄는 당 수군이 금강을 빠져나와 백강구에 도달한 사실을 알지 못했다.

8월 17일, 각종 전함 170척으로 이루어진 유인궤의 수군과 신라 수군은 마침내 백강에 도달해 주류성으로 통하는 수로와 백강의 입구를 봉쇄했다. 이때 유인궤는 왜군의 이동 상황을 훤히 알고 있었던 것으로 보인다. 왜군 함대의 움직임을 몰랐다면 배에서 내려 주류성을 공격했을 것이다. 하지만 이날 교란작전의 일환으로 주류성을 공격한 것은 육지에 있던 신라군 병력이었다. 당의 수군함대는 백강 입구에 정박한 상태에서 무려 열흘을 기다렸다. 결국 해전의 주도권은 진작부터 당군이 쥐고 있었던 셈이다.

8월 27일, 마침내 왜 함대의 선발대가 백강구 서쪽 해상에 도착했다. 하지만 그들 앞에 모습을 드러낸 것은 완벽한 수비대형을 형성한 채 만과 강의 입구를 막아선 거대한 함선들이었다. 일단 정찰을 겸한 공격을 시도하다 물러난 왜군 선발대는 곧바로 본대에 당 수군의 존재를 알렸다. 그리고 그 뒤에 이어지는 상황은 미스터리의 연속이다. 이때 왜군은 마땅히 서쪽으로 퇴각하여 적당한 곳에서 휴식을 취하며 상황을 알아보고 그것에 맞는 계획을 수립한 뒤 행동했어야 했다. 하지만 그들은 그렇게 하지 않았다. 선발대의 보고가 부실했는지, 아니면 당군과의 해전 경험이 전혀 없었던 탓에 상대방의 전투력을 자신들 기준으로 판단했던 것인지는 알 수 없지만, 왜군은 바로 다음날인 8월 28일에 당군에 대한 정면공격을 감행했다. 물론 그것은 자살행위였다. 전투의 경과를 보면 그들이 백강으로 진입하기 시작한 때는 물때가 바뀌어 썰물이 시작되는 시점이었던 것 같다. 바다를 등지고 공격하는 왜군에게는 크게 불리한 상황인 것이다. 또한 선박에 적재하는 원거리 투사병기도 없는 마당에 비록 숫자는 많다고 하지만 그런 작은 함선을 거대한 당의 함선에 맞대고 *단병접전을 기도하는 것은 극히 우둔한 발상이며 가능하지도 않은 계획이었다. 그런데 기적을 바랐던 것일까? 왜군은 이미 썰물이 시작되었음에도 물러서지 않고 당의 함대로 접근해 갔다. 물론 기적은 일어나지 않았고 그들은 대가를 치르게 되었다. 다음은 백강구전투 당시 왜군의 최후에 대한 기록들이다.

단병접전
칼, 창, 도끼 등 단병기(短兵器)를 사용하여 벌이는 근접전. 백병전(白兵戰)이라고도 함.

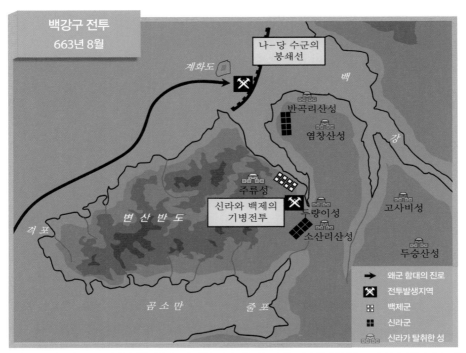

백강구전투의 개념도. 주류성이 위치한 변산반도의 지형은 평야 지역인 주변과는 달리 험난한 산악으로 구성되어 있어 대규모 병력이 배를 대고 상륙할 만한 장소는 많지 않다. 왜군이 직접 주류성 방면으로 향한 이유는, 줄포 방면은 신라군에게 막혀 있고 격포 쪽은 주류성과 거리가 멀어 이동 도중 공격받을 수도 있다는 생각 때문이었을 것이다. 하지만 왜군이 그 무모한 해상 돌격전을 감행하게 된 가장 중요한 동기는 백강구를 봉쇄하고 있는 당 수군을 격파하여 상륙 도중에 양면에서 공격당하는 최악의 사태를 방지해야 했기 때문이다. 애초부터 적군에게 시간과 공간을 빼앗겨 기선을 제압당한 왜군으로서는 선택의 여지가 별로 없었던 셈이다.

8월28일, 일본의 여러 장군과 백제왕은 기상을 살피지도 않고, '우리가 먼저 공격하면 저들은 스스로 퇴각할 것이다.'라고 하였다. 다시금 일본은 대오가 어지러운 중군을 이끌고 견고한 수비진을 형성하고 있는 당군을 공격했지만, 당군은 (왜 수군 대열의) 좌우에 배를 대어 포위하고 공격했다. 잠깐 사이에 관군(왜군)은 패하게 되었다. 익사자가 매우 많았고, 이물과 고물을 돌릴 수도 없었다. 에치노 다쿠쓰는 하늘을 보며 맹세한 뒤 이를 갈면서 수십 명을 죽인 다음 마침내 전사했다.

八月廿八 日本諸將與百濟王不觀氣象 而相謂之曰 我等爭先彼應自退 更率日本亂伍中軍之卒進打大唐堅陣之軍 大唐便自左右夾船繞戰 須臾之際 官軍敗績 赴水溺死者衆 艫舳不得廻旋 朴市田來津仰天而誓 切齒而嗔殺數十人 於焉戰死

일본서기 권27 천지 2년

인궤는 왜병과 백강 입구에서 조우하고 네 번을 싸워 모두 이기면서 그 배 400척을 불태웠다. 연기는 하늘을 뒤덮고 바닷물은 붉게 물들었다. 적은 크게 무너졌다.

仁軌遇倭兵於白江之口 四戰捷 焚其舟四百艘 煙焰漲天 海水皆赤 賊衆大潰

구당서 열전 제34 유인궤

흔히 알고 있는 것처럼 이 전투에서 2만 7천 명의 왜군이 전멸당한 것으로는 보이지 않는다. 그러나 패배자의 기록인 《일본서기》만으로도 당시 왜군이 궤멸적인 타격을 입었다는 사실을 알 수 있다. 그리고 패배의 원인은 기상, 즉 물때를 무시한 왜군의 성급함과 단병접전에 대한 터무니없는 고집, 결정적으로는 준비되지 않은 상태에서 준비된 적을 공격한 무모함 때문이었다. 1천이 아니라 더 많은 함선을 동원했

백강구전투

어도 지휘관들이 그렇게 이성을 잃은 상황에서는 도저히 이길 수가 없었던 것이다. 더구나 동서고금을 막론하고 정보는 전쟁의 승패를 좌우하는 결정적인 요소이다. 당 수군은 분명히 신라 쪽에서 제공했을 정보들을 적절히 활용하여 적보다 유리한 입장에서 전투를 전개할 수 있었지만 왜군은 그럴 수 없었다. 결국 그 끔찍한 패배는 그들 손에 의해 초래되었던 것이다.

한편, 같은 시간에 해안에서는 신라와 백제군 간의 기병전투가 벌어졌다. 백강구전투는 앞에 언급한 해전과 함께 이 기병끼리의 격돌로 구성되는 수륙 양면 전투였다. 기병전투의 전개과정은 상세히 기록되어 있지 않다. 단지 〈신라본기〉의 이른바 "답설인귀서答薛仁貴書'에서 문무왕이 언급한 부분이 있을 뿐이다.

> 백제의 정예기병이 해안에서 함대를 수비하자 신라의 날랜 기병이 한(당)의 선봉이 되어 먼저 해안의 진영을 깨뜨리니……
>
> 百濟精騎岸上守船 新羅驍騎爲漢前鋒 先破岸陣…….
>
> 삼국사기 신라본기 문무왕 下 11년 7월

이때 해안에 진 치고 있던 백제기병이 주류성에서 신라군의 포위를 뚫고 나온 병력인지, 아니면 부여풍이 이끌고 나갔던 병력인지는 불확실하다. 하지만 어느 쪽이든 숫자는 많지 않았을 것이다. 어쨌든 그들이 왜군의 상륙을 방해할 것으로 예상되는 신라군의 행동을 저지하려 했던 것과 해전이 시작됨과 동시에 신라기병의 공격을 받고 궤멸당했다는 사실은 분명하다.

《일본서기》도 인정하듯 백제와 왜 연합군은 바다와 육지에서 완전히 패배했다. 그리고 그 패배의 결과는 다음과 같았다.

이때 백제왕 풍장은 몇 명과 함께 배를 타고 고구려로 도주했다.

是時百濟王豐璋與數人乘船逃去高麗

일본서기 권27 천지 2년

(부)여풍은 몸을 빼내 도망쳤고 (당군은 부여풍의) 보검을 획득했다. 가짜 왕자 부여충승과 충지 등이 사녀와 왜인들, 그리고 탐라국의 사신을 이끌고 한꺼번에 항복해 왔다.

餘豐脫身而走 獲其寶劍 僞王子扶餘忠勝忠志等 率士女及倭衆並耽羅國使 一時並降

구당서 열전 제34 유인궤

9월, 웅진도행군총관 우위위장군 손인사 등이 백제의 남은 무리와 왜병을 백강에서 쳐부수고 주류성을 빼앗았다.

九月, 熊津道行軍總管 右威衛將軍孫仁師等破百濟餘衆及倭兵于白江 拔其周留城.

자치통감 권 제201 당기17 고종 용삭 3년

9월7일, 백제 주유성이 당에 항복했다. 이때에 나라 사람들이 서로 말하기를 '주유가 항복했다. 이제 어떻게 해야 하는가? 백제라는 이름이 오늘로 끝났는데 조상들의 묘를 어떻게 다시 올 수 있겠는가? 그저 테레성으로 가서 일본 장군들을 만나 중요한 일들을 상의해 볼 수밖에…….'라고 하였다. 마침내 원래 시메후키성에 있던 가족들에게 나라를 떠날 생각임을 알려 주었다. 11일, 무테로 출발했다. 13일, 테레에 이르렀다.

九月七 百濟州柔城始降於唐 是時國人相謂之曰 州柔降矣 事無奈何 百濟之名絕于今日 丘墓之所豈能復往 但可往於弖禮城會日本軍將等

相謀事機所要 遂敎本在枕服岐城之妻子等令知去國之心. 十一 發途
於牟弖. 十三 至弖禮

일본서기 권27 천지 2년

9월24일, 일본수군 및 좌평 여자신, 달솔 목소귀자, 곡나진수, 억례복
류, 그리고 국민들이 테레성에 이르렀고 그 다음 날에 배가 일본을 향
해 출발했다.

廿四 日本船師及佐平余自信 達率木素貴子 谷那晉首 憶禮福留 并國
民等至於弖禮城 明日發船始向日本

일본서기 권27 천지 2년

부여풍은 고구려로 망명하고, 주류성은 항복했으며, 패잔병이 된
왜군은 백제 영내의 몇몇 특정 지역에 은거 중이던 백제 사람들을 배
에 태우고 돌아갔다는 이야기이다. 아직 임존성에는 지수신이 버티
고 있었지만 진압은 시간문제일 뿐, 신라·당 동맹군에 의해 수도가
점령당하고 의자왕이 당으로 압송된 직후부터 3년 간 계속되던 백제
부흥군의 조직적인 대규모 항쟁은 백강구전투를 마지막으로 완전히
막을 내리게 된 것이다.

백강구전투의 영향은 백제의 멸망을 알리는 것과 동시에 동아시
아 전체에 파급되었다. 이 전투의 승리로 백제 지역을 평정한 당은 본
격적인 고구려 공략에 나서 마침내 뜻을 이루었고 신라는 금강 이북
의 일부 지역을 제외한 백제 영토 전역을 손아귀에 넣었다. 백제 지역
의 장악이 훗날 당과의 전쟁에서 어떠한 이익을 제공해 주었는지는
아는 바와 같다.

전쟁의 가장 큰 패배자인 왜국은 그 후유증을 치유하느라 한동안
대륙을 향한 적대적 접근은 꿈도 꾸지 못하고 독자적인 행보를 걸어

갈 수밖에 없었다. 역설적으로, 어찌 보면 백제의 그늘 아래에 있었던 왜국에게 백강구전투의 패배는 자주국으로 다시 태어나는 기회를 제공하였다고도 할 수 있겠다. 《삼국사기》에 다음과 같은 기록이 있다.

> (670년) 왜국이 나라 이름을 고쳐 일본이라 했다. 스스로 말하기를 해가 뜨는 곳에 가깝다고 하여 그렇게 이름 지었다고 한다.
>
> 倭國更號日本 自言 近日所出以爲名
>
> 삼국사기 신라본기 문무왕 上 10년 12월

드디어 왜가 공식적으로 대륙의 그림자를 던져 버린 것이다. 이후 일본은 국가체제 유지와 발전에 필요한 당, 그리고 신라와의 교역 및 문화적 교류를 재개한다. 하지만 백촌강의 망령은 일본을 쉽게 놓아주지 않았다. 특히 고대 일본을 형성한 토대이며 한때는 일본 그 자체였다고도 할 수 있는 가야에 이어 백제까지 멸망시킨 신라에 대한 감정은 철천지원수, 바로 그것이었다.

> 신라는 서쪽 구석에 있는 작고 더러운 나라이다. 하늘의 뜻을 거역하며, 우리의 은혜를 저버리고 …… 신라는 긴 창과 강한 쇠뇌로 미마나(ミマナ, 任那)를 공격하여 백성을 잔인하게 죽이거나 다치게 했다. 간과 다리를 도려내는 것에 그치지 않고 뼈를 들에 버리고 시신을 불태웠으며, 미마나에 있는 우리 가족과 백성들을 도마에 올려놓고 난도질했다. 어느 누가 이 일을 알고 슬퍼하지 않을 것인가? …… (태자와 대신들이) 함께 간악한 무리(신라)를 베어 하늘과 땅에 맺힌 이 원한을 씻고 왕과 조상의 원수를 갚지 못한다면, 신하와 자손의 도리를 다하지 못한 한을 길이 남기게 될 것이다.

이 격렬한 비난과 선동은 드라마의 대사가 아니라 720년에 완성된 《일본서기》의 *흠명 23년(562년) 기록에서 왜왕 흠명이 대가야를 멸망시킨 신라를 성토하는 말이다. 《일본서기》 편찬의 주체는 왜로 건너가 일본의 고대국가체제 형성을 주도한 백제계 인물들로 추정된다. 그들은 신라에 대한 원한을 수 세대 전의 인물인 흠명에게 이입하여 신라를 비천하고 야만적인 나라로 비하하고 그들과의 악연을 자손만대까지 기억하도록 한 것이다. 실제로 백촌강의 원한은 뿌리 깊은 대륙혐오의식으로 전해지면서 그로부터 1천 년이 지난 16세기 말, 전투

흠명(Kinmei)(509~571)
왜국의 왕. 재위 539~571. 그의 재위기간 중에 대가야가 멸망함.

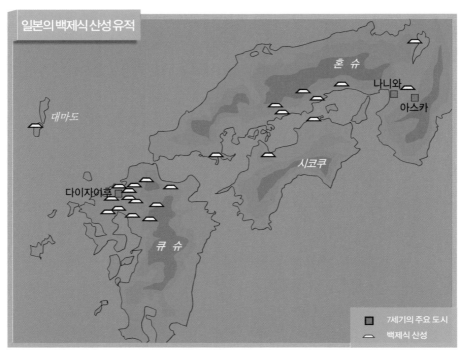

일본의 백제식 산성 유적

- 혼슈
- 나니와
- 아스카
- 대마도
- 시코쿠
- 다이자이후
- 큐슈

■ 7세기의 주요 도시
⌓ 백제식 산성

왜국은 백강구전투가 있은 663년 이후 쓰시마에서 규슈를 거쳐 수도 아스카에 이르는 주요 접근로 상에 수많은 산성을 축조했다. 패배의 후유증으로 엄청난 국력이 소모된 상황에서 곧 닥쳐올지도 모를 당과 신라의 침공을 염두에 두었기 때문이다. 당시 축조된 산성들 중 쓰시마의 가네다성(金田城), 다이자이후의 오오노성(大野城) 등 현재도 남아 있는 여러 산성들이 망명한 백제인들의 설계와 감독하에 만들어진 백제식 산성임은 널리 알려진 사실이다.

도요토미 히데요시(1537~1598) 약 1백 년에 걸친 일본 센고쿠(戰國)시대에 종지부를 찍고 전국을 통일한 인물. 관백(関白)에 올라 독재체제를 수립함. 임진왜란을 일으킨 장본인.

가 벌어졌던 바로 그 땅에 일대 파란을 몰고 오기도 했다. 바로 °도요토미 히데요시豊臣秀吉에 의한 대륙침략 전쟁, 임진왜란이다. 그리고 다시 수백 년이 지난 뒤 그들은 다시 그 땅에 침략하여 국권을 탈취하고, 당나라의 후예들이 사는 땅으로 쳐들어가서 거대한 피바람을 불러일으켰다. 2차 세계대전이 던져준 교훈에도 불구하고 지금도 계속되고 있는 일부 일본인들의 호전적인 자세를 이해하지 못하는 사람이 많다. 하지만 천 사백 년 전, 백강 어귀에서 벌어졌던 그 전투를 알고 나면 그들의 행태 뒤에 숨어 있는 복잡한 의식세계의 일단을 이해할 수 있을 것이다.

<< 일본 고분시대(古墳時代) 후기의 왜군 고급지휘관과 궁수

고분시대는 일본 고대사에서 시대를 구분하는 한 단위로, 강력한 권력자의 등장을 암시하는 전방후원분 등 거대고분이 축조되던 3세기 말부터 7세기 초에 걸친 시기이다. 6세기 후반부터 왜에서도 찰갑이 등장하는데 이 상급 귀족에 속하는 장군은 폭이 좁고 긴 철판을 수백 장 연결하여 만든 철제찰갑과 새로운 형태의 투구 및 팔뚝가리개 등 부속 보호구들을 완벽하게 갖추어 입고 있다. 백강구전투에는 수만 명에 달하는 왜군 병사들과 함께 여러 명의 최상급 귀족들이 지휘관으로 참전하였는데 그들 중 대부분이 전사함으로써 전후 왜국은 대륙과의 연결고리를 상실하게 되는 정치적 타격을 입고 아울러 군사적으로도 상당히 위축되었다.

<< 당 초기의 노궁수와 보병

쇠뇌를 든 병사는 투구만 착용하고 있지만 창병은 상체 및 하복부를 가리는 철제 찰갑을 입고 상체와 하체 대부분을 가릴 수 있는 방패까지 들고 있다. 당시 당의 일반 보병용으로는 철제찰갑 뿐 아니라 가죽으로 만든 찰갑과 판갑도 광범위하게 사용되었다. 그림의 병사는 갑옷을 상체 정면에만 착용하고 있는데 이것은 빠른 시간 내에 많은 병력을 무장시키려면 어쩔 수 없는 현상으로 갑자기 전쟁이 일어나 각 지방에서 급히 소집된 병사들은 이만한 장비조차 갖추지 못한 경우가 대부분이었다. 신라가 잘 무장된 소수정예군대를 보유한 반면, 워낙 영토가 넓고 국경선은 긴 데다 사방이 적으로 둘러싸인 당은 질이 떨어지더라도 대규모 병력을 확보하여 증원이 이루어지기도 전에 국경을 돌파당하는 사태에 대비해야 했다. 수나 당이 고구려와 전쟁할 때 압도적인 숫자의 병력을 동원하여야 했던 이유도 그러한 측면에서 이해할 수 있을 것이다.

<< 창을 든 채 적진을 살피고 있는 백제부흥군의 경기병

백강구전투는 해상결전으로 인식되기 쉽지만 전투는 육상에서도 벌어졌다. 왜군의 상륙 예정 지점이었던 주류성 북쪽 해안에서 전개된 기병전이 그것이다. 사서에는 짧게 언급되었으나, 왜군의 상륙을 엄호하기 위해 전개한 백제 기병대를 신라기병들이 압도하던 그 순간에 이미 전투의 승패는 결정되었다. 설사 왜군이 무사히 상륙했다 하더라도 백제군의 지원이 없다면 장거리 해상 이동에 지친 왜군만으로는 육상에서 신라군을 이겨내기가 불가능했을 것이기 때문이다.

<< 신라 기병

백강구전투 당시 신라와 당 웅진도독부의 군대는 기병 전력에서도 백제군을 수적으로 압도하였을 것이 확실하며, 무장상태와 전투능력에서도 해로를 통한 왜국의 불안정한 지원에 의존하고 있던 백제군과는 비교가 되지 않을 만큼 우세했을 것이다. 머리부터 다리까지 온몸을 보호하는 전신찰갑을 착용하고 활과 대도로 무장한 7세기 신라 기병들은 그러한 상황을 대변하고 있다. 이 시기의 신라 기병이 이러한 모습이었을 것은 신라가 이미 4세기 말부터 고구려의 직접적인 영향을 받으며 군사적으로 성장하고 있었기 때문에 충분히 상상 가능하며, 실제로 2009년에는 경주시 황오동 쪽샘지구의 한 고분에서 마갑과 종장판주, 찰갑 등 고구려의 것과 동일한 중장기병의 무장이 출토된 예도 있다.

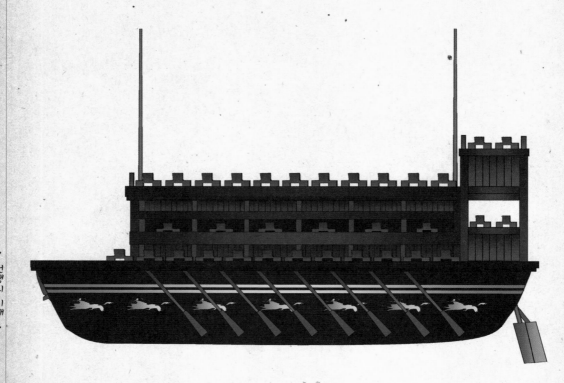

<< 투함

대륙을 분단하는 양자강에서 숱한 전투를 벌여야 했던 중국의 전투함은 대부분 돛이 없고 바닥이 평평하며 충돌공격에 견딜 수 있을 만큼 견고한 구조를 가진 하천용 함선이었다.

그림은 중국 고대 전선의 한 종류인 '투함(鬪艦)'이다. 투함은 여러 가지 크고 작은 함선들로 구성된 함대의 주력을 이루는 중간 규모 전투함으로 상갑판 위에 2층으로 구성된 전투실을 설치하여 그 위와 아래에서 많은 병사들이 전투할 수 있도록 되어 있다. 길이는 약 30m, 승선 인원은 60~70명 정도였던 것으로 보이는데 이밖에도 중국의 수군들은 대형 함선인 '누선'과 '몽충(蒙衝)', 소형 전선인 '주가(舟舸)' 등 다양한 전투용 함정들을 보유했다. 특히 가장 거대했던 누선의 경우 길이가 1백 m에 이르고 3층 누각을 가진, 당시로써는 초대형 함선으로 갑판 위에 투석기를 설치하여 원거리 공격을 실시할 수 있었다.

그러나 잔잔한 강물 위에서의 운용을 염두에 두고 제작된 하천형 함선들이 조류의 변화가 심하고 파도가 거친 해상에서 작전하게 될 경우 노를 젓는 병사들이 쉽게 지치게 되어 기동력과 선회능력이 현저히 저하되고, 적절한 진법을 펼치기도 곤란하며, 투석기의 명중률 또한 형편없이 악화되기 때문에 본격적인 해상형 함정 앞에서는 거대함이 오히려 치명적인 약점으로 작용한다. 강을 떠나 낯선 바다로 나간 수와 당의 대규모 함대가 전투다운 전투도 벌이지 못하고 고구려와 신라의 해상 함대에게 번번이 패배한 가장 큰 이유도 바로 그 때문이다.

<< 7세기 무렵 신라 전선의 추정 복원도

이것은 수 세기 뒤인 고려시대 선박을 기반으로 구성한 것이지만 당시의 더딘 기술 발전 속도를 감안하면 실제 신라 선박의 기본 형태는 이와 크게 다르지 않았을 것이다. 이 선박은 바다를 항해하는 데 적합한 형태이며, 동력은 두 개의 돛을 통해 얻어지지만 선미에 효율 높은 노가 설치되어 있어 바람이 없는 상황에서도 저속운항은 가능하다. 선체 길이 25m에 승선 인원은 30~40명 정도이지만 노를 젓는 인원이 불필요하므로 승무원 대부분이 직접적인 전투임무를 수행할 수 있으며, 재질은 소나무로 웬만한 충격에는 끄떡도 하지 않는 강인함을 지니고 있는, 그야말로 전투를 위한 함선이다. 바닥은 첨저선과 평저선의 중간적인 형태이 지만 당시 신라 선박들의 바닥 형태에 대해서는 논란이 있다. 하지만 경주 지역에서 건조된 함선이 서해로 진출하려면 백제가 장 악하고 있는 서남해의 연안항로를 이용할 수 없기 때문에 전투함의 경우 첨저선이었을 가능성이 높다. 《삼국사기》에 따르면 신 라의 해군력은 해로를 통한 왜의 공격을 연안에서조차 막아낼 수 없을 만큼 미약했으나 6세기 이후 본격적인 해군육성을 추진 하여 왜의 선박은 물론 중국의 전선들보다 우수한 전투함을 대량 보유했던 것으로 보인다. 특히 7세기에 신라 수군의 능력은 절 정에 달해 여러 차례 서해의 수로를 봉쇄한 기록이 있으며, 천성전투와 기벌포해전에서 설인귀의 당 수군을 격파함으로써 나당 전쟁을 승리로 이끄는 데 결정적인 역할을 했다. 두 전투에서 신라 수군은 속도와 장거리 발사무기를 이용해 치고 빠지며 둔중 한 당 함대를 소모시켰을 것이다. 신라 수군의 전통과 우수한 항해술 및 조선기술은 장보고의 청해진 수군으로 이어지며 동아 시아 해상 무역로를 장악하게 되었고, 일본의 견당사가 신라 선박을 이용할 정도로 주변국에 대해 압도적인 우위를 견지했다.

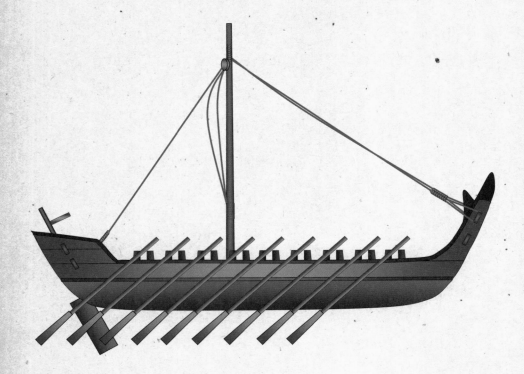

<< 6~7세기 왜의 병선

당시 무덤에 부장된 토제 모형인 하니와를 기초로 일본에서 복원한 선체와 다른 자료들을 참조하여 재구성한 것이다. 이와 유사한 형태의 선박을 묘사한 토기가 신라와 가야 지역에서도 출토되었다. 일본 학계에서는 6세기경 이러한 선박으로 큐슈 서해안의 구마모토에서 혼슈의 오사카 만까지 국왕의 시신을 안장할 석관을 운반하였을 것으로 추정하는데, 2005년 여름에는 실제 항해에도 성공한 바 있다.

이 선박은 선체 바닥 부분이 속을 파낸 한 개의 통나무이며 크기가 워낙 작아 방패와 같이 전투에 필요한 방어수단을 설치하지 못했다. 본질적으로 수송선인 이 배의 길이는 10m가 약간 넘고 20명 정도가 탑승할 수 있다. 백제로부터 조선술을 배운 왜에도 돛을 주동력으로 하는 중형 함선이 존재했을 것이지만 대량 제작은 불가능했을 것이며, 백강구전투 당시 왜군 2만 7천여 명이 병선 1천여 척에 나누어 타고 온 것으로 보아 그때 주력을 이루던 선박은 이 정도 크기였을 것으로 짐작된다. 주동력은 양쪽에 아홉 개씩 배치된 노이며 기술 부족으로 효율 높은 돛을 제작할 수 없어 한 개뿐인 돛은 보조동력으로 사용되는데, 이러한 인력의존적인 형태는 노를 젓는 일과 전투를 병행하여야 하는 병사들을 지치게 하는 요인이 되었을 것이다. 왜의 병선은 당이 보유한 선박에 비해 빠르기는 하지만 작고 가벼워 당 수군의 충돌공격을 견뎌낼 수 없었다. 만약 왜선이 당군의 투함 등과 충돌한다면 부서지지 않더라도 전복을 모면할 수는 없었을 것이다. 이러한 함선 자체의 절대적인 질적 열세 때문에 왜군은 그들이 선택할 수 있었던 유일한 전술인 단병접전, 즉 선상백병전을 시도조차 할 수 없었다.

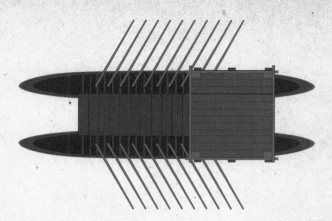

이 선박은 수-당 시기의 쌍체선(雙體船)으로 두 개의 선체를 연결하는 갑판을 깔고 그 위에 누각을 설치한, 매우 특이한 구조의 선박이다. 지금도 경주용 요트나 여객선 등에 이러한 구조의 선박이 제작되고 있는데, 아직 본격적인 운용단계는 아니지만 분리된 선체는 운항 시 물의 저항을 줄여 에너지 효율을 높이고, 비교적 작은 선체에 큰 구조물을 설치할 수 있는 이점이 있어 화물선이나 전투함에도 적용될 수 있는 미래형 조선기술로 큰 관심을 얻고 있다. 수나라 시기에는 전투함으로도 사용된 듯하나 선회속도가 느린 데다 적의 충돌공격으로 한쪽 선체가 파괴되면 곧바로 침몰해 버리기 때문에 주로 수송선이나 정찰용 선박으로 활용되었을 것이다.

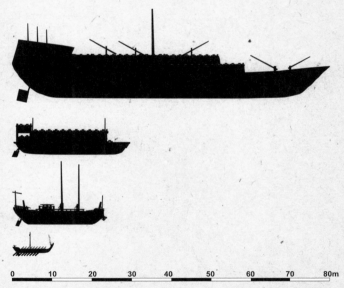

```
0    10    20    30    40    50    60    70    80m
```

<< 백강구전투에 참가한 각국 전투함의 크기 비교

위로부터 당의 누선과 투함, 신라의 전선, 왜의 병선이다. 그 크기만큼이나 둔중한 삼층 누선이 서해를 건너와 백강구 해전에 참가했으리라고는 생각되지 않지만 보는 바와 같이 왜선은 당의 중간급 전투함인 투함과의 전투도 불가능할 만큼 왜소한 데다 공격용 무기를 장착할 공간도 없다. 그러나 왜군은 이러한 차이를 무시하고 정면 돌파를 시도했는데 아마도 그 이유는 당의 함선에 대한 무지에서 비롯되었다기보다는 후진적인 조선기술과 경험부족에 의한 전술의 부재 등 당시 왜군이 안고 있던 여러 가지 한계 때문이었을 것이다.

시대의 종언

마침내 신라의 생존을 위협하는 또 하나의 거대한 산을 무너뜨릴 결심을 한 문무왕은 더 이상 망설이지 않았다. 6월 21일, 김유신을 총사령관으로 지휘부를 구성한 문무왕은 먼저 서북 지역의 군대를 출발시킨 다음, 27일에는 자신도 본진을 이끌고 전선으로 향했다.

백제부흥군을 붕괴시켰지만 당과 신라 모두에게 백제는 여전히 살아 있는 위협이었다. 특히 백제 땅을 직접 통치하려다 큰 희생을 치른 당은 느끼는 바가 많았다. 따라서 고종은 강경한 통치정책을 철회하고 의자왕의 아들 부여융을 웅진도독에 임명하여 백제인의 감정을 무마하는 한편, 유인궤로 하여금 백제 지역의 전후복구를 적극적으로 추진하여 민생을 안정시키도록 했다.

하지만 당의 그런 행동이 신라에게는 달갑지 않았다. 부여융은 백제부흥군 토벌에 당군의 일원으로 종군한 전력에서 나타나듯 이미

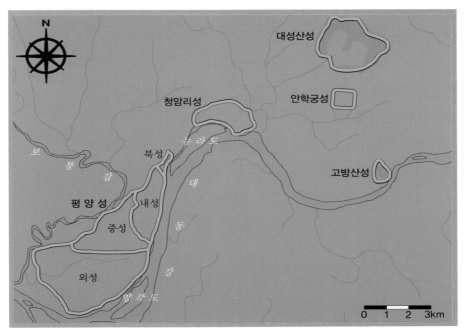

고구려의 마지막 수도인 평양의 모습. 장수왕이 평양으로 천도하며 처음 자리 잡았던 대성산성(大成山城)과 평지성인 안학궁성(安鶴宮城), 그리고 둘레가 23km에 이르는 평양성 등 거대한 규모를 자랑하는 성곽들이 대동강 북쪽에 자리 잡고 있다. 특히 586년(평원왕 28년)에 천도한 장안성으로 비정되는 현재의 평양성은 한 무제에게 멸망당한 위만조선의 수도 왕검성의 옛터에 축조된 것으로 추정하기도 하며, 북성-내성-중성-외성의 네 구획으로 구분되는데, 보통강 및 대동강이라는 천연 장애물의 보호를 받는 매우 효율적인 구조를 가지고 있다. 평양성은 고구려 멸망 후 한동안 방치되어 있다가 고려 초기에 대대적으로 보수되었으며 조선시대에도 북방을 지키는 중요한 성곽으로 여겨 개축과 보수를 게을리 하지 않아 현재에도 비교적 온전한 모습을 유지하고 있다.

당의 충실한 신하에 불과했고, 유인궤는 여전히 웅진도독부의 군대를 통솔하고 있었다. 때문에 그들이 주도하는 안정이란 신라에게는 예전의 백제보다 더 큰 위협이 조성됨을 의미했다. 게다가 664년에는 당 고종이 문무왕의 동생인 김인문을 백제 땅으로 가게 해 웅진도독 부여융 및 유인원과 더불어 화친을 선언하는 의식을 거행하게 하는 치욕적인 일까지 있었다. 이미 멸망한 백제의 왕자와 동등한 입장에서 맹약을 맺어야 하는 어처구니없는 일을 강요받은 것이다.

그러나 당을 끌어들인 일은 신라의 원죄이며 명분이 없는 이상 항의할 일도 못 되었다. 더욱이 신라에게는 아직도 넘어야 할 산이 있었다. 바로 고구려였다. 최악의 경우 당과 일전을 벌일 각오는 되어 있었지만 그렇게 해서 백제 지역을 장악한다고 해도 고구려가 살아 있는 한 신라의 안전은 보장될 수 없었다. 백제 지역이 안정되면 당은 머지않아 고구려를 칠 것이 분명했다. 그때까지 신라는 당의 충실한 속국이 되기로 했다. 살아남기 위해 더한 일도 겪은 신라였다. 그 정도는 충분히 참을 수 있었다. 이후 신라는 당의 명령에 순종했다. 664년 7월에는 당군과 함께 고구려를 공격했고, 665년 8월에는 문무왕이 직접 웅진으로 가서 부여융, 유인원과 함께 °취리산就利山에 올라 백마의 피를 마시며 화친을 맹세했다. 그리고 당의 고구려 침공계획에 부응하여 그들이 요구하는 엄청난 양의 군수물자를 북쪽 국경으로 옮겨 저장하였다.

667년 이른 봄, 마침내 당은 노련한 이적을 사령관으로 임명하고, 연개소문의 죽음과 그 아들들 사이에 벌어진 권력투쟁으로 일대 혼란에 빠진 고구려를 대대적으로 공격할 준비를 시작했다. 고구려를 꺾을 마지막 기회라고 생각한 듯, 당 고종은 이적에게 설인귀를 비롯한 당대의 명장들과 °하북河北에서 거둔 조세를 모두 동원할 수 있는 권한을 부여하는 한편, 신라에게도 때를 맞추어 고구려 남부 국경을

취리산
충남 공주시 신관동에 있는 산. 높이는 해발 52.4m.

하북
황하 북쪽 지역.

남생(634~679)
연개소문의 맏아들. 아버지를 이어 대막리지가 되었으나, 동생들에게 쫓기나 당에 투항한 뒤 고구려 침공에 적극 협력함. 당으로부터 우위대장군 변국공(卞國公)에 봉해짐.

곽대봉(?~?)
당 초기의 명장 곽효각의 둘째 아들. 667년 적리도행군총관으로 고구려에 침공. 관직이 좌표도위장군에 이름. 670년 토번과의 대비천 전투에서 사령관 설인귀의 명령을 위반하여 당나라의 참패를 야기하였으나 사형은 면하고 평민으로 격하됨.

연남건(?~?)
연개소문의 둘째 아들. 655년 친형인 연남생을 몰아내고 정권을 장악함. 고구려 멸망 시 끝까지 저항하다 사로잡혀 금주(黔州)로 유배됨.

학처준(607~681)
당나라 태종~고종시기의 문신. 호북성안륙(安陸)출신. 봉호는 증산(繒山)이며 벼슬이 재상에 이름. 《구당서》에 그의 열전이 있음.

공격하도록 했다. 그리고 그해 9월, 이적이 고구려의 최전방인 신성을 공격하여 함락시킴으로써 다시 전쟁이 시작되었다.

초전을 승리로 장식한 당군은 순식간에 요동 지역 16개 성을 점령하고 기세등등하게 동쪽으로 전진했다. 하지만 의외로 고구려군은 맹렬하게 저항했다. 전통적인 공세적 방어 전략에 따라 몇 번의 반격전을 시도하다 설인귀의 매복에 걸려 큰 손실을 입고, 동생들과의 권력투쟁 끝에 당나라에 망명을 요청했던 연개소문의 장남 °남생男生이 국내성 등 6성의 군대와 함께 적군의 일부가 되었음에도, 고구려는 전혀 위축되지 않고 오히려 당군을 궁지로 몰아넣었다. 바다를 통해 고구려에 도착한 °곽대봉郭待封의 군대는 고구려 수군이 보급선단을 궤멸시키고 해상수송로를 봉쇄하자 꼼짝없이 고립되어 기아상태에 놓이게 되었으며, 이적이 지휘하는 주력부대는 연개소문의 둘째 아들이자 고구려의 새로운 실권자인 °연남건淵男建에게 막혀 평양성 근처에도 접근할 수 없었다. 심지어 안시성을 공격하려던 당군은 고구려군의 기습을 받아 보급품을 깡그리 탈취당하고 지휘관인 °학처준郝處俊이 말린 쌀로 연명하는 한심스런 작태까지 연출되었다. 그러는 사이 당군이 그렇게 두려워하던 겨울이 다가오자 이적은 그만 공세를 멈추고 만다.

그런데 사서에는 이때 신라가 직접 전투에 참여했다는 기록을 전혀 찾아볼 수 없다. 도대체 신라는 이때 무엇을 하고 있었을까? 그해 7월, 전쟁 준비는 고사하고 금성으로 문무백관을 불러 모아 호화로운 연회를 벌이고 있던 문무왕은 병력을 동원하여 평양포위전에 참가하라는 당 고종의 구체적이고 단호한 명령을 다시 접수했다. 준비는 되어 있었을 것이다. 하지만 왕은 8월이 되어서야 군대를 이끌고 북상을 시작했다. 역시 김유신과 30명의 장군을 대동한, 예의 그 웅장한 진영 그대로였지만 문무왕은 적극성을 보이지 않았다.

신라군은 완만한 속도로 행군하여 한 달 만에 한성에 도달했는데, 거기서도 무려 두 달 가까운 시간을 보내며 신라가 고구려 군대를 남쪽으로 유인해 주기를 학수고대하고 있는 이적의 속을 새까맣게 태웠다. 한성에서 느긋하게 시간을 보내던 문무왕은 연남건의 군대에 막혀 전전긍긍하던 이적이 *대나마 강심江深에게 말갈기병 80명과 함께 고구려 진영을 돌파하도록 하여 행군을 독촉하는 편지를 보낸 다음에야 마지못해 다시 북상을 재개했다. 하지만 이번에도 겨우 수십 km를 이동하는 데 거의 한 달을 소모했다. 그러는 사이 이적은 공세를 중지했고 신라군은 다시 남쪽을 향해 발길을 옮겼다.

마치 소풍을 나온 듯한 신라군의 행보는 적극적으로 당의 고구려 침공에 동참하기로 했다면 결코 있을 수 없는 행동이었다. 그러나 그것은 문무왕과 김유신 등 당시 신라 최상층부의 의지가 반영된, 철저하게 계산된 행동이었다. 고구려를 무너뜨리는 일은 물론 중요했다. 하지만 백제와의 전쟁과 전후처리 과정을 통해 당의 속성과 저의를 알게 된 데다, 이미 실패했던 당 태종의 구태의연한 전략을 답습하고 있는 고종의 계획이 결코 성공할 수 없다고 판단했던 것이다. 더구나 문무왕은 제 발로 당 태종에게 찾아가 도움을 애걸했던 아버지 태종무열왕과는 달리 당에게 끌려다니며 치러야 할 빚이 없었다. 오히려 문무왕은 태자의 신분으로 백제와의 전쟁에 참전하여 김유신과 함께 계백의 군대를 격파하고 개펄에 갇힌 소정방을 위기에서 구해 준 인물이었다. 어쨌든 단 한 번의 전투도 치르지 않고 행군 연습만 하고 돌아온 문무왕은 한술 더 떠 강심에게 급찬 벼슬을 주고 큰 상을 내리며 생색을 냈다. 당 고종은 기가 막혔을 것이다. 하지만 신라의 협조 없이 고구려를 붕괴시키는 것이 불가능하다는 사실을 깨달은 터라 유인원을 시켜 문무왕에게 군 최고계급인 대장군의 깃발을 전달하며 다음에는 반드시 적극적으로 협력할 것을 당부했다. 그러나 봄이

대나마
신라 17관등 중 제9등급.

전쟁의 시대

부여성
현재의 중국 길림성 장춘시(長春市) 서북쪽 70km에 위치한 농안(農安)에 비정.

당항진
경기도 화성시 남양면 일대에 비정.

되어 이적이 고구려에 대한 공세를 재개하였음에도 불구하고 신라는 이를 모른 척했다.

당군의 공세는 지지부진했다. 설인귀의 활약으로 ˚부여성을 비롯한 북부 지역의 40개 성을 점령한 게 여름까지 거둔 전과의 전부였는데, 그나마도 연남건의 반격으로 막대한 타격을 입고 고구려에 돌려주고 말았다. 668년 6월 12일, 황제의 명령을 받은 유인궤가 ˚당항진黨項津에 도착했다. 표면적인 이유는 고구려와의 전쟁에 웅진도독부와 신라의 군대를 동원하기 위함이었다. 하지만 당의 전군이 고구려 침공에 동원된 마당인데 웅진도독부에 그만한 병력이 있을 리 만무했다. 사실 유인궤는 신라에 구원을 요청하러 왔던 것이다.

유인궤를 영접한 김인문에게서 당의 상세한 작전계획을 전달받은 문무왕은 비로소 고구려를 무너뜨릴 기회가 왔음을 깨달았다. 고구려의 내정이 여전히 불안한 상태에서 이번에는 당이 고구려에게 숨 돌릴 틈을 주지 않고 공세를 재개한 데다 영리하게도 요동 지역의 강력한 요새선을 우회하여 고구려 주력을 포위하는 데 성공했고, 당 고종이 유인궤를 파견하여 도움을 애걸할 정도로 양면공격과 보급로 확보에 적극성을 보이고 있으므로 공성전에 불리한 겨울이 오기 전에 전쟁을 끝낼 수 있을 것으로 판단한 것이다. 마침내 신라의 생존을 위협하는 또 하나의 거대한 산을 무너뜨릴 결심을 한 문무왕은 더 이상 망설이지 않았다. 6월 21일, 김유신을 총사령관으로 지휘부를 구성한 문무왕은 먼저 서북 지역의 군대를 출발시킨 다음, 27일에는 자신도 본진을 이끌고 전선으로 향했다. 하지만 이미 늙은 데다 지병이 악화된 김유신은 동행할 수 없었다.

황해도 지역의 고구려군 대부분이 투항한 탓도 있었지만, 바야흐로 진짜 전쟁에 임하기로 한 신라군의 행군 속도는 몇 달 전과는 비교할 수 없을 정도로 신속했다. 김인문의 선발대는 출발한 지 한 달도

못 되어 평양 근처에 주둔 중이던 이적의 군대와 합류했고, 문무왕 역
시 20일 만에 현재의 경기도 광주 지역에 이르러 각 도道를 책임진 총
관들에게 당군과 합류할 것을 독려했다. 명령을 받은 신라군은 즉시
공세에 나서 김문영이 *사천원蛇川原전투에서 대승을 거두고 북상을
계속했다. 파죽지세였다.

　신라의 참전은 그렇지 않아도 고전 중이던 고구려에 결정타로 작
용했다. 신라군의 북상을 막기 위해 남북으로 병력을 분산시킨 고구
려군은 어느 방면에서도 승리할 수 없었고 결국 이적에게 압록강과

사천원
위치 미상.

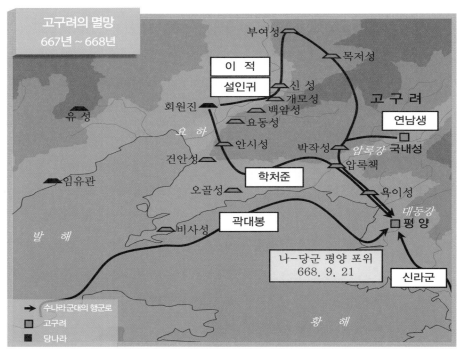

고구려는 수차례에 걸친 수와 당의 대규모 침공을 잘 막아냈지만 그만큼 국력의 소모도 컸다. 더구나 동생들에게 정권을 탈취당
한 연남생과 그를 추종하는 국내성 세력이 당에 투항하여 길잡이가 되고, 신라의 정예 병력이 가세하여 양면전쟁에 돌입하게 되
자 더 이상 버틸 방법이 없었다. 668년 9월, 고구려의 요새들을 하나하나 점령해가며 사방에서 몰려든 당과 신라의 대군은 평양
성을 포위한다. 연남건과 고구려 군대는 마지막 순간까지 격렬하게 저항하지만 보장왕이 항복함으로써 수 세기 동안이나 동방
의 최강자로 군림하던 고구려는 마침내 그 장려한 여정을 마감하고 만다.

청천강을 순식간에 돌파당하면서 주력이 궤멸당하고 말았다. 이후 전쟁은 당의 일방적인 공세 앞에 고구려군이 무기력하게 무너지는 양상으로 전개되어 9월 21일, 마침내 평양에 도착한 신라군과 이적의 당군에게 고구려의 수도 평양성은 포위되었다. 고구려군은 연남건의 지휘를 받으며 한 달을 넘게 버텼지만 이미 회복할 수 없을 정도로 기울어진 전세를 만회할 수는 없었다. 서방 국가들의 숱한 침략과 거친 북방민족들의 위협 속에서도 700년을 넘게 이어온 강국이자 스스로를 세계의 중심으로 일컬었던 대국 고구려는 그렇게 멸망했다. 그리고 패배한 고구려의 말로는 백제만큼이나 비참했다. 보장왕은 왕자와 대신을 포함한 20여 만 명의 백성들과 함께 당으로 압송되어 태종 이세민의 무덤 앞에 무릎을 꿇어야 했고, 고구려인답게 끝까지 저항하다 자살에 실패한 연남건 역시 당으로 끌려가 멀리 사천 지방으로 유배되었다.

한성에서 평양으로 향하던 도중 전쟁이 끝났다는 소식을 접한 문무왕은 참전 장병들에게 논공행상을 시행하는 한편, 고구려 포로 7천여 명을 대동하고 금성으로 돌아와 선조들의 묘에 고구려를 멸망시킨 사실을 고했다. 그리고 사형수를 제외한 모든 범죄자에 대한 대대적인 사면을 통해 백제와 고구려를 붕괴시킨 기쁨을 모든 백성이 함께 누리도록 했다. 하지만 그는 군대가 긴장을 풀도록 허용하지는 않았다. 그냥 넘어갈 수도 있었지만 사천원전투에서 목숨을 건 도하공격으로 결정적인 공을 세운 구율求律을 명령도 없이 적진으로 돌격한 책임을 물어 포상 명단에서 제외할 정도였다. 엄정한 군기를 유지하는 일이야말로 아직 할 일이 남아 있는 신라에게는 가장 중요했기 때문이었다.

한편, 고구려 전쟁의 수훈자들을 살펴보면 이때 신라군에는 선덕여왕 때부터 활약한 장군들 대신 새로운 장군들이 군대의 주축으로 등장함을 알 수 있다. 신라의 군신軍神과도 같은 존재였던 김유신이 더 이상 군대를 지휘할 수 없을 정도로 노쇠한 것처럼, 옛적에 이름을 날린 대부분의 노장들이 사망하거나 은퇴하여 어쩔 수 없는 일이기는 했지만 이 세대교체는 문무왕이 아무런 갈등 없이 자연스럽게 군대를 장악하는 결과를 낳았다. 그리고 새로운 세대를 기반으로 군대의 구심점이 된 문무왕은 망설이지 않고 마지막 목표를 향해 나아갔다. 어차피 피할 수 없는 일, 그것은 바로 당과의 전쟁이었다. 겉으로 드러내지는 않았지만 신라는 당이 평양에 °안동도호부安東都護府를 설치한 것에 큰 불만과 우려를 품고 있었다. 그것은 당이 대동강 이남의 땅을 신라에 양도하기로 한 예전의 약속을 지킬 생각이 없다는 것을 의미했기 때문이다. 하지만 더 큰 문제는 당의 거대한 군사력이 임진강이라는 연약한 경계선을 사이에 두고 신라와 마주하게 된다는 점이었다. 이미 두 차례의 큰 전쟁을 함께 수행하며 당의 야욕을 확실히 알게 된 신라인들에게 그보다 위험한 일은 없었다. 문무왕이 그렇게 빨리 당과의 전쟁을 결심하게 된 이유도 바로 그 때문이었다. 머뭇거리다가는 신라 역시 백제나 고구려와 같은 꼴을 당할 것이 분명했기 때문이다. 그러나 서두른다고 될 일도 아니었다. 앞뒤 가리지 않고 어설피 도발했다가는 오히려 당에게 명분만 제공하는 꼴이 될 터였다. 때문에 문무왕은 반드시 마지막이 되어야 할 전쟁을 향해 아주 조심스럽게 발걸음을 옮겼다.

안동도호부
고구려 멸망 후 당나라가 평양에 설치한 통치기관. 9도독부·42주·100현을 산하에 두고 있었지만 고구려부흥운동과 나당전쟁 등의 영향으로 정상적인 통치를 시행하지 못함.

전쟁의 시대

새로운 전쟁의 시작

문무왕은 7월에 웅진도독 부여융에게 사절단을 보내 화친을 제의함으로써 백제인들
도 대당전쟁에 합류할 것을 요구했다. 그러나 당의 꼭두각시에 불과한 부여융이 이를
거부하자 곧바로 대대적인 공격에 나서 82개 성을 탈취함으로써 옛 백제 지역 대부
분을 점령했다. 당군은 속수무책, 9천에 달하는 병력을 잃고 뿔뿔이 흩어져 해안으
로 밀려났고 이때부터 웅진도독부는 이름뿐인 존재가 되었다.

669년, 신라는 돌연 당군이 주둔 중인 옛 백제 땅에 침입해 일부 지역을 점령했다. 그리고 당이 격렬히 항의하자 잘못을 인정하고 사신을 파견해 사과하도록 했다. 모두가 당의 반응을 떠보는 동시에 전쟁의 명분을 쌓기 위한 행동이었다. 예상대로 당 고종은 사신의 한 명인 양도良圖를 구금하고 신라의 기술자를 데려가 강력한 위력을 자랑하던 신라 쇠뇌의 모방 생산을 시도해 신라를 공격하려는 속셈을 노골적으로 드러냈다. 그리고 그 와중에 양도가 감옥에서 사망함으로써 전쟁은 돌이킬 수 없는 일이 되어 버렸다. 양도의 죽음과 함께 신라는 사실상 당과의 외교관계를 단절하고 본격적인 행동에 돌입했다.

개전 무렵의 상황은 신라에 유리하게 전개되어 갔다. 전쟁이 끝난 뒤 당은 고구려 땅에 2만 병력만 남겨둔 채 주력군을 철수시켰지만 곳곳에 흩어져 있던 고구려 군대가 서로 연계하여 대대적인 반격에 돌입하자 다시 많은 병력을 요동 방면으로 돌려야 했다. 백제에서와 마찬가지로 고구려 땅에서도 소모전에 빠지고 만 것이다. 하지만 당은 고구려 지역의 병력을 오래 유지할 입장이 못 되었다. 서역의 여러 도시국가를 점령하면서 점차 당의 중심부로 접근해 오는 °토번吐蕃, Tibet에 대비하여야 했기 때문이다. 결국 당 주력은 다시 요동에서 철수하고 대신 그 자리는 말갈족과 거란족 등 °번병蕃兵들로 채워졌다. 안동도호부 축출을 위해 고구려 지역으로 작전영역을 확대시킬 필요가 있던 신라에게는 절호의 기회였다. 대부분 강제 동원된 인원들로 구성된 데다 열악한 대우를 받던 번병부대는 전투의지의 결여와 보급의 문제 때문에 그 전투력은 정규 병력과 비교할 바가 아니었기 때문이다. 결국 고구려의 옛 땅은 비어 있는 것이나 마찬가지였다.

670년 3월, °사찬 설오유薛烏儒가 이끄는 신라군 1만 명은 당군의 자취가 사라진 고구려 남부 지역을 돌파한 뒤 압록강 이북까지 진출하

토번
7~9세기에 번성했던 티베트 왕조의 중국식 호칭. 송첸캄포 (재위 630~650) 시기에 현재의 티베트 지역을 통일하면서 팽창하기 시작함. 663년에 정복한 토욕혼의 귀속문제로 당과 전쟁에 돌입하여 670년에는 당으로부터 타림, 카슈가르 등의 지배권을 탈취함. 7~8세기 당나라에게는 가장 심각한 위협이었으며 763년에는 당의 수도 장안을 점령하기도 함.

번병
변경의 이민족으로 구성된 군대.

사찬
신라 17관등 중 제8등급.

371

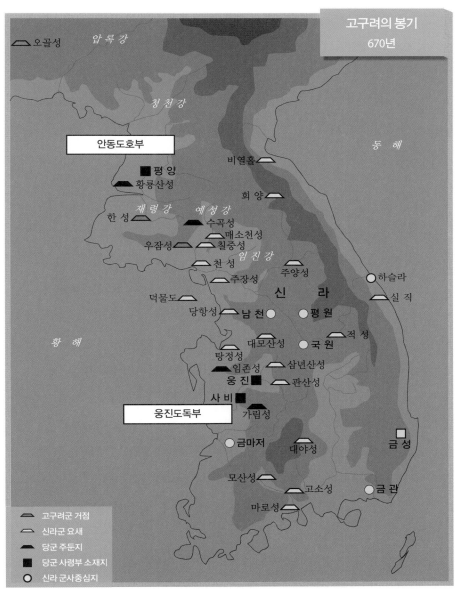

당은 대동강 이남을 신라에 할양하기로 한 약속을 어기고 평양에 안동도호부를 설치하여 고구려 영토의 독점을 기도했다. 그러나 이에 반발한 신라가 안시성, 오골성, 국내성 등 압록강 이북지역 및 재령한성, 우잠성 등 현재의 황해도 지역에서 봉기한 고구려 군대와 손잡고 안동도호부에 대한 공세에 돌입함으로써 700년에 걸친 고대전쟁사의 대미를 장식하는 나당전쟁이 시작되었다.

◆ 새로운 전쟁의 시작 ◆

여 고구려 대형 고연무高延武의 1만 병력과 합류하는 데 성공했다. 그리고 4월 4일, 두 장군의 연합부대는 요동 지역의 고구려 저항세력을 토벌 중이던 이근행李謹行의 말갈 군대를 기습 공격함으로써 7년 동안이나 계속될 길고도 치열한 전쟁의 막을 열었다. °개돈양皆敦壤에서 말갈 군대에게 궤멸적인 타격을 입힌 연합부대는 급보를 접한 당군 증원병력이 도달하기 전에 °백성白城으로 들어가 장기전을 준비했다. 모두 치밀하게 계획된 일이었다. 6월에는 °검모잠劍牟岑과 함께 부흥전쟁에 합류한 고구려 왕족 °고안승高安勝이 내부 갈등으로 검모잠을 살해하고 신라로 귀순하면서 연합군 측의 주도권이 신라에게 넘어갔다. 모든 일이 신라의 의도대로 진행되었던 것이다.

그보다 더 고무적인 일도 벌어졌다. 당과 토번과의 전쟁 역시 당에게 최악의 상황이었던 것이다. 670년, 토번은 당의 안서도호부를 공격하여 그 중심지인 °쿠차龜玆를 점령했다. 놀란 당은 코앞에 닥친 토번의 위협에 맞서기 위해 동방에 주둔 중이던, 고구려 정복의 주역이자 당시 최고의 명장으로 꼽히던 설인귀를 '나파도행군대총관邏婆道行軍大總官'으로 삼아, 곽대봉 등 당대 최고의 장군들과 함께 토번을 공격하도록 했다. 하지만 설인귀의 15만 대군이 명장 °가르친링이 지휘하는 토번 군대와 °청해靑海 남쪽에서 벌인 전투는 당 주력이 궤멸당하고 설인귀를 비롯한 주요 지휘관들이 포로로 잡혔다가 훈계 방면되는, 수치스럽고 비참한 패배로 종료되었다. [670년 7월, 대비천(大非川)전투]

결국 당은 토번에 맞서려면 보다 많은 군대를 서쪽으로 투입해야 한다는 결론에 도달했다. 하지만 일은 그렇게 간단하지 않았다. 주변 모든 민족을 자신의 발아래 무릎 꿇려 거대한 제국을 유지하는 것만이 생존을 위한 유일한 방법이라고 생각했던 당으로서는 역설적으로 그들 모두가 잠재적인 적이며 두려움의 대상일 수밖에 없었기 때문이다. 그중 어느 하나 무시해도 좋을 만한 세력은 없었다. 업보라고 해

개돈양
위치 미상. 압록강 북쪽의 지명으로 추정.

백성
황해도 재령군에 있던 성으로 추정.

검모잠(?~670)
고구려부흥운동의 지도자. 관등은 대형.

고안승(?~?)
고구려 보장왕의 아들. 검모잠에 의해 왕으로 추대됨.

쿠차
타클라마칸 사막 북쪽에 있는 오아시스 도시. 실크로드 서역북도(西域北道)의 중심지.

가르친링(?~699)
토번의 명문 가르(Mgar) 가문 출신의 군인, 정치가.

청해
중국 청해성(靑海省) 동부 초원지대에 있는 소금 호수.

야 할지 거란과 말갈, 그리고 신라에 대해 강력한 통제력을 가지던 고구려가 멸망함으로써 동방의 상황은 더욱 복잡한 양상으로 변해 버렸다. 껍데기뿐인 안동도호부는 신라와 결탁한 고구려 저항군의 빈번한 공격으로 이미 스스로를 지켜내기도 어려운 처지였다. 게다가 설상가상, 한동안 조용하던 북방의 돌궐도 다시 일어서고 있었다. 그야말로 사면초가였다.

한편, 초전의 승리로 자신감을 얻은 문무왕은 7월에 웅진도독 부여융에게 사절단을 보내 화친을 제의함으로써 백제인들도 대당전쟁에 합류할 것을 요구했다. 그러나 당의 꼭두각시에 불과한 부여융이 이를 거부하자 곧바로 대대적인 공격에 나서 82개 성을 탈취함으로써 옛 백제 지역 대부분을 점령했다. 당군은 속수무책, 9천에 달하는 병력을 잃고 뿔뿔이 흩어져 해안으로 밀려났고 이때부터 웅진도독부는 이름뿐인 존재가 되었다.

큰 성공에도 당과의 양면전쟁을 피하기 위해 백제 지역을 완전히 장악해야 한다고 생각한 문무왕은 671년 1월에도 웅진을 공격하는 등 공세의 고삐를 늦추지 않았다. 당 역시 같은 생각으로 서둘러 병력을 급파하여 신라군에 대항했지만 전세를 반전시키기에는 때가 너무 늦었다. 얼떨결에 동원되어 준비가 부족했던 당군 증원 병력과 지리멸렬한 웅진도독부의 군대는 석성石城에서 벌어진 결전에서 5,300명이 전사하고 낭장 여섯 명이 포로가 되는 막대한 손실을 입으면서 크게 패하고 말았다. 그것은 결정적인 패배였다. 궁지에 몰린 당군 총수 설인귀는 대비천전투의 치욕 따위는 잊은 듯, 문무왕에게 자못 거만한 협박이 곁들여진 장문의 서신을 보내 되지도 않는 말을 들먹이며 신라의 철군을 요구했다. 하지만 이미 칼을 빼어든 문무왕에게 그것은 헛소리에 불과했다. 문무왕은 설인귀에게 보내는 답신에서 백제 및 고구려와 전쟁할 동안 당의 모든 요구를 들어 주었음에도 일찍이 당 태종이 김춘추에게 평양 이남의 고구려 땅과 백제 땅을 신라에게 양도하기로 한 약속이 지켜지지 않았음을 지적하는 한편, 옛 백제 지역을 점령한 원인이 부여융의 간계 때문이라고 덮어씌우며 오히려 당군이 물러가 줄 것을 주장하여 설인귀를 실망시켰다. 물론 그 편지를 읽고 설인귀가 어떤 생각을 하든지 그것은 알 바 아니었다. 문무왕은 답장을 보내자마자 백제의 옛 수도 사비에 소부리주所夫里州를 설치하여 백제 지역이 완전히 신라영토로 편입되었음을 선언했다.

사태의 심각성을 깨닫게 된 당은 즉시 증원 병력과 함께 고간高侃을 고구려로 파견하여 이근행의 말갈병사 4만 명과 함께 한동안 방치되어 있던 평양성의 성벽과 해자를 보수하도록 했다. 그곳을 거점으로 삼아 황해도 지역에서 작전 중인 신라군을 공격할 계획이었다. 그러나 당군의 취약점을 알고 있던 신라군은 바다를 건너오던 당의 수송선단을 해상에서 습격해 침몰시키는 한편 육상 보급로까지 차단하여 고간의 군대를 고립시켰다. 궁지에 몰린 고간은 한 번의 결정적인 전투를 통해 신라군을 임진강 이남으로 축출하고자 황해도 지역으로 진출하여 교전을 시도했지만 672년 7월, 예성강 서안의 백수성白水城에서 막대한 손실을 입고 완전한 수세로 돌아설 수밖에 없었다. 고간은 8월에 황해도 서흥 부근까지 퇴각하여 석문石門 벌판에 주둔하면서 신라군을 기다렸다.

백수성에서 대승을 거둔 신라군은 상장군 의복義福과 춘장春長 휘하에 모든 병력을 집중시켜 고간의 군대를 추격했다. 그때까지만 해도 당군을 몰아내는 것은 시간문제처럼 보였다. 실제로 전투 초반, 장창보병으로 구성된 신라의 °장창당長槍幢은 돌격전을 시도한 당군 3천 명을 포위하여 그들 모두를 포로로 잡는 눈부신 전과를 올렸다. 하지만 그것은 오히려 신라군을 파멸로 몰아넣는 계기가 되었다. 장창당의 전과를 목격하고 이제는 당군에 대한 섬멸전만 남아 있다고 판단

장창당
신라군의 부대 명칭으로 긴 창을 사용하는 병사들로 구성. 672년에 처음 설치되었다고 되어있으나 예전부터 있던 부대를 확대 개편한 정도로 봄. 693년에 비금서당(緋衿誓幢)으로 개편됨.

전쟁의 시대

대장군영
신라군의 야전 사령부.

주장성
경기도 광주시 중부면 산성리 남한산성(南漢山城)에 비정.

호로하
임진강 하구를 지칭함.

한 각 당의 지휘관들이 사령관의 명령도 없이 멋대로 분산함으로써 신라군의 장점인 병과 간의 상호협조체제가 일시적으로 붕괴되어 버린 것이다. °대장군영大將軍營에서 사태를 수습하려 했을 때는 이미 늦은 뒤였다. 고간이 그 기회를 놓치지 않았기 때문이다. 당군은 연이은 패배에 독이 잔뜩 올라 있던 말갈기병을 필두로 흐트러진 신라군 진영을 향해 이전에는 볼 수 없던 용맹성을 발휘하며 맹렬히 돌격했다. 그들에게는 그것이 살아남을 수 있는 유일한 방법이었기 때문이다. 반면 그때까지 보여준 용기와 냉정함은 어디로 갔는지, 당주 효천曉川과 의문義文이 전사하자 당황한 신라군은 변변한 저항도 없이 허무하게 무너져 궤주하기 시작했다. 수습이 불가능하다고 판단한 상장군은 퇴각을 명령할 수밖에 없었다. 하지만 퇴각도 쉽지 않았다. 당군의 거센 추격에 신라군 사령부가 70이 다 된 노장 아진함阿珍含의 엄호로 겨우 현장을 빠져 나올 정도였다. 결국 신라는 패배를 인정하고 황해도 지역에서 전면 퇴각을 단행했다. 어처구니없는 일이었다. [석문전투에는 김유신의 차남 원술(元述)도 참전했다. 그는 하급지휘관에 불과했지만 이 전투에서 살아남았다는 이유로 가문에서 쫓겨나 평생 부모의 얼굴을 보지 못했다.]

석문에서의 패배로 신라군은 임진강에 의지하는 북부전선의 직후방인 한산주에 거대한 °주장성晝長城을 쌓으며 수세로 돌아섰다. 석문전투에서 전사한 장군들의 이름이 일일이 기록되어 있는 것과 673년 초여름에 이근행이 °호로하瓠瀘河에서 다시 고구려 군대를 크게 이긴 점, 현재의 남한산성이 분명한 주장성의 위치로 보아 이때 신라군은 커다란 타격을 입고 한강 하류 부근까지 후퇴했던 것으로 추정된다. 그리고 문무왕이 곧바로 당에 서신을 보내 사죄하고 이후 약 1년간 전투가 없었던 것을 보면 석문전투의 후유증이 대단히 컸던 것을 알 수 있다.

그러나 한 번의 패배로 포기할 신라가 아니었다. 그들은 이미 당과의 전쟁에 사활을 걸고 있었기 때문이다. 더구나 석문전투의 결과는 전쟁의 향방을 결정지을 만큼 대단한 것도 아니었다. 당에 고개를 숙임으로써 일단 시간을 벌게 된 문무왕은 당군의 공격에 속절없이 밀리게 된 이유가 전술적인 실책에 기인했다기보다는 병력운용에 시간적·공간적 유연성을 보장할 요새화된 거점이 전선 부근에 존재하지 않았던 때문이라고 판단하여 북부와 서부 방면에 대대적인 축성을 실시했다. 또한 적에 대한 간접적인 위협을 증대시키기 위해 °대아찬 철천徹川에게 병선 1백 척으로 서해를 방어하게 하여 당의 아킬레스건인 해상 보급로를 차단하도록 하면서 전쟁을 재개할 만반의 준비를 갖추어 갔다.

대아찬
신라 17관등 중 제5등급.

673년 9월, 호로하에서 고구려 저항군을 궤멸 상태에 몰아넣어 조직적인 저항을 종식시킨 후 신라의 움직임을 살피던 안동도호부 군대가 신라 수군의 대폭적인 증강을 포착하고 한강 하류 방면에서 신라군을 공격함으로써 전쟁이 재개되었다. 하지만 석문전투 이후에도 병력 및 보급에서 이렇다 할 개선이 없던 당군의 공세는 성공 가능성이 전혀 없는 무모한 시도였다. 결국 말갈과 거란 병사들이 주축인 당군 공격부대는 아홉 번에 걸친 전투 끝에 2천여 명의 전사자를 내고 무질서하게 퇴각하다가 한강과 임진강에 빠져 셀 수 없을 만큼 많은 병사가 익사하는 참혹한 패배를 당하고 말았다. 이 패배로 안동도호부의 군대는 다시 임진강 이북으로 밀려나게 되었다. 그리고 때맞춰 봉기한 황해도 지역의 고구려 저항군과 전투하느라 신라를 공격할 엄두를 낼 수 없었다. 그렇게 다시 전쟁의 주도권을 쥐게 된 문무왕은 고구려 저항군을 지원하고 다수의 고구려 유민을 받아들이는 한편, 점령한 백제 지역에는 신라의 관리를 파견하여 전란으로 피폐해진 주민들을 원조하는 등 아직도 살아 있는 두 나라의 힘을 신라 편으로 끌어들이기 위해 최선을 다했다. 그렇게 3국 통합 정책을 적극적으로

추진함으로써 당과의 대결을 동서 양진영의 전쟁으로 만들려는 문무
왕의 행동에 당의 위기의식이 더욱 고조되었음은 물론이다. 당의 입

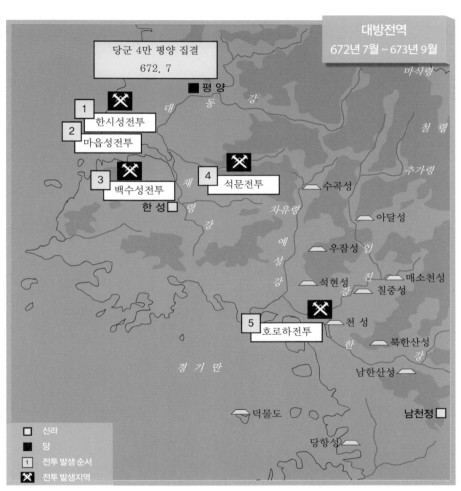

고간과 이근행이 지휘하는 4만의 당군은 버려졌던 평양성에 거점을 확보한 뒤 대동강 하구의 고구려군 거점인 한시성과 마읍성
을 점령하고 현재의 황해도 지역으로 물러난 신라 및 고구려 부흥군에 대해 적극적인 공세를 전개한다. 이에 맞선 신라-고구려 연
합군은 백수성에서 벌어진 전투에서 대승을 거두었지만 이어진 석문전투에서 역전당함으로써 임진강 이남으로의 전략적인 퇴
각을 단행할 수밖에 없었다. 그리고 퇴각 중이던 고구려군은 임진강 하구를 지칭하는 호로하에서 당군에 포위되어 궤멸당하고
마는데 이는 고구려군 최후의 조직적인 저항이었다. 대동강과 임진강 사이의 대방 지역에서 약 1년에 걸쳐 전개된 이 전역의 결과
로 신라는 수곡성, 한성(재령), 우잠성, 백수성 등 임진강 이북의 전략 거점 대부분과 함께 전쟁의 주도권을 상실하고 말았다.

장에서는 더 이상 머뭇거릴 수 없는 상황이었다. 문무왕의 행위를 방치했다가는 애써 점령한 두 나라의 영토가 모두 신라의 손으로 넘어갈 판국이었기 때문이다. 토번이나 돌궐과는 달리 신라가 당의 본토를 침범할 의사가 없음은 명백했다. 하지만 확신할 수 있는 일이 어디 있겠는가? 게다가 혹시라도 신라의 필요에 의해 고구려가 다시 살아나기라도 한다면 그것은 감당할 수 없는 일이 될 것이 분명했다.

22

칠중성전투

신라도 충분히 준비하고 있었을 것이다. 하지만 성을 나와 진을 펼치고 강 건너를 주시하며 당군의 도하 시점을 기다리던 신라군의 예상과는 달리 유인궤는 북쪽과 남쪽 2개 방면에서 공격을 실시했고 그로 인해 퇴각로와 보급로를 차단당한 상태에서 포위망에 갇혀버린 신라군은 일대 혼란에 빠져 버리고 말았다.

674년 음력 정월, 결심을 굳힌 당 고종은 문무왕의 관작을 박탈하고 당에 머물던 김인문을 신라왕에 임명하여 귀국길에 오르도록 했다. 어떠한 회유와 협박으로도 도저히 통제가 불가능한 문무왕의 왕권을 부정하고 이름뿐인 허수아비 왕을 내세움으로써 신라의 분열을 획책한 것이다. 하지만 문무왕은 고구려 왕자 안승을 보덕왕에 임명하고, 대대적인 열병식과 군사훈련을 실시하는 동시에 안압지를 호화롭게 치장하는 여유를 보이며 당의 협박을 일축했다. 신라왕에 임명한 김인문이 중간에 발이 묶여 체면이 크게 깎인 데다 모욕에 가

임진강과 접한 경기도 파주시 적성면에 있는 칠중성은 둘레 603m에 불과한 작은 산성이다. 그러나 당이 칠중성을 돌파할 경우 곧바로 신라의 군사중심지인 양주 지역을 위협할 수 있어 임진강을 사이에 두고 대치 중이던 당과 신라 모두에게 이곳은 전략적으로 매우 큰 의미가 있는 장소였다. 한국전쟁 중에도 '가여울(戍灘)'을 통해 임진강을 건너온 중공군과 UN군 간에 바로 이 칠중성에서 치열한 전투가 있었으며, 수 km 북쪽에서 남북이 대치 중인 현재에도 그 전략적 중요성은 변함이 없다.

칠중성
경기도 파주시 적성면 중성산
(重城山)에 있는 칠중성에 비
정. 둘레 603m.

까운 문무왕의 반응을 접한 당 고종은 유인궤를 계림도행군대총관으로 삼고 이필과 이근행을 부장에 임명하며 신라와의 전쟁을 끝내도록 명령했다. 이번엔 신라를 굴복시키려는 것이 아니라 아예 말살해 버리기 위한 전쟁이었다. 그러나 다시 동방으로 온 유인궤는 신중하지 않을 수 없었다. 백제 땅에서 수년간 신라와의 연합작전을 수행했던 만큼 그는 신라군의 우수한 능력을 잘 알고 있었기 때문이다. 늙은 유인궤는 계림도행군대총관에 임명된 후 약 1년 동안 신라가 방심하기를 기다리며 단 한 차례의 결정적인 전투로 신라를 무릎 꿇릴 방법을 모색했다. 여전히 병력이 부족한 데다 불안한 보급로의 문제는 당군의 장기작전을 허용하지 않았기 때문이다.

해가 바뀐 675년 음력 2월, 유인궤는 마침내 임진강 이남의 핵심요새인 신라의 *칠중성을 목표로 기습적인 공격을 감행했다. 신라도 충분히 준비하고 있었을 것이다. 하지만 성을 나와 진을 펼치고 강 건너를 주시하며 당군의 도하 시점을 기다리던 신라군의 예상과는 달리 유인궤는 북쪽과 남쪽 2개 방면에서 공격을 실시했고 그로 인해 퇴각로와 보급로를 차단당한 상태에서 포위망에 갇혀버린 신라군은 일대혼란에 빠져 버리고 말았다. 전투의 결과는 모든 사서에 당의 커다란 승리로 기록되어 있다.

> 계림도대총관으로 동쪽의 신라를 정벌하러 호로하까지 군대를 이끌고 가 (신라)북방의 큰 요새인 칠중성을 깨뜨렸다.
> 爲雞林道大總管 東伐新羅 仁軌率兵徑度瓠盧河 破其北方大鎮七重城
> 구당서 권84 열전 제34 유인궤

> (675년) 2월, 유인궤가 칠중성으로 가 신라군을 크게 깨뜨렸다. 또한, 말갈로 하여금 바다를 통해 신라의 남쪽을 공략하게 했다. 참획한 (신

라군의) 숫자가 매우 많았다. 인궤는 군대를 이끌고 돌아왔다. (고종은) 이근행을 안동진무대사로 삼았다.

二月 劉仁軌大破新羅之衆于七重城 又使靺鞨浮海略新羅之南境 斬獲甚衆 仁軌引兵還 詔以李謹行爲安東鎭撫大使……

자치통감 권 제202 당기18 고종 상원 2년

매소천
한탄강의 옛 이름으로 추정.

(675년) 2월에 유인궤가 우리 군사를 칠중성에서 깨뜨린 뒤 군대를 이끌고 돌아갔다. (당 고종은) 이근행을 안동진무대사로 삼고 (신라를) 경략하게 했다.

二月 劉仁軌大破新羅之衆于七重城 又使靺鞨浮海略新羅之南境 斬獲甚衆 仁軌引兵還 詔以李謹行爲安東鎭撫大使……

삼국사기 신라본기 문무왕 下 15년

신라군이 그 전투에서 심각한 피해를 입었으며, 그것이 또 한 번의 반전을 야기할 만큼 큰 의미가 있었음을 부정할 이유는 없다. 그런데 이 기록들을 살펴보면 유인궤가 승리했음에도 칠중성을 점령하지 않고 철군했음을 알 수 있다. 그리고 당 고종은 유인궤를 불러들이고, 그의 부장이던 이근행을 안동진무대사로 삼아 신라 공략을 책임지게 했다. 당시 한창 용맹을 떨치며 설인귀를 대체할 만한 인물로 부각되던 이근행이지만 투항한 말갈 지도자인 돌지계突地稽의 아들인 그는 유인궤보다 격이 한참 떨어지는 인물이었다. 왜 그랬을까? 이 의문에 대한 해답은 곧 벌어질 *매소천買蘇川전투의 불확실한 전말에 대한 열쇠가 되므로 반드시 풀고 넘어가야 할 문제이다.

그러나 해답은 간단하다. 유인궤의 군대는 칠중성을 점령하고 지킬 능력이 없었던 것이다. 칠중성이 신라에 중요한 요새임은 분명하지만 당시 신라는 임진강 이남은 물론 그 북안까지 장악하고 있었다. 이

자치통감
BC 403~AD 960년에 이르는
중국 역사를 294권으로 엮은 편
년체 역사서로 1084년 북송(北
宋)의 사마광(司馬光)이 완성.

것은 몇 달 뒤에 있을 매소천전투 직후 이근행의 군대가 지금의 황해도 지역 여러 성을 공격한 사실을 통해 쉽게 알 수 있다. 유인궤가 비록 신라군을 기습하여 타격을 주는 데는 성공했지만, 곧 닥쳐올 신라군의 반격을 고려하면 군대를 철수시킬 수밖에 없었던 것이다. 또한, 유인궤가 칠중성을 공격한 이유는 당이 요동을 포기할 의사가 없음을 신라에게 인식시키는 데 있었을 뿐, 신라군을 궤멸시키거나 신라와 전면전을 벌이려는 의도는 아니었던 것 같다. 그때 당은 그럴 상황이 아니었으며 그럴 능력도 없었음은 앞서 살펴본 바와 같다.

결국 유인궤 스스로는 만족했을지 몰라도 칠중성전투의 패배는 오히려 신라군의 경각심을 일깨우고 앞으로 있을 전투에 대비하는 데 결정적인 교훈을 제공했을 뿐, 당을 대동강 너머로 몰아내겠다는 신라의 의지에는 아무런 영향을 주지 못했다. 그런데 기록을 보면 칠중성 전투 직후 문무왕이 당에 사신을 보내 사죄하였으므로 당 고종이 이를 용서하고 관작을 회복시켰다고 적혀 있다. [〈삼국사기 신라본기 문무왕 15년 2월〉, 〈자치통감 권 제202 당기18 고종 상원 2년 2월〉 등에 보인다.] 이 이야기들을 믿지 않을 이유도 없지만, 참으로 어처구니없는 일이다. 하지만 이어지는 기록을 보면 문무왕의 의도를 알 수 있다.

> 그런데, (신라가) 백제 땅을 많이 빼앗고 고구려 남쪽에 이르러 이를 주군으로 삼았으므로 당병이 거란·말갈병과 더불어 쳐들어온다는 소식을 듣고 (신라는) 9군을 동원하여 (당군을) 기다렸다.
> 然多取百濟地 遂抵高句麗南境爲州郡 聞唐兵與契丹靺鞨兵來侵 出九軍待之
>
> 삼국사기 신라본기 문무왕 下 15년

《자치통감》에도 같은 내용이 수록되어 있는데, 이것은 당의 의도와 달리 신라는 칠중성 전투 이후에도 계속 백제와 신라의 옛 땅을 점령해 나갔으며, 그 때문에 당이 다시 신라를 침공하기로 했다는 이야기이다. 결국 그 사죄는 그 무렵 당나라가 처한 상황과 의도를 간파한 문무왕이 칠중성의 충격을 딛고 전열을 재정비할 시간을 벌기 위해 사용한 기만책이었던 것이다.

이때 당이 느꼈을 분노와 실망이 어느 정도였을지는 짐작하고도 남음이 있다. 그러나 서두를 수는 없는 일이었다. 당은 다시 계획을 세우고 몇 달에 걸쳐 필요한 병력과 장비를 준비했다. 그리고 그해 9월, 안동진무대사 우령군대장군 이근행은 말갈과 거란족을 중심으로 편성된 20만의 기병집단을 이끌고 평양성을 떠나 남쪽으로 향했다. 그가 겨냥한 곳은 칠중성보다 규모는 작지만 그곳과 가까운 양주를 거쳐 북한산성 방면으로 접근하거나 신라 서북부의 행정 및 군사중심지인 남천정으로 남하할 수 있는 길목을 한탄강 남안에서 막고 있는 신라군의 요새, 현재의 경기도 연천군 청산면에 있는 대전리大田里산성으로 비정되는 그 요새의 당시 이름은 한탄강의 옛 명칭을 딴 매소천성買蘇川城 또는, 매초성買肖城이었다. 마침내 신라와 당 사이에 벌어진 최대의 전투, 매소천의 °결전이 시작된 것이다.

이근행 외에 매소천전투의 서전에 등장하는 또 한 명의 당나라 장수가 있다. 바로 설인귀이다. 그런데 그와 함께 나타난 군대는 기병이나 보병이 아닌 수군이었다. 당시에는 수군과 육군을 담당하는 지휘관의 구분이 희미했다고는 하나 태종 이세민의 고구려 침공 때부터 여러 육상전투에서 공을 세운 설인귀가 수군을 이끌고 등장한 것은 좀처럼 이해가 되지 않는 일이다. 언뜻 생각하면 토번과의 전쟁에서 패한 설인귀가 이근행의 보조전력을 담당해야 할 정도로 신뢰를 잃었다고 이해하기 쉽다. 그러나 대비천전투의 치욕에도 불구하고 그는 여전히 고종의 신임을 받고 있었으며 실질적으로 당이 내세울 수 있

결전(決戰, Decisive Battle) 전쟁의 결과에 결정적인 영향을 주는 전투.

제대(Echelon)
군대를 공격·지원·방어 등 전투 시 담당하는 역할에 따라 구분하는 경우 그 각각의 부대를 가리키는 말.

는 최고의 군사 지휘관이었다. 그에게 배속된 군대야말로 칠중성을 비롯한 임진강 남안의 요새들을 점령하여 신라군을 한강 남안으로 밀어내려는 당의 목적을 달성하는 데 핵심적인 역할을 담당하도록 되어 있었던 것이다. 이근행 부대에 대한 보급은 설인귀가 수행해야 할 임무의 한 부분에 불과할 뿐이었다.

그때 동원된 병력의 성격을 보아도 당군의 핵심 전력이 누구였는지를 쉽게 알 수 있다. 분명 본토에서 징집된 한족 병사들과 수군으로 구성되었을 설인귀의 군대와 달리, 말만 요란했던 이근행의 20만 기병집단은 대부분 제대로 된 훈련도 받지 못한 데다 서로에 대한 편견과 문화적인 차이 때문에 체계적인 운용이 곤란한, 말갈족과 거란족 병사들로 구성된 번병집단에 지나지 않았다. 평야지대의 기병전이라면 모를까, 막대한 수량의 공성장비와 톱니바퀴처럼 정확하게 맞물리는 각 *제대 간의 협동 체제를 필요로 하는 공성전에서는 매우 부적합한 군대였던 것이다. 그런 병력으로는 수십만이라 해도 신라의 산성 하나를 점령할 수 없으며, 또한 그들만으로 임진강을 돌파한다는 것은 꿈에 불과했다. 따라서 그들은 20만에 달하는 병력의 과시효과로 신라군 주력을 매소천성 방면으로 유인하여 설인귀가 아무런 방해 없이 임진강으로 진입한 뒤 상륙전을 전개할 수 있도록 하기 위한 미끼에 지나지 않았을 것이다.

당시 당나라의 형편으로 보아 이근행에게 배속되었다는 20만 병력은 과장된 수치가 분명하다. 그러나 《삼국사기》에 20만이라는 숫자가 기록된 이유는 신라 측 기록자의 과장이 아닌, 당이 유포한 유언비어의 내용을 그대로 옮겨 적은 때문이라고 생각한다. 20만의 군대가 말을 타고 남하하고 있다면 틀림없이 신라가 그들의 진행 방향으로 군대를 집중시키리라 예측했을 것이기 때문이다. 그래서 이근행의 부대가 평양성을 나서기 전에 이미 요동을 떠나 서해 연안을 타고 임진강 하구에 도달한 설인귀는 낙관적인 전망을 가지고 있었을 것이다. 그러나 그것은 오로지 희망사항일 뿐이었다. 이미 9군을 출동시켜 임진강 남안의 주요 전략거점에 전개를 마친 신라군은 특정 방면으로 유인되지 않았다. 게다가 한 번 유인궤의 술수에 말려들 뻔했던 신라는 수륙병진전략에 입각한 당의 계획을 정확히 파악하고 있었다. 이미 10년 전에 은퇴했지만 다시 소집된 중시中侍 김문훈은 임진강 하구의 *천성에 주둔하며 수군을 매복시켜 놓고 설인귀를 기다리는 중이었다. 더구나 설인귀의 함대는 전투병력 외에 이근행 부대에 보급할 식량과 말, 각종 병장기 등 군수물자를 적재하고 있어 신라 수군의 공격을 받을 경우 제대로 저항할 형편도 못 되었다.

하지만 설인귀는 아무 거리낌 없이 임진강 하구로 들어섰다. 임진강 양안의 요새로부터 그 유명한 신라군의 쇠뇌공격이 있으리라고는 예상했을 것이지만, 일단 상륙하고 나면 자신을 대적할 신라군은 없을 것이라고 확신하며 약간의 희생은 감수할 각오를 하고 있었을 것이다. 그러나 그의 눈앞에 나타난 것은 전혀 생각지 못했던 거대한 규모의 신라 수군 함대였다.

675년 음력 9월 중순경으로 추정된다. 양력으로는 10월 중순쯤 되었을 것이다. 설인귀가 이끌던 당의 수군은 임진강과 한강이 만나는 곳, 현재의 경기도 파주시 탄현면의 오두산성에 비정되는 천성 아래에서 신라 수군의 기습을 받고 궤멸당했다. 보급품을 만재한 선박들은 불타오르고 수많은 병선이 당의 정예 병사들을 태운 채 거친 바닷속으로 가라앉았다. 이 해전에서 확인된 신라군의 전과는 적군 참수 1,400명과 병선 40척 노획. 물론 그 몇 배는 되었을 익사자와 격침된 선박의 숫자는 계산에도 들어가 있지 않다. 노획된 병선 전체를 당군이 강변에 버리고 도주했다 쳐도 생존자는 수천 명에 불과했을 것이다. 그러나 천신만고 끝에 바다를 벗어나 양쪽 강변으로 기어오른 설

천성
경기도 파주시 탄현면에 있는 오두산성(鳥頭山城)에 비정. 성벽 길이 620m.

전쟁의 시대

인귀와 그의 병사들은 육상에서 기다리던 신라군의 포위망에 갇혀 무참히 도륙당했다. 신라군은 다시 전마 1천 필을 노획했고 설인귀는 겨우 빠져나가 어디론가 사라졌다. 당의 주력이 전멸당한 것이다. 되 갚아주지 못한 패배를 결코 기술하지 않는 중국 사서에 천성전투는 기록되어 있지 않다. 그러나 〈삼국사기 신라본기〉에 뚜렷이 적혀 있 는 이 패배로 당의 마지막 대공세는 사실상 이루어질 수 없는 꿈이 되 어버리고 말았다.

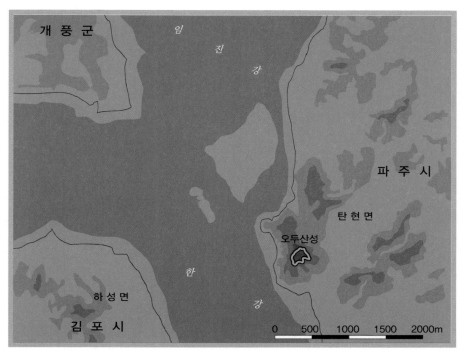

경기도 파주시 탄현면에 있는 오두산성은 신라의 천성으로 추정되는 곳이다. 임진강과 한강의 하구가 만나는 곳에 위치한 오두 산(119m) 정상에 있으며 둘레는 약 620m이다. 비교적 규모가 작은 산성이지만 서해에서 내륙으로 진입할 수 있는 수로의 입구 를 지키는 요새로 그 전략적 가치는 매우 높다. 이 산성은 4세기 말, 고구려 광개토대왕이 20일에 걸친 치열한 전투 끝에 획득한 백제의 관미성 또는, 각미성(閣彌城)으로 비정되기도 하는데, 당시 이곳이 백제 수도 한성의 관문이나 다름없었으며 관미성이 '사면이 가파르고 바닷물로 둘러싸여 있다(四面峭絕 海水環繞)'는 《삼국사기》의 기록과도 어느 정도 부합하기 때문이다. 현재 이곳에는 통일전망대가 설치되어 있으며 잔존하는 성벽이 10m 정도에 불과할 만큼 훼손이 극심한 상황이다.

23

매소천의 결전

초겨울의 차디찬 강물 속에 몸을 던진 거란과 말갈 전사들이 강을 건너 남쪽 언덕에 올라섰을 때는 이미 몸과 마음이 모두 얼어붙어 전투를 수행할 수 있는 형편이 못되었다. 그리고 그런 그들 앞에 나타난 것은 질서정연하게 진형을 짜고 있는 신라군의 대집단이었다.

매소천의 결전

전곡평원
경기도 연천군 전곡읍 일대 한탄강변에 발달한 평지. 인간이 거주한 역사가 아주 오래된 곳으로 고대 유적인 전곡리토성, 은대리성과 함께 동아시아 최초로 아슐리안주먹도끼가 발굴된 구석기 유적지가 있음.

평양을 떠난 이근행은 배후의 위협이 될지도 모를 황해도 내륙의 신라 산성들을 견제할 목적으로 병력을 중간 중간 떼어 놓으며 남하를 서둘러 9월 29일에는 마침내 매소천성 건너편인 한탄강 북안의 *전곡평원에 도달했다. 이동하는 동안 휴대한 식량과 말먹이를 대부분 소비했고 이미 그 무렵 기온은 급격히 하강하여 한탄강에 겨울이 시작되고 있었지만 이근행은 낙관했던 것 같다. 이제 설인귀의 보급부대가 도착할 것이며 양동작전에 당황한 신라군은 자멸할 것이라고 생각했을 것이기 때문이다. 그는 곧 있을 전투에 대비해 소규모 정찰부대로 신라군의 동정을 살피는 한편, 도하에 적합한 장소를 물색하며 보급부대가 도착하기를 기다렸을 것이다. 그러나 그렇게 며칠이 지나면서 한탄강의 매서운 강바람과 영양결핍으로 말들은 죽어나가고, 10만이 넘는 병사들 역시 추위와 굶주림에 떨고 있는데도 설인귀의 군대는 모습을 드러내지 않았다. 그리고 정찰병들은 강 건너의 신라군이 날이 갈수록 불어나고 있다는 비관적인 소식만을 전해 왔다. 이근행은 그때서야 일이 크게 잘못되고 있음을 깨달았을 것이다. 하지만 설인귀의 군대가 어떻게 되었는지 알 리 없는 그로서는 철수를 감행할 입장도 아니었다. 철수한다 해도 평양까지 어떻게 돌아갈 것인가? 상황도 불분명한 형국에 독단적으로 철수했다가는 무슨 추궁을 당할지도 모를 판이었다. 그렇다고 가만히 앉아서 얼어 죽어야 하나? 이근행이 선택할 수 있는 길은 하나뿐이었다. 신라군이 당군을 압도할 만큼 증원되기 전에 이를 격퇴하고 매소천성을 점령하여 우선 추위와 배고픔을 모면해야 했다. 그리고 설인귀의 행방을 알아본 뒤 다음 행동을 결정하면 된다.

아마도 음력 10월 초순이었을 것으로 추측된다. 이근행은 병력의 절반 정도를 떼어 매소천성 서쪽 '한여울'을 통해 도하를 감행하도록 명령했다. 매소천성 정면에도 말을 탄 채 강을 건널 수 있는 여울이 있지만 강을 건너는 동안 신라군의 쇠뇌공격에 많은 피해를 입을 것이 분명한 데다 강변에 올라서면 바로 좁은 골짜기로 진입해야 하기 때문에 적절한 장소가 아니다. 하지만 한여울은 전곡에서 한탄강을 도하해 남쪽으로 진출할 수 있는 최적의 장소이자 한탄강이 내려다보이는 매소천성의 신라군에 의한 직접공격에서도 안전하다. 그러나 그 '안전한' 지점을 선택한 것은 이근행의 치명적인 판단착오이자 신라군이 고대하던 일이었다.

전투의 승패는 예정되어 있었다. 초겨울의 차디찬 강물 속에 몸을 던진 거란과 말갈 전사들이 강을 건너 남쪽 언덕에 올라섰을 때는 이미 몸과 마음이 모두 얼어붙어 전투를 수행할 수 있는 형편이 못되었다. 그리고 그런 그들 앞에 나타난 것은 질서정연하게 진형을 짜고 있는 신라군의 대집단이었다. 한탄강 남안에 집결한 신라군의 병력규모는 대부분의 신라군 병력이 칠중성 방면으로 이동했을 것이라고 생각했던 이근행을 당혹스럽게 했을 것이다. 신라군 중에는 석문전투의 패배로 가문에서 쫓겨나 산중에 칩거 중이던 김유신의 아들 원술도 포함되어 있었다. 이것은 이미 퇴직했던 문훈의 경우와 함께 신라가 과거의 공과를 구분하지 않고 그때에 동원 가능한 모든 자원을 전투에 투입했음을 시사한다. 당시 매소천전투에 참전한 신라군은 매소천성과 그 주변 지역의 지형적인 협소함을 감안하더라도 최소 3만 이상, 어쩌면 5만 명에 이르렀을 것으로 추정된다.

어쨌든 매소천을 건넌 당의 기병들은 강변을 에워싼 신라군의 쇠뇌 공격을 받고 말과 함께 죽어나가기 시작했다. 서쪽은 구릉과 단애로 막혀 있고 동쪽은 하천이며, 다시 강을 건너 도망치려 해도 사정을 모른 채 아직 강을 건너고 있는 후속부대가 있어 그마저 여의치 않았을 것이다. 사방이 막혀버린 말갈과 거란 병사들은 단말마적 돌격을 감행했지만 관목이 우거진 지면은 강을 건너면서 행동이 둔해진 군

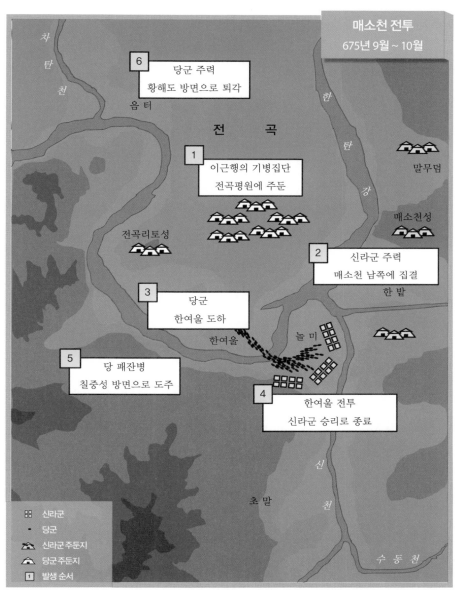

차탄천

음 터

전 곡

6 당군 주력
황해도 방면으로 퇴각

한탄강

말무덤

1 이근행의 기병집단
전곡평원에 주둔

매소천성

전곡리토성

2 신라군 주력
매소천 남쪽에 집결

한 밭

3 당군
한여울 도하

놀 미

한여울

5 당 패잔병
칠중성 방면으로 도주

4 한여울 전투
신라군 승리로 종료

신천

초 말

수동천

▦ 신라군
• 당군
🏠 신라군주둔지
🏠 당군주둔지
1 발생 순서

매소천의 결전

나당전쟁의 절정을 이룬 매소천전투의 추정 전개 상황. 이 전투의 패배로 거란과 말갈 등 번병세력에 의해 유지되고 있던 안동도호부의 군사적 기반은 완전히 붕괴되었다.

마들의 기동을 제한했다. 그리고 우왕좌왕하는 그들 앞을 긴 창과 커다란 방패로 중무장한 신라 장창병 대열이 가로막았다. 장창병이 전쟁의 주력이었던 *알렉산더 시절과는 달리 이 시기는 기병과 궁수대의 발달로 움직임이 둔한 중보병인 장창부대는 살아있는 성벽으로서 다른 병과의 전술행동을 지지하는 역할을 하는 데에 그 존재 의미가 있었다. 하지만 그들의 길고 날카로운 창은 돌격전에 임하는 기병들에게는 여전히 위협적이었고 마땅한 우회로가 없을 경우에는 더욱 그랬다. 전방에 장창병의 대열이 버티고 있음을 알고 정지하거나 말머리를 돌리기도 어려운 노릇이지만, 그대로 밀고 나아가려 해도 돌격하면 죽을 것을 알고 있는 말들을 통제하기란 불가능했다. 결국 매소천을 건넌 기병들 중 대부분은 신라군의 포위망에 갇힌 채 궤멸적인 타격을 입었다. 이때 노획한 말이 30,380필이며 병기의 숫자도 그만큼이라고 《삼국사기》에 기록된 것으로 보아 20만이라는 총병력은 과장이었으되 당시 전사한 당군의 규모가 최소 3만 이상임을 알 수 있다. 전곡 벌판을 흙먼지로 뒤덮으며 위용을 자랑하던 이근행의 기병군단이 참패를 당한 것이다. 교전이라기보다는 일방적인 학살에 가까웠을 그 전투는 불과 한나절도 지나지 않아 종결되었을 것으로 생각된다.

희망은 사라졌다. 매소천을 건넌 부대가 처참하게 무너지는 광경을 지켜보던 이근행은 패배를 인정하고 아직 도하하지 않은 병력에게 공격을 중지하도록 명령했다. 그리고 그것으로 기병의 기동력과 돌파력을 사용해 신라군의 임진강·한탄강 방어선을 단숨에 격파하려던 이근행의 꿈은 무산되었다. 그는 남은 병력을 이끌고 서둘러 북쪽으로 퇴각하기 시작했다. 신라군의 추격도 두려웠지만 머뭇거리다가는 추위와 기아로 말과 사람 모두 전멸을 면하지 못할 것이기 때문이었다. 신라군의 추격은 없었다. 한탄강 *만곡부를 따라 남쪽으로 돌출

알렉산더(BC 356~BC 323)
마케도니아 왕 알렉산드로스(Alexandros)를 칭함. 팔랑크스(Phalanx)라는 직사각형 밀집대형으로 전투에 임하던 중장보병부대가 그의 주력이었으며, 팔랑크스의 병사들은 길이가 4m나 되는 장창 사리싸(Sarissa)로 무장했던 것으로 유명.

만곡부(彎曲部)
강의 흐름이 활 모양으로 굽어지는 부분

신당서
북송 구양수(歐陽修) 등이 1060년에 완성한 당나라 역사서. 모두 225권으로 구성됨. 이미 945년에 완성된 당서가 있기 때문에 《신당서》라고 부르게 됨.

한 전곡평원 북쪽의 병목과도 같은 출입구를 봉쇄하여 전과를 확대할 수 있는 기회였지만 그렇게 하지 않았다. 강을 건너 궁지에 몰린 적을 공격하다가는 방금 전 당군이 겪은 일을 고스란히 되돌려받을 수도 있을 뿐 아니라, 애초 신라군의 목적은 임진강과 한탄강 도하를 저지하는 것일 뿐 당군의 완전한 궤멸은 아니기 때문이었다. 그냥 두더라도 서둘러 퇴각하지 않는다면 이미 보급이 끊긴 당군은 추위와 굶주림 때문에 궤멸될 터였다. 전투가 있기 전에 이근행이 공격에 나서지 않고 적당한 시점에 되돌아갔다면 아마도 신라군 역시 굳이 공세를 펼쳐 당군의 궤멸을 기도하지는 않았을 것이다. 전술적인 측면에서도 그렇지만 정치적인 측면에서도, 탈진한 이근행의 군대를 궤멸시킴으로써 막 포기하려는 당으로부터 그 명분을 빼앗는 일은 결코 현명한 행동이 아니기 때문이다.

《삼국사기》에도 상세히 묘사된 것은 아니지만 매소천전투에 대한 중국사서의 기록은 《자치통감》에 유인궤가 칠중성을 공격한 것과 이어지는 내용으로 간략히 묘사되어 있을 뿐이다.

> (675년) 2월, 유인궤가 칠중성으로 가 신라군을 크게 깨뜨리고 ······ (고종은) 이근행을 안동진무대사로 삼고 신라의 매초성에 주둔하여 이를 경략하도록 했는데 세 번을 싸워 모두 이겼다.
> 二月 劉仁軌大破新羅之衆于七重城 ······ 詔以李謹行爲安東鎭撫大使 屯新羅之買肖城以經略之 三戰皆捷······.
>
> 자치통감 권 제202 당기18 고종 상원 2년

《구당서》와 *《신당서》에서 전혀 언급되지 않은 매소천전투가 11세기에 완성된 《자치통감》에 이근행의 완승으로 기록된 것은 중국인의 자존심 때문일까? 어쨌든 이근행의 좌절과 신라군의 대승으로 매소천전투는 종결되었다. 그러나 그것은 끝이 아니었다. 그 전투는 곧 이어질 수많은 전투의 시작일 뿐이었다.

매소천전투 직후, 북쪽으로 퇴각하던 이근행은 이동로에 인접한 강원도 북서부의 아달성阿達城을 공격했다. [〈삼국사기 열전 제7 소나〉에는 아달성전투가 675년 봄에 있었던 일이라고 기록되어 있지만, 매소천전투 이후의 사건으로 되어 있는 〈신라본기〉의 기록이 맞을 것이다.] 이후에 이어지는 상황으로 보아 이근행은 다수의 병력을 상실하고도 아무 성과 없이 회군했을 때 자신에게 돌아올 추궁이 두려웠던 모양이다. 또한 안동도호부의 군사적 토대라고 할 수 있는 말갈 및 거란족 병사들의 추락한 사기와 평양까지 돌아갈 보급품 조달 문제도 해결해야 할 과제였다. 아달성은 남하할 때 후방의 안전을 도모할 목적으로 떼어 놓았던 말갈 병력에 의해 포위된 상태였다. 그들 역시 사기와 보급은 최악의 상태였으나 전곡에서 퇴각한 주력군과의 합류로 병력의 절대적 우세를 확보한 당군은 살아남기 위해 맹렬한 기세로 성을 공격하기 시작했다.《삼국사기》에 기록된 전투의 상황은 짧지만 드라마틱하다. 당군의 광적인 돌격으로 성문을 돌파당하면서도 신라군은 맹렬히 저항했다. 맹장으로 소문난 성주 °소나素那는 성내로 진입한 당군에게 수많은 화살을 맞고도 죽는 순간까지 활을 쏘다 전사했다. 그리고 동틀 무렵부터 해질녘까지 계속된 전투로 막대한 타격을 입고 전투력이 고갈된 당군은 공격을 멈추고 스스로 물러났다. 한편, 그 무렵 임진강 이남의 칠중성은 거란과 말갈병을 앞세운 당군의 포위공격을 받고 있었다. 이미 매소천에서 크게 패한 당군이 돌연 칠중성을 공격한 사실은 이해하기 힘들다. 하지만 이때 칠중성을 공격한 당군의 병력을 설인귀의 군대 중 살아남은 병력과 매소천전투에서 한탄강을 건넜다가 신라군의 포위망을 벗어난 잔존 병력으로 보고, 칠중성전투를 이들이 합세하여 벌인 임진강 이남에서의 마지막 결전이라고 생각하면 설명이 될 듯싶

전쟁의 시대

소나(?~675)
신라 문무왕 시기의 군인. 현재의 천안시 직산면인 사산(蛇山) 출신. 이름은 금천(金川)이라고도 함.

다. 이 전투로 신라군은 소수小守 유동儒冬을 잃지만 당군을 막아내는
데 성공했다. 임진강·한탄강 선 이남에서 더 이상 전투가 없었던 것
으로 보아 패잔병 집단에 불과했을 당군은 아마도 이 전투의 종결과
함께 완전히 전의를 상실했을 것으로 추정된다.

당군은 또, 임진강과 예성강 사이에 위치한 °석현성石峴城을 공격했
다. 그리고 현령 선백仙伯과 실모悉毛를 전사시키며 성을 함락시키는 데
성공한다. 공격의 주체가 당병唐兵으로 되어 있는 것으로 보아 이 전투
는 이근행의 군대와는 다른 부대에 의해 이루어진 것으로 보이는데
어쩌면 천성전투 이후 잠적했던 설인귀가 실시한 공격인지도 모를 일
이나 확실한 기록은 없다. 그러나 당군이 석현성을 점령했더라도 그
곳을 유지하지는 못했을 것이다. 이미 그때에는 천성과 매소천에서
시작된 싸움이 막바지로 치달아 신라군의 본격적인 반격이 개시되었
기 때문이다. 매소천전투 이후 벌어진 이 일련의 전투에 대한 마지막
기록은 다음과 같다.

> 또, 우리 군대가 당병과의 크고 작은 열여덟 차례 전투에서 모두 이겨
> 6,047명의 머리를 베고 전마 2백 필을 얻었다.
> 又我兵興唐兵大小十八戰 皆勝之 斬首六千四十七級 得戰馬二百匹
> 삼국사기 신라본기 문무왕 下 15년 9월

여기에 언급된 18회의 전투는 당 패잔병에 대한 소탕전에 다름 아
니었을 것이다. 이렇게 유인궤의 칠중성 공략전이 시작된 675년 2월
부터 그해 겨울까지, 현재의 임진강인 칠중하 양안에서 벌어진 20여
회의 크고 작은 전투들을 포괄하는 '칠중하전역'은 신라의 완승으로
종결되었다. 토번의 위협을 받고 있던 당이 모든 전력을 동방에만 집
중시킬 수 없는 상황이었음을 들어 신라의 승리를 평가절하하는 경

우도 있지만, 이때 당이 동원한 군대는 최소 20만에서 최대 30만 명에 이르며, 그것은 아무리 적게 잡아도 당시 신라군이 해당 지역에 집결시켰던 병력의 두 배, 또는 세 배에 이르는 수치이다. 더구나 신라

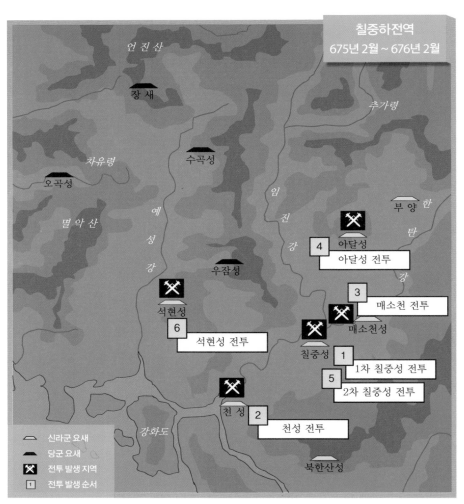

칠중하전역
675년 2월 ~ 676년 2월

언진산

장새

추가령

차유령

수곡성

오곡성

멸악산

예성강

임진강

부양한탄강

4 아달성
아달성 전투

우잠성

3 매소천 전투
매소천성

석현성

6 석현성 전투

칠중성

1 1차 칠중성 전투

5 2차 칠중성 전투

천성
2 천성 전투

강화도

북한산성

⌒ 신라군 요새
◢ 당군 요새
⚒ 전투 발생 지역
1 전투 발생 순서

기나긴 소강상태를 깨고 유인궤의 칠중성 공략으로부터 석현성전투에 이르기까지 칠중하 양안에서 벌어진 대규모 공방전은 나당전쟁을 신라의 승리로 귀착시킨 결정적인 싸움이었다. 이 사건 이후 계속된 18회의 전투를 통해 신라군은 당의 패잔병을 대동강 이북까지 몰아내고 고구려의 고토인 대방 지역을 확고하게 장악한 것으로 추정된다.

역시 한강 유역과 임진강·한탄강 남북의 여러 산성에 병력을 분산 배치한 상황이었기 때문에 우리 스스로 그 승리를 평가절하할 어떠한 이유도 없다. 칠중하전역의 결과가 그렇게 된 이유는 신라군에 대한 근거 없는 과소평가와 자신들의 계획에 대한 지나친 낙관, 그리고 원정전쟁에서 가장 중요한 보급의 문제를 경시한 채 준비된 신라군의 방어선에 대한 정면공격만을 고집한 당의 전략 부재와 더불어, 그러한 당군의 약점을 교묘하게 파고 든 신라의 효율적인 방어 전략에 기인한 것이다.

이때 병사와 무기의 모습

<< 신라 창병의 갑옷과 투구

5세기 이후 고구려의 군사기술을 적극적으로 수용한 신라는 각종 병기를 제작하는 기술에서도 괄목할 만한 성장을 보여 6세기 말에는 누구에게도 뒤지지 않는 군사적 능력을 보유하게 되었다. 이 병사들이 착용한 갑옷도 그중 하나로, 7세기에 이르면 모든 병사가 거추장스러운 판갑을 벗어 던지고 보다 편안한 찰갑을 입게 되었을 것으로 추정된다. 이전의 복잡한 투구들과는 달리 두 세 장의 넓은 철판을 리벳으로 조립한 반구형 투구는 고구려와 발해 지역에서 유사한 유물이 출토되며 높은 생산성을 보장하는 그 단순함 때문에 고려 및 조선시대에 이르기까지 계속 사용되는 전통적인 형식이다. 당시 전장에서 가장 흔하게 볼 수 있었을 이 창병들은 흉갑만 착용하고 있지만, 같은 보병이면서도 매우 공격적인 임무를 수행하는 탓에 보다 특수한 집단으로 취급되던 장창병들의 경우 어깨와 팔뚝, 정강이 등에도 금속제 보호구를 착용하였을 것이다.

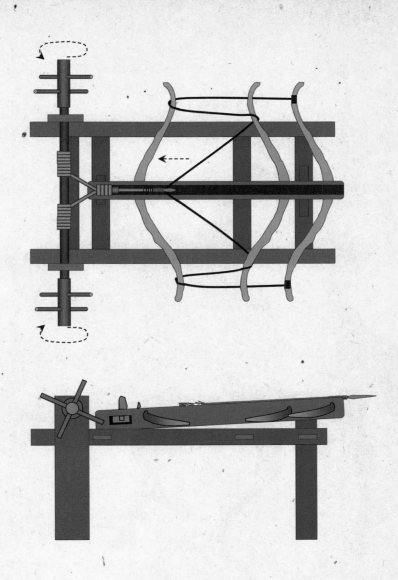

<< 지면이나 성벽 위에 설치하여 사격할 수 있는 장거리 투사병기 삼궁노(三弓弩)

고정식 쇠뇌를 일컫는 상자노의 일종이다. 세 개의 활과 연결된 활줄에 고리를 걸고 뒤에 있는 물레로 밧줄을 감아 시위를 걸게 되어 있으며, 방아쇠와 연결된 줄을 당겨 발사한다. 여러 발의 화살을 한꺼번에 발사하거나 1m가 넘는 대형 화살도 쏘아 보낼 만큼 강력한 위력을 가진 대형 쇠뇌로는 《삼국사기》에도 언급된 '천보노(千步弩)' 등 여러 종류가 있었다. 시대에 따라 차이는 있지만 1천 보는 최소 6백 m 이상이며 당시에 그 정도 거리라면 적군이 타격을 가할 수 있으리라고는 상상할 수 없는 먼 거리였을 것이다. 임진강 유역에서는 날 길이만 무려 15㎝나 되며 총 길이가 22㎝인 철제 화살촉이 발굴되었는데 만약 그것이 신라의 대형 쇠뇌에서 발사된 것이라면 질량에 의한 운동에너지 또한 엄청났을 것이므로 유효사거리 내에서는 철갑옷도 쉽게 관통했을 것이다.

<< 매소천전투에 동원된 말갈 기병대

고구려 멸망 이후 당에 복속된 서부 지역 말갈부족의 일원으로 목축에 종사하던 이 병사들은 전곡 평원의 매서운 겨울바람을 막기 위해 모피 모자와 양털로 짠 겉옷을 걸치고 있다. 기록대로 당시 동원된 말갈과 거란 기병이 20만에 이른다면 당에 복속된 말갈인들 중 전투가 가능한 남성 대부분이 징집되었을 것이며, 또한 그 대부분은 이 전투에서 전사한 것으로 보인다. 하지만 고구려의 멸망으로 종주국을 잃고 방황하던 말갈족 대부분은 대조영이 이끄는 고구려 유민들과 함께 발해 건국의 주체가 되었고, 훗날 금(金)을 세워 고구려와 발해의 뒤를 잇는다. 아시아의 마지막 대제국인 청을 건국한 만주족도 바로 이들의 후예이다.

<< 당나라 군대에 동원된 거란족 병사들

몽골계, 혹은 몽골과 퉁구스의 혼혈 민족으로 추정되는 거란족은 4세기 이래 몽골 동남부 지역에 거주하다 7세기 무렵 돌궐에 밀려 당의 동북 변방인 요서 지역까지 남하하였으며, 생존을 보장받기 위해 고구려 침공과 나당전쟁 등 여러 전쟁에 당의 용병으로 동원되었다. 나당전쟁 종료 후 지도자 '이진충'과 '손만영' 등이 당에 대항해 독립을 선포하지만 성공하지 못했고 반종속적인 상태를 유지하다 10세기 초, 동아시아 전체에 걸친 대대적인 혼란기에 마침내 요(遼)를 건국했다. 이후 발해를 멸망시키고 연운 16주를 병합하는 등 기세를 올리며 전성기를 누리지만 12세기 초에 말갈족 국가 금에 멸망당한 이후 국가다운 국가를 가지지 못하고 소멸된다. 같은 시기에 건국된 고려에 대규모 침공을 감행하는 등 우리 조상들과는 많은 악연을 가진 민족이다.

마지막 전투

기벌포해전을 끝으로 7년에 걸친 신라와 당나라의 전쟁은 막을 내렸다. 백제와 고구려, 그리고 신라와의 전쟁에 엄청난 군사력과 재정을 투입했지만 끝내 전략적 우위를 확보하지 못한 당은 동방이 결코 무력을 통해 평정될 수 없는 곳임을 깨달았다.

비록 당의 안동도호부에 궤멸적인 타격을 가하기는 했지만 칠중하 전역의 결과가 당의 전쟁의지를 완전히 꺾어 놓은 것은 아니었다. 칠중하에서의 전황이 비관적으로 흘러가면서 당은 신라에 대한 마지막 공세로 보다 직접적인 공격을 계획하고 있었다. 천성전투 이후 이미 동방에 배당된 병력은 고갈되고 말았지만, 신라가 북부 국경에 전력을 집중하고 있는 동안 당은 다시 본토의 병력을 긁어모으고 대량의 병선을 동원하여 바다를 통한 침공을 실시할 준비를 마쳤다.

676년 11월, 천성전투에서 신라군의 손에 거의 죽을 뻔했던 설인귀는 전투 병력과 보급품을 만재한 거대한 함대를 거느리고 복수를 다짐하면서, 백제 원정 당시 소정방의 군대가 사용한 바닷길을 따라 항해한 끝에 마침내 기벌포 앞바다에 도착했다. 그것은 이미 늙어 앞으로는 전장에 설 기회가 거의 없을 설인귀의 복수전이라기보다, 칠중하 전역의 패배로 육상전투를 통해 결정적 승리를 획득할 모든 가능성이 사라져버리자 그들 스스로도 마지막이라고 다짐하며 시도된 당의 몸부림이었다. 하지만 그들이 왜 기벌포로 향했는지 정확한 의도는 알수 없다. 서해안을 통해 옛 백제 지역에 상륙한 뒤 웅진도독부를 재건하고, 그것을 기반으로 신라의 후방 지역, 나아가서는 그 핵심부를 위협할 생각이었던 것인지도 모르겠다. 그러나 이미 웅진도독부는 흔적도 없이 사라지고, 모든 영토가 신라군에게 완전히 장악당한 백제 땅에서 그들이 무엇을 할 수 있었겠는가? 그들은 분명 장소를 잘못 선택했다. 황해 서안의 알 수 없는 곳에서 출발한 당 수군에게 기벌포는 너무 멀었고, 또 이미 그 해역에는 적군의 진로를 예의주시하던 김시득金施得의 막강한 신라 수군이 집결해 있었기 때문이다.

그래도 젊은 시절 태종 이세민에게 발탁된 이래 평생을 전장에서 보냈으며 수전과 육전에 모두 능했던 당의 명장 설인귀는, 전투 초반 먼저 공격에 나선 신라 수군을 격퇴하며 기세를 올렸다. 하지만 상륙

도중에 있을지도 모를 신라 수군의 역습과 기벌포의 개펄이 두려워 밀물이 들어차기를 기다린 것일까? 설인귀는 피로에 지친 병력을 상륙시키지 않고 함대를 그대로 바다 위에 머무르게 하는 큰 실수를 저질렀다. 그리고 그 실수는 당군에게 결코 돌이킬 수 없는 비참한 결과를 초래했다.

첫 전투를 통해 적의 능력을 파악한 신라 수군은 당의 함선들이 그대로 바다 위에 머물고 있는 사이 전술을 바꿔 다시 공격에 나섰다. 한 번 패배를 맛본 김시득은 당의 대형 함선에 대한 정면공격을 포기하고 함대를 소규모 집단으로 분산시켜 여러 방향에서 치고 빠지기를 반복하며 당 수군을 자극했다. 긴 항해로 인해 체력과 인내심이 고갈된 당 수군의 병사들은 해전을 회피하고 싶었을 것이다. 그러나 초전의 승리로 얻은 자신감과 신라 수군의 도발은 설인귀의 복수심에 불을 붙이고 이성을 마비시켰던 것 같다. 그는 마침내 닻을 올리고 그 둔중한 선체를 움직이도록 하여 지친 병사들로 하여금 절대적으로 불리한 해상 추격전에 뛰어들게 했다. 신라군의 함정에 걸려든 것이다. 당시 신라 수군이 당 함대에 대해 가질 수 있었던 이점은 속도뿐이었다. 하지만 이 유일한 이점은 당군을 파멸로 몰아넣는 결정적인 요소로 작용했다. 신라의 소함대들을 추격하느라 분산된 당의 전선들은 기벌포의 그림자 속에 숨어 있다가 갑자기 출현한 김시득의 주력함대를 발견하고 재집결하려 했지만 너무 넓은 해역으로 분산된 상태인 데다 노를 젓는 병사들도 지쳐버려 제대로 된 전열을 형성할 수 없었을 것이다. 신라 수군은 그런 당 함대의 전함들을 하나하나 격파해 나갔다. 신라군은 장거리 공격이 가능하고 파괴력도 뛰어난 포노를 보유하고 있었기 때문에 유리한 시점에 공격하고 불리하면 퇴각할 여유가 있었다. 하지만 당군에게는 사거리가 짧아 근접전에나 쓸모 있는 활과 개인용 쇠뇌가 전부였다. 결국 무려 22회나 계속된 신라 수군의 파상적인 공격 앞에 뱃멀미로 지친 당군은 힘도 쓰지 못하고 궤멸되어 갔다. 실체도 없는 대국의 자만심으로 겁도 없이 바다로 나온 하천 수군의 말로는 비참했다. 확인된 당군의 사망자만 4천 명, 익사자를 포함한다면 그 몇 배의 전사자가 발생했을 것이 분명하다. 아마도 살아 돌아간 자는 별로 없었을 것이다.

이것이 매소천전투와 함께 나당전쟁의 대미를 장식한 2대 전투 중 하나인 '기벌포해전'의 경과이다. 기벌포해전에 대해서도 당의 사서들은 침묵하고 있다. 그러나 신라 쪽에서 사령관의 이름과 전투 횟수까지 언급하며 구체적으로 기록해 놓은 이 전투가 당 태종 때부터 반세기 이상이나 계속된 동방전쟁에 종지부를 찍은 마지막 싸움임은 분명하다. 매소천의 패배로 안동도호부의 전투병력 대부분을 상실한 당이 남아 있는 모든 것을 쏟아 넣은 기벌포해전에서도 패배하게 됨으로써 동방 지역에 대한 공략을 계속 추진할 수 있는 무력적 기반과 정치적 의지를 완전히 상실하게 되었기 때문이다. 결국 고구려 정복전쟁의 영웅 설인귀의 실수는 자신의 부하들만 파멸시킨 게 아니었다. 그 전투 이후 당군은 신라에 대해 어떠한 공세도 취할 수 없었고, 백제 지역은 물론 압록강 이남의 땅에 다시는 발을 들여 놓지 못했다. 안동도호를 역임한 것으로 알 수 있듯이 당의 동방정복을 완성한 인물로 평가받던 설인귀가, 소정방의 상륙으로 그 기나긴 전쟁의 시발점이 된 기벌포에서 비참한 모습으로 전쟁의 막을 내리게 된 것은 그저 우연일 뿐일까? 역사를 읽다 보면 드물게 눈에 띄는 공교로운 °수미상관首尾相關이다.

기벌포해전을 끝으로 7년에 걸친 신라와 당나라의 전쟁은 막을 내렸다. 백제와 고구려, 그리고 신라와의 전쟁에 엄청난 군사력과 재정을 투입했지만 끝내 전략적 우위를 확보하지 못한 당은 동방이 결코 무력을 통해 평정될 수 없는 곳임을 깨달았다. 승승장구하던 당이 신라와의 전쟁에서 패배한 원인은 복합적이다. 하지만 그중 가장 중요한 것은 당군이 5세기 이후부터 숱한 전쟁을 치르면서 절정에 다다른 신라군의 군사적 능력을 몰라도 너무 몰랐던 점이었다. 왜의 침략에 맞서는 동안 거대하게 팽창한 해군 전력과 그것을 운용하는 전술의 발전으로 신라는 당시 동아시아에서 가장 강력한 수군을 가지게되었다. 천성전투 당시 설인귀가 신라군의 눈을 피해 임진강에 진입할 수 있었던 것은 행운이었지만 천성을 돌파했더라도 당 수군이 다시 고국으로 돌아갈 수는 없었을 것이다. 또한 고구려와 말갈, 가야와백제 등 기병 강국들에 맞서기 위해 특화된 장창병과 쇠뇌의 대규모집중운용 전술은 대부분 기병으로 구성된, 그것도 여러 민족과 부족들이 동원된 탓에 일사불란한 작전 전개가 불가능했을 이근행의 군대가 결코 극복할 수 없는 가공할 위력을 보유하고 있었다. 그럼에도당군은 북방민족들과의 전쟁에서나 유효할까, 기동전을 전개하기가극히 곤란한 우리나라와 같은 지형에서는 결코 주역이 될 수 없는 대규모 기병의 기동력과 돌파력에만 의존하다가 힘도 한 번 못쓰고 궤멸되어 버렸다. 병법이란 패배의 교훈에서 비롯되는 것임에도 이른바대국이라고 자부하는 서방 국가들의 우매한 행동이 같은 모습으로반복되는 점은 참으로 이해 불가능한 일이다.

매소천전투가 벌어지던 시기 신라와의 전쟁은 물론 안동도호부의사정에 대해서도 일언반구 언급이 없던 《구당서》에는 다음과 같은기록이 있다.

(676년) 2월, 안동도호부를 요동으로 옮겼다.

二月 移安東都護府於遼東

구당서 본기 제4 고종 下 상원 3년

676년 2월이면 당군에 대한 신라의 소탕전이 마무리되었을 무렵으로 이 기록은 칠중하전역의 패배가 평양에 설치되어 있던 안동도호부의 안전마저 위협받을 정도로 당의 동방정책에 치명타가 되었음을 알려 준다. 이후 안동도호부는 재기하지 못하고 유명무실한 기관으

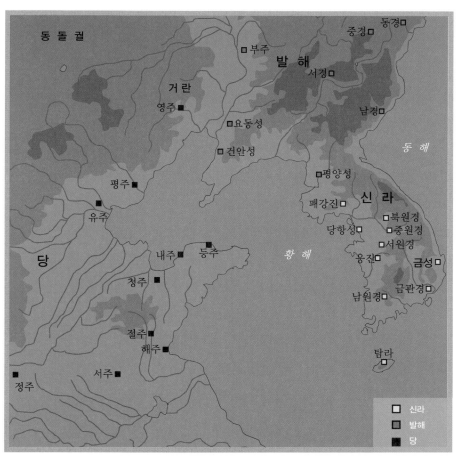

600년에 걸친 길고도 참혹했던 전쟁은 신라의 승리로 막을 내렸지만 동방은 통일되지 못했다. 동방원정에 막대한 국력을 소모한 당이 내부의 정치적 혼란과 토번, 돌궐, 거란 등 이민족의 침략으로 지리멸렬하는 사이, 고구려의 유민 대조영이 고구려인과 말갈부족들을 결집하여 옛 고구려 땅에서 당을 축출하고 대진국(大農國), 즉 발해를 건국했기 때문이다. 고구려의 후예를 자처한 발해는 거대제국 당과 맞서며 북방의 새로운 강국이 되었다. 하지만 남북국의 관계는 비교적 평온하여 예전처럼 일촉즉발의 긴장이 지속되며 전쟁이 빈발하는 일은 없었다.

로 전락했다가 소멸되고 만다. 그리고 당이 장악하려 했던 고구려의 옛 땅과 동방 여러 민족은 *대조영이 세운 발해의 수중으로 넘어가 버린다. 발해가 건국되는 데 나당전쟁의 영향이 지대했음을 부인할 수 없는 것이다.

전쟁이 끝나고 얼마 지나지 않아 신라와 당은 교류를 재개하여 다시 평화적 외교관계를 수립하게 되었다. 사서에는 문무왕이 당에 사죄하고 당 고종이 이를 용서했다고 적혀 있다. 하지만 사실 동방의 평화를 갈망했던 쪽은 당이었다. 서쪽으로부터 강력한 위협인 토번이 무서운 기세로 팽창하며 당의 중심부로 돌입해 오고 있었기 때문이다. 당시의 사정이 어찌나 절박했던지 매소천전투의 패전을 책임져야할 이근행조차 숨도 돌리기 전에 토번과의 전투에 앞장서야 했을 정도였다. 하지만 당은 서쪽에서 토번에 패배했고, 동쪽에서는 발해에 패배했으며, 북쪽에서는 다시 일어선 돌궐의 침입에 시달려야 했다. 그리고 고종의 아내 *측천무후則天武后에게 정권을 탈취당하는 질곡을 겪으며 수십 년의 짧은 전성기를 뒤로하고 쓸쓸한 퇴락의 길을 걸어야 했다. 당과의 전쟁에서 승리함으로써 마침내 수백 년에 걸친 전쟁의 악순환에서 벗어난 신라는 이후 2백 년을 더 존재하며 화려한 문화의 꽃을 피워 현재의 우리를 있게 한 토대를 구축하였다. 그러나 그들 역시 외부로부터의 위협이 소멸되어 집단을 위한 희생과 단결의 이유가 사라지자 왕위 계승과 정치권력의 독점을 둘러싼 내전이 반복되면서 비참한 몰락의 길로 접어들게 된다.

대조영(大祚榮)(?~719)
발해 제1대 왕. 시호는 고왕(高王). 재위 698~719.

측천무후(624~705)
당 고종의 황후. 중국 유일의 여성 황제. 성은 무(武), 이름은 조(照). 시호는 측천순성황후(則天順聖皇后). 고종이 건강을 잃자 683년부터 당나라의 국무를 장악, 고종 사후 아들 중종과 예종을 잇달아 폐위하고 나라 이름을 주(周)로 고치면서 황제에 오름. 재위 690~705.

전쟁의 시대

에필로그

천년왕국의 몰락

경순왕은 곧바로 시랑 김봉휴(金封休)를 개경에 파견해 고려로의 귀부를 청하는 국서를 전달했고 11월에 왕건은 대상 왕철(王鐵)을 신라로 보내 경순왕의 귀순행렬을 인도하도록 했다. 신라왕의 마지막 행차를 사서는 이렇게 적고 있다.

아름다운 수레와 보배로 치장한 말들이 30여 리를 이어져 길은 사람들로 막히고 구경꾼은 담장을 두른 듯하였다. 香車寶馬 連亘三十餘里 道路塡咽 觀者如堵

삼국사기 신라본기 경순왕 9년 11월

외부 세력과의 군사적 갈등이 별로 없었던 전쟁 이후의 신라는 한 동안 안정적인 상태를 유지하며 경제적, 문화적 발전을 이루어 나갈 수 있었다. 그러나 외부침략에 대응하기 위해 뭉칠 수밖에 없었던 신라 상층부의 다양한 세력들은 문제가 해결되기 무섭게 자제했던 욕망을 드러내기 시작했고 급기야 왕위계승을 둘러싼 대규모 내란의 소용돌이 속으로 말려들고 만다. 그 시작이라고 할 수 있는 사건이 681년에 발생한 '김흠돌金欽突의 반란'이다.

문무왕이 죽고 *신문왕이 즉위한 지 불과 한 달 만에 발생한 이 사건은 김유신의 조카이자 신문왕의 장인인 김흠돌이 파진찬 흥원과 대아찬 진공 등 최고위급 귀족들과 공모하여 저지른 역모사건이다. 이 일은 다행히 사전에 발각되어 김흠돌과 그 공모자들을 처형하고 그들에 동조한 *병부령 김군관金軍官을 자살하게 하는 것으로 끝을 맺었다. 684년에는 고구려 왕족으로 보덕왕에 임명된 안승의 조카 대문大文이 신라의 고구려 유민 흡수정책에 반발해 *금마저에서 거병, 그 무리를 이끌고 한강 이북의 옛 고구려 땅으로 탈출하려다가 역시 처형당했다. 신문왕은 이 두 사건에 놀라 왕실 경호부대를 강화하고 반대파 귀족들에 대한 숙청을 단행하는 한편, 고구려와 백제 유민에 대한 통제를 강화하여 반란의 싹을 잘라버리려 했다. 하지만 그런 방법으로는 마침내 표면에 드러나기 시작한 신라 귀족사회의 갈등을 무마할 수 없었다. 신문왕의 아들인 *효소왕 9년인 698년, 고구려의 옛 땅에서 발해가 건국되던 바로 그 해에 신라에서는 이찬 경영慶永이 반란을 모의하다 처형당했다. 효소왕을 이은 *성덕왕은 즉위 초부터 왕권강화에 힘써 이를 바탕으로 내부 갈등을 잠재우는 한편, 밖으로는 일본의 대규모 침입을 격퇴하고 대당 외교에도 적극적으로 나서 당으로부터 대동강 이남의 영토주권을 공인받게 되었으며 당을 공격한 발해를 협공하는 등 재위 36년을 별 탈 없이 보내 신라의 왕권도 안

신문왕(?~692)
신라 제31대 왕. 이름은 정명(政明). 재위 681~692.

병부령
군무를 담당하던 신라 병부(兵部)의 장관.

금마저
전북 익산시 일대. 원래 백제의 금마저군.

효소왕(687~702)
신라 제32대 왕. 이름은 이홍(理洪). 재위 692~702.

성덕왕(?~737)
신라 제33대 왕. 이름은 흥광(興光). 재위 702~737.

효성왕(?~742)
신라 제34대 왕. 이름은 승경
(承慶). 재위 737~742.

경덕왕(?~765)
신라 제35대 왕. 이름은 헌영
(憲英). 재위 742~765.

혜공왕(758~780)
신라 제36대 왕. 이름은 건운
(乾運). 재위 765~780.

선덕왕(?~785)
신라 제37대 왕. 이름은 양상
(良相). 재위 780~785.

원성왕(?~798)
신라 제38대 왕. 이름은 경신
(敬信). 재위 785~798.

헌덕왕(?~826)
신라 제41대 왕. 이름은 언승
(彦昇). 재위 809~826.

정되는 듯 했다. 하지만 그의 아들 °효성왕은 즉위한 지 4년 만에 파진찬 영종永宗의 반란을 겪어야만 했다.

즉위 6년 만에 사망한 효성왕을 이은 °경덕왕 재위 24년 동안은 반란의 기록이 보이지 않는다. 그러나 그의 아들 °혜공왕은 재위 4년에 일길찬 대공大恭이, 6년에는 대아찬 김융金融이, 그리고 재위 11년째에는 이찬 염상廉相이 모반하는 등 끊임없는 위협에 시달리다가 재위 16년째에 이찬 김지정金志貞이 일으킨 반란의 와중에 사망하고 말았다. 귀족들 간의 갈등과 대립이 극에 달하면서 마침내 왕이 반란군에게 살해당하는 사태까지 발생한 것이다. 김지정의 반란은 김양상金良相과 김경신金敬信 등에 의해 진압되었지만 °선덕왕으로 즉위한 김양상이 재위 6년 만에 아들 없이 사망하자 왕위계승을 둘러싼 귀족사회의 갈등은 더욱 노골화되어 선덕왕의 조카 김주원金周元을 지지하는 쪽과 김경신을 왕위에 옹립하려는 쪽으로 나누어지고 말았다. 격론 끝에 김경신이 785년, 신라의 제38대 °원성왕으로 즉위함으로써 논란은 일단락되었으나 이때에 남겨진 갈등의 불씨는 훗날 신라가 두 개로 분리될 뻔한 대규모 반란으로 비화된다.

원성왕이 죽고 그의 라이벌이던 김주원도 사망한 지 한참이 지난 822년, 원성왕의 손자이자 신라 제41대 왕인 °헌덕왕 재위 14년에 김주원의 아들인 웅천주도독 김헌창金憲昌은 아버지가 왕위를 도둑맞았다고 주장하며 무진주, 완산주, 청주, 사벌주 등 4주의 도독 및 국원경, 서원경, 금관경의 장관들과 함께 중앙정부를 상대로 대대적인 군사행동에 돌입했다. 그는 이전의 모반자들과는 다르게 신라를 대체할 새로운 국가의 창립을 표방하며 국호를 장안長安, 연호를 경운慶雲으로 정하고 스스로 왕이 되었음을 선포했다. 그 유명한 '김헌창의 반란'이다. 국토의 절반 이상을 세력권에 넣고 시작된 반란의 파급효과는 엄청났다. 얼떨결에 김헌창에 동조했던 청주도독이 이탈하고 한산

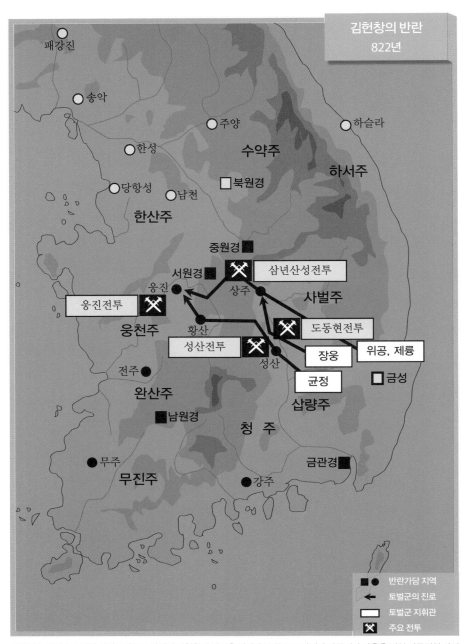

김헌창의 반란
822년

패강진

송악

주양

하슬라

수약주

하서주

한성

북원경

당항성 남천

한산주

중원경

서원경

삼년산성전투

웅진

상주

사벌주

웅진전투

황산

도동현전투

웅천주

성산전투

장웅

위공, 제륭

전주

성산

금성

균정

완산주

삽량주

남원경

청 주

무주

강주

금관경

무진주

■ ■ ● 반란가담 지역
← 토벌군의 진로
□ 토벌군 지휘관
⚔ 주요 전투

지배계급 간의 소모적인 권력투쟁으로 야기된 김헌창의 반란은 신라가 두 쪽으로 나뉘어 아군끼리 싸움을 벌인 비극적인 사건이었다. 이전에도 반란은 여러 차례 있었지만 이 거대하고 충격적인 사건은 외부로부터의 위협에서 해방된 귀족국가 신라가 시대의 변화에 적응하지 못한 채 자체의 모순으로 멸망을 맞는 시발점이 되었다. 김헌창이 이 지도에 흑색으로 표기된 지역 전체를 완전히 장악했다고 볼 수는 없지만, 반란 지역이 신라에 의해 멸망당한 옛 백제 및 가야의 영역과 일치하며 많은 주민들의 동조가 있었다는 사실은 이때까지도 전쟁으로 얼룩진 과거의 상처가 아물지 않았음을 말해준다.

북원경
강원도 원주시. 신라 5소경 중 하나인 북원소경(北原小京).

잡찬
신라 17관등 중 제3등급. 소판 (蘇判)이라고도 함.

주와 우두주, 삽량주와 패강진, 그리고 *북원경의 여러 성이 이를 막았지만 본격적인 진압작전은 수도방어병력을 제외한 거의 모든 중앙군과 지방군 병력이 동원되고 나서야 겨우 시작되었다.

이때 반란군의 최전방은 예전에 계백과 김유신이 전투를 벌였던 황산 지역, 그리고 대당전쟁 승리 이후 역사의 뒤안길에 숨어 있던 삼년산성이었다. 특히 삼년산성은 반란군의 가장 강력한 거점으로 거미줄 같은 도로망이 통과하고 있어 이곳을 점령하지 않고는 진압군의 이동조차 쉽지 않은 상황이었다. 때문에 진압군의 최선봉인 일길찬 장웅張雄의 군대는 북서쪽으로 길을 잡아 도동현道冬峴에 매복 중이던 반란군을 격파하고 *잡찬 위공衛恭의 군대와 합류해 삼년산성을 공격했다. 삼년산성을 공략하는 일은 쉽지 않았을 것이다. 그러나 어제까지 아군이었던 진압군을 적으로 맞아 싸워야 했던 반란군의 사기는 형편없었던 모양이다. 또한 반란군이 삼년산성의 방어 능력을 극대화할 만한 병력과 물자를 가지고 있었는지도 의문이다. 어쨌든 반란군은 난공불락의 요새인 삼년산성을 버리고 속리산으로 도주했다가 추격해 온 진압군에게 섬멸당함으로써 반란의 성패를 좌우할 그 중요한 전투에서 패배했다.

삼년산성을 점령하여 측면의 안전을 확보한 이찬 균정均貞의 진압군 주력은 나·당연합군의 백제침공 당시 김유신의 군대가 사용했던 도로를 따라 황산을 거친 뒤 웅진에 진입하여 반란군 주력을 격파하고 마침내 김헌창과 그 잔당을 웅진성으로 몰아넣었다. 그리고 포위 10일 만에 김헌창이 자살함으로써 웅진성은 함락되었다. 하지만 그것은 반란의 끝이 아니었다. 825년 정월, 용케 화를 모면했던 김헌창의 아들 김범문金梵文은 다시 한산주에서 군사를 일으켰다. 김헌창의 반란과 연장선상에 있는 이 '김범문의 반란'은 한산주 병력에 의해 진압되었지만 무려 4년 동안이나 계속된 내란으로 신라의 왕권은 재기

천년왕국의 몰락

할 수 없을 만큼 추락했고 그것은 곧 귀족 간 권력투쟁의 심화와 상층 계급의 분열 사태로 이어져 결국 국가 자체의 멸망을 초래하게 된다.

김헌창의 반란 이후 사실상 내란 상태가 지속되던 신라는 887년에 즉위한 *진성왕 때에 이르러 마침내 궁극적인 분열의 양상을 보이기 시작했다. 여왕인 진성왕은 국정을 수행하는 것보다는 개인적인 일들에 더 관심이 많아 가뜩이나 쇠락한 왕권은 급격히 위축되었다. 게다가 이미 독립적인 세력을 형성하기 시작한 지방의 호족과 장관들이 중앙정부에 대한 조세납부마저 거부하기 시작하자 국가경제는 파탄이 날 지경이었다. 또한, 귀족과 지방호족들의 수탈로 경제적 궁핍에 내몰린 민중의 불만을 등에 업고 도처에서 봉기한 군벌들은 마치 작은 국가의 왕처럼 행동하며 신라 왕실의 권위에 정면으로 도전하기 시작했다.

당시 군벌들 중 대표적인 인물은 북원에서 일어난 양길梁吉의 부하였다가 독립적인 세력으로 성장한 *궁예弓裔, 그리고 상주 군벌 아자개阿慈介의 아들로 무진주武珍州와 완산주完山州를 장악한 *견훤甄萱이었다. 이들은 일정 지역에 기반을 둔 도적 떼에 불과했던 다른 군벌들과는 달리 일찍부터 틀이 잡힌 통치체제를 구성하고 주변의 군소세력들을 흡수하며 세력을 확장한 끝에 마침내 신라를 부정하는 새로운 국가를 창립하기에 이른다. 바로 진성왕 말기인 896년에 견훤이 세운 '백제'와 효공왕 때인 901년에 송악에서 건립된 궁예의 '고구려'가 그 두 나라의 이름이다. 삼국시대가 막을 내린 지 2백여 년 만에 다시, 같은 이름을 가진 세 나라가 생존을 걸고 투쟁하는 전쟁의 시대가 온 것이다. 세 나라의 상쟁은 서로를 멸망시키기 위해 모든 수단과 방법이 동원되었던 삼국시대 막판의 그것을 능가하는, 치열하고 숨 막히는 양상으로 전개되었다. 하지만 군사력의 현저한 열세로 시종 수세를 유지할 수밖에 없었던 신라는 그저 좋은 먹잇감이었을 뿐 실상 그 시대

진성왕(?~897)
신라의 제51대 왕이자 세 번째 여왕. 이름은 만(曼). 재위 887~897.

궁예(?~918)
후고구려의 건국자. 신라 왕자라고 하지만 불확실. 법명은 선종(善宗). 재위 901~918.

견훤(867~936)
후백제의 건국자. 가은현의 군벌 아자개의 아들. 재위 892~935.

송악
현재 북한 지역인 개성시의 옛
이름.

왕건(877~943)
고려 제1대 왕. 시호는 태조
신성대왕(太祖神聖大王). 재위
918~943.

경애왕(?~927)
신라 제55대 왕. 성은 박(朴),
이름은 위응(魏膺). 아버지 신
덕왕, 형 경명왕과 함께 신라
말 박씨 3왕 중 한 사람. 재위
924~927.

는 후고구려와 후백제에 의해 주도되었다. [궁예의 고구려는 904년에 국호를 마진(摩震)으로 고쳤다가 911년에는 다시 태봉(泰封)으로 개명한다.]

난립하던 호족과 군벌들이 견훤과 궁예에 의해 통합되어 가면서 신라의 몰락은 돌이킬 수 없는 지경으로 치달았다. 두 나라가 거대세력으로 성장하자 기회주의자들은 강자에게 붙어 신라의 적으로 돌아섰고, 그렇지 않은 사람들은 무자비한 공격의 대상이 되었다. 궁예와 견훤은 서로를 말살의 대상으로 보았지만 그들의 궁극적인 목적은 일치했다. 바로 신라의 멸망이었다. 견훤은 후백제의 개국을 선포하는 자리에서 신라에 대한 복수를 맹세했고, 궁예는 신라를 아예 멸도滅都라 부르면서 저항하는 신라인은 물론 투항하는 신라인들까지 모조리 죽였다. 신라는 2백여 년 전에 지었던 업보를 톡톡히 치르게 된 셈이었다.

918년, °송악의 호족 출신으로 태봉의 2인자였던 °왕건王建이 쿠데타를 일으켜 궁예를 축출하고 고려高麗를 개국하면서 신라에게도 재기의 희망이 보이는 듯했다. 정권의 안정을 위해 궁예 지지자들의 격렬한 반발을 먼저 잠재워야 했던 왕건이 신라와 후백제를 오로지 타도의 대상으로만 간주했던 궁예와는 사뭇 다른 대외정책을 시행했기 때문이다. 그는 먼저 후백제와 말갈의 침략에 시달리던 신라에게 군사원조를 제공하고 외교사절을 교환함으로써 이전의 적대관계를 동맹관계의 차원으로까지 변화시켰다. 그것은 자포자기한 상태로 멸망의 날을 눈앞에 두고 있던 신라로 하여금 기사회생을 꿈꾸게 한 중대한 변화였다. 하지만 전쟁에서도 한숨 돌릴 필요가 있던 고려가 후백제와 서로 인질을 교환하면서 평화협정을 체결하자 신라는 다시 불안해지지 않을 수 없었다. 만약 그러한 상태에서 후백제가 협정의 테두리 밖에 있는 신라를 침공하기라도 한다면 고려의 원조를 기대할 수 없으리란 생각 때문이었다. 결국 °경애왕은 사신을 고려에 파견해 왕건에게 그 협정의 재고를 요청했다. 하지만 운명의 장난인지 그 협정의 파기는 신라의 멸망을 앞당기는 결정적 요인으로 작용했다.

926년, 평화에 대한 보증으로 송악에 체류하던 견훤의 조카가 사망하자 후백제 역시 고려에서 와 있던 인질을 살해하면서 두 나라는 다시 적대관계로 돌아선다. 그러나 먼저 공세를 재개한 견훤은 927년 겨울, 직접 군대를 이끌고 현재의 상주와 영천 지역을 공략하다가 갑자기 군대를 돌려 신라의 수도 금성을 기습했다. 신라가 고려와 동맹을 맺고 후백제에 맞서는 상황을 더 이상 용납할 수 없었기 때문이다. 더구나 견훤은 경애왕이 왕건에게 자신을 신뢰할 수 없는 인물로 매도한 것에 큰 원한을 품고 있었다.

무방비상태인 금성을 쉽게 점령한 견훤은 경애왕을 살해하고 무자비한 약탈과 살육을 자행하여 자신의 맹세를 실현했다. 신라 건국 이래 최악의 비극이었다. 그것으로 신라가 멸망하지는 않았다. 왕건이 구원병을 이끌고 급거 남하하고 있음을 알게 된 견훤이 새로운 왕으로 *김부金傅를 세워 두고 서둘러 철군했기 때문이다. 그러나 이어지는 상황은 신라인들에게서 자주적 생존에 대한 실낱같은 희망마저 빼앗아 버렸다.

금성에서 물러난 견훤은 약탈한 물자를 실은 수레들과 수많은 포로를 이끌고 대구 쪽으로 길을 잡았다. 그런데 대구 지역에는 이미 왕건이 직접 지휘하는 고려군 정예기병 5천 명이 그들을 기다리고 있었다. 신라를 구원하러 남하하던 도중에 금성이 점령당했다는 소식을 접수하자 작전의 목적을 적 주력의 격멸로 전환하고 후백제군이 사용할 것으로 예상되는 길목에 매복한 것이다. 하지만 기병으로만 구성된 탓에 융통성이 극히 부족했던 고려군은 그러한 약점을 간파한 견훤이 팔공산 주변의 복잡한 지형을 이용하여 실시한 교묘한 유인 전술에 그대로 말려들었고, 그 결과 왕건의 최측근이자 당대 최고의

김부(?~979)
신라 제56대 왕이자 마지막 왕인 경순왕(敬順王). 재위 927~935. 고려에 항복한 뒤 왕건의 딸 낙랑공주(樂浪公主)와 결혼하였으며 태자와 같은 등급인 정승공(政承公)에 봉해짐.

전쟁의 시대

군인으로 평가받던 *김락金樂, *신숭겸申崇謙 등과 함께 전멸당하는 비극을 맞게 되었다. 고려군이 후백제와의 전투에서 기록한, 가장 피해가 크고 치욕적인 패배였다. 왕건이 목숨을 부지한 것은 기적과도 같은 일이었다. 왕건과 견훤의 직접적인 격돌로도 유명한 이 '공산전투公山戰鬪'의 결과 고려는 전쟁의 주도권을 상실함과 아울러 어렵게 획득했던 경북 북부 지역의 대부분을 빼앗기고 말았다. [고려 예종이 지었다는 '도이장가(悼二將歌)'는 바로 공산전투에서 전사한 김락과 신숭겸을 추모하는 향가이다. 고려에게 그 패배가 얼마나 큰 충격이었는지 알 수 있다.]

수족과도 같았던 두 장군과 수많은 병사를 잃고 송악으로 귀환한 왕건은 당연히 복수를 위한 준비에 들어갔다. 하지만 실상 그것은 복수의 차원을 넘어 백제와 고려의 운명을 결정지을 열쇠를 쥐고 있는 신라가 견훤의 손에 넘어가는 일을 막아야 한다는 절박함에서 비롯된 행동이었다. 공산전투가 있은 이듬해, 김상金相이 *초팔성草八成에서 패배하고 *강주康州마저 견훤에게 넘어가자 더 기다릴 수 없게 된 왕건은 직접 군대를 이끌고 원정길에 나섰다. 그가 선택한 곳은 후백제군의 수중에 있던 요새 중의 요새, 바로 삼년산성이었다. 김헌창의 반란 이후 조용히 잠자고 있던 삼년산성은 두 나라의 관심이 고려와 신라를 연결하는 주교통로인 중원통로로 이동하면서 다시 전장의 중심이 되어 버린 것이다. 왕건은 삼년산성을 점령하여 공산전투의 패배를 만회하는 동시에 신라 및 백제의 중심부로 통하는 도로망을 장악할 생각이었다. 그러나 보은과 가까운 가은加恩에서 태어나고 성장한 견훤은 해당 지역의 전략적 가치를 확실히 인식하고 있었으며 준비만 잘 갖추고 있다면 삼년산성은 누구도 정복할 수 없는 요새라는 사실도 잘 알고 있었다.

928년 7월, 마침내 두 나라의 군대는 삼년산성에서 격돌했다. 왕건이 직접 참전한 만큼 전투의 규모는 대단했을 것이다. 그러나《삼국사기》는 물론 《고려사》에도 당시 상황이 상세히 기술되어 있지는 않다. 다만 고려군이 그 전투에서 패배하였으며 왕건은 다시 한 번 후백제 군의 거센 추격에 밀려 청주까지 후퇴했다가 다시 충주로 이동한 사실만이 기록되어 있을 뿐이다. 어쨌든 왕건은 또 한 번 완벽한 패배를 경험했다. 보은에서 청주를 거쳐 충주에 이르는 길은 1백 ㎞가 넘는 먼 길로 패배의 후유증은 그 거리만큼이나 컸다. 왕건은 탕정에 주둔 중이던 맹장 *유금필庾黔弼이 청주까지 진출하여 백제군을 견제해 준 덕분에 겨우 위기에서 벗어날 수 있었다.

공산전투와 삼년산성에서의 잇따른 패배로 왕건은 견훤의 탁월한 군사적 식견에 두려움을 느낀 듯하다. 군사력에서 열세에 있지 않았음에도 이후 고려는 뚜렷한 수세로 돌아섰기 때문이다. 신라에 대한 후백제의 공격과 약탈이 심화되었지만 고려는 나서지 않았다. 물론 그것에는 발해가 거란의 공격으로 멸망한 이후 북방의 상황이 매우 혼란스러웠던 탓도 있었다. 어쨌든 처음으로 확실한 우세를 점유하게 된 견훤은 신라와 고려의 연계를 차단할 목적으로 경북 북서부 지역으로 진출하여 차근차근 두 나라의 영역을 접수하기 시작했다. 그해 8월, 대야성 방면에서 *대목군을 거쳐 오어곡嗚於谷, 부계까지 진출함으로써 죽령과 연결되는 신라의 북방통로를 차단한 견훤은 11월에 오어곡성을 점령하면서 죽령이남 전부를 아우를 기세로 북상을 계속했다.

후백제군의 압력이 심화되자 죽령 남쪽의 주군들은 동요하기 시작했다. 저항과 투항의 기로에 서게 된 그들은 대대적인 군사행동에 나서지 않는 왕건이 자신들을 포기한 것으로 의심할 수밖에 없었다. 사태의 심각성을 깨달은 왕건은 929년 7월, 기주基州, 풍기에 행행하여 민심을 진정시키는 한편 후백제에 대한 군사적 대응을 준비했다. 하지만 상황은 순식간에 최악으로 치달았다. 왕건이 기주에 머무르던

유금필(?~941)
고려 초의 군인. 시호는 충절(忠節). 후백제에 여러 번 치명적 타격을 안겨주었으며 어느 전투에서도 패배한 기록이 없는 유능한 지휘관.

대목군
경북 칠곡군 약목면 일대.

의성부
경북 의성군 일대. 이때의 명칭은 문소군(聞韶郡). 의성부로 개편된 시기는 940년.

순주
경북 안동시 풍산읍(豊山邑) 일대.

바로 그때, 장군 홍술洪述이 *의성부義城府에 침입한 백제군과 싸우다 전사하고 *순주順州의 원봉元逢마저 견훤에게 항복하는 사태가 발생한 것이다. 특히 923년에 귀순한 이래 고려에 절대적으로 충성하며 영남 일대에서 견훤과 분투 중이던 홍술의 죽음은 왕건에게 개인적인 충격과 함께 만회하기 힘든 전략적 손실을 안겨 주었다. 그것으로 남북 양 방면에서 적 주력을 압박할 수 있던 이점이 사라진 반면 후백제군은 북쪽으로의 병력 집중이 가능하게 되었기 때문이다. 홍술의 군대가 붕괴됨으로써 이제 후백제군의 배후에는 더 이상 고려에게 군사적으로 도움이 될 수 없는 신라만이 몸을 웅크리고 있을 뿐이었다. 929년 9월, 왕건은 죽령로 주변의 군현이라도 보전할 목적으로 강주剛州, 영주까지 남하했지만, 그 자신의 표현을 빌자면 '한 팔을 잃어버린' 탓에 그 이상 할 수 있는 일은 없었다. 그해 겨울, 조령 방면을 공략하던 견훤은 강주에 주둔한 고려군을 무시하고 동쪽으로 방향을 전환하여 안동 지역까지 주력을 이동시켰다. 신라와 고려를 잇는 또 하나의 교통로인 동해안 루트를 차단하기 위한 행동이었다. 그것에 성공하면 신라는 견훤의 것이나 다름없었다.

그런데 930년 정월, 무려 네 달을 강주에 머물며 노심초사하던 왕건에게 결정적인 기회를 제공한 사건이 발생했다. 재암성載巖城 장군 선필善弼이 고려에 귀순해 온 것이다. 다른 때 같았으면 그것은 크게 주목할 만한 일이 아니었다. 후백제와 고려라는 큰 흐름 속에서도 여전히 군웅이 할거하던 시대에 그런 일은 비일비재했기 때문이다. 하지만 시의적절하게도 후백제군 주력이 안동지역으로 돌입한 바로 그 시점에 재암성이 손안에 들어온 것은 홍술의 전사로 실의에 빠져 있던 왕건에게는 하늘이 내려준 선물이나 다름없었다. 재암성의 소재지는 안동의 남쪽 경계에 접한 현재의 경북 청송군 진보면 지역이다. 왕건은 잃었던 한쪽 팔을 되찾게 된 것이다.

하지만 선필의 귀순은 하늘이 아닌 신라 경순왕의 선물이었을 것이다. 고려와 신라가 처음 접촉할 때 고려 사절단을 영접하여 금성까지 인도한 인물이 바로 선필이었다는 사실이, 그가 재암성을 기반으로 독자적인 세력을 형성하였다기보다는 신라의 일부로 남아 있었을 개연성을 제공하기 때문이다. 재암성이 신라에 속했던 사실은 〈삼국사기 신라본기〉 경순왕 4년 9월조의 '나라 동쪽 연해 주군의 부락들이 다 태조에게 귀부하였다.'는 내용, 그리고 같은 사실을 조금 구체적으로 기록한 〈고려사 태조세가〉 13년 2월조 '명주溟州로부터 흥례부興禮府에 이르기까지 항복한 성이 모두 110여 성이었다……. 북미질부北彌秩夫 성주 훤달萱達이 남미질부 성주와 함께 투항하여 왔다.'는 기록을 통해 유추할 수 있다. 명주는 강릉, 흥례부는 울산이며, 남북미질부성은 모두 현재의 흥해 지역에 있었음을 상기하면 이 기록들은 당시 고려의 영역이던 명주로부터 흥해를 거쳐 금성 남쪽 흥례부에 이르는 동해 연안의 주군들이 여전히 신라에 속해 있었음을 시사하는 것이다. 사서를 살펴보아도 해당 지역에 신라에 대한 반란이나 독립적인 세력이 존재했다는 기록은 찾아볼 수 없다. 그렇다면 이 사건은 앞서 언급한 바와 같이 고립의 위협에 직면한 신라가 고려를 이용해 그러한 상황을 타개할 목적으로 재암성을 왕건에게 이양한 것으로 보는 게 맞을 것이다. [선필의 귀순이 중요한 이유는 그것이 지극히 곤란한 처지에 놓여있던 고려에게 획기적인 타개책을 마련해 주었을 뿐 아니라 궁극적으로는 후삼국시대의 향방을 결정짓고 신라의 멸망을 몇 년이나 앞당기는 중대한 요인으로 작용했기 때문이다. 이때 왕건이 선필을 상부(尚父)라고 추켜세우며 웃어른으로 대접한 사실을 보아도 고려가 그 일로 얼마나 큰 이익을 취득했는지 알 수 있다. 왕건이 상부로 호칭한 인물은 후백제왕 견훤과 그 아버지인 아자개 뿐이었다.]

어쨌든 왕건은 기회를 놓칠세라 기주에 주둔 중이던 군대를 이끌고 전격적으로 남하하여 재암성 북쪽에 있는 °고창군古昌郡 °병산瓶山

고창군
경북 안동시 일대.

병산
경북 안동시 와룡면 서지리 가수천(嘉樹川) 주변 지역.

아래에 진영을 설치했다. 선필이 귀순한 지 불과 19일 만의 일이었다. 여유롭게 고창군 일대를 공략 중이던 견훤은 부랴부랴 군대를 수습하여 병산으로 향했다. 그러나 전투의 주도권은 고려군이 쥐고 있었다. 후백제군은 그 배후에서 심각한 위협을 받게 되었을 뿐 아니라 가은에서 포위전에 실패한 뒤 휴식도 없이 고창으로 이동하여 몇 달째 전투를 계속한 탓에 병사들의 체력 또한 현저히 저하된 상태였기 때문이다. 그렇다고 전투를 회피하고 도망칠 수도 없는 상황이었다. 그들이 선택할 수 있는 퇴각로는 의성 방면을 거치는 서쪽뿐이었다. 하지만 그러다가 선필의 군대에게 취약한 측면을 폭로당할 경우 전투도 못해 보고 궤멸당할 가능성이 높았기 때문이다. 물론 견훤이 전투를 회피할 인물은 아니었다. 더구나 그는 왕건과의 전투라면 얼마든지 승리할 자신이 있었다.

드디어 고려군의 정면으로 육박한 견훤은 병산과 불과 5백 보 거리인 석산石山에 군대를 정렬시킴으로써 오랜만에 만난 왕건에게 전투를 재촉했다. 그러나 그것은 실수였다. 마침내 접전이 벌어져 해질녘까지 치열한 백병전이 전개되었지만 결과는 당연하게도 후백제의 일방적인 패배였다. 그 싸움에서 발생한 백제군 전사자는 무려 8천 명에 달했다. 불과 한나절 동안 전개된 전투에서 8천 명이 전사한 사실은 견훤의 군대가 얼마나 무기력하게 무너졌는지를 알려준다. 포로와 부상자를 합치면 견훤의 병사 중 온전하게 살아 돌아간 숫자는 몇 되지 않았을 것이다. 전투 직전까지 무적을 구가하며 전장을 주름잡던 후백제군의 참담하고 치욕스러운 패배였다.

병산전투가 후삼국시대에 있어 가장 중요한 전투라는 주장에는 누구나 동의할 듯하다. 그 결과가 세 나라 모두의 미래에 결정적인 영향을 주었기 때문이다. 성공의 문턱에서 정예 병력 대부분을 잃는 일생일대의 패배를 경험한 견훤은 그것을 만회하고자 무리한 군사행동을 거듭하다 끝내 몰락을 자초하게 된다. 그는 퇴각 도중 순주를 약탈함으로써 정치적 포용력의 한계를 백일하에 노출시키는 추태를 보여주기까지 했다. 순주는 이미 몇 달 전 그에게 항복한 지역이었던 것이다. 반면 왕건은 단 한 번의 승리로 모든 것을 쟁취했다. 그는 견훤이 직접 지휘하는 백제 주력을 궤멸시켜 전쟁의 주도권을 되찾았을 뿐 아니라, 경북 지역 30개 군현과 앞서 말한 동해 연안 110여 성을 새로이 얻게 되는 큰 성과를 거두었다. 하지만 왕건에게 무엇보다 큰 소득은 마침내 신라가 금성 밖의 모든 영토를 상실하면서 일개 무기력한 소국으로 전락한 사실이었을 것이다. 신라가 후백제에 흡수되는 것을 막아낸 사실도 중요하지만, 명분이라는 측면에서 신라의 정통성을 계승할 필요가 있던 고려에게 신라의 약화는 평화로운 국가통합이라는 최선의 상황을 현실화하기 위해 꼭 필요한 조건이었다. 방법이 달랐을 뿐 후백제와 신라의 흡수를 전제로 한 분열국면의 종식과 통일국가 수립이라는 궁극적인 목적은 당연히 왕건과 궁예가 서로 다르지 않았기 때문이다. 한편, 더없이 불경하고 흉악한 존재였던 견훤의 패배에 신라는 축제분위기에 휩싸였다. 그러나 역설적이게도 그것이 신라의 멸망을 몇 걸음이나 앞당겼다는 사실을 깨닫기까지는 오랜 시간이 필요하지 않았다. 정신을 차렸을 때 신라의 집권자들이 발견한 것은 그나마 남아 있던 영토를 모두 잃고 한순간에 고려의 속국으로 전락한 신라의 비참한 현실이었다. 신라에게 국가를 유지할 무력적 기반이나 왕실을 지탱할 물적 토대 따위는 더 이상 존재하지 않았다. 신라는 이제 고려의 영토에 둘러싸인 금성에 국한한 허울뿐인 왕국으로 전락하고 만 것이다. 이듬해 2월, 왕건은 불과 50여 명의 기병만을 대동한 채 금성을 방문해 비탄에 빠진 경순왕을 눈물로 위로해 주었지만 실상 그것은 사냥에 성공한 포식자의 눈물에 다름 아니었다. 그는 수십 일을 금성에 머물며 고매한 인품을 과시한 끝에 급기야 신라의 민심마저 **빼앗아** 갔다.

신라의 멸망을 이야기하면서 병산전투 이후 몇 년 동안 고려와 후백제 사이에 벌어진 일을 언급하는 것은 무의미하다. 왜냐하면 그 일들은 신라의 멸망과는 아무런 관련이 없는 두 나라 간 주도권 쟁탈전에 다름 아니기 때문이다. 물론 후백제는 다시는 전쟁의 주도권을 탈환할 수 없었다. 934년, 운주雲州, 홍성 방면에서 대공세를 감행한 고려에게 웅진 이북의 30여 개 성을 탈취당하면서 노쇠한 견훤 치하의 후백제가 몰락의 길로 접어들자 대세가 고려 쪽으로 기울었다는 사실은 명백해졌다. 그리고 신라의 장래도 명백해졌다. 935년 10월, 경순왕은 신하들을 불러 국가를 고려에 이양할 결심을 밝혔다. 허울뿐인 국가를 유지하느니 차라리 안락사를 선택해 백성들을 평화롭게 하자는 게 그의 뜻이었다. 하지만 어떤 사람들에게 그것은 패륜적인 자살행위일 뿐이었다. 그들은 힘이 다할 때까지 애써보다가 그래도 되지 않으면 그때 가서 결정할 일이라고 주장했다. 물론 그것은 가능한 일이 아니었고 경순왕의 결심을 돌이킬 수도 없었다. 그러나 천년왕국의 마지막 가는 길에 그러한 목소리라도 없었다면 아마도 경순왕은 더욱 서글펐으리라. [이 회의석상에서 오고간 이야기는 당시 신라가 안팎에서 받았던 압력의 강도를 적나라하게 표현하고 있다. 그때 국체이양에 적극 반대했던 왕자(마의 태자, 麻衣太子)는 '충신, 의사들과 더불어 민심을 끌어 모아 (나라를)굳건히 지켜보다가 힘이 다한 이후에나 포기할 일'이라며 내부분열의 양상을 시사했고, 경순왕은 '죄 없는 백성으로 하여금 그 간과 뇌를 땅에 바르도록 하는 것은 내가 차마 할 수 없는 바이다.'라고 하여 외부로부터의 압력을 적시했다. 후백제가 쇠락한 마당에 모두가 고려를 의식한 언급이었음은 굳이 말할 것도 없다.]

더 이상의 논쟁은 허용되지 않았다. 경순왕은 곧바로 시랑 김봉휴金封休를 개경에 파견해 고려로의 귀순을 청하는 국서를 전달했고 11월에 왕건은 대상 왕철王鐵을 신라로 보내 경순왕의 귀순행렬을 인도

전쟁의 시대

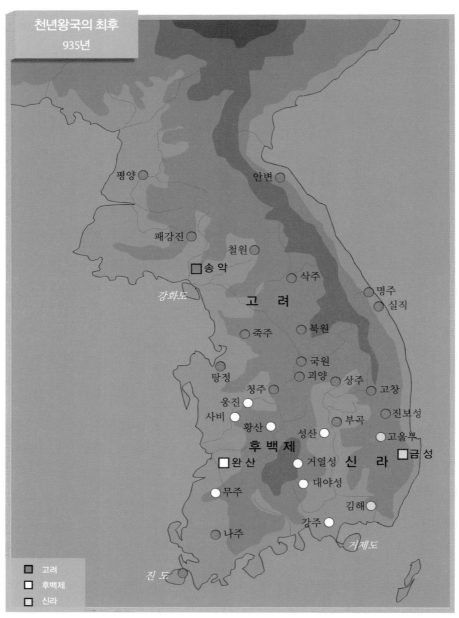

천년왕국의 최후
935년

평양
안변
패강진
철원
송악
삭주
강화도
명주
실직
고 려
죽주
북원
국원
탕정
괴양
상주
청주
고창
웅진
진보성
사비
황산
성산
부곡
고울부
후백제
거열성
금성
완산
거열성 **신 라**
무주
대야성
김해
강주
나주
거제도
진도

■ 고려
□ 후백제
□ 신라

935년, 신라가 고려에 병합되기 직전의 상황이다. 왕권을 둘러싼 신라 귀족사회의 분열과 상쟁은 민생의 파탄으로 이어졌고 그것은 곧 민중의 불만을 등에 업은 지역 정권의 난립을 야기하여 수도 주변을 제외한 전국은 군웅이 할거하는 극도의 혼란 속으로 빠져들었다. 그들 중 고구려의 영토였던 강원도 북부의 궁예와 옛 백제 땅인 전라도 지역의 견훤은 민중들의 뇌리에서 2백여년 전의 원한을 끌어내 해당 지역을 통합하는 데 성공하고 각각 후고구려와 후백제라는 거대 세력으로 성장함으로써 또다시 세 나라는 치열한 생존 경쟁에 돌입하게 되었다. 하지만 이미 국가로서의 수명을 다한 신라는 다른 두 나라에게 일방적으로 밀리면서 마침내 1천 년의 굴곡 많던 역사를 정리하고 사라지고 만다.

하도록 했다. 신라왕의 마지막 행차를 사서는 이렇게 적고 있다.

아름다운 수레와 보배로 치장한 말들이 30여 리를 이어져 길은 사람들로 막히고 구경꾼은 담장을 두른 듯하였다.

香車寶馬 連亘三十餘里 道路塡咽 觀者如堵

삼국사기 신라본기 경순왕 9년 11월

얼마 전까지 신라의 백성이던 구경꾼들은 그 화려한 마차와 보배들에 둘러싸인 경순왕을 바라보며 무슨 생각을 했을까? 그렇게 신라는 삭풍이 몰아치던 935년의 겨울 어느 날 무려 11세기에 걸친 기나긴 여정을 마감하고 역사의 격류 속으로 사라졌다. 6백 년에 걸친 생존경쟁의 마지막 과정에서 자신의 손으로 멸망시킨 두 나라와 같은 이름을 가진 백제와 고려에 밀려 비참한 쇠락의 길을 걷다가 이번에는 삼국 중 가장 먼저 멸망하는 국가가 된 것이 신의 간섭인지 아니면 역사의 필연인지는 모르겠다. 그러나 모든 국가는 흥망성쇠의 운명을 벗어날 수 없으며 바로 그것이 세상을 앞으로 나아가게 하는 힘이다. 때문에 비록 용광로처럼 모든 것을 불태우던 시대, 전쟁으로 시작되어 전쟁으로 막을 내린 역사일지라도 그 또한 오늘 우리가 살아가는 현실을 있게 한 근원인 것이다.

◆ 천년왕국의 몰락 ◆

한국 고대사 전쟁 연표(年表)

BC 57 ~ AD 677

전쟁의 시대

시 기	고구려	백 제	신 라
BC 57			박혁거세, 서나벌 6촌 연맹 결성
BC 50			왜인의 침공
BC 37	고주몽(추모), 고구려 건국 말갈 격파		
BC 36	추모왕, 비류국 병합		
BC 32	오이 · 부분노, 행인국 병합		
BC 28	부위염, 북옥저 병합		낙랑인의 침공
BC 18		온조, 백제 건국	
BC 16		말갈, 북부 국경에 침공	
BC 11		말갈, 위례성을 포위	
BC 10		말갈, 북부 국경에 침공	
BC 8	부분노, 선비족 공격	말갈, 병산책 격파	
BC 6	부여의 침공	한수 남쪽으로 천도	
BC 2		낙랑, 위례성을 공격	
BC 1		칠중하에서 말갈군 격파 온조왕, 낙랑침공 실패	
AD 4		부현 동쪽에서 말갈 격파	낙랑, 수도 금성을 포위
AD 8		온조왕, 마한을 기습침공	
AD 9	태자 해명 자살 부여 대소왕, 복속을 강요함	마한의 원산 · 금현 2성 점령 온조왕, 마한의 멸망을 선언	
AD 12	신 장군 엄우, 변경에 침공		
AD 13	학반령에서 부여의 침공을 격퇴		
AD 14	오이 · 마리, 양맥 병합 오이 · 마리, 현도 고구려현 점령		왜인, 해안 지역 약탈 낙랑인, 금성공략 중 퇴각
AD 16		우곡성에서 마한저항군 진압	
AD 22	대무신왕, 부여를 침공 괴유, 부여 대소왕 살해	말갈, 술천 · 부현 2성을 공격	
AD 26	개마 · 구다 2국을 병합		
AD 28	한 요동태수, 위나암성 포위		

시 기	고구려	백 제	신 라
AD 30		흘우, 말갈 격파	
AD 31		곤우, 말갈 격파	
AD 32	대무신왕, 낙랑국 공격		
AD 34		말갈, 마수성·병산책 습격	
AD 36			낙랑, 북쪽변경 타산성 점령
AD 37	대무신왕, 낙랑국 병합		
AD 40			화려·불내, 북쪽변경에 침공
AD 47	대가 대승, 낙랑군에 투항		
AD 49	요서침공(북평·어양·상곡·태원)		
AD 55	태조대왕, 요서 지역에 10성 축조	말갈, 북쪽변경에 침공	
AD 56	태조대왕, 동옥저 정복		
AD 61			마한장군 맹소 투항
AD 63		다루왕, 신라에 회담요구	탈해왕, 백제의 회담요구 거부
AD 64		신라의 와산·구양 2성을 공격	와산·구양전투에서 백제군 격퇴
AD 66		신라의 와산성을 점령	백제로부터 와산성을 탈환
AD 68	태조대왕, 갈사국 병합		
AD 70		신라를 공격	
AD 72	태조대왕, 조나 정복		
AD 73			왜인, 목출도에 침입
AD 74	태조대왕, 주나 정복	신라의 변경을 침공	
AD 75		신라의 와산성을 점령	
AD 76			백제로부터 와산성 탈환
AD 77			가야와 황산진구에서 격전
AD 79			우시산·거칠산 2국 병합
AD 85		신라의 변경을 공격	
AD 94			가야, 마두성을 포위공격
AD 96			가야, 남쪽변경을 공격
AD 102			읍즙벌·실직·압독 3국을 공격
AD 104			읍즙벌국을 공격
AD 105	한 요동군의 6현을 공격	신라와 화의	백제와 화의

시 기	고구려	백 제	신 라
AD 106			마두성주, 가야를 공격
AD 108		말갈, 우곡 지역을 약탈	비지 · 다벌 · 초팔 3국을 병합
AD 111	한 현도군을 공격		
AD 115			가야, 남쪽변경에 침공 지마이사금, 가야를 공격
AD 116			가야침공 중 악천후로 퇴각
AD 118	현도군 및 화려성을 공격		
AD 121	한 유주자사 풍환, 예맥을 공격 왕자 수성, 현도 · 요동 2군 공격 한 요동군 요대현 공격 한 현도성을 포위공격		왜인, 동쪽변경에 침공
AD 124	한과 화의 성립		
AD 125		신라에 구원군 파견	백제와 연합하여 말갈 격파
AD 132		북한산성 축조	
AD 137			말갈, 장령책 소각
AD 139			말갈, 장령을 공격
AD 146	한 요동군 서안평현을 공격		압독의 반란을 진압
AD 156			계립령 개통
AD 158			죽령 개통
AD 165	명림답부의 반란, 차대왕 피살 신대왕 즉위		아찬 길선, 백제로 망명 백제를 공격
AD 167		초고왕, 신라 서부 국경 2성 점령	아달라이사금, 백제를 공격
AD 168	한 현도태수 경림의 침공		
AD 169	현도군과 연합, 부산의 적 공격		
AD 170		신라 변경을 공격	
AD 172	명림답부, 제1차 좌원전투 승리		
AD 184	고국천왕, 제2차 좌원전투 승리		
AD 185			구도 · 구수혜, 소문국 정복
AD 188		신라 모산성을 공격	
AD 189			구도, 구양에서 백제군 격파
AD 190		신라의 원산향 · 부곡성을 공격	구도, 와산에서 백제군에 패배

시 기	고구려	백 제	신 라
AD 199		신라의 변경을 공격	
AD 201			가야와 화친
AD 203			말갈, 변경에 침입
AD 204		신라 요거성을 공격	요거성주 설부 전사 이벌찬 이음, 백제 사현성 점령
AD 208			왜인, 변경에 침입
AD 209			석우로, 가야에서 포상8국 격퇴
AD 210		말갈, 사도성에 침공	골포 등 3국, 갈화성에 침공
AD 214		말갈의 석문성을 탈취 말갈, 술천에 진입	
AD 216		말갈, 적현성을 포위 구수왕, 사도성에서 말갈 격파	
AD 218		신라 장산성을 포위공격	
AD 220		말갈, 북쪽변경을 약탈	
AD 222		신라 우두진을 침공	충훤, 웅곡에서 백제군에 패배
AD 224		봉산전투 패배	일길찬 연진, 백제 봉산에 침공
AD 229		말갈, 우곡의 경계 지역을 약탈	
AD 231			석우로, 감문국 병합
AD 232			왜인, 금성 포위공격 중 궤멸
AD 233			석우로, 사도에서 왜인 격파
AD 236	오나라 손권의 사신을 살해		골벌국 병합
AD 238	위와 연합하여 공손연 공격		
AD 240		신라의 서쪽변경을 침범	
AD 242	동천왕, 서안평 공격		
AD 245	신라의 북쪽 국경을 공격 위 유무·궁준, 동예 침공		석우로, 고구려군에 패퇴
AD 246	위 유주자사 관구검의 침공	좌장 진충, 낙랑군 변경을 공략	
AD 248	동천왕, 신라의 화친 요청 수락		고구려에 화친을 요청
AD 249			석우로, 왜인에 피살
AD 255		신라와 괴곡 서쪽에서 접전 신라 봉산성을 공격	장군 익종, 괴곡전투에서 전사
AD 259	중천왕, 양맥에서 위군 격파.		

시 기	고구려	백 제	신 라
AD 266		신라의 봉산성을 공격	봉산성주 직선, 백제군 격퇴
AD 272		신라의 변경을 공격	
AD 278		신라의 괴곡성을 포위공격	파진찬 정원, 괴곡성 구원
AD 280	달가, 숙신을 격파		
AD 283		신라의 변경을 침공 신라의 괴곡성을 포위공격	일길찬 양질, 괴곡성 구원
AD 286	대방에 침공	책계왕, 대방에 구원병 파병 아단성·사성 축조	
AD 287			왜인, 일례부를 기습공격
AD 292	봉상왕, 숙부 달가를 살해함		왜군, 사도성 공격
AD 293	북부소형 고노자, 모용외를 격퇴		사도성 개축
AD 294	창조리, 국상에 발탁		왜군, 장봉성 공격
AD 296	모용외, 고국원에 침입		이서고국, 수도 금성을 공격
AD 298		한(漢)·맥인의 침공, 책계왕 전사	기림이사금 즉위
AD 300	국상 창조리, 봉상왕 축출		왜국과 사신 교환
AD 302	미천왕, 현도군 공격		
AD 304		분서왕, 낙랑 서부 지역 기습 점령 분서왕, 낙랑태수의 자객에 피살	
AD 311	미천왕, 서안평 점령		
AD 313	미천왕, 낙랑군 공격		
AD 314	미천왕, 대방군 공격		
AD 315	미천왕, 현도성 격파		
AD 319	모용선비의 극성을 공격 모용선비 모용인, 요동 진입 모용선비 장통, 하성 점령 요동의 모용선비를 공격		
AD 321	요동에서 모용선비와 접전		
AD 339	연왕 모용황, 신성 공격		
AD 342	연왕 모용황, 환도성 점령		
AD 345	연 모용각, 남소성 점령		왜국, 국교 단절을 통보
AD 346		근초고왕 즉위	이벌찬 강세, 왜군을 격퇴
AD 364			내물마립간, 부현에서 왜군 격멸

시 기	고구려	백 제	신 라
AD 369	고국원왕, 백제 치양에 침공	태자 구수, 치양전투 승리	
AD 371	백제와 패하에서 접전 고국원왕, 평양전투에서 전사	근초고왕, 패하전투 승리 근초고왕, 고구려 평양성을 공격	
AD 373	소수림왕, 율령 반포	독산성주, 신라로 망명	
AD 375	백제 수곡성을 점령		
AD 376	백제 북쪽변경을 침공		
AD 377	백제를 공격(11월)	고구려 평양성을 공격(10월)	
AD 378	거란, 북쪽변경 8개 부락을 탈취		
AD 385	후연의 요동·현도 2군을 점령 후연, 요동·현도 2군을 탈취		
AD 386	백제를 공격	북부 지역에 국경 방어선 축조	
AD 387		말갈과 관미령에서 접전	
AD 389		고구려의 남부 국경에 침입	
AD 390		진가모, 고구려 도곤성 점령	
AD 391	광개토왕, 백제 10성 점령 광개토왕, 북부 국경의 거란 토벌 광개토왕, 백제 관미성 점령	말갈, 북쪽변경 적현성 점령	
AD 392		고구려 남부 국경을 공격	실성, 고구려에 볼모로 파견
AD 393	남부 국경에 7성 수축	좌장 진무, 관미성 탈환 실패	내물마립간, 독산에서 왜군 격파
AD 394	백제와 수곡성에서 접전	수곡성에서 고구려에 패배	
AD 395	패수에서 진무의 백제군을 대파 광개토왕, 패려 정벌	패수전투 패배, 8천 병력 상실 아신왕, 고구려 침공 중 퇴각	실직 벌판에서 말갈을 격파
AD 396	광개토왕, 백제 수도에 육박	아신왕, 광개토왕에 항복	
AD 397		왜국과 군사동맹 체결	
AD 398	백신토곡 점령	아신왕, 고구려로 진군 중 퇴각	
AD 399	후연, 신성·남소성 점령		가야·왜 연합군의 대규모 침입
AD 400	광개토왕, 신라에 5만 병력 파견		가야·왜 연합군 전면퇴각
AD 401	후연 숙군성을 점령		실성, 고구려에서 귀국
AD 402		아신왕, 왜국에 사신 파견	실성이사금 즉위
AD 403	후연을 공격	왜국에서 사신을 보내옴	백제, 변경 지역을 침범
AD 404	후연왕 모용희, 요동성 공격 실패 백제·왜의 대방침공을 격퇴	대방전투에서 고구려에 패배	

시 기	고구려	백 제	신 라
AD 405	후연, 목저성에 침공	전지왕 즉위	실성이사금, 독산에서 왜군 격파
AD 407	5만 병력으로 백제 공격	전지왕, 3좌평 경질	왜인, 동쪽·남쪽변경에 침입
AD 408	동쪽 지역에 독산 등 6성 수축	전지왕, 상좌평제 신설	왜인, 대마도에 병영 설치
AD 410	동부여를 공격		
AD 415			풍도에서 왜인 격파
AD 417		사구성 축조	
AD 427	장수왕, 평양 천도		
AD 431			왜군, 명활성 포위공격
AD 433		비유왕, 신라에 화친을 요청	눌지마립간, 백제와 화친
AD 436	북연왕 풍홍, 망명을 위해 입국		
AD 440			왜인, 남쪽·동쪽 변경에 침범
AD 444			왜인, 수도 금성을 포위공격
AD 450	장수왕, 신라를 보복 공격		하슬라 성주 삼직, 고구려군 공격
AD 454	신라 북쪽변경을 공격		
AD 455	백제를 공격	개로왕 즉위, 신라와 군사동맹	백제에 구원 병력 파견
AD 459			왜인, 월성 포위공격
AD 462			왜인, 활개성 습격
AD 463			장군 벌지·덕지, 왜인 격파
AD 468	신라 실직주성을 점령		북부 국경 이하에 축성
AD 469		고구려 남쪽변경을 공격 청목령에 목책 설치	
AD 470			삼년산성 완공
AD 472		북위에 고구려 공격을 요청	
AD 475	장수왕, 백제 수도 한성 공격	개로왕, 고구려 군대에 피살 문주왕, 웅진으로 천도	백제에 1만 병력 지원
AD 476			장군 덕지, 왜군 격파
AD 477			왜군의 침공
AD 480			말갈, 북쪽변경을 공격
AD 481	신라의 호명 등 7성 점령		백제·대가야와 함께 고구려 격파
AD 482		말갈, 한산성을 습격	왜인, 변경을 침범
AD 484	모산성에서 신라·백제군에 패배		

시 기	고구려	백 제	신 라
AD 486		우두성 축성	왜인, 변경을 침범
AD 488		1차 백제·북위전쟁	
AD 489	신라 북쪽변경의 호산성 점령		
AD 490		2차 백제·북위전쟁 사현·이산 2성 축성	
AD 494	살수원에서 신라군 격퇴 견아성에서 신라·백제군에 패배	신라에 구원병력 3천 파견	살수원전투 패배 견아성에서 고구려와 접전
AD 495	치양성침공 실패	치양성에서 고구려군 격파	치양성의 백제군에 병력 지원
AD 496	신라의 우산성을 공격		실죽, 이하에서 고구려군 격퇴
AD 497	신라의 우산성을 점령		왜인, 변경을 침범
AD 498		사정성 축조 동성왕, 탐라정벌 추진	
AD 500			왜인, 장봉진을 점령
AD 501		탄현 목책 및 가림성 축조 달솔 우영, 고구려 수곡성 공격	
AD 502		고구려 국경을 침범	
AD 503		말갈, 마수책 소각 말갈, 고목성 공격 중 패퇴	국호를 신라로 확정
AD 504			파리·미실·골화 등 12성 축조
AD 505			소가야 병합
AD 506	백제 침공 중 폭설로 퇴각	말갈, 고목성 격파	
AD 507	고노, 백제 한성을 공격	고목성 목책 및 장령성 축조	
AD 512	백제의 가불·원산 2성 점령	무령왕, 위천에서 고구려군 격파	이사부, 우산국 공략
AD 518			주산성 축조
AD 523	백제를 공격	쌍현성 축조 진충, 패수에서 고구려군 격파	
AD 526		웅진성 개축 및 사정책 설치	
AD 529	안장왕, 백제 혈성 점령 오곡원에서 백제군 격파	성왕, 대가야로부터 다사진 탈취	
AD 532			금관가야 병합
AD 538		성왕, 사비 천도 단행	아라가야 병합
AD 540		장군 연회, 고구려 우산성 공격	진흥왕 즉위

시 기	고구려	백 제	신 라
AD 541		신라와 대고구려 군사동맹	백제와 군사동맹 결성
AD 548	백제의 독산성을 공격	독산성에서 고구려군 격파	독산성의 백제군을 지원
AD 550	백제의 금현성을 점령	고구려의 도살성을 점령	도살·금현 2성을 기습 점령
AD 551	돌궐, 신성·백암성 공격 중 패퇴	성왕, 고구려 평양까지 북진	죽령이북 고구려 10개 군 점령
AD 553			백제 동북 지역에 신주 설치
AD 554	백제 웅천성을 공격	관산성전투 패배, 성왕 전사 위덕왕, 신라 진성 공격	김무력, 관산성에서 백제군 격파
AD 561		신라 변방을 침공	
AD 562			이사부·사다함, 대가야 병합
AD 577	북주 무제, 요동에 침공 온달, 배산에서 북주 군대 격파	신라의 서쪽 주군을 공격	세종, 일선에서 백제군 격퇴 내리서성 축조
AD 578			백제 알야산성을 공격
AD 579		웅현·송술·산산 3성 축조	진평왕 즉위
AD 598	영양왕, 요서 공격 수 원정군 30만, 침공도중 궤멸	수나라에 고구려 공격을 요청 고구려의 침공	
AD 602		신라의 아막성(모산성)을 공격 해수, 4만 병력으로 신라 침공	진평왕, 모산성에서 백제군 격파 천산성에서 해수의 백제군 격파
AD 603	고승, 신라 북한산성을 공격		
AD 605		각산성 축조	백제를 공격
AD 607	백제의 송산·석두 2성을 공격		
AD 608	신라의 북쪽변경을 침공 신라의 우명산성을 점령		수 문제에 고구려 공격을 요청
AD 611		신라의 가잠성을 점령	수 양제에 고구려 공격을 요청 현령 찬덕, 가잠성에서 전사
AD 612	수 양제, 110만 병력으로 침입 수 양제, 요동성 포위 수 내호아, 평양성에서 패배 을지문덕, 살수전투 승리		
AD 613	수 양제, 제2차 침공 수 왕인공, 신성 공략 실패		
AD 614	수 양제, 제3차 침공		
AD 616		달솔 백기, 신라 모산성 공격	
AD 618	영류왕 즉위		군주 변품, 백제 가잠성 공격

시 기	고구려	백 제	신 라
AD 621	당과 화의 성립		
AD 623		신라의 늑로현을 공격	
AD 624	영류왕, 당에 책력 반포 요청	속함 등 신라 6성 점령	급찬 눌최 전사
AD 626		신라 왕재성을 공격	왕재성주 동소 전사
AD 627		사걸, 신라 서쪽변방 2성 점령	
AD 628	영류왕, 당에 봉역도 전달	신라의 가잠성을 포위	
AD 629	낭비성전투 패배		김서현, 고구려 낭비성 점령
AD 631	서부 국경에 천리장성 축조		칠숙·석품의 반란
AD 632		마천성 개축	백제군의 침입을 격퇴
AD 633		신라의 서곡성을 점령	
AD 636		우소, 신라 독산성을 습격	알천, 독산성에서 백제군 격파
AD 638	신라 칠중성을 공격		알천, 칠중성에서 고구려군 격파
AD 642	연개소문의 반란, 영류왕 피살	의자왕, 신라 서쪽 40여 성 점령 윤충, 신라 대야성 점령	대야성주 품석, 백제군에 피살 선덕여왕, 고구려에 김춘추 파견
AD 643	백제와 군사동맹	고구려와 함께 신라 당항성 공격	당나라에 구원 병력 파견을 요청
AD 644	당 영주도독 장검, 변경에 침입		김유신, 백제 7성 점령
AD 645	당 태종, 요동에 침공 안시성전투 승리, 당군 전면퇴각	신라 서쪽 7성 점령	3만 병력으로 당군 지원
AD 647	당 좌무위대장군 우진달의 침공	의직, 신라의 무산 등 3성 공격	비담·염종의 반란
AD 648	당 오호진장 고신감의 침공 당 설만철, 박작성을 공격	의직, 신라의 요거 등 10성 점령	김유신, 옥문곡에서 백제군 격퇴 김춘추, 당에 백제 공격을 요청
AD 649		은상, 신라의 석토 등 7성 점령	김유신, 도살성에서 백제군 격파
AD 654	장군 안고, 거란을 공격		태종무열왕 김춘추 즉위
AD 655	백제와 함께 신라 33성 탈취 당 정명진·소정방, 요동 침공		백제의 조천성을 공격
AD 658	당 정명진·설인귀의 침공을 격퇴		
AD 659	온사문, 설인귀와 횡산에서 접전	신라의 독산·동잠 2성을 공격	무열왕, 당에 백제 공격을 요청
AD 660	당, 4개 행군으로 서부 국경 침공 신라 칠중성을 공격	신라·당 18만 병력의 전면 침공 황산전투 패배, 계백 전사 의자왕, 웅진에서 항복 백제부흥전쟁 시작	김유신, 황산에서 백제군 격파 칠중성에서 군주 필부 전사

시 기	고구려	백 제	신 라
AD 661	당 35개 군, 전면 침공 소정방, 평양성 공격 중 패퇴 연남생, 당 설필하력 격파 뇌음신, 신라 북한산성을 공격	좌평 복신, 주류성에서 거병 부흥군, 사비성 공격 두량윤성·빈골양에서 신라 격파 왕자 부여풍, 왜군 5천명과 입국 부흥군, 웅진 공격	상주·낭당 군대, 백제군 격파 문무왕 즉위
AD 662	연개소문, 사수에서 당군 격멸 당군, 전면퇴각	왜왕 천지, 군수물자·병력 지원	백제 지라성 등 5성 격파
AD 663		부여풍, 복신을 살해 백강구전투 패배 주류성·임존성 함락 부여융, 웅진도독에 취임	백제 거열성 등 4성 격파 백강구에서 백제·왜 연합군 격파
AD 664	신라·당 연합군, 돌사성 격파	부여융, 사비산성의 부흥군 격파	
AD 665	대막리지 연개소문 사망	부여융·문무왕, 취리산 서맹	
AD 666	대막리지 연남생, 당에 망명		
AD 667	당 요동도행군대총관 이적 침공 당, 신성 등 요동 4성 점령		고구려 귀족 연정토 입국
AD 668	당, 부여성·압록책·욕이성 점령 신라·당 연합군, 평양성 포위 보장왕 항복		
AD 669	보장왕자 안승, 신라로 망명		문무왕, 웅진도독부를 공격
AD 670	고연무, 개돈양에서 당군 격파 대형 검모잠, 한성에서 거병 검모잠, 안승을 왕으로 옹립 검모잠, 당 대장군 고간과 접전 안승, 검모잠 살해 후 도주		고구려저항군과 동맹 결성 사찬 설오유, 개돈양전투 참전 웅진도독부 관할 75성 점령 문무왕, 안승을 고구려왕에 책봉
AD 671	고간, 안시성 점령 고간의 당 기병 4만, 평양 도착 고간의 군대, 대방 지역으로 남하	신라, 웅진 남쪽에 육박 신라 장군 죽지, 가림성 침공	말갈, 설구성 공격 석성전투에서 당군 격파 백제 영내에 소부리주 설치 급찬 당천, 당 수송선단 격파
AD 672	당군, 한시·마읍 2성 점령 고구려·신라, 백수성전투 승리 고구려·신라, 석문전투 패배	웅진도독부 와해	웅진도독부 고성·가림 2성 공격 한산에 주장성 축성 겸이대후 등 당군 포로 석방

시 기	고구려	백 제	신 라
AD 673	저항군 주력, 호로하에서 궤멸 저항군 잔존병력 신라로 망명 당군, 우잠성·대양성·동자성 점령		태대각간 김유신 사망 사열산성 등 9성 증축 서해에 병선 100척 증강 당군의 한강도하를 저지
AD 674			당 고종, 신라왕에 김인문 임명
AD 675			당 대총관 유인궤, 칠중성 공격 천성전투, 설인귀의 당군 격파 매소천전투, 이근행의 당군 퇴각 안북하 연안에 관방 설치 말갈, 아달성 공격 실패 칠중성에서 당군 격파 말갈, 적목·석현 2성 격파
AD 676		부여융, 웅진도독·대방군왕 책봉	당군, 도림성 점령 사찬 시득, 기벌포해전 승리
AD 677	당, 보장왕을 조선왕에 책봉	당, 건안성에 웅진도독부 재설치	당 안동도호부, 신성으로 이동 나당전쟁 종료

참고문헌

사료

《삼국사기(三國史記)》

《삼국유사(三國遺事)》

《고려사(高麗史)》

《고려사절요(高麗史節要)》

《조선왕조실록(朝鮮王朝實錄)》

《동국통감(東國通鑑)》

《동사강목(東史綱目)》

《사기(史記)》

《한서(漢書)》

《후한서(後漢書)》

《삼국지(三國志)》

《진서(晉書)》

《남사(南史)》

《북사(北史)》

《위서(魏書)》

《북제서(北齊書)》

《주서(周書)》

《송서(宋書)》

《남제서(南齊書)》

《양서(梁書)》

《진서(陳書)》

《수서(隋書)》

《구당서(舊唐書)》

《신당서(新唐書)》

《통전(通典)》

《자치통감(資治通鑑)》

《일본서기(日本書紀)》

《역대병요(歷代兵要)》

《동국병감(東國兵鑑)》

《무경총요(武經總要)》

《신증동국여지승람(新增東國輿地勝覽)》

《아방강역고(我邦疆域考)》

《대동지지(大東地志)》

《선역도(鮮域圖)》

《청구전도(靑邱全圖)》

《대동여지도(大東輿地圖)》

〈고구려광개토대왕릉비문(高句麗廣開土大王陵碑文)〉

〈단양신라적성비문(丹陽新羅赤城碑文)〉

〈중원고구려비문(中原高句麗碑文)〉

〈북한산신라진흥왕척경비문(北漢山新羅眞興王拓境碑文)〉

〈창녕신라진흥왕척경비문(昌寧新羅眞興王拓境碑文)〉

〈황초령신라진흥왕척경비문(黃草嶺新羅眞興王拓境碑文)〉

〈마운령신라진흥왕척경비문(摩雲嶺新羅眞興王拓境碑文)〉

〈신라문무대왕릉비문(新羅文武大王陵碑文)〉

〈관구검기공비문(毋丘儉紀功碑文)〉

〈대당평백제국비명(大唐平百濟國碑銘)〉

〈유인원기공비문(劉仁願紀功碑文)〉

〈천남생묘지명(泉男生墓誌銘)〉

〈예식진묘지명(禰寔進墓誌銘)〉

〈대당고김씨부인묘명(大唐故金氏夫人墓銘)〉

〈낙랑군초원4년현별호구목간(樂浪郡初元四年縣別戶口木簡)〉

보고서 · 도록

경기도박물관, 《경기도의 고구려 문화유산》, 2007.

경주문화재연구소, 《남미질부성 -지표조사보고서》, 1993.

고구려연구회 윤독회, 《광개토태왕비 원문과 번역문》, 2001.

국립가야문화재연구소, 《경남의 성곽 -학술조사보고 제40집》, 2008.

_____, 《비사벌 -송현동 6 · 7 · 15호분 발굴조사성과 전시도록》, 2010.

국립경주박물관, 《경주 조양동유적 1》, 2000.

국립김해박물관, 《한국 고대의 갑옷과 투구 특별전 도록》, 2002.

국립문화재연구소, 《광개토대왕릉비 탁본도록》, 1996.

_____, 《군사보호구역 문화유적 지표조사보고서》, 2000.

_____, 《풍납토성 Ⅰ》, 2001.

_____, 《풍납토성 Ⅱ》, 2002.

_____, 《북한문화재 해설집 Ⅰ》, 1997.

_____, 《북한문화재 해설집 Ⅲ》, 2002.

국립부여문화재연구소, 《백제의 짚신》, 국립부여문화재연구소 학술연구총서 제35집, 2003.

국립부여박물관, 《백제의 문물교류 특별전 도록》, 2004.

_____, 《백제인과 복식 특별전 도록》, 2005.

국립전주박물관, 《부안 죽막동 제사유적》, 1994.

국립창원문화재연구소, 《함안 성산산성》, 1998.

_____, 《함안 마갑총》, 2002.

_____, 《가야와 그 전환기의 고분문화》, 2007.

남도문화재연구원, 《마로산성》, 2005.

_____, 《고락산성》, 2005.

단국대학교 매장문화재연구소, 《파주 칠중성 -지표조사 보고서》, 2001.

_____, 《연천 은대리성 -지표 및 시·발굴조사 보고서》, 2004.

_____, 《포천 반월산성 -종합 보고서Ⅰ·Ⅱ》, 2004.

단양군, 《단양군지 상·하》, 2005.

증평군, 《증평군지 상·하》, 2005.

문화재청, 《'98문화재 수리보고서 -국가지정문화재 상·하》, 1998.

_____, 《'99문화재 수리보고서 -국가지정문화재 상·하》, 1999.

서울역사박물관, 《서울특별시 문화유적 지표조사 종합보고서》, 2005.

예산군-충남발전연구원, 《예산 임존성 -문화유적정밀지표조사》, 2000.

중원문화재연구원, 《문경 고모산성 -지표조사 보고서》, 2004.

_____, 《문경 고모산성 -서문지·남문지 일원 발굴조사 보고서》, 2004.

_____, 《보은 삼년산성》, 2004.

_____, 《진천 도당산성 -지표·시굴조사 보고서》, 2005.

_____, 《청원 낭비성 -지표조사 보고서》, 2005.

_____, 《청원 부용면지역 산성 -지표조사 보고서》, 2005.

_____, 《보은 삼년산성 발굴정비 기초설계 보고서》, 2006.

충청남도, 《문화유적총람 -성곽, 관아 편》, 1991.

충청매장문화재연구원, 《대전 월평동산성 -발굴조사 보고서》, 2001.

_____, 《한산 건지산성》, 2001.

한국토지공사 토지박물관/연천군, 《연천 호로고루 -정밀지표조사보고서》, 1999.

한림대학교박물관, 《양주 대모산성》, 2002.

_____, 《춘천의 역사와 문화유적》, 1997.

한일역사공동연구회, 《한일역사공동연구보고서 제1권 -제1분과, 고대사 편》, 2005.

朝鮮總督府, 《朝鮮古蹟圖譜 一~二》, 1915.

_____, 《朝鮮古蹟圖譜 三》, 1916.

_____, 《古蹟調査特別報告 1冊》, 1919.

_____, 《古蹟調査特別報告 6冊》, 1929.

_____, 《朝鮮金石總覽 上~下》, 1923.

中國地圖出版社, 《中華人民共和國地圖集》

東洋文庫(東京) web, 《東洋文庫 梅原考古資料 画像データベース》

단행본 · 논문

가락국사적연구원, 《역주 한국고대금석문》, 1992.

국방군사연구소, 《한국고대군사편년사》, 1996.

_____, 《한국무기발달사》, 1994.

_____, 《한민족전쟁통사 Ⅰ-고대》, 1994.

_____, 《한국군사유물집》, 1996.

_____, 《한국의 군(軍) 복식발달사 Ⅰ》, 1997.

_____, 《한국군사사연구 Ⅰ》, 1998.

_____, 《한국군사사연구 Ⅱ》, 1999.

국방부 군사편찬연구소, 《한국고대군사전략》, 2005.

_____, 《역대병요 -동국전란사》, 2003.

국방부 전사편찬위원회, 《고구려 대 수 -당전쟁사》, 1991.

전라남도-목포대학교박물관, 《전남의 고대유적 보존 및 활용방안》, 2000.

철원문화원-육군사관학교 화랑대연구소, 《철원의 성곽과 봉수》, 2006.

충북학연구소, 《삼국통일의 격전지 충북의 성곽을 찾아서》, 2000.

충청남도-공주대학교 백제문화연구소, 《백제의 역사》, 1995.

한국고대사학회-고령군, 《대가야의 성장과 발전》, 한국고대사학회, 2004.

강봉룡, 《영산강유역 고대사회 성격론 -그간의 논의를 중심으로》, 2000.

김락기, 《고구려의 한강이남 영역화에 대하여》, 고구려연구회 2005 춘계학술대회 발표문.

김병남, 《백제 의자왕 초중기의 영역변화》, 충청학과 충청문화 제4집, 2005.

김성태, 《고구려 병기에 관한 연구》, 2001.

_____,《중국 동북지역과 한강유역 출토 고구려무기의 비교연구》, 2005.

김영심,《영산강유역 고대사회와 백제》, 2000.

김용만,《고구려의 발견》, 바다출판사, 1998.

김주성,《6~7세기 고구려와 백제의 상호관계》, 고구려연구회 2005 하계학술대회 발표문.

김태식,《광개토왕릉비문의 임나가라와 안라인수병》, 1994.

_____,《광개토대왕대 고구려와 가야의 관계》, 2002.

_____,《4세기의 한일관계사 -광개토왕릉비문의 왜군문제를 중심으로》, 2005.

곽장근,《삼국시대 교통로의 조직망과 재편과정 -전북지역을 중심으로》, 2011.

노중국,《금강유역의 백제 영역화와 문화적 변화》, 2005 충청학과 충청문화 제4집.

노태돈,《고구려사 연구》, 사계절, 1999.

박윤미 외,《백제의 직물》, 국립부여문화재연구소 편, 2008.

박현숙,《5~6세기 삼국의 접경에 대한 역사지리적 접근》, 2010.

백기인,《중국군사제도사》, 국방군사연구소, 1998.

백승옥,《변·진한-가야·신라의 역사지리 고증》, 2010.

백종오 외,《고구려유적의 보고(寶庫) 경기도》, 경기도박물관, 2005.

서영교,《나-당전쟁기 석문전투》, 2002.

_____,《나-당전쟁기 해전; 매초성전투에 대한 재해석》, 2002.

서영수 외,《요동군과 현도군 연구》, 동북아역사재단 연구총서 35, 2008.

서인환,《한중군사관계사: 고조선~조선》, 국방부 군사편찬연구소, 2007.

신채호,《조선상고사》, 일신서적, 1998.

신형식,《고구려사》, 이화여자대학교출판부, 2003.

심광주,《남한 지역의 고구려 유적》, 2001.

_____,《고구려와 백제의 성곽문화》, 고구려연구회 2005 하계학술대회 발표문.

여호규,《고구려 성(城) Ⅰ-압록강 중상류》, 국방군사연구소, 1998.

_____,《고구려 성(城) Ⅱ-요하유역》, 국방군사연구소, 1999.

여호규 외,《나당전쟁사》, 국방군사연구소, 1999.

윤용구,《새로 발견된 낙랑목간 -樂浪郡初元四年縣別戶口 통계문서를 중심으로》, 2007.

이난영 외,《한국의 마구(馬具)》, 한국마사회 마사박물관, 1999.

이도학,《백제 부흥운동의 시작과 끝》, 1999.

_____,《살아있는 백제사》, 휴머니스트, 2003.

_____,《한국고대사, 그 의문과 진실》, 김영사, 2001.

이병도,《삼국사기(역주) 상·하》, 을유문화사, 1996.

이시영,《한국 마(馬)문화 발달사》, 한국마사회, 1991.

장경숙,《한국고대 갑옷과 투구의 연구》, 2005.

장학근,《삼국통일의 군사전략》, 국방부 군사편찬연구소, 2002.

장효정,《삼국사기 고구려본기 동천왕 21년조 기사 검토》, 2001.

전덕재,《삼국시기 영산강유역의 농경과 사회변동》, 2000.

전용신,《완역 일본서기》, 일지사, 1997.

정구복 외,《역주 삼국사기 1~4》, 한국정신문화연구원, 1996~1997.

정동민,《고구려 중장기병의 특징과 운용형태의 변화》, 2008.

정범진 외.《사기열전(역주) 상·중·하》, 도서출판 까치, 1995.

津田左右吉,《朝鮮歷史地理 一~二》, 丸善株式會社, 1913.

전쟁의 시대
한국 고대사 700년의 기록

1판 1쇄 인쇄 2012년 08월 01일
1판 1쇄 발행 2012년 08월 10일

지은이 김대욱
사진 김정훈
펴낸이 서채운
펴낸곳 채륜
책임편집 정나영
표지·본문디자인 Design窓 (66605700@hanmail.net)

등록 2007년 6월 25일(제25100-2007-000025호)
주소 서울 광진구 군자동 229
대표전화 02-6080-8778 | **팩스** 02-6080-0707
E-mail chaeryunbook@naver.com
Homepage www.chaeryun.com